本报告得到

教育部哲学社会科学发展报告项目

教育部人文社会科学重点研究基地

东北师范大学中国农村教育发展研究院

资助

中国教育学会农村教育分会

大力支持

谨此致谢

教育部哲学社会科学系列发展报告
MOE Serial Reports on Developments in Humanities and Social Sciences

REPORT OF RURAL EDUCATION DEVELOPMENT IN CHINA
(2020–2022)

中国农村教育发展报告 2020–2022

邬志辉　秦玉友　等◎著

科学出版社
北京

内 容 简 介

《中国农村教育发展报告 2020—2022》关注农村教育发展进程中的重大问题，服务国家重大农村教育决策，采取把自主调研数据与国家统计数据相结合、年度发展报告与政策咨询报告相结合、长期定点跟踪与数据库建设相结合的报告发展思路，按照“年度进展报告”+“专题研究报告”+“经典个案报告”结构立体式呈现中国农村教育发展的最新进展。年度进展报告包括农村学前教育、农村义务教育、农村普通高中教育、农村职业高中教育的事业发展、政策进展及学术进展；专题研究报告呈现了疫情期间城乡线上教学、农村义务教育师资供给侧改革、农村教师职业吸引力、农村学生学业效能、农村学生数学成就五个主题专题研究报告；经典个案报告分析了吉林省农安县温馨村小建设经验与成就。

本报告全景式记录中国农村教育发展，具有重要史料价值和数据价值，可供政府部门决策参考，同时也适合教育学者、研究生及广大农村教师阅读及参考。

图书在版编目（CIP）数据

中国农村教育发展报告 2020—2022/ 邬志辉等著．—北京：科学出版社，2022.12

ISBN 978-7-03-073948-3

Ⅰ. ①中… Ⅱ. ①邬… Ⅲ. ①乡村教育－研究报告－中国－2020—2022 Ⅳ. ①G725

中国版本图书馆 CIP 数据核字（2022）第226825号

责任编辑：孙文影　高丽丽　黄雪雯 / 责任校对：贾伟娟
责任印制：李　彤 / 封面设计：润一文化

科学出版社 出版
北京东黄城根北街 16 号
邮政编码：100717
http://www.sciencep.com
北京建宏印刷有限公司 印刷
科学出版社发行　各地新华书店经销
*
2022年12月第　一　版　开本：720 × 1000　1/16
2022年12月第一次印刷　印张：27 1/4
字数：620 000

定价：198.00元

（如有印装质量问题，我社负责调换）

《中国农村教育发展报告》

顾问委员会

主　任：史宁中　　东北师范大学

委　员（按姓氏笔画排序）：

王嘉毅　　中共甘肃省委员会
叶敬忠　　中国农业大学
史耀疆　　陕西师范大学
刘铁芳　　湖南师范大学
孙杰远　　广西师范大学
李　玲　　西南大学
杨东平　　北京理工大学
张乐天　　复旦大学
邵泽斌　　南京师范大学
范先佐　　华中师范大学
袁桂林　　北京师范大学
袁振国　　华东师范大学
腾　星　　中央民族大学
裴娣娜　　北京师范大学

《中国农村教育发展报告》

委员会

主　任： 邬志辉

委　员（按姓氏笔画排序）：

于海波　凡勇昆　王海英　刘善槐
安晓敏　孙　涛　孙　颖　李　涛
李伯玲　李静美　杨卫安　张　雪
张源源　陈　衍　姜荣华　秦玉友
满海峰　霍　明

前言

2021年，是中国共产党建党100周年。中国共产党自创立之初就高度重视教育工农大众，特别重视广大农村人口的教育问题。1926年，毛泽东在广州农民运动讲习所曾专门就“农村教育”问题做过专题讲座，并提出“以后农民所要的教育，乃适合于农民需要的教育——适合农民经济之发展、并使农民做到解放之教育”[①]。1927年，毛泽东在《湖南农民运动考察报告》[②]中也指出：

> 中国有百分之九十未受文化教育的人民，这个里面，最大多数是农民。农村里地主势力一倒，农民的文化运动便开始了。试看农民一向痛恶学校，如今却在努力办夜学。“洋学堂”，农民是一向看不惯的。我从前做学生时，回乡看见农民反对“洋学堂”，也和一般“洋学生”、“洋教习”一鼻孔出气，站在洋学堂的利益上面，总觉得农民未免有些不对。民国十四年在乡下住了半年，这时我是一个共产党员，有了马克思主义的观点，方才明白我是错了，农民的道理是对的。乡村小学校的教材，完全说些城里的东西，不合农村的需要。小学教师对待农民的态度又非常之不好，不但不是农民的帮助者，反而变成了农民所讨厌的人。故农民宁欢迎私塾（他们叫“汉学”），不欢迎学校（他们叫“洋学”），宁欢迎私塾老师，不欢迎小学教员。如今他们却大办其夜学，名之曰农民学校。有些已经举办，有些正在筹备，平均每乡有

① 广东农民运动讲习所旧址纪念馆：《广州农民运动讲习所资料选编》，人民出版社1987年版，第207页。

② 中共中央文献研究室、中央档案馆：《建党以来重要文献选编（一九二一—一九四九）第四册》，中央文献出版社2011年版，第133—134页。

一所。他们非常热心开办这种学校，认为这样的学校才是他们自己的。

从毛泽东早年关于农村教育的论述中可以感悟中国共产党人的教育初心。经过百年的接续奋斗，中国农村教育面貌发生了天翻地覆的变化。2021 年，我国常住人口城镇化率达到 64.72%[①]，但若减去 2.93 亿农民工所占的 20.71%，实际上我国户籍人口城镇化率大约只有 44%[②]。也就是说，农业户籍人口依然占到半数以上。从国务院公布的《2020 年第七次全国人口普查主要数据》看，在全国 14.12 亿人口中，15 岁及以上人口的平均受教育年限为 9.91 年，在 31 个省份中，平均受教育年限在 10 年以上的省份有 13 个，9 年以下的省份只有 4 个；我国每 10 万人拥有大专及以上文化程度的人口数为 15 467 人，是 1964 年人口普查时的 37.18 倍；文盲率由 1964 年的 33.58% 下降到 2020 年的 2.67%。[③] 在农村人口比例如此高的国家，如果没有农村教育的发展，以上成就的取得基本上是无法想象的。

2020 年，新冠肺炎疫情暴发，不仅给全球教育秩序带来深重影响，而且对以调查、实验和实践为主要方式的科学研究者提出了极为严峻的挑战。2020 年 3 月，中国农村教育发展研究院首次以大规模线上调查方式开展研究，先后共获得 31 个省份 25 万余名学生和 2 万余名教师的调查数据，由于线上调查存在自选择偏误问题，所以我们在线上调查数据的基础上，针对与我们一直有良好合作关系的传统调查点，由地方教育行政部门协助对县域教育开展了全口径摸排调查，以期通过大样本的广泛性和小校本的全面性的结合，了解疫情背景下最真实的线上教学和线上学习状况。2020 年下半年，我们利用疫情略有好转的间隙对全国 6 省 6 县的农村教育状况进行了线下实地调查，采集到了大量一手数据，本报告就是在以上自主调研数据和国家公布统计数据基础上完成的。下面，主要从三个方面报告我们的研究成果。

① 常住人口城镇化率＝（城镇常住人口 / 全国人口）×100%。

② 国家统计局：《中华人民共和国2021年国民经济和社会发展统计公报》，《人民日报》2022年3月1日第010版。

③ 国务院第七次全国人口普查领导小组办公室：《2020年第七次全国人口普查主要数据》，中国统计出版社 2021 年版，第 23—27 页。

一、现状与成就

（一）学前教育快速发展，农村[①]多项指标进步明显

2018 年 11 月，中共中央、国务院发布《关于学前教育深化改革规范发展的若干意见》，明确提出学前教育普及普惠的目标。2019 年 1 月，国务院办公厅发布《关于开展城镇小区配套幼儿园治理工作的通知》，要求依法落实城镇公共服务设施建设规定，着力构建以普惠性资源为主体的学前教育公共服务体系。各地陆续出台符合本地发展实际的学前教育政策，积极扩大学前教育资源供给，普惠性学前教育公共服务体系发展迅猛，多项指标进步明显。

1. 学前教育毛入园率达 88.1%，农村幼儿园数量占 2/3 以上

2020 年[②]全国幼儿园数量为 29.2 万所，比 2015 年增加了 6.8 万所，“十三五”期间增幅[③]达 30.36%。其中，城区为 95 030 所，镇区为 95 238 所，乡村为 101 447 所。农村幼儿园数量占比达 67.42%，农村学前教育依然是大头。全国在园幼儿数达 4818.26 万人，比 2015 年增加 553.46 万人，“十三五”期间增幅为 12.98%。2020 年，全国学前教育毛入园率为 85.2%，小学招生中接受过学前教育的比例达 99.5%，至 2021 年，全国学前三年毛入园率达到 88.1%，比 2015 年提升了 13.1 个百分点。综合考虑我国新生人口数量的持续减少和学前教育普及水平的不断提高，“十四五”时期我国在园幼儿数量将达到峰值并呈平稳下降态势。

2. 乡村教育部门和事业单位办幼儿园数占 61.59%，全国在园幼儿普惠率达 84.74%

普惠性学前教育公共服务是付费可享有、价格可承受、质量有保障的学前教育服务。2020 年，教育部门和事业单位办幼儿园数量为 122 268 所，其中，城区为 25 257 所，占 20.66%；镇区为 34 525 所，占 28.24%；乡村为 62 468 所，占 51.09%。“十三五”期间新增教育部门和事业单位办幼儿园 46 300 所（增幅为 60.95%），其中城区为 9691 所，占 20.93%；镇区为 10 409 所，占 22.48%；乡村

① 农村＝镇区＋乡村。

② 教育部发展规划司：《中国教育事业发展统计简况 2020》，内部资料，2021 年。若无特殊说明，2020 年相关数据均来自此《简况》。

③ 增幅＝（2020 年数据 –2015 年数据）/2015 年数据。

为 26 200 所，占 56.59%，近八成新增教育部门和事业单位办幼儿园投放在了农村。从总体来看，2020 年全国所有幼儿园中教育部门和事业单位办幼儿园数占比为 41.91%，其中城区为 26.58%，镇区为 36.25%，乡村为 61.59%，可见乡村学前教育的普惠程度是最高的。在全国所有在园幼儿中，普惠性幼儿园在园幼儿占比高达 84.74%，彰显出我国普惠性学前教育非基本公共教育服务处于较高水平。

3. 农村幼儿园专任教师增幅缓慢，学历层次继续提高

2020 年，全国有幼儿园专任教师 291.34 万人，其中城区有 143.08 万人，镇区有 102.12 万人，乡村有 46.14 万人，“十三五”期间分别增长了 86.24 万人、47.45 万人、26.79 万人、12 万人，增幅分别为 42.05%、49.62%、35.56%、35.15%，有约 55% 新增专任教师集中在城区，农村幼儿园专任教师数量增长缓慢。2020 年，全国幼儿园生师比为 15.5∶1，比 2015 年的 18.1∶1 有较大改善。2020 年，全国学前教育专任教师中拥有大专科及以上学历的比例为 85.01%，其中城区为 90.34%，镇区为 82.77%，乡村为 73.47%，乡村比城区低 16.87 个百分点；但与 2015 年的 73.80%（全国）、80.16%（城区）、72.26%（镇区）和 59.40%（乡村）相比，分别提升了 11.21 个、10.18 个、10.51 个和 14.07 个百分点，乡村幼儿园专任教师学历合格率增幅最大。

4. 学前教育经费大幅增长，财政性教育经费投入向农村倾斜

2020 年，全国学前教育经费总投入为 4203 亿元，较 2015 年（2427 亿元）增长了 73.18%。全国幼儿园生均一般公共预算教育经费达 9410.76 元，比 2015 年增长了 76.48%；全国幼儿园生均一般公共预算教育事业费支出为 8645.10 元，比 2017 年的 6183.97 元增长了 39.80%；全国幼儿园生均一般公共预算公用经费支出为 3050.22 元，比 2017 年的 2431.70 元增长了 25.44%。其中，一半经费投入到了农村。

（二）农村义务教育发展成效明显，但仍有改进空间

1. 义务教育在校生数持续增加，义务教育城镇化进程趋缓

2020 年，义务教育在校生数达 1.56 亿人，其中小学在校生为 10 725.4 万人，初中在校生为 4914.1 万人，小学教育城镇化率达 77.15%，初中教育城镇化率达 87.02%，义务教育总体城镇化率达 80.25%，而 2015 年义务教育在校生数只

有 1.40 亿人，其中小学在校生为 9692.18 万人，初中在校生为 4312.0 万人，小学教育城镇化率为 69.40%，初中教育城镇化率为 83.73%，义务教育总体城镇化率为 73.80%。2020 年，全国小学毕业生升学率为 99.5%，初中毕业生升学率为 94.6%，九年义务教育巩固率达 95.2%，分别比 2015 年提升了 1.3 个、0.5 个和 2.2 个百分点。可以发现，“十三五”期间，义务教育城镇化率的增长速度首次低于常住人口城镇化率的增长速度，义务教育的城镇化进程进入相对稳定发展阶段。

2020 年，全国共有义务教育阶段学校 21.1 万所，比 2015 年减少了 32 146 所，其中城镇义务教育学校数由 2015 年的 107 558 所增加到 2020 年的 110 458 所，增长了 2.70%，而乡村义务教育学校数由 2015 年的 135 372 所减少到 2020 年的 100 326 所，减幅为 25.89%。全国小学教学点数也由 2015 年的 93 035 个减少到 2020 年的 90 295 个，减幅为 2.95%。

2. 63.44% 的乡村学生没有线上学习经验，疫情期间乡村学生线上教学参与率为 91.93%

2020 年新冠肺炎疫情突然来袭，全国大中小学被迫线上教学。我们对 31 个省份中小学生的线上调查数据显示，有 63.44% 的乡村学生之前从未有过线上学习经验，疫情期间乡村学生线上教学参与率只有 91.93%。从课程开设率来看，疫情期间语文、数学和英语最高，分别为 98.30%、98.10%、89.56%；历史、生物、物理、地理次之，但均在 50% 以上，分别为 78.97%、62.56%、61.98%、59.48%；在开课率低于 50% 的课程中，品德与社会 / 品德与生活（或政治）、化学、体育的开设率较高，分别为 46.03%、37.74% 和 34.93%；美术、音乐、心理健康的开设率分别为 29.69%、28.95% 和 13.68%；信息技术与综合课程的开设率最低，仅为 4.94% 和 6.54%。疫情期间，城乡中小学生平均每天上 4.62 节课，有 45.69% 的中小学生每节课时长在 31～45 分钟，有 37.62% 的课程时长在 1～30 分钟。疫情期间，有 35.21% 的家长为了孩子能实现线上学习而购置了新设备，93.73% 的学生可以用智能手机进行线上学习，有 40.44% 的学生对线上教学感到焦虑，79.47% 的城乡中小学生在线学习遭遇了网络卡顿情况，学生对线上教学的满意度只有 55.09%。

3. 80% 的随迁子女就读于公办学校，留守儿童数量继续减少

2020 年，全国义务教育阶段进城务工人员随迁子女有 1429.7 万人，比 2015

年增加了 62.6 万人，占在校生总人数的比例为 9.1%，在公办学校就读的比例总体稳定在 80%。进城务工人员随迁子女依然以省内流动为主，占 57.8%。在全国义务教育随迁子女中，在小学就读的有 1034.9 万人，其中有 79.5% 在公办学校就读；在初中就读的有 394.9 万人，其中有 81.3% 在公办学校就读。

2020 年，农村留守儿童为 1289.67 万人，其中小学有 854.19 万人，初中有 435.48 万人，占在校生总人数的比例为 8.25%，与 2015 年相比减少了 729.57 万人，占在校生总人数的比例比 2015 年减少了 6.18 个百分点，减幅达 36.13%。

4. 乡村教师队伍建设进步明显，但城乡教师差距依然存在

2020 年，全国有义务教育阶段专任教师 1029.5 万人，比 2015 年净增 113.4 万人。小学生师比为 16.7∶1，比 2015 年下降了 0.4；初中生师比为 12.7∶1，比 2015 年上升了 0.3，但总体上都高于国家标准。但是，全国小学平均班师比是 1.95∶1，其中，城区为 2.01∶1，镇区为 2.06∶1，乡村只有 1.78∶1，乡村小学专任教师配置明显不足；全国初中平均班师比是 3.60∶1，其中，城区为 3.52∶1，镇区为 3.61∶1，乡村为 3.74∶1，乡村初中存在相对超员情况。

2020 年，全国小学专科及以上学历教师的比例为 97.9%，较 2015 年提高了 6 个百分点，其中，城市小学为 99.3%，农村小学为 97.1%，城乡小学教师学历差距由 7.6 个百分点缩小到 2.2 个百分点。全国初中本科及以上学历教师的比例为 88.6%，比 2015 年提升了 8.4 个百分点，其中，城市初中为 93.8%，农村初中为 85.4%，尽管城乡仍相差 8.4 个百分点，但与 2015 年相比已经缩小了 4.7 个百分点。

2020 年，对全国 31 个省份 21 278 名教师的调查显示，29 岁以下年轻教师占整个教师队伍的比例，乡村为 22.2%，镇区为 21.3%，城区为 16.1%，乡村高出城区 6.1 个百分点，呈现出年轻化的走势。但是，乡村教师老龄化问题依然严峻。55 岁以上教师占比，乡村为 8.8%，镇区为 4.5%，城区为 3.3%，乡村高出城区 5.5 个百分点。值得注意的是，全国省域内教师年龄结构分布并不均衡，在一些未实施“特岗计划”的县，29 岁以下年轻教师占比不足 10%，而 55 岁以上老龄教师占比却高达 33.8%，最高的超过了 50%。

2020 年的调查显示，义务教育阶段连续工作 10 年教师获得一级教师职称的机会，城区为 5.3%，镇区为 4.0%，乡村为 3.5%，城区显著高于乡村。城乡教师连续工作 20 年时获得一级教师职称的机会基本持平，大致为 19.8%。但是，在城乡教师连续工作30后，获得一级教师职称的机会开始出现分化，城区为79.4%，镇区为75.9%，乡村只有65.7%，城乡相差13.7个百分点。

2020年调查显示，小学教师人均月实发工资收入乡村为3817.24元，镇区为3752.88元，城区为3634.80元。其中，小学教师人均月补贴乡村为325.19元，镇区为295.41元，城区为71.49元。总体上看，乡村小学教师工资收入高于城镇，但由于有些乡村学校地处偏远，目前的工资收入差距尚不足以形成乡村教师职业的吸引力，还需继续加大乡村教师工资收入的提升力度。

5. 农村教育经费投入持续增长，但增幅低于全国平均水平

2020年，全国义务教育经费总投入为24 295亿元，较2016年（17 603亿元）增长了38.02%。2020年全国普通小学生均一般公共预算教育事业费支出达11 654.53元，较2015年的8838.44元增长了31.86%。其中，农村为11 178.71元，较2015年的8576.75元增长30.34%，落后于全国平均增速。全国普通小学生均一般公共预算公用经费支出达2873.43元，较2015年的2434.26元增长18.04%。其中，农村为2586.72元，较2015年的2245.30元增长15.21%，同样落后于全国平均增速。

2020年，全国普通初中生均一般公共预算教育事业费支出达16 633.35元，较2015年的12 105.08元增长37.41%。其中，农村为15 112.10元，较2015年的11 348.79元增长33.16%，低于全国平均增速。全国普通初中生均一般公共预算公用经费支出达4183.59元，较2015年的3361.11元增长24.47%。其中，农村为3633.56元，较2015年的3093.82元增长17.45%，显著低于全国平均增速。

6. 农村义务教育办学条件明显改善，但城乡差距总体依然较大

2020年，全国普通小学校均规模为679人，比2015年的509人年增加170人，“十三五”期间增幅达33.4%；初中校均规模为931人，比2015年的823人增加108人，“十三五”期间增幅为13.12%。2020年全国普通小学平均班额为38人，与2015年持平；全国初中平均班额为46人，比2015年减少2人。2020年全国小学56人及以上大班额班级占全国总班级数的比例为1.15%，与2015年相比下降了10.95个百分点；全国初中56人及以上大班额班级占全国总班级数的比例为1.23%，较2015年下降了18.67个百分点。

2020年，全国小学生均教学仪器设备值为1809元，比2015年的1044元增长了 73.28%，其中农村小学为 1652 元，比 2015 年的 853 元增长了 93.67%，高出全国平均增幅 20.39 个百分点；全国初中生均教学仪器设备值为 2835 元，比 2015 年的 1746 元增长了 62.37%，其中农村初中为 2541 元，比 2015 年的 1515 元增长了 67.72%，略高于全国平均增幅。

2020 年，全国每百名小学生拥有教学用计算机 11.8 台，比 2015 年的 8.5 台增长了 38.82%，其中农村小学为 11.9 台，比 2015 年的 7.7 台增长了 54.55%，显著高于全国平均水平。2020 年全国每百名初中生拥有教学用计算机 16.3 台，比 2015 年的 12.7 台增长了 28.35%，其中农村初中为 15.6 台，比 2015 年的 11.9 台增长了 31.09%，也高于全国平均增幅。

2020 年，全国小学建立校园网学校的比例为 70.4%，其中农村为 67.3%，比城市小学低 17.2 个百分点。全国初中建立校园网学校的比例为 77.4%，其中农村为 74.1%，比城市初中低 12.6 个百分点。

截至 2020 年底，全国有 26 个省份的 2809 个县通过了义务教育发展基本均衡县督导评估认定，通过国检验收县数占比达到 96.8%，“十三五”期间通过率提升了 28.8 个百分点。

（三）高中阶段教育发展迅猛，但条件保障落后于发展速度

1. 高中阶段普职结构基本稳定，毛入学率超九成

2020 年，全国有普通高中 14 235 所，比 2015 年增加 995 所；在校生 2494.5 万人，比 2015 年增加 120.1 万人。全国共有中等职业教育学校（包括普通中专、成人中专、职业高中和技工学校）9896 所，比 2015 年的 1.12 万所明显减少；在校生 1663.4 万人，比 2015 年增加 6.7 万人。高中阶段毛入学率为 91.2%，比 2015 年提升 4.2 个百分点。每 10 万人口中高中阶段教育在校生人数 2948 人，比 2015 年减少 17 人。2020 年招生普职比为 57.6∶42.4，在校生普职比为 60∶40，这一比例在“十三五”期间基本稳定。

2. 高中阶段教师数量增长较快，但教师缺口依然较大

2020 年，全国有普通高中专任教师 193.3 万人，比 2015 年增加 23.8 万人，增长了 14.04%。生师比为 12.9∶1，虽然比 2015 年的 14.0∶1 有一定下降，但若按国家标准 12.5∶1 核算，全国普通高中教师缺口达 6.3 万人；专任教师中拥有本

科及以上学历的比例为98.8%，比2015年提高1.1个百分点。全国中等职业学校有专任教师85.7万人，比2015年增加1.3万人。生师比为19.5∶1，比2015年的20.5∶1有一定下降，按照全国中等职业学校生师比逐步达到16∶1左右的意见测算，全国中等职业学校专任教师缺口达6.5万人。专任教师中拥有本科及以上学历的比例为92.9%，比2015年提升2.8个百分点。其中，“双师型”教师比例为30.9%，比2015年提升2.2个百分点。

3. 随迁子女升普通高中机会有较大增加，但双重差距和机会差距依然存在

2020年，全国有初中阶段毕业生1535.29万人，普通高中招生876.44万人，普通初中升入普通高中的比例为57.1%。2020年，全国共有初中随迁子女毕业生147.43万人，但考入普通高中的随迁子女只有58.43万人，随迁子女升入普通高中的比例只有39.6%，其中本省外县迁入随迁子女的普通高中升学率为41.8%，而外省迁入随迁子女的普通高中升学率只有36.2%。

值得欣喜的是，普通生与随迁生、本省随迁生与外省随迁生的普通高中入学机会的双重差距正在缩小。与2015年相比，普通生（56.19%）与随迁生（31.56%）升入普通高中的机会差距是24.63个百分点，到2020年已经缩小到17.45个百分点；2015年，本省随迁生（25.31%）与外省随迁生（35.22%）升入普通高中的机会差距是9.91个百分点，到2020年已经缩小到5.59个百分点。

4. 高中阶段学校办学条件得到改善，但普通高中仍有待加强

2020年，全国普通高中校均规模为1752人，比2015年减少了43人；平均班额为49人，比2015年减少了4人；普通高中大班额比例为11.3%，比2015年降低了26个百分点。普通高中生均校舍建筑面积为24.1平方米，比2015年增加4.2平方米；生均仪器设备值达到4738元，比2015年增加了1739元，增幅达57.99%；每百名学生拥有教学用计算机20.5台，比2015年增加了4.6台；建网学校比例为87.3%，比2015年下降了0.2个百分点。

2020年，全国中等职业学校校均规模为1697人，比2015年增加了155人；中等职业学校生均校舍建筑面积为19.3平方米，比2015年增加了1.9平方米；生均仪器设备值为7829元，比2015年增加了2819元，增幅达56.27%；每百名学生拥有教学用计算机23.1台，比2015年减少了0.9台。

5. 高中阶段学校教育投入普遍增长，但中等职业教育投入增幅偏低

2020 年，全国高中阶段教育经费总投入为 8428 亿元，比 2016 年的 6155 亿元增长了 36.93%。全国普通高中生均一般公共预算教育事业费支出为 17 187.02 元，比 2015 年的 10 820.96 元增长了 55.83%；普通高中生均一般公共预算公用经费支出为 4305.29 元，比 2015 年的 2923.09 元增长了 47.29%。

2020 年全国中等职业教育经费总投入为 2872 亿元。全国中等职业学校生均一般公共预算教育事业费支出为 15 625.03 元，比 2015 年的 10 961.07 元增长了 42.55%；中等职业学校生均一般公共预算公用经费支出为 5489.56 元，比 2015 年的 4346.94 元增长了 26.29%。

二、问题与挑战

《国民经济和社会发展第十四个五年规划和 2035 年远景目标纲要》提出“坚持共同富裕方向”“建设高质量教育体系”“全面推进乡村振兴”的战略任务。“十四五”时期，农村教育发展依然面临严峻的挑战。

（一）缩小城乡教育差距的任务依然繁重

到 2021 年底，全国 31 个省（自治区、直辖市）和新疆生产建设兵团的 2895 个县全部通过义务教育均衡发展国家督导评估认定。然而，2021 年，教育部办公厅发布《关于开展县域义务教育优质均衡创建工作的通知》，提出了“着力构建优质均衡的基本公共教育服务体系”的新发展目标。与“基本均衡”相比，“优质均衡”以全面提高教育质量为中心任务，着力补齐短板、兜住底线，提升薄弱地区、薄弱学校、薄弱环节和困难群体的教育水平。如果说“基本均衡”阶段是以“资源配置”为抓手的话，那么到了“优质均衡”阶段则是在继续加大资源配置的基础上更为关注内涵发展，更为关注育人方式改革和教学模式变革，更为关注学生德智体美劳全面发展，显然促进优质均衡面临的挑战更大。

（二）实现提升农村教育质量目标仍面临挑战

现在，人们越来越清晰地认识到，提升教育质量是一项系统工程，并非简单地解决某一因素就可以全面地提升教育质量。“十四五”期间建设高质量教育体

系的短板在农村，而在影响农村教育质量的因素群中，如乡村家长教育经验少，教养方式不科学；乡村教师专业水平低，教育干预不恰当；乡村教育环境刺激弱，语言表达机会少；乡村儿童健康营养差，认知加工能力低等现象都不同程度地存在。尽管国家已经陆续出台了旨在提升农村教师质量的优师工程、强师计划、师范教育协同提质计划等，但由于优秀教师培养需要一定的周期，所以“十四五”时期的大部分时间里政策利好可能还无法凸显，更为重要的是，什么样的教育理念、教育思路、教育模式更适合乡村教育，还没有形成统一的认识，乡村校长和教师尚且处于困顿的探索阶段。

（三）激发乡村学校创新活力还有困难

乡村学校发展和乡村教育质量提高，仅仅依靠外力帮助是不够的，从根本上说必须形成乡村教育主体的内生能力和发展动力。然而，自城镇化进程加速发展以来，乡村师生的向城性流动和乡村学校的大规模撤并，不仅使乡村教育主体丧失了办学自信，而且迷失了教育道路。要想让乡村学校自主探索出一条适合自身的教育教学道路，目前依然比较困难。

三、应答与展望

（一）树立乡村教育自信，探索适合乡村的教育发展道路

乡村教育的特殊规定性在于，它受制于乡村儿童经验的生活性和乡村教育的资源属地性。换句话说，最好的教育一定是尊重乡村儿童生活经验与认知基础的，最好的学习一定是在熟悉的社区和生态环境中完成的。因此，一味照搬城市学校的教学模式并不一定能提升乡村学校的教育教学质量。因此，我们必须深入探索符合乡村学校特点的在地化教学模式，尊重儿童的经验，尊重地方的教育资源，尊重乡村小班教学的特点，尊重乡村学校“教学变革”的潜在空间，鼓励和激发乡村学校校长教师的教学变革动力，抛弃一切教育变革的思想禁锢和束缚，拥抱现代教育理念和方式，在乡村探索 PBL 学习（problem-based learning，项目式学习）、SEL 学习（social-emotional learning，社会情感学习）、STEM 学习（science，technology，engineering and mathematics，科学、技术、工程与数学学习）等激发乡

村师生主体性和创造力的教学与学习模式，探索出一条适合乡村教育实际的道路。

（二）深耕定向培养计划，打造留住教好的乡村教师队伍

一直以来，党和国家高度重视乡村教师队伍建设，出台了特岗计划、支教计划、定向计划、银龄计划等一系列乡村教师队伍补充计划，跟过去相比乡村教师队伍整体面貌发生了根本性变化。然而，同城市学校教师队伍发展相比、同农村百姓对教师队伍期待相比、同乡村教育高质量发展要求相比，乡村教师队伍仍有很大的提升空间。从我们的研究看，在众多乡村教师补充渠道中，定向计划的留任率和教好率是最高的，但是定向计划教师所占的比例仅高于银龄计划，是第二少的。所以，未来要进一步提高部属师范大学和地方重点师范院校定向计划招生的比例。值得欣喜的是，国家已经出台了优师计划、强师计划等系列新的定向培养项目，这对于改善未来乡村教师队伍质量和结构是非常有益的。

（三）激发村校办学活力，形成自主创新的乡村教育格局

尽管乡村教育已经取得了历史上最伟大的进步，但与国家的期待相比依然缺乏应有的办学活力，但我们同时也要辩证地看到，正是因为当前乡村教育办学活力不足，才说明乡村教育有巨大的提升办学活力的空间和教学变革的“革命性”。这同马克思在《共产党宣言》中所说的道理是一样的：“无产者在这个革命中失去的只是锁链。他们获得的将是整个世界。”[①] 所以，在乡村振兴背景下，政府部门要对乡村校长教师赋权增能，高等院校要全面加强对乡村学校的专业支持，唤醒乡村教育主体的变革意识和创新精神，让他们在党的教育方针的指引下，积极主动地探索符合现代教育规律的教育教学模式，让乡村学校成为现代教育变革的实验室，为中国教育的创新发展和高质量发展创出一条新路。

邬志辉

2022 年 5 月 30 日

① 中共中央马克思恩格斯列宁斯大林著作编译局：《马克思恩格斯选集》（第一卷），人民出版社 2012 年版，第 435 页。

目 录 CONTENTS

专题研究报告

经典个案报告

年度进展报告

2020 年，对全世界人民来说是极其不平凡的一年。新冠肺炎疫情的突然来袭以及在世界范围内的持续暴发，不仅影响了世界的经济格局，也影响了世界的教育格局。“停课不停学”“线上教学”“线上报告”前所未有地提供了大量可选择的教育资源，教育信息技术、“互联网＋”、“人工智能＋教育”、AI（artificial intelligence，人工智能）教师、智慧教育、自适应学习、混合式教学等成为重要的研究课题。

2020—2021 年，对全体中国人而言更是具有历史意义的两年。2020 年，我国脱贫攻坚战取得了全面胜利，9899 万农村贫困人口全部脱贫，832 个贫困县全部摘帽，12.8 万个贫困村全部出列[①]，区域性整体贫困得到解决，完成了消除绝对贫困的艰巨任务，义务教育阶段建档立卡贫困家庭辍学学生实现动态清零，千百万贫困家庭的孩子享受到更公平的教育机会，孩子们告别了天天跋山涉水上学，实现了住学校、吃食堂，贫困地区各级各类学校发生了格局性变化，创造了一个彪炳史册的人间奇迹！2021 年，系中国共产党成立 100 周年，同时又是开启全面建设社会主义现代化国家新征程、向第二个百年奋斗目标进军的第一个五年的开局之年，国家提出了建设教育强国和构建高质量教育体系的战略任务，全面提升国家的人力资本水平和人的全面发展能力。

在农村教育方面，国家出台《县域学前教育普及普惠督导评估办法》，提出了学前三年毛入园率达到 85%、公办园和普惠性民办园在园幼儿占比达到 80%、公办园在园幼儿占比达到 50% 的普及普惠水平指标和标准。教育部等十部门印发的《关于进一步加强控辍保学工作健全义务教育有保障长效

① 熊颖琪：《农业农村部：我国 9899 万农村贫困人口脱贫，832 个贫困县全部摘帽》，(2022-06-27)，https://t.ynet.cn/baijia/32977901.html[2022-11-14]。

机制的若干意见》要求“确保除身体原因不具备学习条件外，贫困家庭义务教育阶段适龄儿童少年不失学辍学，确保2020年全国九年义务教育巩固率达到95%”。教育部等六部门发布的《关于加强新时代乡村教师队伍建设的意见》要求“大力推进乡村教师队伍建设高效率改革和高质量发展”。教育部等发布的《关于深入推进义务教育薄弱环节改善与能力提升工作的意见》要求“突出加强农村义务教育薄弱环节这个事关全局的重点，采取有效措施缩小城乡、区域差距，逐步实现义务教育资源均等化，巩固义务教育基本均衡成果，加快推进优质均衡发展和城乡一体化”。教育部等四部门印发的《关于实现巩固拓展教育脱贫攻坚成果同乡村振兴有效衔接的意见》提出：将巩固拓展教育脱贫攻坚成果放在突出位置，保持教育帮扶政策总体稳定，全方位对接农村低收入人口和欠发达地区帮扶机制，促进振兴乡村教育和教育振兴乡村的良性循环，加快推进乡村振兴。以上重要文件紧扣农村教育最薄弱环节，动员社会一切力量，助力乡村教育振兴发展。

“年度进展报告”以2018年9月—2021年12月为时间节点，以上述重要文件提出的农村教育改革发展目标为旨归，运用国家公布的统计数据、政策文本以及公开发表的学术文献，大体从大事记、事业发展、政策发展、学术发展、实践发展几个维度关注农村学前教育、义务教育、普通高中教育和中等职业教育改革发展的总体情况，关注年度发展中的重点难点热点问题，全景式探讨、分析与回应人民群众的重大农村教育关切。

第1章 农村学前教育年度进展报告*

* 本章撰写人：杨卫安、岳丹丹。作者单位：教育部人文社会科学重点研究基地东北师范大学中国农村教育发展研究院。

2020 年是国家实施第三期学前教育行动计划的最后一年，也是“十三五规划”的收官之年。通过以县为单位实施学前教育行动计划，各级政府高度重视，财政投入持续增加，长期制约改革发展的一些瓶颈问题得到突破。全国学前三年毛入园率在 2021 年达到 88.1%，比 2010 年提高 31.5 个百分点，“入园难”问题进一步得到缓解。本报告主要从学前教育发展大事记、事业发展、政策焦点、目标规划等四个方面对 2018—2020 年全国农村学前教育发展情况进行综合论述，全面呈现农村学前教育的进展与存在的问题，以期为“十四五”时期学前教育的发展提供政策建议。

从事业发展状况来看，2019—2021 年我国学前教育发展有如下特点：第一，学前教育规模持续扩大，农村尤其是乡村的拉动作用依然较弱；第二，经费投入增长迅速，财政性投入向农村倾斜；第三，学前教育教师配置水平持续提升，城乡差距依然较大；第四，幼儿园硬件设施继续改善，但农村地区的硬件设施依然比较薄弱。总体来说，学前教育仍然是教育体系中最薄弱的环节，城乡学前教育发展不均衡的现象依然明显，普惠性资源供给不足，教师数量短缺、工资待遇偏低，幼儿园运转困难，保教质量参差不齐等问题还普遍存在。

从政策焦点来看，我国学前教育三年毛入园率从 2010 年的 56.6% 上升到 2021 年的 88.1%，增长速度非常快，普及率已达到中等发达国家以上水平。总体来说，“十四五”时期学前教育发展的前景较为乐观。“十四五”时期，我国学前教育发展的总体目标可概括如下：总体水平显著提升，现代化取得重要进展，在各项主要指标方面达到或接近中等偏上发达国家的平均水平，为实现包括学前教育在内的中国教育现代化 2035 远景目标奠定坚实基础。但是，普惠性学前教育资源依然短缺，发展仍面临诸多矛盾和困境。从未来发展来看，各地需要进一步贯彻落实党和国家“发展学前教育，鼓励普惠性幼儿园发展”的要求，增加普惠性教育资源供给，深化体制机制改革，提升保育教育质量。

一、农村学前教育大事记

2019 年 1 月，国务院办公厅发布《关于开展城镇小区配套幼儿园治理工作的通知》。该文件要求以习近平新时代中国特色社会主义思想为指导，全面贯彻党的十九大和十九届二中、三中全会精神，落实全国教育大会部署，坚持以人民为中心的发展思想，认真履行政府责任，依法落实城镇公共服务设施建设规定，着力构建以普惠性资源为主体的学前教育公共服务体系，聚焦小区配套幼儿园规划、建设、移交、办园等环节存在的突出问题开展治理，进一步提高学前教育公益普惠水平，切实办好学前教育，满足人民群众对幼有所育的期盼。

2019 年 1 月，教育部、住房和城乡建设部印发了《幼儿园标准设计样图》。《幼儿园标准设计样图》的主要内容包括：①《幼儿园建设标准》全部条文和部分主要条文的图示。这部分内容将《幼儿园建设标准》的部分主要条文通过图示、表格形式进行表达，以简明、准确地反映《幼儿园建设标准》的原意。②场地和房间布置图。按照《幼儿园建设标准》中的面积指标，将幼儿园室外场地以及幼儿活动用房、服务用房、附属用房等常用房间的布置通过图示进行表达。③方案示例。这部分提供了不同规模的全日制、寄宿制幼儿园建设方案，供设计人员选用与参考。

2019 年 1 月，校车安全管理部际联席会议办公室发布 2019 年第 1 号预警，请各地校车安全管理协调机制办公室协调各成员单位进一步加大对“黑校车”和校车违法行为的查处、打击力度，提醒学生及家长坚决抵制乘坐“黑校车”，切实保障中小学生和幼儿上下学交通安全；要坚持问题导向，制定专门方案，组织力量对公办幼儿园和中小学实行网格化管理，逐校详细调查学生上下学交通方式，指派专人记录学生集中乘坐上下学车辆的车型及车号，并长期坚持。对民办幼儿园和无办学资质幼儿园，要定时定点重点监控。

2019 年 2 月，中共中央、国务院印发了《中国教育现代化 2035》。该文件提出 2035 年主要发展目标是：建成服务全民终身学习的现代教育体系、普及有质量的学前教育、实现优质均衡的义务教育、全面普及高中阶段教育、职业教育服务能力显著提升、高等教育竞争力明显提升、残疾儿童少年享有适合的教育、形成全社会共同参与的教育治理新格局。

2019 年 2 月，教育部、住房和城乡建设部、国家发展和改革委员会、民政部、自然资源部五个部门召开城镇小区配套幼儿园治理工作座谈会，推动各地积极稳妥、扎实有效地做好治理工作。教育部副部长郑富芝指出："开展城镇小区配套幼儿园治理工作是党中央国务院作出的重大决策部署，是贯彻落实《关于学前教育深化改革规范发展的若干意见》的起步之举和重要措施……做好治理工作，要做到三个'不动摇'：一是坚持学前教育公益普惠的基本方向不动摇，让人民群众的子女'有园上'、'上得起'。二是坚持公办民办并举不动摇……既要大力发展公办园，也要鼓励支持更多的民办园提供普惠性服务。三是坚持积极稳妥推进治理工作的决心不动摇，小区配套幼儿园是公共教育资源，国家关于城镇小区配套幼儿园建设和管理的政策规定是明确的，但一些地方落实不到位，这次治理是对已有政策的回归和落实。"郑富芝要求，"各地要严格执行治理政策，依法依规办事。一是依标配建，规划不到位和建设不到位的，要按照国家和地方的配建标准，通过补建、改建或就近新建、置换、购置等方式予以解决。二是如期移交，未移交的应限期移交，已挪作它用的采取有效措施予以收回。三是规范使用，小区配套幼儿园移交后，各地可根据当地普惠性资源的布局和供给状况统筹安排，办成公办园或委托办成普惠性民办园，不得办成营利性幼儿园"。①

2019 年 3 月，教育部办公厅、财政部办公厅印发《关于做好 2019 年中小学幼儿园教师国家级培训计划组织实施工作的通知》。该文件要求突出服务大局，示范引领新时代教师发展，其中提到要落实中央关于学前教育的决策部署，加大幼儿园教师、园长培训力度；突出扶贫攻坚，集中支持边远贫困地区教师培训；突出分层分类，遵循成长规律系统设计项目；突出模式创新，发挥培训品牌示范效应；突出应用导向，生成高质量培训成果；突出管理效能，切实落实"精细实"服务；突出制度保障，不断完善支持服务体系。

2019 年 3 月，教育部办公厅印发《关于开展足球特色幼儿园试点工作的通知》。该文件要求全面贯彻落实全国教育大会精神，牢固树立健康第一的教育理念，帮助幼儿在体育锻炼中享受乐趣、增强体质、健全人格、锤炼意志。同时，要将试点工作作为各地校园足球推广普及体系的重要内容，引导各级各类幼儿园广泛开展幼儿足球活动，促进幼儿身心健康全面发展，培养德智体美劳全面发展的社会主义建设者和接班人。

2019 年 5 月，教育部办公厅印发《关于开展 2019 年全国学前教育宣传月活动的通知》。活动主题为"科学做好入学准备"。该文件要求深入贯彻落实《幼儿园教育指导纲要》和《3～6 岁儿童学习与发展指南》，引导广大教师和家长树立

① 《教育部等五部门召开城镇小区配套幼儿园治理工作座谈会》，(2019-02-26)，http://www.gov.cn/xinwen/2019-02/26/content_5368596.htm[2021-08-06]。

科学理念，尊重幼儿发展规律和学习特点，关注幼儿身心全面发展，将入学准备教育贯穿幼儿园教育的全过程，为幼儿今后的学校生活做好准备，为其终身发展奠定良好素质基础。要切实扭转一些家长过度强调知识准备的认识偏差，坚决抵制和摒弃提前学习小学课程和教育内容的错误倾向，重点关注幼儿身心健康、学习品质及社会性发展等关键素质准备，注重锻炼幼儿健康的体魄，让幼儿养成良好的生活习惯和自理能力，激发幼儿学习兴趣，培养幼儿勤学好问、认真专注的学习习惯，让幼儿建立初步的任务意识和规则意识，形成诚实守信、团结友爱、互助合作等道德品质，引发幼儿对小学生活的积极体验和向往。

2019 年 6 月，教育部印发《幼儿园责任督学挂牌督导办法》。该文件规定教育督导部门要根据行政区域内幼儿园布局和规模等情况，原则上按 1 人负责 5 所左右幼儿园的标准配备责任督学。责任督学负责监督指导幼儿园安全管理情况、规范办园情况、师德师风建设情况等。该文件明确，幼儿园责任督学挂牌督导是指县（市、区）人民政府教育督导部门为行政区域内每一所经审批注册的幼儿园（含民办）配备责任督学，实施经常性督导。该文件要求，责任督学参照《中小学校责任督学挂牌督导规程》对幼儿园实施督导，每月不得少于 1 次。发生危及幼儿园安全的重大突发事件或重大事故，责任督学必须第一时间赶赴现场，及时督促处理并报告上级督导部门。该文件还规定，教育督导部门负责对责任督学进行日常管理，包括为责任督学颁发督学证，实行登记管理，建立责任督学考核制度，对责任督学履行职责、开展工作和完成任务情况进行考核等。教育督导部门每月听取责任督学工作汇报，研究处理相关问题。教育行政、教育督导等有关部门要重视督导结果和责任督学建议，将其作为对幼儿园综合评价、主要负责人考评问责的重要依据。在幼儿园评优评先方面，应当充分听取责任督学意见。

2019 年 7 月，教育部印发《关于成立国家教师教育咨询专家委员会、2019—2022 年教育部高等学校幼儿园教师培养等教学指导委员会和第四届全国教师教育课程资源专家委员会的通知》。其中，教育部高等学校幼儿园教师培养等教学指导委员会分别负责开展幼儿园、小学、中学、中等职业学校和特殊教育教师培养的理论与实践研究。

2019 年 8 月，教育部部长陈宝生向全国人大常委会作国务院关于学前教育事业改革和发展情况报告。他分析了“入园难”“入园贵”等问题的主要原因，指出下一步将继续做好城镇小区配套园治理，着力补齐农村学前教育短板，健全经费投入和成本分担机制，破解教师队伍建设难题，提高保教质量，加大督政问责力度，进一步加快学前教育立法进程。[①]

2019 年 9 月，国务院教育督导委员会办公室发布《关于进一步加强中小学（幼儿园）安全工作的紧急通知》。为切实做好中小学、幼儿园校园安全工作，确保广大学生、幼儿生命安全，该文件要求各部门提高认识，压实安全责任；开展排查，化解安全隐患；加强协作，强化周边安全；加大投入，强化三防建设；加强教育，提高防护能力；加强督导，强化责任追究。

2019 年 10 月，城镇小区配套幼儿园治理工作中期推进电视电话会在京召开，会议强调，开展城镇小区配套园治理是党中央、国务院作出的重大决策，各地要着力解决好几个问题。一要解决好治理口径“窄”的问题，进一步规范治理口径，将应治理的小区配套园全面纳入摸排治理范围。二要解决好移交“难”的问题，按照“一园一案”“一事一议”的要求，针对不同情况，分类处理，积极稳妥推进移交。三要解决好补建“慢”的问题，及时做好项目规划和审批、划拨建设用地等方面工作，特事特办、优先保障。四要解决好支持保障“弱”的问题，切实做好配套园机构登记、教师编制、财政支持等方面工作。会议还要求，各地要进一步提高政治站位，将小区配套园整改纳入 2019 年和 2020 年工作的重要内容，予以大力推进。一要压实主体责任，治理工作小组要把领导责任担起来，加强统筹协调，各相关部门要切实担起责任，形成工作合力。二要注重精准施策，分类整改，细心操作，平稳有序推进。三要强化督导检查，将治理工作纳入地方各级政府落实中央重大决策部署督查范围和履行教育职责评价范围，确保如期完成治理整改任务。[②]

2019 年 12 月，教育部党组书记、部长陈宝生在《旗帜》发表文章《推进教育治理体系和治理能力现代化》，指出“在构建服务全民终身学习的教育体系上出实招、见实效”，提到“推动学前教育公益普惠发展”。[③]

2020 年 2 月，为贯彻落实《中共中央 国务院关于学前教育深化改革规范发展的若干意见》，不断提高学前教育普及普惠水平，教育部制定了《县域学前教育普及普惠督导评估办法》。督导评估的主要内容包括普及普惠水平、政府保障情况、幼儿园保教质量保障情况三个方面。普及普惠水平主要包括以下指标和标准：学前三年毛入园率达到 85%；普惠性幼儿园覆盖率，即公办园和普惠性民办

① 《陈宝生向全国人大常委会作国务院关于学前教育事业改革和发展情况报告》,（2019-08-23），http://www.moe.gov.c n/jyb_xwfb/gzdt_gzdt/moe_1485/201908/t20190823_395557.html[2022-10-02]。

② 《城镇小区配套幼儿园治理工作中期推进电视电话会召开》,（2019-10-11），http://www.gov.cn/xinwen/2019-10/11/content_5438315.htm[2022-10-02]。

③ 陈宝生:《推进教育治理体系和治理能力现代化》,《旗帜》2019 年第 11 期，第 17—18 页。

园在园幼儿占比达到 80%；公办园在园幼儿占比达到 50%。政府保障情况主要包括以下指标和标准：党的领导坚强有力；发展规划科学合理，制定幼儿园布局规划，把普惠性幼儿园建设纳入城乡公共管理和公共服务设施统一规划，列入本地区控制性详细规划；学前教育公共服务网络基本完善；小区配套幼儿园管理规范；财政投入到位；收费合理；教师工资待遇有保障；安全风险防控机制健全；监管制度比较完善。幼儿园保教质量保障情况主要包括以下指标和标准：办园条件合格，幼儿园园舍条件、玩教具和幼儿图书配备普遍达到规定要求；2017 年后规划设计的幼儿园符合《幼儿园建设标准》；班额普遍达标，县域内 85% 以上的班额符合《幼儿园工作规程》有关规定；教师配足配齐，按《幼儿园教职工配备标准（暂行）》配足配齐各类幼儿园教职工，公办园没有“有编不补”的情况；县域内幼儿园专任教师总数与在园幼儿总数之比不低于 1∶15；教师管理制度严格，建立健全幼儿园教师资格准入制度和定期注册制度，全面落实幼儿园教师持教师资格证上岗制度，落实幼儿园（含民办）园长、教师定期培训和全员轮训制度，加强师德师风建设，幼儿园普遍建立师德教育、考评、奖惩机制，督导评估认定前 2 年内没有发生严重的师德师风事件；落实科学保教要求，县域内幼儿园落实《幼儿园工作规程》《幼儿园教育指导纲要》《3～6 岁儿童学习与发展指南》的规定，以游戏为基本活动，无“小学化”现象。

2020 年 2 月，中共中央办公厅、国务院办公厅印发《关于深化新时代教育督导体制机制改革的意见》。该文件指出，原则上，学校校（园）长在一个任期结束时，要接受一次综合督导。并且，要“开展幼儿园办园行为”评估。

2020 年 3 月，教育部办公厅、财政部办公厅印发《关于做好 2020 年中小学幼儿园教师国家级培训计划组织实施工作的通知》。该文件要求要落实中央部署，按需做好疫情防控期间线上培训；落实立德树人，服务基础教育改革发展需要；落实扶贫攻坚，提升贫困地区乡村教师素质；落实分层分类，改进教师培训内容与方式；强化能力建设，提升培训体系专业化水平；强化规范管理，形成有活力可持续的发展机制。

2020 年 4 月，教育部办公厅印发《关于切实做好疫情防控期间民办幼儿园扶持工作的通知》。通知要求，各地要把为民办幼儿园纾困解难作为当前一项紧迫任务，聚焦民办幼儿园在疫情防控期间面临的突出问题，区别不同类型民办幼儿园，采取有效措施支持化解民办幼儿园面临的实际困难。通知强调，疫情发生以来，一些地方已经出台了包括财政补助、租金减免、税费减免、金融支持等一系列政策措施，积极扶持民办幼儿园发展。各地教育行政部门要充分借鉴好经验好做法，结合本地实际，主动协调发展改革、财政、人力资源社会保障、金融、税务等部门，统筹落实好国家出台的各项优惠政策，研究制定民办幼儿园阶段性扶持政策。各地要统筹各类资金，加大对民办幼儿园特别是普惠性民办园的支持力度。在做好阶段性扶持工作的同时，要注重完善普惠性民办园支持长效机制。各地在开园复课时要统筹考虑民办幼儿园在防疫物资供应、学生资助等方面的需求，加大对普惠性民办园的政策支持。①

2020 年 4 月，教育部办公厅、住房和城乡建设部办公厅联合印发《关于进一步做好城镇小区配套幼儿园治理工作的通知》，全面部署 2020 年城镇小区配套幼儿园治理工作。该文件指出，开展城镇小区配套园治理工作一年多来，治理城镇小区配套园存在的规划、建设、移交和使用不到位问题，取得积极进展，为扩大普惠性学前教育资源发挥了重要作用。该通知强调，各地要对照本地 2020 年学前三年毛入园率、普惠性幼儿园覆盖率和公办园在园幼儿占比等目标，研制 2020 年治理工作方案。针对未完成整改的城镇小区配套园，该文件要求“一园一策”深化整改任务，明确落实举措，逐园逐项落实，实行销号管理。该文件还分别对需要转为普惠，需要移交、回收、置换、购置，以及新建、改建、补建的配套园提出了整改时限要求。该文件还强调，将加大督导问责力度，把各地小区配套园治理进展作为对省级政府履行教育职责评价内容，对虚报治理进展、走形式治理、普惠性幼儿园不普惠等假治理行为严肃处理。教育部、住建部治理工作联合办公室将定期通报各地整改工作进展。

2020 年 5 月，教育部联合国家卫生健康委印发《中小学校新冠肺炎疫情防控技术方案（修订版）》《托幼机构新冠肺炎疫情防控技术方案（修订版）》，科学精准地指导中小学校、托幼机构做好复学复课疫情防控工作，安全有序地推进复学复课。

2020 年 5 月，教育部教师工作司会同人社部事业单位人事管理司召开 2020 年中小学幼儿园教师招聘工作推进视频会，就贯彻落实《关于做好 2020 年中小学幼儿园教师公开招聘有关工作的通知》精神，指导各地认真做好中小学幼儿园教师公开招聘工作，促进高校毕业生就业进行了工作部署。

2020 年 5 月，人力资源和社会保障部、教育部、中央编办、财政部联合印发《关于做好 2020 年中小学幼儿园教师公开招聘有关工作的通知》。该文件指出，加大幼儿园教师补充力度，支持各地加强幼儿园编制配置，有条件的省份每年核定一定数量的幼儿园教职工编制，招聘学前教育专业高校毕业生到幼儿园

① 《教育部发通知要求各地切实做好疫情防控期间民办幼儿园扶持工作》，(2020-04-16)，http://www.moe.gov.cn/jyb_xwfb/gzdt_gzdt/s5987/202004/t20200416_443958.html[2022-10-02]。

就业。

为加快形成西部大开发新格局，推动西部地区高质量发展，2020 年 5 月，中共中央、国务院印发《关于新时代推进西部大开发形成新格局的指导意见》。该文件提出，支持教育高质量发展，加强普惠性幼儿园建设，大力培养培训贫困地区幼儿园教师。

2020 年 6 月，市场监管总局、教育部、公安部、国家卫生健康委联合印发《校园食品安全守护行动方案（2020—2022 年）》，部署开展 2020—2022 年校园食品安全监管工作。该行动方案要求各地全面落实校外供餐单位食品安全主体责任和学校食品安全校长（园长）负责制，切实强化监管，治理突出问题，加强校园食品安全社会共治。

2020 年 7 月，国务院教育督导委员会办公室召开城镇小区配套幼儿园治理工作会商推进会。会议指出，2020 年完成城镇小区配套园治理工作是党中央、国务院作出的重大决策部署，是落实学前教育普及普惠目标的重要举措，既是一项具有特殊意义的惠民工程，更是一项重大政治任务。会议强调，各地要进一步采取有力措施，加快推进治理工作。一是明确目标，强化收官意识。小区配套园治理是 2020 年重要的收官指标，各地要高度重视，对治理整改工作作出专门部署，不折不扣地完成收官任务。二是明确问题，强化各方责任。要分类梳理遗留问题，找准问题和症结，充分发挥各级治理领导小组的统筹协调作用，根据部门职责，明确牵头部门，分解任务、压实责任，拿出打攻坚战的气势和决心，形成有效工作合力。三是明确措施，强化治理实招。针对治理中的困难问题，要积极学习借鉴其他省份好的经验做法，结合本地实际，拿出实招硬招，采取强有力的措施，加快推动整改落实。四是明确时限，强化日常调度。要根据整改任务，倒排工期、集中调度，分类明确整改时限，逐县逐园明确完成时间节点，争取尽快提供普惠性学位，有效解决“入园难”“入园贵”问题。五是明确机制，强化督导问责。建立完善督导问责机制，进一步加大督查问责力度，对工作不力、进展缓慢的地方政府和有关部门及时约谈。对弄虚作假，搞假治理、假普惠的，要坚决严查。

2020 年 12 月，教育部印发《中国教育监测与评价统计指标体系（2020 年版）》。在“国民接受学校教育状况”这一维度中，包括学前教育毛入园率，普惠性幼儿园覆盖率，幼儿园、中（小）学平均班额等指标。在“办学条件”这一维度中，包括幼儿园学前教育专业毕业专任教师比例、公办幼儿园在编专任教师比例、幼儿园玩教具配备达标率等指标。

2021 年 1 月，教育部办公厅印发《关于做好 2021 年中小学幼儿园安全管理工作的通知》。为切实做好 2021 年中小学幼儿园安全管理工作，防范和遏制涉校涉生安全事件发生，确保广大师生生命财产安全，维护教育系统和谐稳定，该文件要求：①进一步健全校园安全管理制度；②进一步加强校园周边综合治理；③进一步落实校车安全管理要求；④进一步开展学生欺凌防治行动；⑤进一步深化网络环境专项治理；⑥进一步加强安全教育工作；⑦进一步推动家长落实监护责任。

2021 年 3 月，第十三届全国人民代表大会第四次会议在人民大会堂举行。国务院总理李克强作政府工作报告时，介绍了“十四五”时期主要目标任务和 2021 年重点工作。在 2021 年重点工作安排中，在“切实增进民生福祉，不断提高社会建设水平”部分指出，要发展更加公平更高质量的教育，进一步提高学前教育入园率，完善普惠性学前教育保障机制，支持社会力量办园。

2021 年 3 月，教育部办公厅发布《关于开展 2021 年全国学前教育宣传月活动的通知》。该文件指出，2021 年是第十个全国学前教育宣传月，是《3～6 岁儿童学习与发展指南》颁布的十周年，更是全国砥砺奋进推动学前教育跨越式发展、推进科学保教取得重大进展的十年。2021 年的宣传月聚焦学前教育十年砥砺奋进之路，系统回顾宣传学前教育普及普惠发展的重大成果、辉煌成就，以及推进幼儿园科学保教的新实践、新经验，全面展现新时代学前教育深化改革规范发展的新面貌。通过讲好学前教育故事，突出人民群众的获得感、突出教师和家长教育观念的转变、突出幼儿的健康成长，以小见大，反映学前教育改革发展成效。

2021 年 3 月，教育部发布《关于大力推进幼儿园与小学科学衔接的指导意见》，全面推进幼儿园和小学实施入学准备和入学适应教育，减缓衔接坡度，帮助儿童顺利实现从幼儿园到小学的过渡。该文件指出，要使幼儿园和小学教师及家长的教育观念与教育行为明显转变，幼小协同的有效机制基本建立，科学衔接的教育生态基本形成。该意见要求各单位：①改变衔接意识薄弱，小学和幼儿园教育分离的状况，建立幼小协同合作机制，为儿童搭建从幼儿园到小学过渡的阶梯，推动双向衔接。②改变过度重视知识准备，超标教学、超前学习的状况，规范学校和校外培训机构的教育教学行为，合理做好入学准备和入学适应，做好科学衔接。③改变衔接机制不健全的状况，建立行政推动、教科研支持、教育机构和家长共同参与的机制，整合多方资源，实现有效衔接。

2021 年 4 月，教育部等四部门发布《关于实现巩固拓展教育脱贫攻坚成果同乡村振兴有效衔接的意见》。该文件在重点任务部分指出，巩固拓展乡村教师队伍建设成果，落实《教育部等六部门关于加强新时代乡村教师队伍建设的意见》，继续实施农村义务教育阶段学校教师特设岗位计划、中小学幼儿园教师国家级培训计划、乡村教师生活补助政策，优先满足脱贫地区对高素质教师的补充需求，提高乡村教师队伍整体素质。

2021 年 5 月，教育部、财政部发布《关于实施中小学幼儿园教师国家级培训计划（2021—2025 年）的通知》。该文件提出深刻把握教育高质量发展阶段的新要求，坚持示范引领与整体提升结合，为基础教育改革发展培养高端引领人才，为乡村振兴和中西部欠发达地区农村教育改革发展提供坚强师资支撑。在“支持重点”部分指出，实施示范项目，重点加强方向方法引领、优质资源建设，培育教育家型教师和校园长、专家型培训者和团队。实施中西部骨干项目，重点支持中西部欠发达地区农村义务教育学校、幼儿园骨干教师、校园长和培训者深度培训；将巩固拓展脱贫攻坚成果同乡村振兴有效衔接，支持国家乡村振兴重点帮扶县教师校长能力整体提升。辐射带动省、市、县、校级教师培训，实现教师培训全覆盖。在“目标任务”部分指出，推进以教师自主学习、系统提升、持续发展为导向的“国培计划”改革，实行分层分类精准培训，建立教师自主发展机制，探索教师自主选学等模式，推进人工智能与教师培训融合发展。完善教师专业发展支持服务体系，加强市县教师发展机构专业化建设，健全项目区县、高校、中小学校和幼儿园协同发展机制，加强教师培训者队伍专业化建设，健全教师发展评价、培训综合评价机制，全面推进教师培训提质增效。

2021 年 6 月，教育部办公厅印发《教育部基础教育教学指导委员会章程》。该章程指出组织委员深入一线开展调研，发现地方和学校（幼儿园）教育教学改革典型案例，提炼形成可推广的有益经验，并提出推广应用的指导意见和实施指南等；经教育行政部门审核同意后进行推广应用。

2021 年 6 月，教育部办公厅、住房和城乡建设部办公厅联合发布《加强城镇小区配套幼儿园校舍安全管理工作的通知》。该文件要求全面开展安全排查，分类做好整改工作，严格质量安全监管，健全责任追究制度，建立长效保障机制。

2021 年 7 月，教育部办公厅发布《关于实施学前儿童普通话教育“童语同音”计划的通知》。该文件指出，2021 年秋季学期起，未使用国家通用语言文字开展保教活动的民族地区、农村地区幼儿园全部使用国家通用语言文字开展保教活动，为幼儿营造良好的普通话教育环境。“十四五”期间，分期分批开展民族地区、农村地区幼儿园教师国家通用语言文字应用能力培训，基本解决幼儿园教师国家通用语言文字教育教学能力不足的问题，使民族地区、农村地区学前儿童逐步具备基本的普通话交流能力，为进入义务教育阶段学习奠定良好语言基础。

坚持问题导向，重点突破，把握学前教育发展方向，聚焦民族地区、农村地区学前儿童普通话教育实际，抓住关键环节，解决突出问题，以重点突破带动整体推进。

2021 年 12 月，教育部等九部门印发《“十四五”学前教育发展提升行动计划》。该行动计划指出，加强村级幼儿园建设，城市新增人口、流动人口集中地区新建改扩建一批幼儿园，完善城乡学前教育布局和公共服务网络，切实保障适龄幼儿入园；完善农村学前教育资源布局，办好乡镇公办中心幼儿园，通过依托乡镇中心幼儿园举办分园、村独立或联合办园、巡回支教等方式满足农村适龄儿童入园需求；充分发挥乡镇中心幼儿园的辐射指导作用，实施乡（镇）、村幼儿园一体化管理；鼓励有条件的地方探索实施学前教育服务区制度。

二、农村学前教育事业发展

（一）学前教育规模持续增长，农村尤其是乡村的拉动作用依然较弱

1. 幼儿数与入园率的增长

2018 年 11 月，中共中央、国务院印发《关于学前教育深化改革规范发展的若干意见》。该文件明确提出要牢牢把握公益普惠基本方向，把发展普惠性学前教育作为重点任务，把普惠性幼儿园建设纳入城乡公共管理和公共服务设施统一规划，着力构建以普惠性资源为主体的办园体系；到 2020 年实现全国学前三年毛入园率达到 85%，普惠性幼儿园覆盖率（公办园和普惠性民办园在园幼儿占比）达到 80%。2020 年，我国学前三年毛入学率达到 85.20%，实现了该文件提出的 85% 的目标。2019 年 2 月印发的《中国教育现代化 2035》提出普及有质量的学前教育。我们可以根据这些标准来衡量我国在园（班）幼儿数与入园率的发展和目标达成情况。

如表 1.1、表 1.2 所示，2018 年，全国新入园（班）幼儿为 1863.9 万人，比上年减少了 74.1 万人，但学前教育毛入园率达到 81.7%，比上年提高了 2.1 个百分点。2019年，全国新入园（班）幼儿为1688.2万人，比上年减少了175.7万人，但学前教育毛入园率达到 83.4%，比上年提高 1.7 个百分点。2020 年，全国新入园（班）幼儿为 1791.4 万人，比上年增加 103.2 万人，学前教育毛入园率达到 85.2%，比上年提高了 1.8 个百分点，超额完成了中共中央、国务院发布的《关于学前教育深化改革规范发展的若干意见》中提到的到 2020 年实现全国学前三年毛入园率达到 85% 的规划目标。至 2021 年，全国学前三年毛入园率已经达到 88.1%。从增速上来看，随着入园率的不断提高，学前三年毛入园率的增长速度

有所放缓，个别年份甚至出现了负增长。从分城乡看，由于城镇化及人口流动速度的加快，城市新入园（班）幼儿人数继续保持较快的增长，而农村[①]在2016—2019 年连续四年出现较大幅度的负增长。2020 年，城市新入园（班）幼儿为731.4 万人，比上年增长了 11.36%；农村为 1059.9 万人，比上年增长了 2.75%。从城乡入园（班）幼儿所占比例来看，2020 年城市为 40.83%，农村为 59.17%，农村所占比例持续降低。

表 1.1　2010—2020 年新入园（班）人数情况统计[②]　单位：万人

年份	总计	城市	农村
2010	1700.4	315.2	1385.2
2011	1827.3	480.5	1346.8
2012	1911.9	508.7	1403.2
2013	1970.1	528.6	1441.5
2014	1987.8	565.6	1422.2
2015	2008.8	583.3	1425.5
2016	1922.1	596.4	1325.7
2017	1938.0	644.0	1294.0
2018	1863.9	650.8	1213.0
2019	1688.2	656.8	1031.5
2020	1791.4	731.4	1059.9
2010—2019 年均变化值	−1.4	38.0	−39.3
2019—2020 年变化值	103.2	74.6	28.4

资料来源：历年《中国教育统计年鉴》以及教育部网站教育统计数据部分

① 本章出现的农村包括镇区、乡村，与城市（即城区）对应；城镇包括城区、镇区，与乡村对应。从 2011 年起，《中国教育统计年鉴》采用新的城乡划分标准，将原来的城市、县镇、农村调整为城区、镇区、乡村。

② 本章中我国历年教育统计数据来自历年的《中国教育统计年鉴》以及教育部网站教育统计数据部分，为保持数据原貌，小数点仅后保留一位。因四舍五入，部分数据之和不等于总计，下同。

表 1.2　2010—2019 年入园（班）人数增长速度及城乡入园人数所占比例

单位：%

项目	全国	城市	农村
2010—2019 年均增长率	−0.08	8.50	3.22
2019—2020 年增长率	6.11	11.36	2.75
2010 年城乡所占比例	100.00	18.54	81.46
2011 年城乡所占比例	100.00	26.30	73.70
2012 年城乡所占比例	100.00	26.61	73.39
2013 年城乡所占比例	100.00	26.83	73.17
2014 年城乡所占比例	100.00	28.45	71.55
2015 年城乡所占比例	100.00	29.04	70.96
2016 年城乡所占比例	100.00	31.03	68.97
2017 年城乡所占比例	100.00	33.23	66.77
2018 年城乡所占比例	100.00	34.92	65.08
2019 年城乡所占比例	100.00	38.90	61.10
2020 年城乡所占比例	100.00	40.83	59.17

如表 1.3、表 1.4 所示，2020 年，全国在园（班）幼儿人数为 4818.2 万人，比上年增加了 104.3 万人，增长了 2.21%，也远远超过了《国家中长期教育改革和发展规划纲要（2010—2020 年）》规定的 2020 年在园（班）人数达到 4000 万人的目标。从增速上来看，与前几年相比，速度有所放缓，不管是从年均变化值还是年均增长率上来看，都比 2010—2019 年有了较大幅度的下降。从分城乡看，2020 年，城市学前教育在园（班）幼儿数为 1997.0 万人，比上年增长了 6.11%；农村学前教育在园（班）幼儿数为 2821.3 万人，比上年降低了 0.37%。从城乡在园（班）幼儿所占比例来看，2020 年城市为 41.45%，农村为 58.56%。

表 1.3　2010—2020 年在园（班）人数情况统计　　单位：万人

年份	全国	城市	农村
2010	2976.7	752.6	2224.1
2011	3424.4	1147.1	2277.3
2012	3685.8	1250.8	2435.0
2013	3894.7	1317.7	2577.0

续表

年份	全国	城市	农村
2014	4050.7	1406.0	2644.7
2015	4264.8	1489.8	2775.0
2016	4413.9	1591.1	2822.8
2017	4600.1	1706.9	2893.2
2018	4656.4	1773.6	2882.8
2019	4713.9	1882.0	2831.9
2020	4818.2	1997.0	2821.3
2010—2019 年均变化值	193.0	125.5	67.5
2019—2020 年变化值	104.3	115.0	−10.6

表 1.4　2010—2019 年在园（班）人数增长速度及城乡所占比例

单位：%

项目	全国	城市	农村
2010—2019 年均增长率	5.24	10.72	2.72
2019—2020 年增长率	2.21	6.11	−0.37
2010 年城乡所占比例	100.00	25.28	74.72
2011 年城乡所占比例	100.00	33.50	66.50
2012 年城乡所占比例	100.00	33.94	66.06
2013 年城乡所占比例	100.00	33.83	66.17
2014 年城乡所占比例	100.00	34.71	65.29
2015 年城乡所占比例	100.00	34.93	65.07
2016 年城乡所占比例	100.00	36.05	63.95
2017 年城乡所占比例	100.00	37.11	62.89
2018 年城乡所占比例	100.00	38.09	61.91
2019 年城乡所占比例	100.00	39.92	60.08
2020 年城乡所占比例	100.00	41.45	58.56

2. 幼儿园数量、班级数量的发展

从幼儿园数量的变化来看，2010—2019 年幼儿园数量由 150 420 所增加到 281 174 所，年均增长 7.20%。其中，城区幼儿园数量由 35 845 所增加到 89 576

所，年均增长 10.71%；镇区幼儿园数量由 42 987 所增加到 92 910 所，年均增长 8.94%；乡村幼儿园数量由 71 588 所增加到 98 688 所，年均增长 3.63%。从 2019—2020 年的增长情况来看，全国幼儿园数量的年增长数量和年均增长率分别为 10 541 所和 3.75%，相比 2010—2019 年的平均增长率有所下降。从 2019—2020 年分城乡情况来看，城区的增长速度是最快的，增幅达到了 6.09%，乡村为 2.80%，镇区的增长速度最慢，为 2.51%。从 2020 年城乡幼儿园数量所占比例来看，城区幼儿园数量占了全国幼儿园总数的 32.58%，镇区占 32.65%，乡村占 34.78%。（表 1.5、表 1.6）

从幼儿园班级数量的变化来看，2010—2019 年幼儿园班级数量由 971 525 个增加到 1 728 603 个，年均增长 6.61%。其中，城区幼儿园班级数量由 254 172 个增加到 671 302 个，年均增长 11.39%；镇区幼儿园班级数量由 297 586 个增加到 612 613 个，年均增长 8.35%；乡村幼儿园班级数量由 419 767 个增加到 444 688 个，年均增长 0.64%。从 2019—2020 年的年均增长情况来看，全国幼儿园班级数量的年均增长数量和增长率分别为 43 711 个和 2.53%，相比 2010—2019 年的平均增长率有所下降。从 2019—2020 年分城乡情况来看，城区的年均增长速度是最快的，增幅达到了 5.70%，镇区达到了 1.54%，而乡村出现班级数量减少的情况，降幅为 0.89%。从 2020 年城乡幼儿园班级数量所占比例来看，城区幼儿园班级数占到了全国幼儿园班级数量的 40.03%，镇区占 35.10%，乡村占 24.87%，乡村占比是最低的（表 1.5、表 1.6）。

表 1.5　2010—2020 年幼儿园数量、班级数量的变化情况

年份	幼儿园数量（所）				班级数量（个）			
	总计	城区	镇区	乡村	总计	城区	镇区	乡村
2010	150 420	35 845	42 987	71 588	971 525	254 172	297 586	419 767
2011	166 750	53 547	54 519	58 684	1 255 816	411 873	420 164	423 779
2012	181 251	57 677	60 483	63 091	1 266 496	433 113	434 595	398 788
2013	198 553	61 239	67 436	69 878	1 343 042	471 208	463 356	408 478
2014	209 881	65 834	71 464	72 583	1 382 248	486 994	483 700	411 554
2015	223 683	69 021	77 402	77 260	1 460 469	513 148	525 459	421 862
2016	239 812	74 262	81 666	83 884	1 527 353	551 252	548 603	427 498
2017	254 950	78 961	85 807	90 182	1 612 901	593 017	576 473	443 411
2018	266 677	83 732	88 894	94 051	1 678 924	628 063	597 727	453 134

续表

年份	幼儿园数量（所）				班级数量（个）			
	总计	城区	镇区	乡村	总计	城区	镇区	乡村
2019	281 174	89 576	92 910	98 688	1 728 603	671 302	612 613	444 688
2020	291 715	95 030	95 238	101 447	1 772 314	709 541	622 033	440 740
2010—2019 年均变化值	14 528	5 970	5 547	3 011	84 119	46 347	35 003	2 769
2019—2020 年变化值	10 541	5 454	2 328	2 759	43 711	38 239	9 420	-3 948

表 1.6 2010—2020 年幼儿园数量、班级数量增长速度及城乡所占比例

单位：%

项目	幼儿园数量				班级数量			
	全国	城区	镇区	乡村	全国	城区	镇区	乡村
2010—2019 年均增长率	7.20	10.71	8.94	3.63	6.61	11.39	8.35	0.64
2019—2020 年增长率	3.75	6.09	2.51	2.80	2.53	5.70	1.54	−0.89
2011 年城乡所占比例	100.00	32.11	32.70	35.19	100.00	32.80	33.46	33.75
2012 年城乡所占比例	100.00	31.82	33.37	34.81	100.00	34.20	34.31	31.49
2013 年城乡所占比例	100.00	30.84	33.96	35.19	100.00	35.09	34.50	30.41
2014 年城乡所占比例	100.00	31.37	34.05	34.58	100.00	35.23	34.99	29.77
2015 年城乡所占比例	100.00	30.86	34.60	34.54	100.00	35.14	35.98	28.89
2016 年城乡所占比例	100.00	30.97	34.05	34.98	100.00	36.09	35.92	27.99
2017 年城乡所占比例	100.00	30.97	33.66	35.37	100.00	36.77	35.74	27.49
2018 年城乡所占比例	100.00	31.40	33.33	35.27	100.00	37.41	35.60	26.99
2019 年城乡所占比例	100.00	31.86	33.04	35.10	100.00	38.83	35.44	25.73
2020 年城乡所占比例	100.00	32.58	32.65	34.78	100.00	40.03	35.10	24.87

（二）经费投入增长迅速，农村财政性投入低于城市

充足的经费是保障学前教育发展的基础，学前教育要想获得良好发展，必须

要有稳定的经费保障机制。从经费来源构成看，学前教育经费包括国家财政性教育经费、民办学校中举办者的投入、社会捐赠经费、事业收入（包括学杂费）及其他教育经费。2010—2020 年，我国学前教育经费以年均 19.17% 的速度递增，大大超过了其他教育类型每年最高不到 12% 的增长速度，也超过了教育总经费年均 10.49% 的增幅，反映出我国对学前教育的重视程度不断提高。2010—2020 年各类教育经费总收入增长情况如表 1.7 所示。

表 1.7　2010—2020 年各类教育经费总收入增长情况

年份	经费总收入（万元）	普通高校经费总收入（万元）	普通中学经费总收入（万元）	普通小学经费总收入（万元）	幼儿园经费总收入（万元）	幼儿园经费所占比例（%）
2010	195 618 471	54 978 649	54 164 955	48 870 719	7 280 143	3.72
2011	238 692 936	68 802 316	66 607 151	60 120 841	10 185 761	4.27
2012	286 553 052	78 019 064	79 432 995	72 631 044	15 039 285	5.25
2013	303 647 182	79 757 658	83 829 115	79 508 941	17 580 537	5.79
2014	328 064 609	85 098 552	88 191 300	86 806 363	20 487 571	6.24
2015	361 291 927	93 641 072	97 176 348	98 268 426	24 267 444	6.72
2016	388 883 850	99 733 862	105 457 849	108 546 879	28 035 346	7.21
2017	425 620 069	109 469 964	116 368 591	118 879 709	32 560 543	7.65
2018	461 429 980	118 587 686	127 121 845	127 230 306	36 724 094	7.96
2019	501 781 166	132 961 821	139 223 774	138 028 249	41 042 661	8.18
2020	530 338 681	138 295 153	149 912 504	146 708 474	42 046 284	7.93
2010—2020 年均增长率（%）	10.49	9.66	10.72	11.62	19.17	

从最能体现学前教育公益性程度的国家财政性教育经费的增长情况来看，其也表现出与各类教育经费总收入同样的增长态势。2010—2020 年，学前教育国家财政性经费年均增幅达到了 26.35%，远远高于普通高等学校、普通中小学 11.00% 左右的年均增幅，如表 1.8 所示。

表 1.8　2010—2020 年各类教育国家财政性教育经费增长情况

年份	财政性教育经费总收入（万元）	普通高校财政性教育经费（万元）	普通中学财政性教育经费（万元）	普通小学财政性教育经费（万元）	幼儿园财政性教育经费（万元）	幼儿园财政性经费所占比例（%）
2010	146 700 670	29 018 026	44 742 044	464 259 842	24 435 264	1.67
2011	185 867 009	40 234 989	57 023 628	57 596 542	41 569 861	2.24
2012	231 475 698	48 666 312	69 865 160	69 720 140	74 765 045	3.23
2013	24 488 2177	47 968 763	73 819 458	76 418 475	86 237 156	3.52
2014	264 205 821	51 448 764	77 557 192	83 144 692	93 405 194	3.54
2015	292 214 511	58 411 445	85 842 063	93 718 425	113 286 852	3.88
2016	313 962 519	61 988 340	93 416 416	103 174 232	132 607 178	4.22
2017	342 077 546	67 989 388	102 960 953	112 455 635	156 357 101	4.57
2018	369 957 704	74 491 134	112 062 031	119 648 009	177 393 964	4.79
2019	400 465 453	84 272 034	122 275 510	129 154 097	200 794 813	5.01
2020	429 081 543	88 232 016	131 020 541	136 931 632	25 336 520	5.90
2010—2020 年均增长率（%）	11.33	11.76	11.34	11.42	26.35	

然而，学前教育总经费与国家财政性经费快速增长的状况并不能掩饰学前教育公益性弱化的现实。首先，全社会对学前教育经费投入的基数和起点很低，学前教育经费占国家教育经费总投入的比例一直很低，即便是比例最高的 2019 年也不过 8.18%（表 1.7），与义务教育等其他类型的教育相比还有很大差距；学前国家教育财政性经费也是非常少，其占国家财政性教育经费总收入的比例到 2020 年也只有 5.90%（表 1.8），不仅远远低于其他类型教育的水平，也低于世界发达国家 7.00% 的平均水平。特别是与我国国情较为接近的巴西、墨西哥、蒙古等发展中国家，2010 年这一比例均达到或超过了 8.00%，其中巴西为 8.00%，墨西哥为 8.90%，蒙古更是达到了 18.00%。[①] 其次，非财政性经费尤其是由公民个人承担的学前教育经费也呈现出了快速增长的态势。从表 1.9 可以看出，由公民个人直接承担的学前教育经费（学杂费）2010—2020 年的年平均增长速度达到

① 庞丽娟：《学前教育经费占同级财政性教育经费比例应不低于 7%》，《人民政协报》2011 年 3 月 2 日，第 B06 版。

了 14.74%，十年间增长了 1 倍多。从所占比例来看，幼儿园学杂费占全国各阶段教育学杂费的比例总体上一直在提高，由 2010 年的 12.74% 提高到 2018 年的 29.35%，2019 年略有降低，降低到 29.09%，2020 年降低到 22.47%。

表 1.9　2010—2020 年各类教育学杂费增长情况

年份	学杂费总收入（万元）	普通高校学杂费（万元）	普通中学学杂费（万元）	普通小学学杂费（万元）	幼儿园学杂费（万元）	幼儿园学杂费所占比例（%）
2010	30 155 593	16 760 756	5 354 371	896 042	3 841 975	12.74
2011	33 169 742	18 121 026	5 769 061	1 141 006	4 927 263	14.85
2012	35 048 301	18 660 749	5 768 621	1 437 948	6 281 604	17.92
2013	37 376 869	19 999 916	6 187 895	1 576 287	7 556 600	20.22
2014	40 530 393	19 808 710	7 003 589	2 165 091	9 820 855	24.23
2015	43 173 611	20 156 901	7 105 683	2 754 690	11 564 806	26.79
2016	47 709 339	21 388 310	8 002 855	3 391 133	13 402 114	28.09
2017	52 932 815	22 959 872	8 852 869	4 134 441	15 377 757	29.05
2018	58 958 343	24 501 305	10 203 977	5 199 011	17 303 563	29.35
2019	66 863 024	26 552 395	12 213 763	6 635 797	19 449 966	29.09
2020	67 614 302	28 397 767	14 181 479	7 572 820	15 196 157	22.47
2010—2020 年均增长率（%）	8.41	5.41	10.23	23.79	14.74	

从分城乡情况来看，2019 年，全国幼儿园经费投入为 4104.27 亿元，其中城市地区为 2347.48 亿元，农村地区为 1756.79 亿元，城市地区与农村地区所占比例分别为 57.20%、42.80%；全国幼儿园财政性投入为 2007.95 亿元，其中城市地区为 1032.92 亿元，农村地区为 975.03 亿元，城市地区和农村地区所占比例分别为 51.44%、48.56%；全国幼儿园学杂费为 1945.00 亿元，其中城市地区为 1221.55 亿元，农村地区为 723.44 亿元，城市地区和农村地区所占比例分别为 62.80%、37.20%。2020 年，全国幼儿园经费投入为 4204.63 亿元，其中城市地区为 2378.81 亿元，农村地区为 1825.82 亿元，城市地区与农村地区所占比例分别为 56.58%、43.42%；全国幼儿园财政性投入为 2533.65 亿元，其中城市地区为 1368.86 亿元，农村地区为 1164.79 亿元，城市地区和农村地区所占比例分别为 54.03%、45.97%；全国幼儿园学杂费投入为 1519.62 亿元，其中城市地区

为 914.54 亿元，农村地区为 605.08 亿元，城市地区和农村地区所占比例分别为 60.18%、39.82%。考虑到学龄人口基数，农村地区相对处于落后的状况，如表 1.10 所示。

表 1.10　2019—2020 年分城乡幼儿园经费投入比较

项目			全国	城市	农村
2019 年	金额（万元）	总投入	41 042 661	23 474 750	17 567 911
		财政性投入	20 079 481	10 329 212	9 750 270
		学杂费	19 449 966	12 215 549	7 234 417
	比例（%）	总投入	100	57.20	42.80
		财政性投入	100	51.44	48.56
		学杂费	100	62.80	37.20
2020 年	金额（万元）	总投入	42 046 284	23 788 063	18 258 221
		财政性投入	25 336 520	13 688 572	11 647 948
		学杂费	15 196 157	9 145 376	6 050 781
	比例（%）	总投入	100	56.58	43.42
		财政性投入	100	54.03	45.97
		学杂费	100	60.18	39.82

（三）学前教育教师[①]配置水平持续提升，城乡差距依然较大

1. 学前教育教师队伍规模增加情况

从幼儿园教师的数量变化来看，2010—2019 年幼儿园专任教师由 1 144 225 人增加到 2 763 104 人，年均增长 10.29%。其中城区专任教师数由 462 844 人增加到 1 336 427 人，年均增长 12.50%；镇区专任教师数由 405 535 人增加到 978 261 人，年均增长 10.28%；乡村专任教师先降后升，由 275 846 人下降到 2013 年的 268 327 人，再上升到 2019 年的 448 416 人，年均增加 5.55%。2019—2020 年，全国幼儿园专任教师数的年均增长值和增长率分别为 150 322 人和 5.16%，年均增长率和 2010—2019 年相比有所降低。从分城乡情况来看，城区的增幅为 6.60%，镇区为 4.20%，乡村为 2.82%，城区的增幅是最大的。但是从 2020 年城乡幼儿园专任教师数所占比例来看，城区幼儿园专任教师占到了全国

① 学前教育教师仅指幼儿园口径统计的教师。

幼儿园专任教师总数的 49.11%，镇区为 35.05%，乡村只占 15.84%，乡村教师所占的比例是最低的。具体情况见表 1.11、表 1.12。

表 1.11　2010—2020 年幼儿园专任教师数变化情况　单位：人

年份	总计	城区	镇区	乡村
2010	1 144 225	462 844	405 535	275 846
2011	1 315 634	660 689	453 224	201 721
2012	1 479 237	737 289	512 385	229 563
2013	1 663 487	802 174	592 986	268 327
2014	1 844 148	884 373	659 023	300 752
2015	2 051 021	956 261	753 314	341 446
2016	2 232 067	1 048 592	812 958	370 517
2017	2 432 138	1 150 623	876 958	404 557
2018	2 581 363	1 230 946	924 801	425 616
2019	2 763 104	1 336 427	978 261	448 416
2020	2 913 426	1 430 802	1 021 174	461 450
2010—2019 年均变化值	179 875	97 065	63 636	19 174
2019—2020 年变化值	150 322	94 375	42 913	13 034

表 1.12　2010—2020 年幼儿园专任教师数增长速度及城乡所占比例

单位：%

项目	总计	城区	镇区	乡村
2010—2019 年均增长率	10.29	12.50	10.28	5.55
2019—2020 年增长率	5.44	7.06	4.39	2.91
2011 年城乡所占比例	100.00	50.22	34.45	15.33
2012 年城乡所占比例	100.00	49.84	34.64	15.52
2013 年城乡所占比例	100.00	48.22	35.65	16.13
2014 年城乡所占比例	100.00	47.96	35.74	16.31
2015 年城乡所占比例	100.00	46.62	36.73	16.65
2016 年城乡所占比例	100.00	46.98	36.42	16.60
2017 年城乡所占比例	100.00	47.31	36.06	16.63
2018 年城乡所占比例	100.00	47.69	35.83	16.49
2019 年城乡所占比例	100.00	48.37	35.40	16.23
2020 年城乡所占比例	100.00	49.11	35.05	15.84

幼儿园教职工数变化也呈现出了与专任教师类似的状况。2010—2019 年幼儿园教职工数由 1 849 301 人增加到 4 915 735 人，年均增长 11.47%。其中城区教职工数由 796 127 人增加到 2 478 527 人，年均增长 13.45%；镇区教职工数由 620 669 人增加到 1 666 577 人，年均增长 11.60%；乡村教职工数由 432 505 人增加到 770 631 人，年均增长 6.63%。2019—2020 年，全国幼儿园教职工数的年均增长值和增长率分别为 282 430 人和 5.43%，年均增长率和 2010—2019 年相比有所降低。从分城乡情况来看，城区的增幅为 7.08%，镇区为 4.27%，乡村为 2.45%，城区的增幅是最大的。从 2020 年城乡幼儿园教职工数所占比例来看，城区幼儿园教职工数占到了全国幼儿园教职工总数的 51.31%，镇区为 33.49%，乡村只占 15.20%，乡村教职工所占的比例是最低的。具体情况见表 1.13、表 1.14。

表 1.13　2010—2020 年幼儿园教职工数变化情况　　单位：人

年份	总计	城区	镇区	乡村
2010	1 849 301	796 127	620 669	432 505
2011	2 204 367	1 165 407	713 631	325 329
2012	2 489 972	1 298 693	817 647	373 632
2013	2 826 753	1 423 614	958 790	444 349
2014	3 142 226	1 578 160	1 067 708	496 358
2015	3 495 791	1 708 000	1 225 876	561 915
2016	3 817 830	1 875 033	1 330 138	612 659
2017	4 192 850	2 069 988	1 443 717	679 145
2018	4 531 454	2 253 425	1 552 441	725 588
2019	4 915 735	2 478 527	1 666 577	770 631
2020	5 198 165	2 667 325	1 740 875	789 965
2010—2019 年均变化值	340 715	186 933	116 212	37 570
2019—2020 年变化值	282 430	188 798	74 298	19 334

表 1.14　2010—2020 年幼儿园教职工数增长速度及城乡所占比例

单位：%

项目	总计	城区	镇区	乡村
2010—2019 年均增长率	11.47	13.45	11.60	6.63
2019—2020 年增长率	5.75	7.62	4.46	2.51
2011 年城乡所占比例	100.00	52.87	32.37	14.76

续表

项目	总计	城区	镇区	乡村
2012 年城乡所占比例	100.00	52.16	32.84	15.01
2013 年城乡所占比例	100.00	50.36	33.92	15.72
2014 年城乡所占比例	100.00	50.22	33.98	15.80
2015 年城乡所占比例	100.00	48.86	35.07	16.07
2016 年城乡所占比例	100.00	49.11	34.84	16.05
2017 年城乡所占比例	100.00	49.37	34.43	16.20
2018 年城乡所占比例	100.00	49.73	34.26	16.01
2019 年城乡所占比例	100.00	50.42	33.90	15.68
2020 年城乡所占比例	100.00	51.31	33.49	15.20

2. 学前教育教师学历水平持续提升，农村增幅明显

从学前教育教师的学历水平来看，2010—2019 年全国学前教育专任教师中大专及以上学历教师比例由 60.30% 上升到 82.73%，年均增加 2.49%。其中城区专任教师中大专及以上学历教师比例由 71.50% 上升到 88.67%，年均增加 1.91%；镇区专任教师中大专及以上学历教师比例由 60.13% 上升到 80.19%，年均增加 2.23%；乡村专任教师中大专及以上学历教师比例由 41.76% 上升到 70.60%，年均增加 3.20%。2019—2020 年，全国学前教育专任教师中大专及以上学历教师比例由 82.73% 上升到 85.01%，增长幅度为 2.28%，略低于 2010—2019 年的年均增长幅度。从分城乡情况来看，城区的年均增幅为 1.67%，镇区为 2.58%，乡村为 2.87%，乡村的增幅是最大的。再从 2020 年分城乡学前教育专任教师中大专及以上学历教师所占比例来看，城区为 90.34%，镇区为 82.77%，乡村只占 73.47%，乡村大专及以上学历专任教师的比例是最低的，见表 1.15。

表 1.15　2010—2020 年幼儿园专任教师中大专及以上学历比例变化

单位：%

年份	总计	城区	镇区	乡村
2010	60.30	71.50	60.13	41.76
2011	62.48	70.85	59.13	42.61
2012	65.13	72.92	62.31	46.42
2013	68.15	75.81	65.42	51.25
2014	70.89	77.70	68.81	55.43
2015	73.80	80.16	72.26	59.40

续表

年份	总计	城区	镇区	乡村
2016	76.54	82.85	74.83	62.64
2017	79.05	85.40	76.79	65.89
2018	80.97	87.13	78.60	68.29
2019	82.73	88.67	80.19	70.60
2020	85.01	90.34	82.77	73.47
2010—2019 年均变化值	2.49	1.91	2.23	3.20
2019—2020 年变化值	2.28	1.67	2.58	2.87

3. 学前教育教师中未评职称教师比例有所降低，但占比仍偏高，农村地区更为突出

从学前教育教师的职称情况来看，2010—2019 年全国学前教育专任教师中未评职称教师比例由 64.94% 上升到 75.73%，年均增加 1.20%。其中城区专任教师中未评职称教师比例由 61.57% 上升到 75.29%，年均增加 1.52%；镇区专任教师中未评职称教师比例由 61.29% 上升到 74.94%，年均增加 1.52%；乡村专任教师中未评职称教师比例由 75.96% 上升到 78.80%，年均增加 0.32%。2019—2020 年，全国学前教育专任教师中未评职称教师比例由 75.73% 下降到 74.96%，降低幅度为 0.77%，相比 2010—2019 年的增长情况，出现明显转折。从分城乡情况来看，城区的降幅为 0.63%，镇区为 0.82%，乡村为 1.04%。再从 2020 年分城乡学前教育专任教师中未评职称教师所占比例来看，城区为 74.66%，镇区为 74.12%，乡村为 77.76%，镇区的情况最好，城区次之，乡村专任教师中未评职称教师的比例是最高的，见表 1.16。

表 1.16　2010—2020 年幼儿园专任教师中未评职称比例变化　单位：%

年份	总计	城区	镇区	乡村
2010	64.94	61.57	61.29	75.96
2011	67.57	66.07	65.91	76.19
2012	69.65	68.21	68.18	77.53
2013	71.48	70.13	70.19	78.36
2014	72.27	71.62	70.69	77.63
2015	73.38	72.88	72.07	77.67

续表

年份	总计	城区	镇区	乡村
2016	74.06	73.81	72.91	77.30
2017	75.12	74.50	74.18	78.93
2018	75.67	75.12	74.78	79.23
2019	75.73	75.29	74.94	78.80
2020	74.96	74.66	74.12	77.76
2010—2019 年均变化值	1.20	1.52	1.52	0.32
2019—2020 年变化值	−0.77	−0.63	−0.82	−1.04

4. 学前教育教师中代课教师比例[①]出现反弹，农村幼儿园代课教师比例高于城市

从学前教育代课教师比例来看，2011—2019 年全国学前教育代课教师比例由 8.11% 下降到 3.83%，年均下降 0.54%。其中城区学前教育代课教师比例由 4.47% 下降到 2.01%，年均下降 0.31%；镇区学前教育代课教师比例由 11.13% 下降到 5.01%，年均下降 0.77%；乡村学前教育代课教师比例由 13.35% 下降到 6.69%，年均下降 0.83%。2019—2020 年，全国学前教育代课教师比例由 3.83% 增长到 3.71%，增长幅度为 -0.12%，较 2011—2019 年的年均变化值下降的态势，出现明显转折。从分城乡情况来看，城区的增幅为 0.74%，镇区为 1.99%，乡村为 2.71%，乡村地区幼儿园代课教师比例增长最高。再从 2020 年分城乡学前教育代课教师比例来看，城区为 2.75%，镇区为 7.00%，乡村为 9.40%，城区的情况最好，镇区次之，乡村学前教育代课教师比例是最高的，见表 1.17。

表 1.17　2011—2020 年幼儿园代课教师所占比例状况　　单位：%

年份	总计	城区	镇区	乡村
2010	—	—	—	—
2011	8.11	4.47	11.13	13.35
2012	7.50	3.89	10.63	12.07
2013	7.08	3.73	9.80	11.02
2014	6.48	3.40	9.05	9.89

① 代课教师比例是指代课教师数占专任教师数、保育员数和代课教师数之和的比例。

续表

年份	总计	城区	镇区	乡村
2015	5.62	3.16	7.23	9.05
2016	5.56	3.13	7.21	8.83
2017	5.07	2.55	6.57	8.91
2018	4.33	2.11	5.70	7.71
2019	3.83	2.01	5.01	6.69
2020	3.71	2.75	7.00	9.40
2011—2019 年均变化值	−0.54	−0.31	−0.77	−0.83
2019—2020 年变化值	−0.12	0.74	1.99	2.71

（四）幼儿园硬件设施继续改善，农村地区依然比较薄弱

1. 幼儿园校舍建筑总面积增长较快，农村地区较为薄弱

2012—2019 年全国幼儿园校舍建筑面积由 171 794 977 平方米增加到 388 655 084 平方米，年均增长 12.37%。其中城区幼儿园校舍建筑面积由 81 561 374 平方米增加到 172 248 269 平方米，年均增长 11.26%；镇区幼儿园校舍建筑面积由 59 919 968 平方米增加到 141 616 480 平方米，年均增长 13.07%；乡村幼儿园校舍建筑面积由 30 313 635 平方米增加到 74 790 336 平方米，年均增长 13.77%。2020 年，全国幼儿园校舍建筑总面积为 424 604 973 平方米，比 2019 年增加 35 949 889 平方米，增幅达 9.25%，低于 2012—2019 年的年均增长速度。乡村地区校舍建筑总面积为 80 180 522 平方米，比 2019 年增加 5 390 186 平方米，年增长率为 7.21%，城区和镇区的年均增长率分别为 11.20% 和 7.95%。从 2020 年城乡幼儿园校舍建筑面积所占比例来看，城区幼儿园校舍建筑面积占到了全国幼儿园校舍建筑面积总数的 45.11%，镇区为 36.01%，乡村只占 18.88%，乡村幼儿园校舍建筑面积所占的比例是最低的。具体情况见表 1.18、表 1.19。

表 1.18　2012—2020 年幼儿园校舍建筑面积变化情况

单位：平方米

年份	总计	城区	镇区	乡村
2012	171 794 977	81 561 374	59 919 968	30 313 635
2013	201 842 763	91 763 492	72 995 278	37 083 993
2014	229 985 220	104 055 633	83 453 917	42 475 670
2015	258 436 366	113 079 962	96 626 116	48 730 288

续表

年份	总计	城区	镇区	乡村
2016	286 993 542	125 482 552	106 933 684	54 577 307
2017	320 492 662	138 887 119	118 326 053	63 279 491
2018	353 827 561	154 828 843	129 924 778	69 073 940
2019	388 655 084	172 248 269	141 616 480	74 790 336
2020	424 604 973	191 544 684	152 879 767	80 180 522
2012—2019 年均变化值	30 980 015	12 955 271	11 670 930	6 353 814
2019—2020 年变化值	35 949 889	19 296 415	11 263 287	5 390 186

表 1.19 2012—2020 年幼儿园校舍建筑面积增长速度及城乡所占比例

单位：%

项目	总计	城区	镇区	乡村
2012—2019 年均增长率	12.37	11.27	13.07	13.77
2019—2020 年增长率	9.25	11.20	7.95	7.21
2012 年城乡所占比例	100.00	47.48	34.88	17.65
2013 年城乡所占比例	100.00	45.46	36.16	18.37
2014 年城乡所占比例	100.00	45.24	36.29	18.47
2015 年城乡所占比例	100.00	43.76	37.39	18.86
2016 年城乡所占比例	100.00	43.72	37.26	19.02
2017 年城乡所占比例	100.00	43.34	36.92	19.74
2018 年城乡所占比例	100.00	43.76	36.72	19.52
2019 年城乡所占比例	100.00	44.32	36.44	19.24
2020 年城乡所占比例	100.00	45.11	36.01	18.88

2. 幼儿园占地面积稳步增长，农村幼儿园增速较慢

2012—2019 年全国幼儿园占地面积由 345 445 818 平方米增加到 672 313 844 平方米，年均增长 9.98%。其中城区幼儿园占地面积由 128 865 934 平方米增加到 237 214 082 平方米，年均增长 9.11%；镇区幼儿园占地面积由 123 600 613 平方米增加到 243 505 300 平方米，年均增长 10.17%；乡村幼儿园占地面积由 92 979 271 平方米增加到 191 594 462 平方米，年均增长 10.88%。2020 年，全国幼儿园占地总面积为 724 013 787 平方米，比 2019 年增加 51 699 943 平方米，增长 7.69%。乡村地区幼儿园占地面积增长速度最慢，2020 年为 202 615 296 平方米，比 2019 年增加 11 020 834 平方米，增长 5.75%，城区和镇区的增长率分别

为 10.29% 和 6.68%。从 2020 年城乡幼儿园占地面积所占比例来看，城区幼儿园占地面积占到了全国幼儿园占地面积总数的 36.14%，镇区为 35.88%，乡村只占 27.99%，乡村幼儿园占地面积所占的比例是最低的。见表 1.20、表 1.21。

表 1.20　2012—2020 年幼儿园占地面积变化情况

单位：平方米

年份	总计	城区	镇区	乡村
2012	345 445 818	128 865 934	123 600 613	92 979 271
2013	392 967 185	140 052 343	144 485 657	108 429 185
2014	431 969 423	153 618 199	159 769 820	118 581 404
2015	477 021 986	163 519 672	179 973 815	133 528 500
2016	518 424 625	178 223 279	194 403 691	145 797 656
2017	576 405 518	196 306 543	211 349 689	168 749 286
2018	623 452 804	215 298 932	227 774 794	180 379 078
2019	672 313 844	237 214 082	243 505 300	191 594 462
2020	724 013 787	261 624 904	259 773 586	202 615 296
2012—2019 年均变化值	46 695 432	15 478 307	17 129 241	14 087 884
2019—2020 年变化值	51 699 943	24 410 822	16 268 286	11 020 834

表 1.21　2012—2020 年幼儿园占地面积增长速度及城乡所占比例

单位：%

项目	总计	城区	镇区	乡村
2012—2019 年均增长率	9.98	9.11	10.17	10.88
2019—2020 年增长率	7.69	10.29	6.68	5.75
2012 年城乡所占比例	100.00	37.30	35.78	26.92
2013 年城乡所占比例	100.00	35.64	36.77	27.59
2014 年城乡所占比例	100.00	35.56	36.99	27.45
2015 年城乡所占比例	100.00	34.28	37.73	27.99
2016 年城乡所占比例	100.00	34.38	37.50	28.12
2017 年城乡所占比例	100.00	34.06	36.67	29.28
2018 年城乡所占比例	100.00	34.53	36.53	28.93
2019年城乡所占比例	100.00	35.28	36.22	28.50
2020 年城乡所占比例	100.00	36.14	35.88	27.99

3. 幼儿园图书册数继续以较快速度增长，城乡还有一定差距

2012—2019年，全国幼儿园图书册数由182 233 569册增加到431 520 351册，年均增长13.11%。其中城区幼儿园图书册数由86 428 274册增加到194 874 904册，年均增长12.32%；镇区幼儿园图书册数由65 100 317册增加到160 045 141册，年均增长13.71%；乡村幼儿园图书册数由30 704 978册增加到76 600 306册，年均增长13.95%。2020年，全国幼儿园图书总册数为468 762 292册，比2019年增加37 241 941册，增长8.63%。城区幼儿园图书册数增长速度最快，2020年为215 358 086册，比2019年增加20 483 182册，增长10.51%，镇区和乡村的增长率分别为6.81%和7.65%。从2020年城乡幼儿园图书册数所占比例来看，城区幼儿园图书册数占到了全国幼儿园图书册数的45.94%，镇区为36.47%，乡村只占17.59%，乡村幼儿园图书册数所占的比例是最低的。见表1.22、表1.23。

表 1.22　2012—2020 年幼儿园图书册数变化情况　　单位：册

年份	总计	城区	镇区	乡村
2012	182 233 569	86 428 274	65 100 317	30 704 978
2013	218 970 675	100 194 643	80 781 764	3 7994 268
2014	254 067 994	116 559 148	93 761 813	43 747 033
2015	294 672 988	129 082 547	112 253 195	53 337 246
2016	324 906 807	143 608 540	122 256 932	59 041 335
2017	358 862 257	160 966 292	133 466 581	64 429 384
2018	393 513 020	175 826 895	146 813 458	70 872 667
2019	431 520 351	194 874 904	160 045 141	76 600 306
2020	468 762 292	215 358 086	170 947 009	82 457 197
2012—2019 年均变化值	35 612 397	15 492 376	13 563 546	6 556 475
2019—2020 年变化值	37 241 941	20 483 182	10 901 868	5 856 891

资料来源：历年的《中国教育统计年鉴》以及教育部网站教育统计数据部分

表 1.23　2012—2020 年幼儿园图书册数增长速度及城乡所占比例

单位：%

项目	总计	城区	镇区	乡村
2012—2019 年均增长率	13.11	12.32	13.71	13.95
2019—2020 年增长率	8.63	10.51	6.81	7.65
2012 年城乡所占比例	100	47.43	35.72	16.85

续表

项目	总计	城区	镇区	乡村
2013 年城乡所占比例	100	45.76	36.89	17.35
2014 年城乡所占比例	100	45.88	36.90	17.22
2015 年城乡所占比例	100	43.81	38.09	18.10
2016 年城乡所占比例	100	44.20	37.63	18.17
2017 年城乡所占比例	100	44.85	37.19	17.95
2018 年城乡所占比例	100	44.68	37.31	18.01
2019 年城乡所占比例	100	45.16	37.09	17.75
2020 年城乡所占比例	100	45.94	36.47	17.59

三、“十四五”时期我国学前教育发展目标规划研究

“十四五”是我国全面建设社会主义现代化强国新征程的第一个五年规划期，也是实现我国第二个百年奋斗目标的重要时期。2019 年 2 月，中共中央、国务院印发《中国教育现代化 2035》，提出到 2035 年，总体实现教育现代化，迈入教育强国行列，对学前教育也提出了普及而有质量的发展目标。准确把握“十四五”期间学前教育的发展目标和任务，能不断推进学前教育向更高水平发展，进而为实现包括学前教育在内的中国教育现代化 2035 远景目标奠定坚实基础。

（一）发展目标制定的依据、原则和指标选取

1. 发展目标制定的依据

（1）当前发展现状

如果人或组织是完全理性的，那就可以通过考虑各种因素来准确地预测未来会发生什么。但是，任何个人和组织的理性都是不完全的，在有限理性的制约下，政府要预测社会发展，制定未来的发展目标，向后看就成为重要的参考依据。一般来说，预测下一年预算的最好方法是根据前一年的预算进行预测，它是以前一年的预算为基础的。[①] 制定学前教育[②]发展目标同样如此，如果不清楚当前学前教育的发展现状与存在的问题，制定未来发展目标就缺少了参照点，没有了现实基础。同时，就自身的性质而言，发展目标规划也必须体现发展性，选择某一时间区间内可以发生积累性变化的教育指标，这也要求我们明确当前学前教

① 周雪光：《组织社会学十讲》，社会科学文献出版社 2003 年版，第 182 页。

② 如没有特殊说明，本报告的学前教育专指幼儿园教育，相关数据也是以幼儿园统计口径得出的。

育的发展起点和未来可能发生的积累性变化。

（2）主要影响因素

学前教育发展受诸多因素的影响，这些因素成为预测未来学前教育发展状态的重要依据。在诸多影响因素中，学龄人口、可以使用的资源、政策支持是最重要的。学龄人口变化主要受生育意愿、生育政策以及人口流动的影响，生育意愿和生育政策会影响学龄人口总量的变化，人口流动则会影响学龄人口的空间分布。可以使用的资源主要受中央和地方经济发展水平以及政府财政能力的制约。地区经济发展水平不仅决定了政府财政能力的上限，也决定了民间力量办园可能调用的资源总量。财政能力是坚持政府主导，落实各级政府责任，实现学前教育公益普惠的公共资源保障。政策支持是决定政府努力程度和吸引社会资源投入学前教育领域的制度保障。例如，《国家中长期教育改革和发展规划纲要（2010—2020 年）》颁布实施以后，一系列政策的支持和行动计划的开展使学前教育获得了前所未有的发展。

（3）对先发国家经验的合理参考

我国学前教育发展目标的制定，要立足于中国现实，分析各种影响因素，以客观认识中国学前教育的现实为突破口，判断学前教育未来发展方向并进行合理的目标设定。同时，在全球化背景下，各国之间的相互影响、相互比较和相互借鉴成为常态，任何一个国家都不可能脱离国际背景而单独发展。先发国家是后发国家追赶的对象，后发国家要经历对先发国家教育经验的学习和模仿，才能走上独立的发展道路。[①] 因此，发达国家学前教育发展的一般水平就成为制定我国学前教育发展目标的合理参考和重要依据。

2. 发展目标制定的原则

（1）导向性原则

导向性原则是指发展指标的选取与目标制定要具有规范性和方向性，以保证各级政府和部门明确努力方向，引导学前教育朝正确的方向发展。这就要求学前教育发展目标的制定必须与国家的宏观经济社会政策相一致，并能体现党的教育方针和教育目的。在学前教育发展项目和指标的具体选择方面，既要全面，又要有所侧重，对体现学前教育普及性、普惠性以及教育质量方面的指标和发展领域给予重点关注。

（2）合理性原则

发展目标规划制定的主要目的在于通过目标设置对各级政府和部门进行有效

① 李国强：《也谈我国高等教育现阶段的发展特征》,《高等教育研究》2017 年第 7 期，第 16—22 页。

的引导和激励，通过体制机制改革和资源投入，有力地促进学前教育发展。学前教育发展目标的制定一定要遵循合理性原则，既要有一定的挑战性，即各级政府必须经过较大努力才能实现，也要具有可达性，不能好高骛远，避免目标要求过高。因此，我们不能仅凭美好的发展意愿来确定学前教育发展目标的预期值，因为这会导致目标的预期值超过全国及各地的经济社会发展水平，同时也不能低估自身的发展潜力和热情，以免教育发展目标的预期值远远低于全国及各地的经济社会发展水平。

（3）实用性原则

目标规划的目的在于引导发展，因此其实用性很重要。学前教育发展指标选择及目标设定要考虑简明性、可操作性和可比性，所选择的相关指标力求简洁明了、易于理解和操作。评价指标体系要用尽可能少的指标反映尽可能多的内容。同时，选取的指标要具有可测量性，数据要容易获得，能够从教育部门或其他公开的资料中得到。此外，评价指标体系还要具有可比性，能够在一定的时空范围、程度上与自身和其他国家进行比较。

3. 发展指标的选取

对学前教育发展目标进行规划和预测，首先要明确的就是学前教育的哪些方面应该获得发展，这涉及发展指标的选取和确定。在指标选取方面，我们以经济合作与发展组织（Organization for Economic Co-operation and Development，OECD）[①] 每年出版的《教育概览：OECD 指标》（*Education at a Glance: OECD Indicators*）为主要依据。《教育概览：OECD 指标》是经济合作与发展组织的旗舰研究项目“国家教育指标体系”的主要研究成果，也是其教育类核心出版物，自 20 世纪 90 年代开始推出，至今已有 20 多年的时间。每年出版的《教育概览：OECD 指标》都汇集了 OECD 教育指标研究的最新成果，能够翔实地反映世界教育改革与发展的总体趋势及各国具体教育发展策略的差异，对于各国政府进行决策、管理及教育教学过程的改进具有重要的参考价值。它在指标设计、分析方法和报告形式上都会不断有所创新和突破，因此我们选取其中稳定的、最有代表性的一些指标来进行比较。在 2010 年和 2019 年出版的《教育概览：OECD 指标》中，有关学前教育发展方面的共同指标主要包括入园率、在私人机构入园的儿童比例、生师比、教师最低学历、生均教育经费、学前教育经费支出占国内生产总值（gross domestic product，GDP）的比例、私人投入所占比例。对这些

① 截至2019年，经济合作与发展组织共有37个成员国，其中拉脱维亚、立陶宛、哥伦比亚三国于2010 年后加入。

指标进行适当分类和相应的转换，根据我国的实际，形成对比维度和指标体系，见表 1.24。

表 1.24　中国与 OECD 国家学前教育发展水平对比维度与指标体系

指标维度	具体指标
普及指标	学前三年毛入园率
投入指标	学前教育经费支出占 GDP 的比例
	生均学前教育经费
质量指标	生师比
	教师最低学历
公益普惠指标	公办园在园学生比例
	公共经费所占比例

在不同时间段对我国和 OECD 国家的学前教育发展水平进行比较，既能从纵向上看到近些年我国学前教育发展取得的进步，同时也能从横向的国别比较中发现我国与 OECD 国家存在的差距。这对于明确我国学前教育的发展起点和未来前进方向，科学合理地规划“十四五”时期我国学前教育发展目标具有重要的参考意义。

（二）我国学前教育的发展现状、成就及国际比较

1. 普及指标的发展水平比较

从学前三年毛入园率来看，2010 年，我国学前三年毛入园率为 56.6%，低于除瑞士和土耳其以外的其他 OECD 成员国，且远低于 OECD 国家的平均水平（82%），与 OECD 国家的平均水平相差 25.4 个百分点。具体来看，比利时、丹麦、法国、德国、意大利、日本、冰岛、荷兰等国的学前三年毛入园率都超过了 90%，其中法国学前教育三年毛入园率已经达到 100%。同为发展中国家的墨西哥，其学前三年毛入园率也达到了 78%。可见，2010 年我国的学前三年毛入园率与 OECD 国家相比差距明显。

2019 年，我国学前三年毛入园率达到了 83.4%，超过了美国、英国、瑞士、希腊、智利、哥伦比亚、斯洛伐克等国家的水平，且超过了 2019 年 OECD 国家的平均水平（83%），2021 年全国学前三年毛入园率已经达到 88.1%。从增幅看，2010—2019 年，OECD 国家中只有少数国家增幅超过了 10.00%。我国 2010—2021 年的学前三年毛入园率增幅为 31.5%，是增幅最大的国家。我国与 OECD 国家的发展水平基本持平。鉴于 OECD 包括世界上大多数发达国家，这将是一

个非常了不起的成就，如表 1.25 所示。这得益于 2010 年以来我国高度重视学前教育的发展，积极落实《国家中长期教育改革和发展规划纲要（2010—2020 年）》中“基本普及学前教育”的战略目标。

表 1.25　中国与 OECD、欧盟国家学前教育 3～5 岁儿童入园率[①]情况比较

单位：%

国别	3～5 岁儿童入园（学）率		国别	3～5 岁儿童入园（学）率	
	2010 年	2019 年		2010 年	2019 年
澳大利亚	74	57	拉脱维亚	82	93
奥地利	86	90	立陶宛	72	87
比利时	99	98	卢森堡	87	87
加拿大	—	—	墨西哥	78	71
智利	70	80	荷兰	94	91
哥伦比亚	—	78	新西兰	—	59
哥斯达黎加	—	62	挪威	96	97
捷克	79	86	波兰	60	87
丹麦	94	97	葡萄牙	87	92
爱沙尼亚	89	91	斯洛伐克	72	78
芬兰	73	85	斯洛文尼亚	86	92
法国	100	100	西班牙	97	97
德国	94	94	瑞典	97	94
希腊	—	69	瑞士	47	49
匈牙利	87	93	土耳其	27	39
冰岛	96	97	英国	—	68
爱尔兰	—	59	美国	66	64
以色列	86	99	OECD 国家平均	82	83
意大利	98	92	欧盟国家平均	87	89
日本	90	94	中国	56.6	83.4
韩国	85	93			

注：由于原始数据只保留了整数，数据无法精确到小数点后两位

资料来源：国外有关数据主要来自 OECD 出版的《教育概览：OECD 指标》一书，中国的数据由教育部网站公布的教育统计数据计算而来

① 中国与OECD国家的统计指标有差别，OECD国家的统计指标采用的是3～5岁儿童的入园（学）率，计算公式如下：3～5 岁儿童的入园（学）人数 / 3～5 岁儿童总数；中国采用的是学前教育三年毛入园率，计算公式如下：在园幼儿数 / 3～5 岁儿童总数。

2. 投入指标的发展水平比较

从学前教育经费支出占 GDP 的比例来看，2010 年，中国学前教育经费支出占 GDP 的比例为 0.2%，低于除澳大利亚外的其他 OECD 国家。OECD 国家学前教育经费支出占 GDP 的平均比例为 0.6%，中国与 OECD 国家的差距明显。具体来看，许多 OECD 国家的学前教育经费支出占 GDP 的比例超过了 0.6%，部分国家超过了 0.8%。其中，丹麦和冰岛分别达到了 1.1% 和 1.0%。同为发展中国家的墨西哥，其学前教育经费支出占 GDP 的比例也达到了 0.6%，远高于中国（0.2%）。可见，2010 年，我国学前教育经费支出占 GDP 的比例处于较低水平，学前教育还没有得到足够的重视和支持。学前教育能够动用的社会资源有限，学前教育的地位有待进一步提升。①

2019 年，我国学前教育经费支出占 GDP 的比例增加至 0.4%，这是近年来我国政府和社会各界重视并支持学前教育发展，加大对学前教育投入力度的结果。但是，2018 年，OECD 国家学前教育经费支出占 GDP 的比例平均仍保持在 0.6%，一些国家学前教育经费支出占 GDP 的比例超过了 0.9%。与 2010 年相比，中国与 OECD 国家的差距有所缩小，但是差距仍然存在，如表 1.26 所示。

表 1.26　中国与 OECD、欧盟国家学前教育经费支出占 GDP 的比例

单位：%

国别	学前教育经费占 GDP 的比例		国别	学前教育经费占 GDP 的比例	
	2010 年	2018 年		2010 年	2018 年
澳大利亚	0.1	0.3	拉脱维亚	—	0.8
奥地利	0.6	0.5	立陶宛	—	0.8
比利时	0.6	0.7	卢森堡	0.8	0.5
加拿大	—	—	墨西哥	0.6	—
智利	0.6（2011 年）	1	荷兰	0.4	0.4
哥伦比亚	—	0.3	新西兰	0.6	0.5
哥斯达黎加	—	—	挪威	0.5	1
捷克	0.5	0.6	波兰	0.7	0.9
丹麦	1.1	0.6	葡萄牙	0.4	0.5

① 郐平川：《我国学前教育财政投入法律制度建设刍议》，《教育科学》2014 年第 1 期，第 22—26 页。

续表

国别	学前教育经费占 GDP 的比例		国别	学前教育经费占 GDP 的比例	
	2010 年	2018 年		2010 年	2018 年
爱沙尼亚	0.5	—	斯洛伐克	0.5	0.6
芬兰	0.4	0.8	斯洛文尼亚	0.7	0.7
法国	0.7	0.7	西班牙	0.9	0.5
德国	—	0.6	瑞典	0.7	1.3
希腊	—	0.3	瑞士	0.2	—
匈牙利	0.7	0.7	土耳其	—	0.4
冰岛	1.0	1.1	英国	0.3	0.3
爱尔兰	—	—	美国	0.5	0.4
以色列	0.8	1	OECD 国家平均	0.6	0.6
意大利	0.5	0.6	欧盟国家平均	0.6	0.7
日本	0.2	0.2	中国	0.2	0.4（2019 年）
韩国	0.3	0.5			

资料来源：国外有关数据主要来自 OECD 出版的《教育概览：OECD 指标》一书，中国的数据根据历年《中国教育经费统计年鉴》中的数据计算而来

从生均学前教育经费来看，2010 年，中国生均学前教育经费支出为 418 美元，远低于 OECD 国家生均学前教育经费支出的平均水平（6762 美元），差距较大。但是，OECD 国家内部生均学前教育经费支出的差距也很大。这既与经济发展水平有关，也与在园幼儿的数量和规模有关，还与一国货币的购买力水平有关。如果按照各国不同的价格水平计算出来的货币之间的等值系数，即购买力平价来计算，那么国家之间的这种生均教育经费支出水平的差距将大大缩小。

2010 年以来，我国对学前教育的重视程度越来越高，对学前教育的投入也大幅增加。2017 年，我国生均学前教育经费支出达到了 1145 美元，与 2010 年的 418 美元相比增加了近 2 倍，增长速度非常快。这是中国自 2010 年以来将学前教育经费纳入政府财政预算、优化教育财政投入结构、鼓励社会力量办园等一系列政策措施的成果。然而，2018 年，OECD 国家生均学前教育经费支出的平均水平为 9123 美元，中国与其相比差距有所缩小，但差距依然较大，如表 1.27 所示。

表 1.27 中国与 OECD、欧盟国家生均学前教育经费支出

单位：美元

国别	生均教育经费		国别	生均教育经费	
	2010 年	2018 年		2010 年	2018 年
澳大利亚	8 899	8 488	拉脱维亚	—	6 035
奥地利	8 893	11 020	立陶宛	—	7 810
比利时	6 024	9 406	卢森堡	20 958	20 921
加拿大	—	—	墨西哥	2 280	2 717
智利	3 544（2011 年）	7 549	荷兰	7 664	8 081
哥伦比亚	—	1 484	新西兰	11 495	8 550
哥斯达黎加	—	—	挪威	6 610	16 514
捷克	4 247	6 818	波兰	5 737	7 574
丹麦	9 454	—	葡萄牙	5 977	8 113
爱沙尼亚	2 533	8 929	斯洛伐克	4 306	6 623
芬兰	5 372	12 051	斯洛文尼亚	7 744	8 893
法国	6 362	9 163	西班牙	6 685	7 578
德国	—	115 681	瑞典	6 582	15 004
希腊	—	6 144	瑞士	5 186	—
匈牙利	4 773	—	土耳其	2 490	5 173
冰岛	8 606	17 070	英国	7 047	—
爱尔兰	—	—	美国	10 020	9 906
以色列	3 910	6 321	OECD 国家平均	6 762	9 123
意大利	7 177	10 100	欧盟国家平均	7 085	9 570
日本	5 550	—	中国	418①	1 145②（2017 年）
韩国	6 739	8 081			

资料来源：国外有关数据主要来自 OECD 出版的《教育概览：OECD 指标》一书，中国的数据根据历年《中国教育经费统计年鉴》中的数据计算而来

3. 质量指标的发展水平比较

从学前教育生师比③来看，2010 年，中国学前教育生师比为 22∶1，OECD 国

① 2010 年我国生均学前教育经费支出为 2829.93 元，按 2010 年 1 美元兑换 6.7695 元人民币的平均汇率得出。

② 2017 年我国生均学前教育经费支出为 7732.82 元，按 2017 年 1 美元兑换 6.7518 元人民币的平均汇率得出。

③ 在园幼儿数与专任教师数的比值。

家学前教育生师比平均值为 14.4∶1，中国的比例高于除以色列和墨西哥以外的其他 OECD 国家，总体上中国与 OECD 国家的平均水平差距较大。具体来看，多数 OECD 国家的学前教育生师比低于 15∶1，部分国家甚至已经低于 10∶1。其中，爱沙尼亚、冰岛、瑞典的学前教育生师比分别为 6∶1、6.9∶1、6.3∶1。

2017 年，中国的学前教育生师比降低为 17∶1，与 2010 年的 22∶1 相比有了较大幅度的下降。OECD 国家学前教育生师比的平均值由 2010 年的 14.4∶1 变为 2019 年的 15∶1，不仅没有降低，反而出现一定程度的上升，如表 1.28 所示。总体来看，中国学前教育生师比已接近 OECD 国家的平均水平。鉴于 OECD 国家多为发达国家，可以说这是 2010 年以来中国大力发展学前教育，积极采取一系列学前师资配置措施所取得的重要成就。

表 1.28　中国与 OECD、欧盟国家学前教育生师比

国别	生师比		国别	生师比	
	2010 年	2019 年		2010 年	2019 年
澳大利亚	—	—	拉脱维亚	—	10
奥地利	14.7	13	立陶宛	—	10
比利时	15.9	14	卢森堡	12	12
加拿大	—	—	墨西哥	25.4	20
智利	9.7	23	荷兰	—	16
哥伦比亚	—	38	新西兰	7.1	6
哥斯达黎加	—	12	挪威	—	12
捷克	13.9	13	波兰	18.7	15
丹麦	—	7	葡萄牙	15.7	16
爱沙尼亚	6	—	斯洛伐克	12.5	12
芬兰	11	9	斯洛文尼亚	9.4	21
法国	21.5	23	西班牙	13	14
德国	12.6	9	瑞典	6.3	14
希腊	—	10	瑞士	17.5	18
匈牙利	11	13	土耳其	23	17
冰岛	6.9	5	英国	15.9	40
爱尔兰	19.8	—	美国	14.6	12
以色列	24.6	—	OECD 国家平均	14.4	15

续表

国别	生师比		国别	生师比	
	2010 年	2019 年		2010 年	2019 年
意大利	11.8	12	欧盟国家平均	13.4	113
日本	15.9	14	中国	22	17（2017 年）
韩国	17.1	12			

资料来源：国外有关数据主要来自 OECD 出版的《教育概览：OECD 指标》一书，中国的数据由教育部公布的教育统计数据计算而来

从学前教育专任教师的最低学历要求来看，2010 年，绝大部分有资料可查的 OECD 国家要求学前教育专任教师的最低学历为本科，只有个别国家要求学前教育专任教师的最低学历为高级中等教育。中国同时期对学前教育专任教师的最低学历要求为中专，相当于高级中等教育层次。可见，与 OECD 国家相比，中国对学前教育专任教师的学历要求偏低。

2010 年以后，中国学前教育发展迅速，人民群众对学前教育的质量要求也越来越高。但是，中国对学前教育专任教师的最低学历要求没有大的改变，依然为中专学历。截至 2017 年，大部分 OECD 国家对学前教育专任教师的最低学历要求依然为本科，部分国家要求为短期高等教育（类似于专科），法国、波兰、葡萄牙等国家甚至把学前教育专任教师的学历提高到硕士及以上。与 OECD 国家相比，中国对学前教育专任教师的学历要求相对偏低，如表 1.29 所示。

表 1.29　中国与 OECD、欧盟国家对学前教育专任教师的最低学历要求

国别	最低学历要求		国别	最低学历要求	
	2010 年	2017 年		2010 年	2017 年
澳大利亚	—	—	拉脱维亚	—	短期高等教育
奥地利	本科	短期高等教育[①]	立陶宛	—	本科
比利时	本科	本科	卢森堡	本科	—
加拿大	—	—	墨西哥	—	本科
智利	—	本科	荷兰	本科	—
哥伦比亚	—	—	新西兰	本科	本科
捷克	本科	—	挪威	本科	本科

① 类似于中国的专科教育。

续表

国别	最低学历要求		国别	最低学历要求	
	2010 年	2017 年		2010 年	2017 年
丹麦	本科	本科	波兰	本科	硕士
爱沙尼亚	—	本科	葡萄牙	本科	硕士
芬兰	本科	本科或硕士	斯洛伐克	—	高级中等教育
法国	本科	硕士	斯洛文尼亚	—	本科
德国	本科	本科	西班牙	本科	本科
希腊	本科	—	瑞典	本科	本科
匈牙利	—	—	瑞士	—	本科
冰岛	—	—	土耳其	本科	—
爱尔兰	高级中等教育	—	英国	本科（苏格兰）	短期高等教育
以色列	本科（2012）	短期高等教育	美国	本科	—
意大利	—	—	OECD 国家平均	—	—
日本	本科（2007）	短期高等教育	欧盟国家平均	—	—
韩国	本科	短期高等教育	中国	中专	中专

资料来源：国外有关数据主要来自 OECD 出版的《教育概览：OECD 指标》一书，中国的数据由《中华人民共和国教师法》规定的学历要求整理而来

4. 公益普惠指标的发展水平比较

从公办幼儿园学生[①]占比来看，2010 年，中国公办幼儿园学生占比为 53%，OECD 国家公办幼儿园学生占比的平均值为 62.7%，中国与 OECD 国家的平均水平相差 9.7 个百分点，差距明显。从 OECD 国家内部来看，不同国家公办幼儿园学生占比差距较大，多数国家公办幼儿园学生比例超过了 70%，有十余个国家超过了 90%，但也有包括日本、韩国在内的近 10 个国家不足 50%，个别国家甚至低于 5%。总体来看，与 OECD 国家相比，2010 年中国公办幼儿园学生占比处于中等偏下水平。

2010 年以后，公益普惠成为中国学前教育发展的基本方向，国家发布的许多政策文件都指出发展学前教育必须坚持公益性和普惠性。但是，2010 年之后，中国学前教育的快速发展在相当大程度上是民间办园力量拉动的结果。这一结果导致我国公办幼儿园学生占比不增反降。数据显示，2019 年我国公办幼儿园学

① 我国的统计口径不仅包括幼儿园学生，也包括独立设置的学前班学生。

生占比为 43.8%，与 2010 年相比下降了近 10 个百分点。与此相反，OECD 国家这一比例的平均值有所上升，2019 年增长到 67%。中国与 OECD 国家在这一发展指标上的差距进一步拉大，相差 23.2 个百分点，如表 1.30 所示。因此，提高公办幼儿园学生占比是未来中国学前教育发展的一项重要任务。

表 1.30　中国与 OECD、欧盟国家学前教育公办园学生所占比例情况

单位：%

国别	公办园学生占比		国别	公办园学生占比	
	2010 年	2019 年		2010 年	2019 年
澳大利亚	25.0	14	拉脱维亚	—	92
奥地利	71.9	71	立陶宛	—	95
比利时	47.2	47	卢森堡	91.6	89
加拿大	93.0	—	墨西哥	85.9	84
智利	34.1	36	荷兰	100	72
哥伦比亚	—	80	新西兰	1.7	1
捷克	98.4	89	挪威	55.1	51
哥斯达黎加	—	96	波兰	86.7	74
丹麦	79.1	78	葡萄牙	51.4	53
爱沙尼亚	97.4	—	斯洛伐克	96.4	93
芬兰	91.2	86	斯洛文尼亚	96.4	95
法国	87.1	86	西班牙	64.2	67
德国	35.2	35	瑞典	83.8	82
希腊	92.6	89	瑞士	96.1	95
匈牙利	93.9	89	土耳其	91	83
冰岛	88	85	英国	79	45
爱尔兰	2.5	1	美国	55.5	60
以色列	95.6	65	OECD 国家平均	62.7	67
意大利	68.6	72	欧盟国家平均	75.1	74
日本	30.4	23	中国	53.0	43.8
韩国	17.2	25			

注：由于原始数据只保留了整数或小数点后一位，数据无法精确到小数点后两位

资料来源：国外有关数据主要来自 OECD 出版的《教育概览：OECD 指标》一书，中国的数据由教育部公布的教育统计数据计算而来

从学前教育公共经费所占比例来看，2010 年，中国学前教育公共经费所占比例为 33.6%，而 OECD 国家这一比例的平均值为 82.1%，中国学前教育公共经费所占比例比 OECD 国家的平均值低了 48.5 个百分点，差距较大。具体来看，多数 OECD 国家学前教育公共经费所占比例都超过了 70%，其中有 10 个国家超过了 90%，瑞典更是达到了 100%，比例较低的日本、韩国也都超过了 45%。

2010 年以后，中国多个重要政策文件都明确了政府在学前教育投入上的责任，提出要确保财政投入在学前教育投入上的主渠道作用。在国家政策的引导下，2019 年，中国学前教育公共经费所占比例增加了 15.3 个百分点，达到了 48.9%，2018 年，OECD 国家学前教育公共经费所占比例的平均值就达到了 83.0%，中国与之相比，差距依然较大，如表 1.31 所示。由此可见，在未来学前教育的普及和发展过程中，政府还需要承担更大的责任，加大学前教育投入力度，提高学前教育财政性投入的比例，维护学前教育的公益性和普惠性。①

表 1.31　中国与 OECD、欧盟国家学前教育公共经费所占比例

单位：%

国别	学前教育公共经费所占比例		国别	学前教育公共经费所占比例	
	2010 年	2018 年		2010 年	2018 年
澳大利亚	55.8	69	拉脱维亚	—	96
奥地利	72.2	87	立陶宛	—	87
比利时	96.4	98	卢森堡	98.8	98
加拿大	—	—	墨西哥	83.6	—
智利	83.1（2011 年）	73	荷兰	94.2	87
哥伦比亚	—	73	新西兰	84.8	84
哥斯达黎加	—	—	挪威	84.6	86
捷克	92	90	波兰	79	84
丹麦	86.7	76	葡萄牙	—	66
爱沙尼亚	98.5	—	斯洛伐克	82.3	75
芬兰	90.1	91	斯洛文尼亚	79.1	77
法国	93.7	93	西班牙	73.2	84
德国	—	85	瑞典	100	95
希腊	—	87	瑞士	—	—

① 郇平川：《我国学前教育财政投入法律制度建设刍议》,《教育科学》2014年第1期，第22—26页。

续表

国别	学前教育公共经费所占比例		国别	学前教育公共经费所占比例	
	2010 年	2018 年		2010 年	2018 年
匈牙利	—	90	土耳其	—	74
冰岛	75.7	87	英国	91.4	62
爱尔兰	—	—	美国	70.9	76
以色列	78.3	91	OECD 国家平均	82.1	83
意大利	91.8	81	欧盟国家平均	88.7	87
日本	45.2	52	中国	33.6	48.9（2019 年）
韩国	52.5	82			

注：为保持数据原貌，只保留了小数点后一位或只保留了整数

资料来源：国外有关数据主要来自 OECD 出版的《教育概览：OECD 指标》一书，中国的数据由《中国教育经费统计年鉴》中的数据计算而来

（三）“十四五”时期学前教育发展主要指标的目标设定

科学的学前教育发展目标规划应该是应然性与可能性的统一。前文对我国学前教育发展现状、成就及国际比较的分析，使我们明确了学前教育的发展起点和未来前进方向，这是就应然性而言的。要把这种应然性转化为实然性并设定一个合理限度，还必须客观地分析“十四五”时期影响我国学前教育发展的三个主要因素，即学龄人口、可以使用的资源、政策支持。首先，从学龄人口变动情况来看，随着 2016 年“全面二孩”政策的实施，学前适龄入园儿童规模有所增长，会对未来学前教育的普及和发展产生一定影响。这种影响主要体现在中短期，学前教育阶段的适龄幼儿将出现较大幅度的增长，到 2021 年达到了顶峰，随后学前教育阶段的适龄幼儿会保持匀速减少的趋势，学者认为 2027 年将减少到大约 2016 年的规模，2025 年学前教育阶段的适龄幼儿数量与 2018 年相比只是略高。[①] 因此，人口因素对学前教育发展的影响作用不会太大。其次，从可以使用的资源来看，“十四五”时期我国经济发展将继续处于中高速增长的新常态阶段，并步入高收入经济体的行列[②]，这可以为学前教育发展提供较为充足的经济和财力

① 杨顺光、李玲、张兵娟、殷新：《“全面二孩”政策与学前教育资源配置——基于未来20年适龄人口的预测》，《学前教育研究》2016 年第 8 期，第 3—13 页。

② 李培林：《新中国70年社会建设和社会巨变》，《北京工业大学学报（社会科学版）》2019 年第 4 期，第 1—10 页。

资源。最后，从政策支持来看，2018 年，《中共中央 国务院关于学前教育深化改革规范发展的若干意见》发布，这是中华人民共和国成立以来第一个以中共中央、国务院名义印发的关于学前教育工作的文件。这个文件对新时代学前教育改革发展进行了顶层设计和全面部署，为“十四五”时期学前教育发展提供了一个良好的政策预期。总体来说，“十四五”时期我国学前教育发展的前景较为乐观，我们将以此为依据，并综合考虑其他因素对学前教育发展的主要指标进行目标设定。

1. 学前三年毛入园率

2018 年，我国学前三年毛入园率为 81.7%，距离同年《中共中央 国务院关于学前教育深化改革规范发展的若干意见》中提出的“到 2020 年，全国学前三年毛入园率达到 85%”的发展目标还差 3.3 个百分点。按照近些年我国学前教育的发展速度，基本可以断定这一目标将会实现。综合 2021 年中国学前三年毛入园率水平以及中国学前教育发展的主要影响因素，可以预期，到 2025 年“十四五”结束，中国学前三年毛入园率达到 90% 是一个相对适中的目标。

2. 学前教育经费支出占 GDP 的比例

学前教育经费支出占 GDP 的比例反映了国家和社会总资源投入到学前教育领域的多少，体现了一国或地区对学前教育的重视程度。2017 年，我国学前教育经费支出占 GDP 的比例为 0.39%，低于 2016 年 OECD 国家 0.6% 的平均水平。2010 年后我国学前教育经费支出占 GDP 的比例每年以 0.03 个百分点的平均速度增加。虽然我国并没有对学前教育经费支出占 GDP 的比例有一个明确的要求，但基于我国学前教育普及程度在未来几年将进一步提高，并且对这一阶段教育质量的要求也越来越高的情况，学前教育经费支出占 GDP 的比例也将相应地提高。考虑到在园学生数量在“十四五”时期的增加和国家对学前教育的重视，根据近些年我国学前教育经费支出占 GDP 的比例以平均 0.03 个百分点的速度增长，我们设定到 2025 年“十四五”结束，学前教育经费支出占 GDP 的比例为 0.6% 是比较合适的，即达到 OECD 国家的平均水平。

3. 学前教育生均经费

通过各国学前教育生均经费投入及平均水平的分析，可以衡量我国学前教育生均经费的高低，但是以此作为确定我国未来学前教育生均经费标准的参考值就存在很大的问题。前文谈到，生均教育经费标准受到多重因素的影响，包括各国的经济发展水平、政府财力状况、物价水平、受教育人口数量等，如果不综合考虑这些影响因素，学前教育生均经费标准确定的科学性和合理性就可能受到较大影响。根据国际惯例，一般以学前教育生均投入占人均 GDP 的比例作为衡量一国学前教育生均经费标准的重要指标。OECD 国家学前教育生均投入与人均 GDP 比例平均为 20%，欧盟国家为 21%，并且这种比例是相对稳定的。[①] 因此，我们可以以这个比例来设定我国未来学前教育生均经费的目标值。2021 年我国人均 GDP 达到 80 976 元，按年平均汇率折算达 12 551 美元，超过世界人均 GDP 水平。[②] 按照世界银行公布的 GDP 人均 12 616 美元的高收入经济体的门槛，根据我国目前经济的年平均增长速度，预计在 2025 年前的某个时间点，我国将会步入高收入经济体的行列。[③] 很多学者预测，到 2025 年前后，我国可以跨过 GDP 人均 12 700 美元的门槛。[④] 如果按照这一人均 GDP 水平和 OECD 国家学前教育生均投入平均占人均 GDP 20% 的标准，2025 年我国学前教育生均经费标准应为 2540 美元，与 2017 年的 1145 美元相比，将增加 1.2 倍。

4. 生师比

2017 年，中国学前教育生师比为 17∶1。根据 2013 年教育部制定的《幼儿园教职工配备标准（暂行）》，大班、中班、小班的幼儿数与专任教师数的比例分别不应高于 17.5∶1、15∶1、12.5∶1。2020 年 2 月，教育部印发《县域学前教育普及普惠督导评估办法》，规定要按《幼儿园教职工配备标准（暂行）》配足配齐各类幼儿园教职工，县域内幼儿园专任教师总数与在园幼儿总数之比不低于 1∶15。结合目前我国学前教育生师比现状以及国家有关政策规定，参照 OECD 国家这一比例的平均值（2010 年为 14.4∶1，2019 年为 15∶1），到 2025 年"十四五"结束，我国学前教育生师比达到 15∶1 以下是一种较为理想的状态。

5. 教师最低学历

目前，我国对学前教育专任教师的最低学历要求为中专（高中），而几乎所有 OECD 国家对学前教育专任教师的最低学历要求为短期高等教育（类似于专科），还有一些国家把学前教育专任教师的最低学历要求提高到硕士水平。事实上，我国幼儿园专任教师中大专及以上学历的比例已经由 2010 年的 60.3% 增长至 2018 年的 80.97%。从国家政策来看，2018 年，《中共中央 国务院关于学前教育

① 袁媛、杨卫安：《我国学前教育生均经费标准和生均财政拨款标准研究——基于 OECD 2012 年度教育统计报告的数据分析》，《教育与经济》2013 年第 3 期，第 15—19 页。

② 北京日报客户端：《2021 年我国 GDP 破 110 万亿元，人均 GDP 突破 8 万元，超世界人均水平》，（2022-02-28），https://baijiahao.baidu.com/s?id=1725985640332422807&wfr=spider&for=pc[2022-11-14]。

③ 李培林：《新中国 70 年社会建设和社会巨变》，《北京工业大学学报（社会科学版）》2019 年第 4 期，第 1—10 页。

④ 林毅夫：《中华民族伟大复兴和"一带一路"倡议》，《上海对外经贸大学学报》2018 年第 6 期，第 5—9 页。

深化改革规范发展的若干意见》提出，办好一批幼儿师范专科学校和若干所幼儿师范学院，支持师范院校设立并办好学前教育专业。中等职业学校相关专业重点培养保育员。根据基本普及学前教育目标，制定学前教育专业培养规划，扩大本专科层次培养规模及学前教育专业公费师范生招生规模。前移培养起点，大力培养初中毕业起点的五年制专科学历的幼儿园教师。可见，国家也致力于提高学前教育教师的最低学历水平，并逐步把学前教育教师的最低学历提高到专科层次。因此，“十四五”时期，可以把大专及大专以上学历的幼儿园专任教师比例提高到 90% 以上，并推动国家相关法律的修改，把幼儿园教师的最低学历要求提高到专科。

6. 公办园在园学生比例

2018 年，我国公办幼儿园学生所占比例为 43.3%，而 OECD 国家 2017 年的平均比例为 66%，中国与 OECD 国家在这一发展指标上的差距较大。2018 年，《中共中央 国务院关于学前教育深化改革规范发展的若干意见》指出，大力发展公办园，充分发挥公办园保基本、兜底线、引领方向、平抑收费的主渠道作用。按照实现普惠目标的要求，公办园在园幼儿占比偏低的省份，逐步提高公办园在园幼儿占比，到 2020 年全国原则上达到 50%。在“十四五”时期公办园在园学生比例还应该进一步提高。根据相关研究，只有公办园占比达到 60% 以上，才能真正实现政府主导，体现学前教育的公益普惠原则。① 与此相适应，公办园在园学生也应该达到与此大体相当的比例。根据 2020 年我国公办园在园幼儿占比情况、OECD 国家的平均比例（66%），以及体现政府主导和学前教育公益普惠的需要，“十四五”时期可以把公办园在园学生比例规划为 60%，这是一个相对适中的目标。

7. 公共经费所占比例

2017 年，我国学前教育公共经费占比为 48.0%，与 2016 年 OCED 国家学前教育公共经费占比的平均值（83.0%）相比，差距依然较大。从 2017 年我国各个阶段教育国家财政性经费所占比例来看，普通高等学校、中等职业学校、普通中学、普通小学、幼儿园国家财政性教育经费占各自总经费的比例分别为 62.11%、87.88%、88.48%、94.60%、48.02%。其他阶段教育国家财政性经费比例都高于幼儿园教育，即使普遍被认为更具有私人消费特征的普通高等教育的这一比例也达到了 62.11%。许多经济学相关研究表明，学前教育投入是

① 中国学前教育发展战略研究课题组：《中国学前教育发展战略研究》，教育科学出版社2010年版，第 243 页。

社会回报率最高的一种财政投入。[①] 公共产品理论认为，一项产品或服务的社会回报率越高，即正外部性越强，其公益性也越强，就越应该由国家投资来保障。鉴于我国学前教育公共经费所占比例偏低的现实，结合 OECD 国家的平均比例和我国其他教育阶段财政性经费所占比例，"十四五"时期我国应努力提高学前教育公共经费所占比例，把 60% 作为一个阶段性的目标，并在以后逐渐提高。

综上所述，"十四五"时期我国学前教育发展的总体目标可概括为：总体水平显著提升，现代化取得重要进展，在各项主要指标方面达到或接近中等偏上发达国家的平均水平，为实现包括学前教育在内的中国教育现代化 2035 远景目标奠定坚实基础。

结　语

公平且有质量的学前教育是社会公正的体现，也是学前教育普及普惠、优质发展的内在要求。2019 年，农村学前教育入园（班）的幼儿数所占比例为 61.10%，农村学前教育在园幼儿数所占比例为 60.08%，可见农村学前教育依然是我国学前教育的大头。虽然从一些指标来看，农村学前教育取得了发展，但城市学前教育也在快速发展，农村学前教育发展水平仍相对落后。因此，在未来几年时间内，各地区要针对学前教育发展不均衡、农村学前教育发展水平不高等问题，进一步贯彻落实党和国家"推进学前教育普及普惠安全优质发展"的要求，明确政府主体责任，增加普惠性资源供给，深化体制机制改革，提升保育教育质量。

① 刘占兰：《学前教育必须保持教育性和公益性》，《教育研究》2009 年第 5 期，第 31—36 页。

第2章

农村义务教育年度进展报告*

---

* 本章撰写人：李涛、安晓敏、邓霜娇、刘丽云、王亚男、张亚楠。作者单位：教育部人文社会科学重点研究基地东北师范大学中国农村教育发展研究院。

2020 年是我国全面建成小康社会的收官之年，2021 年是巩固拓展脱贫攻坚成果与乡村振兴的对接之年，这意味着我国教育事业发展进入了新阶段。农村义务教育历来是我国教育工作的重中之重，回顾农村义务教育年度发展状况具有重大意义。本章共分为五个部分，分别就农村义务教育大事记、事业年度进展、关键政策、最新学术研究动向、典型案例展开研究，对农村义务教育年度事业进展状况进行评述。

从教育事业发展状况来看，农村义务教育呈现出如下特点：第一，九年义务教育实现全面普及，进入优质均衡发展阶段，教育质量逐步提高；第二，教育经费持续增加，财政性教育投入继续向农村倾斜，农村办学条件显著改善；第三，教师职业的吸引力得到提升，乡村教师资源获得补充且配置日趋合理；第四，教育现代化水平明显进步，农村学校信息化建设水平持续推进，现代教育教学思想和水平显著提高。同时，义务教育作为农村教育的发展核心，仍存在城乡教育优质均衡发展不一、新一轮学校布局调整不合理、乡村教师数量结构性短缺等问题，这是当前及今后一个时期制约我国农村义务教育发展的主要障碍。在政策热点方面，围绕农村教育现代化建设、乡村小规模学校和乡镇寄宿制学校建设、乡村教师减负、中小学生手机管理、疫情期间在线教育等热点议题展开剖析。在学术进展方面，主要聚焦教育扶贫、县域义务教育优质均衡发展、乡村教师队伍建设、农村留守儿童和随迁子女教育问题等农村教育重大学术议题进行深入探析。

2020 年，我国脱贫攻坚取得了全面胜利，完成了消除绝对贫困的艰巨任务，在这期间涌现出众多教育扶贫典型案例。本章聚焦教育扶贫，按照不同“帮扶主体”，挑选三个贯穿我国南北、横跨东西不同区域的教育扶贫典型案例——“河北石家庄”“云南昌宁”“江苏—陕西”，它们分别代表“教育集团”帮扶、“高校”联合组团式定点帮扶、“东西部”对口帮扶三种不同的教育帮扶模式，以期为农村义务教育事业发展服务，为未来教育扶贫提供实践启迪。

一、农村义务教育大事记

2019 年 3 月 28 日，教育部办公厅印发《关于开展中西部乡村中小学首席教师岗位计划试点工作的通知》，安徽、河南、陕西、甘肃等四省先行试点，启动实施中西部乡村中小学首席教师岗位计划。

2019 年 6 月 23 日，中共中央、国务院印发《关于深化教育教学改革全面提高义务教育质量的意见》，这是中共中央、国务院印发的第一个聚焦义务教育阶段教育教学改革的重要文件，是新时代我国深化教育教学改革、全面提高义务教育质量的纲领性文件。农村教育历来是教育教学改革中的薄弱环节，该文件的发布对于促进农村教育教学改革具有重大指导意义。

2019 年 8 月 28 日，教育部、国务院扶贫办联合印发《关于解决建档立卡贫困家庭适龄子女义务教育有保障突出问题的工作方案》，明确了建档立卡贫困学生义务教育有保障的内涵，要求继续实施义务教育控辍保学专项行动，加强学位保障、教学保障、资助保障，加快补齐短板，确保完成义务教育有保障的重大任务，推动教育脱贫攻坚目标任务全面实现。

2019 年 10 月 12 日，教育部在浙江省海盐县召开全国县域义务教育优质均衡发展督导评估认定启动现场会。会议指出，要准确把握义务教育优质均衡发展的内涵要义：一是全面发展的理念更鲜明；二是标准化建设程度更高；三是教师队伍更强；四是人民群众更满意。[①]

2019 年 11 月 15 日，教育部等五部委联合印发《关于进一步加强农村义务教育学生营养改善计划有关管理工作的通知》。该文件就稳妥有序开展试点、大力推进食堂供餐、强化食品安全管理、严格资金使用管理、加强营养健康教育、做好营养健康监测等方面做出具体要求。该文件还进一步明确了食品安全责任主体的相应责任，并要求严格落实农村义务教育学生营养改善计划。

2020 年 1 月 2 日，中共中央、国务院印发《关于抓好“三农”领域重点工作确保如期实现全面小康的意见》。该文件指出：提高农村教育质量，加强乡镇寄宿制学校建设，统筹乡村小规模学校布局，改善办学条件，提高教学质量；加强乡村教师队伍建设，全面推行义务教育阶段教师“县管校聘”，有计划安排县

① 柴葳：《以优质均衡为引领着力办好中国特色世界水平义务教育——全国县域义务教育优质均衡发展督导评估认定工作启动》，《中国教育报》2019 年 10 月 14 日第 1 版。

城学校教师到乡村支教；落实中小学教师平均工资收入水平不低于或高于当地公务员平均工资收入水平政策，教师职称评聘向乡村学校教师倾斜，符合条件的乡村学校教师纳入当地政府住房保障体系；持续推进农村义务教育控辍保学专项行动，巩固义务教育普及成果；增加学位供给，有效解决农民工随迁子女上学问题。

2020 年 3 月 20 日，中共中央、国务院印发《关于全面加强新时代大中小学劳动教育的意见》。该文件要求把劳动教育纳入人才培养全过程，贯通大中小学各学段，贯穿家庭、学校、社会各方面，与德育、智育、体育、美育相融合。

2020 年 5 月 17 日，中共中央、国务院印发《关于新时代推进西部大开发形成新格局的指导意见》。该文件要求加快改善贫困地区义务教育薄弱学校基本办学条件，全面加强乡村小规模学校、乡镇寄宿制学校建设，在县域义务教育学校学位供需矛盾突出地区有序增加义务教育学位供给，有效解决“大班额”问题，做好控辍保学工作。

2020 年 6 月 17 日，教育部办公厅发布《关于进一步做好乡村教师生活补助政策实施工作的通知》。该文件指出，保证集中连片特困地区全面落实乡村教师生活补助政策；要根据乡村学校艰苦边远程度，完善乡村教师生活补助差别化政策；要统筹资金安排，健全乡村教师生活补助经费长效机制，加大对“三区三州”等深度贫困地区县，特别是 52 个脱贫攻坚挂牌督战县倾斜支持力度；鼓励有条件的地方在现有基础上，进一步扩大实施范围，重点向教学点、村小和条件艰苦地区倾斜，稳定和吸引更多优秀人才在乡村学校任教。

2020 年 6 月 19 日，教育部等十部门联合发布《关于进一步加强控辍保学工作健全义务教育有保障长效机制的若干意见》。该文件要求确保除身体原因不具备学习条件外，贫困家庭义务教育阶段适龄儿童少年不失学辍学，确保 2020 年全国九年义务教育巩固率达到 95%，持续常态化开展控辍保学工作，形成义务教育有保障长效机制。

2020 年 7 月 21 日，中央财政下达 94.5 亿元，落实对农村义务教育特岗教师工资性补助政策，比上年增加 6.7 亿元，增长 7%，支持地方在上年增加 1 万人的基础上，进一步扩大特岗教师招聘规模 5000 人，达到 10.5 万人，优先满足“三区三州”等深度贫困地区县的需求。[①]

2020 年 7 月 31 日，教育部等六部门印发《关于加强新时代乡村教师队伍建

① 财政部科教和文化司：《中央财政下达资金94.5亿元支持扩大农村义务教育教师特岗计划招聘规模》，（2020-07-21），http://jkw.mof.gov.cn/gongzuodongtai/202007/t20200720_3552767.htm[2022-07-25]。

设的意见》，从加强师德师风建设、创新挖潜编制管理、畅通城乡一体配置渠道、创新教师教育模式、拓展职业成长通道、提高地位待遇以及关心青年教师工作生活等方面加强新时代乡村教师队伍建设。

2020 年 10 月 13 日，中共中央、国务院印发《深化新时代教育评价改革总体方案》，指出教育评价事关教育发展方向，有什么样的评价指挥棒，就有什么样的办学导向，改革教育评价对当前教育的发展至关重要。该文件还明确指出，改革党委和政府教育工作评价，完善党对教育工作全面领导的体制机制，完善政府履行教育职责评价，坚决纠正片面追求升学率倾向；改革学校评价，推进落实立德树人根本任务；改革教师评价，坚持把师德师风作为第一标准，推进践行教书育人使命；改革学生评价，促进德智体美劳全面发展，改变用分数给学生贴标签的做法；改革用人评价，党政机关、事业单位、国有企业要带头扭转“唯名校”“唯学历”的用人导向

2020 年 9 月 29 日，教育部办公厅、财政部办公厅、人力资源社会保障部办公厅联合发布《关于开展拖欠义务教育教师工资等问题摸查工作的通知》，要求在全国范围内开展拖欠义务教育教师工资等问题的摸查工作。摸查主要内容包括：拖欠教师工资情况，欠缴教师社会保险费、职业年金和住房公积金情况，未落实义务教育教师平均工资收入水平不低于当地公务员平均工资收入水平情况。

2020 年 12 月 23 日，教育部发布《中小学教育惩戒规则（试行）》。该文件系统规定了教育惩戒的属性、适用范围以及实施的规则、程序、措施和要求等。

2021 年 1 月 4 日，中共中央、国务院印发《关于全面推进乡村振兴加快农业农村现代化的意见》。该文件指出要提高农村教育质量，继续改善乡镇寄宿制学校办学条件，保留并办好必要的乡村小规模学校，完善农村特殊教育保障机制，推进县域内义务教育学校校长教师交流轮岗，支持建设城乡学校共同体。

2021 年 1 月 20 日，教育部等五部委联合发布《关于大力加强中小学线上教育教学资源建设与应用的意见》。该文件提出要充分发挥信息技术对推进教育现代化的重要作用。有条件的地方可依托本地优质学校和优秀教师，以直播方式为薄弱学校、乡村学校和教学点提供“专递课堂”“同步课堂”服务。农村学校教师要积极利用平台资源组织好“双师课堂”，不断提高自身教育教学能力，真正成为学生学习的组织者和引导者。

2021 年 3 月 1 日，教育部等六部门印发《义务教育质量评价指南》。该文件指出义务教育质量评价包括县域、学校、学生三个层面。义务教育质量评价实施工作要注重优化评价方法，注重结果评价与增值评价相结合，注重综合评价与特色评价相结合，注重自我评价与外部评价相结合，注重线上评价与线下评价相

结合。

2021 年 4 月 8 日，教育部办公厅印发《关于加强义务教育学校作业管理的通知》，对作业管理提出十条具体指导意见，进一步明确了学校与家庭的责任边界，这在很大程度上规范了义务教育学校作业管理。

2021 年 4 月 29 日，《中华人民共和国乡村振兴促进法》经第十三届全国人民代表大会常务委员会第二十八次会议通过，于 2021 年 6 月 1 日起施行。这是我国第一部直接以“乡村振兴”命名的法律，填补了我国乡村振兴领域的立法空白，标志着乡村振兴战略迈入有法可依、依法实施的新阶段，具有里程碑式的意义。《中华人民共和国乡村振兴促进法》第三章是“人才支撑”，该部分明确规定：“各级人民政府应当加强农村教育工作统筹，持续改善农村学校办学条件，支持开展网络远程教育，提高农村基础教育质量，加大乡村教师培养力度，采取公费师范教育等方式吸引高等学校毕业生到乡村任教，在职称评定等方面对长期在乡村任教的教师给予优待，保障和改善乡村教师待遇，提高乡村教师学历水平、整体素质和乡村教育现代化水平。”

2021 年 4 月 30 日，教育部等四部门印发《关于实现巩固拓展教育脱贫攻坚成果同乡村振兴有效衔接的意见》，提出的重点任务包括：建立健全巩固拓展义务教育有保障成果长效机制，巩固拓展义务教育控辍保学、办学条件、教育信息化和乡村教师队伍建设成果；建立健全农村家庭经济困难学生教育帮扶机制，精准资助农村家庭经济困难学生，继续实施农村义务教育学生营养改善计划，完善农村儿童教育关爱工作。

2021 年 4 月 30 日，教育部、财政部发布《关于实施中小学幼儿园教师国家级培训计划（2021—2025 年）的通知》，实施中西部骨干项目，重点支持中西部欠发达地区农村义务教育学校、幼儿园骨干教师、校园长和培训者深度培训，将巩固拓展脱贫攻坚成果同乡村振兴有效衔接，支持国家乡村振兴重点帮扶县教师校长能力整体提升，辐射带动省、市、县、校级教师培训，实现教师培训全覆盖。

2021 年 5 月 25 日，教育部通过《未成年人学校保护规定》，自 9 月 1 日起施行。该文件致力于为未成年人提供全面的学校保护，要求强化学校保护责任并加强政府对学校学生保护工作的指导与监督，为学校开展未成年人保护工作提供了可行的操作指南。

2021 年 5 月 26 日，国务院总理李克强主持召开国务院常务会议，会议确定了加强改善农村义务教育薄弱环节三个方面的措施：一是要加强农村义务教育教师队伍建设，依法加强义务教育教师收入保障，多渠道解决好教师基本住房，建设必要的边远艰苦地区农村学校教师周转宿舍，加大在职培训、学历教育力度，提高义务教育教师素质，职称评定等要向中西部农村教师倾斜；二是要持续改善农村基本办学条件，因地制宜加强农村学校教室、宿舍、食堂等设施建设，改善网络设施，促进优质教育资源开放共享；三是要强化经费保障，中央财政继续安排 300 亿元补助资金，重点支持中西部和东部部分困难地区义务教育发展。①

早在 2017 年 2 月，教育部印发《关于做好中小学生课后服务工作的指导意见》。该文件指出中小学要充分利用学校在管理、人员、场地等方面的优势，主动承担起学生课后服务责任，中小学生是否参加课后服务，由学生家长自愿选择。课后服务要优先保障留守儿童、进城务工人员随迁子女等急需服务群体；课后服务内容主要是安排学生做作业、自主阅读、体育、艺术、科普活动，以及娱乐游戏、拓展训练、开展社团及兴趣小组活动、观看适宜儿童的影片等。2021 年 6 月 2 日，教育部办公厅发布《关于推广部分地方义务教育课后服务有关创新举措和典型经验的通知》。该文件遴选确定首批 23 个义务教育课后服务典型案例单位，并梳理汇总有关创新举措和典型经验。与此同时，该文件明确要求：要推动课后服务全覆盖，确保城区义务教育学校全覆盖、有需求的学生全覆盖；保证课后服务时间，课后服务结束时间原则上不早于当地普遍的正常下班时间后半小时，学校对有特殊需要的学生，可以提供延时托管服务，切实解决好家长接学生困难问题；提高课后服务质量，指导学生认真完成作业，丰富课后服务内容；强化课后服务保障，完善课后服务经费保障机制。

2021 年 6 月 15 日，教育部召开校外教育培训监管司成立启动会，会议宣读了《中央编办关于调整教育部职责机构编制的通知》。经中央编委批准，教育部成立校外教育培训监管司，主要职责是：承担面向中小学生（含幼儿园儿童）的校外教育培训管理工作，指导校外教育培训机构的建设，拟订校外教育培训规范管理政策。

2021 年 6 月 17 日，教育部办公厅、财政部办公厅发布《关于做好 2021 年银龄讲学计划有关实施工作的通知》，指出 2021 年计划招募 4500 名讲学教师。

2021 年 7 月 7 日，教育部办公厅发布《关于支持探索开展暑期托管服务的通知》，鼓励有条件的学校积极承担学生暑期托管服务工作，引导教师志愿参与，坚持学生自愿参加。托管服务应以看护为主，合理组织服务内容。地方和学校要充分利用当地社会教育资源，吸纳大学生志愿者、社会专业人士等人员参与学校

① 《李克强：加强农村义务教育薄弱环节要重点放在教师上》，（2021-05-28），http://www.gov.cn/premier/2021-05/28/content_5613224.htm[2022-07-25]。

托管服务。

2021 年 7 月 24 日，中共中央办公厅、国务院办公厅印发《关于进一步减轻义务教育阶段学生作业负担和校外培训负担的意见》，明确指出通过全面压减作业总量和时长，减轻学生过重作业负担；提升学校课后服务水平，满足学生多样化需求；坚持从严治理，全面规范校外培训行为等措施，进一步减轻义务教育阶段学生作业负担和校外培训负担。

2021 年 7 月 26 日，教育部等九部委印发《中西部欠发达地区优秀教师定向培养计划》，提出从 2021 年起，每年为 832 个脱贫县（原集中连片特困地区县、国家扶贫开发工作重点县）和中西部陆地边境县中小学校培养 1 万名左右师范生，培养造就一批有理想信念、有道德情操、有扎实学识、有仁爱之心的“四有”好老师。

2021 年 8 月 25 日，北京市人民政府新闻办公室召开的“双减”工作新闻发布会上提出新学期北京市将大面积、大比例推进干部教师轮岗。①

2021 年 8 月 30 日，教育部办公厅等三部门发布《关于面向义务教育阶段学生的学科类校外培训机构统一登记为非营利性机构的通知》，对于“线下”“线上”培训机构以及终止培训机构采取不同登记办法。

2021 年 9 月 8 日，教育部发布的数据显示，截至 2020 年底，中西部 22 个省份 725 个原连片特困地区县全面实施了乡村教师生活补助政策，覆盖约 8 万所乡村学校，受益教师达 129.8 万人，人均月补助金额为 375 元；非连片特困地区也有 1056 个县实施了乡村教师生活补助政策，地方投入资金高达 141.8 亿元。②

2021 年 10 月 21 日，教育部等六部门发布《关于加强校外培训机构预收费监管工作的通知》。该文件提出校外培训应坚持公益属性，严禁利用不平等格式条款侵害学员合法权益，严格执行教育收费公示制度，收取培训费应依法履行纳税义务，并按照国家有关规定开具发票。学科类和非学科类校外培训机构预收费应全额纳入属地监管范围。各地可结合实际，采取银行托管、风险保证金的方式，对校外培训机构预收费进行风险管控，有效预防“退费难”“卷钱跑路”等问题发生。

2021 年 11 月 1 日，教育部组织专业团队建立线上学科类校外培训机构日常巡查制度，加大对线上学科类校外培训机构的巡查力度。“对存在违规行为的校

① 施剑松：《北京大面积大比例推进干部教师轮岗》，《中国教育报》2021 年 8 月 26 日第 2 版。

② 教育部：《第六场：介绍教师队伍建设进展成效、国家支持教师队伍建设有关工作和第 37 个教师节系列宣传庆祝活动安排，并发布 2021 年全国教书育人楷模等名单》，（2021-09-08），http://www.moe.gov.cn/fbh/live/2021/53730/[2022-07-25]。

外培训机构建立红黄牌处罚机制。对于在限定时间内开班培训的，先予以提醒，对再次违规的线上校外培训机构亮黄牌警告，对两次亮黄牌者亮红牌，并责令相关省份予以关停。对于违规情形极为严重的，直接亮红牌。”①

二、农村义务教育事业发展②

2020 年是《国家中长期教育改革和发展规划纲要（2010—2020 年）》《国家教育事业发展“十三五”规划》的收官之年，也是为“十四五”发展打好基础的关键之年。在党中央、国务院的领导下，我国农村义务教育实现全面普及，教育质量稳步提高。具体而言，农村学校办学条件显著改善，农村义务教育均衡发展逐步推进，留守儿童和随迁子女人数逐渐下降，乡村教师资源获得补充，学校信息化水平持续提升，农村义务教育发展态势整体向好。

（一）全国义务教育事业稳步推进

2020 年，全国普通小学（含教学点）校舍建设面积为 84 577.25 万平方米，比 2019 年增加 2 990.93 万平方米，比 2018 年增加 5 957.72 万平方米；小学体育运动场（馆）面积达标学校比例为 92.04%，比 2019 年（90.22%）提高了 1.82 个百分点，小学体育器械配备达标学校比例为 96.69%，音乐器材配备达标学校比例为 96.48%，美术器材配备达标学校比例为 96.27%，数学自然实验仪器配备达标学校比例为 96.00%，分别比 2019 年提高了 1.31 个百分点、1.31 个百分点、1.3 个百分点、1.3 个百分点。2020 年，全国初中校舍建筑面积为 71 842.61 万平方米，比 2019 年增加了 3 879.81 万平方米，初中体育运动场（馆）面积达标学校比例为 94.85%，比 2019 年（93.54%）提高了 1.31 个百分点。初中体育器械配备达标学校比例为 97.55%，音乐器材配备达标学校比例为 97.28%，美术器材配备达标学校比例为 97.14%，理科实验仪器达标学校比例为 97.13%，分别比 2019 年提高了 0.99 个百分点、1.06 个百分点、1.12 个百分点、1.01 个百分点。

2020 年，全国小学专任教师为 643.42 万人，比 2019 年增加了 16.51 万人。小学专任教师学历合格率为 99.98%，比 2019 年和 2018 年（同为 99.97%）提高了 0.01 个百分点。小学生师比为 16.67∶1，比 2019 年（16.85∶1）略有改善。2020 年，全国初中专任教师为 386.07 万人，比 2019 年增加 11.33 万人。初中专

① 教育部：《教育部建立线上学科类校外培训机构日常巡查制度》，(2021-11-01)，http://www.moe.gov.cn/jyb_xwfb/gzdt_gzdt/s5987/202111/t20211101_576844.html[2022-07-25]。

② 本章历年教育数据均来自教育部：《教育统计数据》，(2021-08-30)，http://www.moe.gov.cn/jyb_sjzl/moe_560/2020/quanguo/[2022-11-14]。

任教师学历合格率达到99.99%，比2019年提高了0.11个百分点。初中生师比为12.73∶1，比2019年（12.88∶1）略有改善。

（二）农村义务教育事业发展状况分析

2019年7月8日，教育部、国家发展改革委、财政部联合发布《关于切实做好义务教育薄弱环节改善与能力提升工作的意见》。该文件将加强乡村小规模学校和乡镇寄宿制学校建设作为重点任务。2020年1月2日，中共中央、国务院发布《关于抓好“三农”领域重点工作确保如期实现全面小康的意见》。该文件强调要提高农村教育质量，加强乡镇寄宿制学校建设，统筹乡村小规模学校布局。近年来，党中央、国务院等相关部门出台了一系列关于农村义务教育发展的重大政策文件，以促使农村义务教育均衡发展，确保农村学校办学条件不断改善。

1. 农村义务教育学校基本状况分析

（1）乡村中小学学校数量持续减少，教学点数量整体呈增加趋势

从学校数量来看，2016—2020年小学学校总数量持续减少。其中，城区小学学校数量呈增加趋势，而镇区和乡村小学数量则呈减少趋势。2016—2017年，教学点总数量持续增加，城区、镇区、乡村教学点数量分别增加0.01万个、0.09万个、0.35万个，增幅分别为6.67%、8.91%、4.03%。2018—2020年，城区、镇区、乡村教学点数量分别减少了0.01万个、0.14万个、0.97万个，降幅分别达5.88%、12.84%、10.91%（表2.1）。

表2.1　2016—2020年城乡小学学校数、教学点数

年份	普通小学（万所）				教学点（万个）			
	合计	城区	镇区	乡村	合计	城区	镇区	乡村
2016	17.76	2.66	4.46	10.64	9.84	0.15	1.01	8.68
2017	16.70	2.71	4.38	9.61	10.29	0.16	1.10	9.03
2018	16.18	2.78	4.34	9.06	10.15	0.17	1.09	8.89
2019	16.00	2.84	4.30	8.86	9.64	0.16	1.03	8.45
2020	15.80	2.92	4.27	8.61	9.03	0.16	0.95	7.92

2016—2020年，城区和镇区初中学校数量呈逐年增加趋势，城区初中学校数量增幅最大，镇区初中增幅次之。乡村初中数量在逐年递减，五年间乡村初中

学校减少了 0.2 万所，降幅达 12.35%（表 2.2）。

表 2.2　2016—2020 年城乡初中学校数　　单位：万所

年份	普通初中			
	合计	城区	镇区	乡村
2016	5.21	1.19	2.40	1.62
2017	5.20	1.24	2.43	1.53
2018	5.20	1.28	2.44	1.48
2019	5.24	1.34	2.45	1.45
2020	5.28	1.40	2.46	1.42

（2）乡村小学校均规模小幅上升，乡村初中校均规模五年来首次下降

从学校校均规模来看，2016—2020 年小学规模整体呈扩增趋势。从城乡数据来看，城区和镇区小学学校规模逐年扩增。其中，城区增长幅度较大，五年间学校平均规模增长约 205 人，增幅达 17.67%。乡村小学 2016—2019 年校均规模基本呈较小幅度的缩减趋势，四年间校均规模缩减仅约 2 人，降幅为 1.30%，2019—2020 年乡村小学校均规模有小幅上升。2016—2020 年，初中校均规模整体呈扩增趋势，五年间初中校均规模增加约 100 人，增幅达 12.02%。从城乡区域来看，无论是城区还是镇区，2016—2020 年初中校均规模均呈逐年增长趋势，五年间城区、镇区初中校均规模分别增加 112 人和 61 人，增幅分别为 8.96% 和 6.73%。2016—2019 年，乡村初中校均规模也逐年增加，增加人数约为 36 人，低于城区和镇区初中，但增幅达到 8.87%，到 2020 年，乡村初中校均规模五年来首次出现下降（表 2.3）。

表 2.3　2016—2020 年城乡普通中小学平均学校规模　　单位：人

年份	普通小学（含教学点）				普通初中（含九年一贯制）			
	平均规模	城区	镇区	乡村	平均规模	城区	镇区	乡村
2016	359.08	1159.40	686.47	149.67	830.94	1249.41	904.70	412.69
2017	373.83	1200.47	703.39	148.94	855.99	1268.43	920.17	420.86
2018	392.82	1260.94	727.81	148.62	859.04	1319.62	948.87	438.35
2019	411.58	1315.46	757.28	147.73	920.95	1349.38	965.41	449.28
2020	432.00	1364.29	780.21	148.26	930.79	1361.38	965.56	448.00

数据显示，城区“超级大校”问题仍较为突出，且在小学阶段呈加剧状态。乡村小学校均规模基本保持稳定，学生流失现象得到有效缓解。进一步有效控制城镇学校校均规模、建设高质量乡村学校，成为未来农村义务教育发展的重要内容。

（3）乡村小学和初中班级平均规模总体上逐年递减，城区小学和镇区初中“大班额”现象最为突出

从班级平均规模来看，2016—2020 年小学阶段班级平均规模整体呈减缩趋势，但减缩幅度相对较小，仅为 0.6%。从城乡区域来看，城区、镇区和乡村小学班级平均规模均呈减缩趋势，初中与小学班级平均规模也呈相同态势。从绝对数据来看，2016—2020 年小学班级平均规模呈“城区 > 镇区 > 乡村”的态势，初中班级平均规模呈“镇区 > 城区 > 乡村”的态势（表 2.4）。总体而言，我国中小学班级平均规模整体上呈缩小趋势，但相比乡村中小学，城区小学和镇区初中“大班额”现象最为突出（表 2.4）。

表 2.4　2016—2020 年普通中小学班级平均规模　　单位：人

年份	普通小学（含教学点）				普通初中（含九年一贯制）			
	平均规模	城区	镇区	乡村	平均规模	城区	镇区	乡村
2016	37.71	45.77	43.29	27.60	47.30	46.76	48.73	44.22
2017	37.61	45.25	42.61	27.38	46.85	46.54	48.07	43.68
2018	37.50	44.90	41.99	27.10	46.45	46.44	47.42	43.53
2019	37.61	44.69	41.74	26.84	46.23	46.34	47.0	43.34
2020	37.50	44.12	41.26	26.60	45.78	45.93	46.49	42.91

（4）乡村学校标准化建设达标状况显著改善，镇区学校标准化建设达标状况总体优于城乡

2016—2020 年，小学“体育器材配备达标率”“音乐器材配备达标率”“美术器材配备达标率”“数学自然实验仪器配备达标率”四项指标呈大幅度逐年递增趋势。从城乡区域来看，2016—2018 年城乡之间的差距较大，明显呈现出“城优于镇，镇优于乡”的梯形状分布态势。但自 2018 年起，逐渐呈现出“镇优于城、城优于乡”的分布态势。其中，“音乐器材配备达标率”“美术器材配备达标率”的差距较大（表 2.5）。

表 2.5　2016—2020 年城乡普通小学标准化建设达标状况　单位：%

年份	地区	体育器材配备达标率	音乐器材配备达标率	美术器材配备达标率	数学自然实验仪器配备达标率
2016	全国	80.18	79.50	79.47	79.84
	城区	91.67	91.61	91.34	90.83
	镇区	85.17	84.62	84.48	84.75
	乡村	75.21	74.33	74.40	75.03
2017	全国	89.99	89.60	89.41	89.57
	城区	94.17	94.03	93.83	93.33
	镇区	92.31	92.06	91.85	91.91
	乡村	87.75	87.22	87.05	87.44
2018	全国	94.23	93.89	93.70	93.72
	城区	95.02	94.94	94.76	94.20
	镇区	95.56	95.24	95.06	94.96
	乡村	93.36	92.91	92.72	92.98
2019	全国	95.38	95.17	94.97	94.70
	城区	95.26	95.11	94.86	94.27
	镇区	96.30	96.16	96.01	95.72
	乡村	94.96	94.70	94.49	94.35
2020	全国	96.67	96.39	96.27	95.96
	城区	96.20	96.00	95.86	95.24
	镇区	97.52	97.32	97.25	96.95
	乡村	96.40	96.06	95.92	95.72

2016—2020 年，初中与小学的标准化建设达标情况总体相似，在“体育器材配备达标率”“音乐器材配备达标率”“美术器材配备达标率”“数学自然实验仪器配备达标率”四项指标上逐年递增且增长幅度较大，初中的标准化建设达标情况明显好于小学。从城乡的比较来看，城镇和乡村初中在 2016—2020 年各项指标总体上均呈逐年递增趋势，自 2018 年起，城乡初中的差距明显缩小，标准化建设成效显著，逐渐呈现出“镇优于乡，乡优于城”的分布态势。总体而言，城乡普通初中标准化达标状况有了明显改善（表 2.6）。

表 2.6　2016—2020 年城乡普通初中标准化建设达标状况　单位：%

年份	地区	体育器材配备达标率	音乐器材配备达标率	美术器材配备达标率	数学自然实验仪器配备达标率
2016	全国	89.00	88.88	88.58	90.62
	城区	92.37	91.72	91.35	91.98
	镇区	90.47	89.68	89.40	91.87
	乡村	86.27	85.59	85.34	87.74
2017	全国	93.97	93.44	93.17	94.11
	城区	94.04	93.52	93.30	93.51
	镇区	94.91	91.56	94.13	95.21
	乡村	92.42	91.86	91.55	92.86
2018	全国	95.91	94.45	95.20	95.63
	城区	94.47	93.92	93.71	93.62
	镇区	96.92	96.52	96.30	96.80
	乡村	95.50	95.00	94.70	95.46
2019	全国	96.56	96.22	96.02	96.12
	城区	94.47	94.04	93.94	93.50
	镇区	97.47	97.21	96.94	97.14
	乡村	96.95	96.56	96.38	96.82
2020	全国	97.55	97.28	97.14	97.13
	城区	95.73	95.35	95.13	94.76
	镇区	98.25	98.05	97.92	98.09
	乡村	98.14	97.86	97.76	97.80

2. 农村义务教育学生基本情况分析

（1）乡村中小学在校生数逐年递减，城区中小学在校生数逐年递增

从在校生数量来看，2016—2020 年，小学在校生数量呈递增趋势。其中，城区和镇区小学在校生数量呈逐年增长趋势，五年间分别增加了 935.92 万人和 317.67 万人，增幅分别是 28.65% 和 8.46%；乡村小学在校生数量呈逐年递减趋势，五年间减少了 441.25 万人，减幅达 15.26%（表 2.7）。2016—2020 年，初中在校生数量整体呈递增趋势，其中城区和镇区初中在校生数量呈逐年增长趋势，五年间分别增加了 413.52 万人和 200.44 万人，增幅分别是 27.76% 和 9.22%；乡村初中在校生数呈总体下降趋势，五年间在校生共减少了 32.58 万人，减幅达 4.86%（表 2.7）。

表 2.7　2016—2020 年城乡普通中小学在校生数　　单位：万人

年份	普通小学（含教学点）				普通初中（含九年一贯制）			
	合计	城区	镇区	乡村	合计	城区	镇区	乡村
2016	9 913.01	3 267.18	3 754.10	2 891.73	4 332.72	1 489.42	2 172.91	670.39
2017	10 093.69	3 462.28	3 856.05	2 775.36	4 442.06	1 567.14	2 231.51	643.41
2018	10 339.25	3 722.16	3 950.68	2 666.41	4 652.59	1 691.88	2 312.30	648.41
2019	10 561.24	3 964.14	4 039.59	2 557.51	4 827.14	1 806.81	2 369.89	650.42
2020	10 725.35	4 203.10	4 071.77	2 450.48	4 914.09	1 902.94	2 373.35	637.81

注：因四舍五入，部分数据之和不等于合计，下同

（2）小学进城务工人员随迁子女数量先增后减，初中进城务工人员随迁子女数量逐年递增

小学阶段进城务工人员随迁子女数量呈现出先增后减的趋势，2018 年达到峰值，2016—2018 年呈递增趋势，2018—2020 年呈递减趋势。初中阶段进城务工人员随迁子女数量 2016—2020 年总体呈递增趋势。从绝对数据上看，小学阶段进城务工人员随迁子女数量远高于初中。2020 年，小学阶段进城务工人员随迁子女数量为 1034.86 万人，占小学在校生人数的 9.65%，占当年进城务工人员随迁子女总数的 72.38%；2020 年，初中阶段进城务工人员随迁子女数量为 394.88 万人，占初中在校生人数的 8.04%，占当年进城务工人员随迁子女总数的 27.62%。五年来，小学和初中本省外县迁入的随迁子女数都高于外省迁入子女数，这一特征在小学阶段尤为明显。同时，小学阶段外省迁入人数连续五年持续递减，而本省外县迁入人数逐年递增，初中阶段外省迁入人数和本省外县迁入人数逐年递增。总体而言，小学进城务工人员随迁子女数量先增后减，初中进城务工人员随迁子女数量逐年递增（表 2.8 和表 2.9）。

表 2.8　2016—2020 普通小学进城务工人员随迁子女数量

单位：万人

年份	合计	外省迁入	本省外县迁入
2016	1036.71	470.58	566.13
2017	1046.18	469.51	576.67
2018	1048.39	463.64	584.76
2019	1042.03	455.65	586.38
2020	1034.86	444.53	590.32

表 2.9　2016—2020 年普通初中进城务工人员随迁子女数量

单位：万人

年份	合计	外省迁入	本省外县迁入
2016	358.06	142.73	215.33
2017	364.46	147.01	217.45
2018	375.65	151.84	223.80
2019	384.93	155.90	229.03
2020	394.88	158.78	236.10

（3）农村留守儿童数量逐年递减，小学人数减幅尽管高于初中，但仍占绝对主体

农村留守儿童数量在 2016—2020 年总体呈递减趋势，五年间减少了 436.62 万人，减幅达 25.29%。小学阶段农村留守儿童数减幅高于初中阶段，五年来小学减少 335.88 万人，减幅为 28.22%；初中减少 100.74 万人，减幅为 18.79%。2020 年，义务教育阶段留守儿童共 1289.67 万，其中，小学阶段有 854.19 万人，占小学在校生总数的 7.96%；初中阶段共 435.48 万人，占初中在校生总数的 8.86%。留守儿童群体主要聚集于小学阶段，这也是破解留守儿童问题的主要学段（表 2.10）。

表 2.10　2016—2020 年农村留守儿童情况

年份	合计		普通小学		普通初中	
	人数（万人）	占在校生比例（%）	人数（万人）	占在校生比例（%）	人数（万人）	占在校生比例（%）
2016	1726.29	12.12	1190.07	12.01	536.22	12.39
2017	1410.29	9.70	924.21	9.16	486.08	10.94
2018	1474.41	9.80	998.69	9.66	475.72	10.22
2019	1384.41	9.00	925.40	8.76	459.00	9.50
2020	1289.67	8.25	854.19	7.96	435.48	8.86

3. 农村义务教育学校师资配置状况分析

（1）从生师比来看城乡教师配备都达到国家标准，乡村教师较城镇教师充足

从生师比来看，2016—2020 年小学阶段生师比整体呈先增后降趋势，小学教师数量逐年增加，在一定程度缓解了师资不足问题。初中阶段生师比总体呈递增趋势，初中在校生规模近些年逐步增加，故生师比存在小幅上升现象。从城乡比较来看，2016—2020 年小学阶段城镇和乡村教师生师比表现为“城区 > 镇区 >

乡村”的分布态势，城区小学师资最为紧缺，其次是镇区，乡村小学师资相对较为充裕。尽管小学阶段生师比大多低于 19∶1 的国家标准，但城区和镇区小学生师比明显高于全国平均水平，乡村小学则低于全国平均水平。初中阶段与小学阶段分布态势大致相似，依然呈现为“城区 > 镇区 > 乡村”的分布态势，城区和镇区初中生师比高于全国平均水平，乡村初中生师比则低于全国平均水平（表 2.11），且低于初中阶段标准生师比（13.5∶1）。总体而言，从生师比来看，城乡教师配备都达到了国家标准，但相比而言乡村教师较城镇教师更为充足（表 2.11）。

表 2.11　2016—2020 年城乡普通中小学生师比情况

年份	普通小学（含教学点）				普通初中（含九年一贯制）			
	合计	城区	镇区	乡村	合计	城区	镇区	乡村
2016	17.12∶1	18.83∶1	18.06∶1	14.64∶1	12.41∶1	12.83∶1	12.64∶1	10.78∶1
2017	19.11∶1	21.67∶1	20.16∶1	15.66∶1	12.52∶1	12.83∶1	12.73∶1	11.19∶1
2018	18.04∶1	20.51∶1	18.92∶1	14.57∶1	12.79∶1	13.05∶1	13.00∶1	11.46∶1
2019	16.85∶1	18.42∶1	17.63∶1	14.01∶1	12.88∶1	13.12∶1	13.08∶1	11.65∶1
2020	16.67∶1	18.28∶1	17.35∶1	13.71∶1	12.73∶1	13.04∶1	12.86∶1	11.47∶1

（2）从师班比看，乡村小学师资较城区和镇区较为短缺，乡村初中师资较城区和镇区师资较为充裕

从师班比看，2016—2020 年，小学和初中均无明显变化。从城乡比较来看，城区、镇区小学师班比总体呈下降趋势，但变化幅度不明显，乡村小学师班比水平显著低于城区和镇区，低于全国小学师班比平均水平，呈现“乡村 < 镇区 < 城区”分布态势。城区、镇区、乡村初中师班比呈下降趋势，乡村初中师班比水平高于城区和镇区师班比水平，并高于全国师班比平均水平，大致呈“城区 < 镇区 < 乡村”的分布态势（表 2.12）。总体而言，从师班比指标看，乡村小学师资较城区和镇区短缺；乡村初中师资较城区和镇区充裕（表 2.12）。

表 2.12　2016—2020 年城乡普通中小学师班比情况

年份	普通小学（含教学点）				普通初中（含九年一贯制）			
	合计	城区	镇区	乡村	合计	城区	镇区	乡村
2016	2.20∶1	2.43∶1	2.40∶1	1.89∶1	3.84∶1	3.65∶1	3.85∶1	4.03∶1
2017	1.96∶1	2.09∶1	2.11∶1	1.75∶1	3.73∶1	3.63∶1	3.78∶1	3.90∶1
2018	2.21∶1	2.42∶1	2.37∶1	1.89∶1	3.64∶1	3.56∶1	3.65∶1	3.78∶1
2019	2.23∶1	2.43∶1	2.37∶1	1.92∶1	3.59∶1	3.53∶1	3.60∶1	3.72∶1
2020	2.25∶1	2.41∶1	2.38∶1	1.94∶1	3.60∶1	3.52∶1	3.61∶1	3.74∶1

（3）“音乐”“美术”“体育”“英语”学科生师比状况得到有效改善，但仍需重点补充“音乐”“美术”学科师资

2016—2020 年，小学和初中音乐、体育、美术、英语等学科生师比总体呈下降趋势且变化幅度较大，表明此类学科教师数量在迅速增加。总的来看，小科生师比状况改善效果明显，但通过同一年份各学科间生师比横向比较，发现“音乐”“美术”生师比远高于“体育”“英语”生师比，这也意味着“音乐”“美术”学科教师比“体育”“英语”学科教师更为缺乏。从城乡来看，2016—2020 年，小学音乐、体育、美术、英语生师比总体都呈明显下降趋势；城区、镇区、乡村的初中也呈大体下降趋势。从绝对数看，初中音乐、体育、美术、英语学科生师比均高于乡村，与乡村学校相比，城区和镇区音乐、体育、美术、英语教师更为紧缺。由此可见，未来仍需进一步针对音乐、美术等学科教师的增补，采取有吸引力的创新办法和策略，以改善此类学科因培养费高且市场化就业选择空间大而教师不愿意从教的状况（表 2.13 和表 2.14）。

表 2.13　2016—2020 年普通小学小科生师比状况

年份	英语	音乐	体育	美术
2016	232.54 : 1	461.50 : 1	318.14 : 1	495.01 : 1
2017	224.19 : 1	430.70 : 1	299.49 : 1	459.68 : 1
2018	211.28 : 1	400.59 : 1	279.33 : 1	424.03 : 1
2019	209.45 : 1	399.92 : 1	277.68 : 1	422.85 : 1
2020	201.67 : 1	390.06 : 1	269.49 : 1	410.40 : 1

表 2.14　2016—2020 年普通初中小科生师比状况

年份	地区	英语	音乐	体育与健康	美术
2016	全国	79.76 : 1	473.75 : 1	227.26 : 1	494.67 : 1
	城区	77.92 : 1	488.35 : 1	216.17 : 1	519.60 : 1
	镇区	82.18 : 1	486.56 : 1	240.37 : 1	505.20 : 1
	乡村	76.44 : 1	411.04 : 1	213.75 : 1	420.05 : 1
2017	全国	80.31 : 1	466.91 : 1	225.99 : 1	485.70 : 1
	城区	78.15 : 1	480.07 : 1	212.99 : 1	508.07 : 1
	镇区	82.60 : 1	478.11 : 1	239.26 : 1	494.56 : 1
	乡村	78.07 : 1	406.73 : 1	214.57 : 1	415.34 : 1
2018	全国	81.50 : 1	470.35 : 1	227.06 : 1	484.79 : 1
	城区	79.40 : 1	483.37 : 1	214.16 : 1	506.23 : 1
	镇区	83.66 : 1	480.63 : 1	240.82 : 1	492.54 : 1
	乡村	79.65 : 1	410.25 : 1	216.92 : 1	415.51 : 1

续表

年份	地区	英语	音乐	体育与健康	美术
2019	全国	81.70 : 1	473.81 : 1	224.71 : 1	485.52 : 1
	城区	79.88 : 1	487.33 : 1	210.97 : 1	504.85 : 1
	镇区	83.85 : 1	482.86 : 1	238.86 : 1	492.82 : 1
	乡村	79.36 : 1	413.68 : 1	217.07 : 1	418.39 : 1
2020	全国	80.73 : 1	466.64 : 1	219.46 : 1	477.37 : 1
	城区	79.51 : 1	481.41 : 1	207.27 : 1	498.71 : 1
	镇区	82.57 : 1	473.30 : 1	232.92 : 1	480.78 : 1
	乡村	77.82 : 1	407.91 : 1	211.14 : 1	413.68 : 1

4. 农村义务教育学校信息化建设状况分析

信息化建设是扩大优质教育资源覆盖面的有效举措，也是逐步缩小区域、城乡、校际差距的重要手段。

乡村学校在“生均图书册数”“生均计算机数”“信息课生师比”上有优势，在“建立校园网学校比例”上存在劣势。2016—2020 年，小学“生均图书册数”“生均计算机数”“信息课生师比”“建立校园网学校比例”指标都呈现良好发展态势。从城乡比较来看，2016—2020 年，小学“生均图书册数”“生均计算机数”“信息课生师比”三项指标大部分呈现“乡优于城，城优于镇”的分布态势，但“建立校园网比例”这一指标总体呈现“城优于镇、镇优于乡”的分布态势（表 2.15）。

表 2.15　2016—2020 年城乡普通小学信息化建设状况

年份	地区	信息课生师比	生均计算机数（台）	生均图书册数（册）	建立校园网学校比例（%）
2016	全国	667.99 : 1	0.11	21.53	56.08
	城区	761.58 : 1	0.12	21.96	80.25
	镇区	749.32 : 1	0.10	20.22	64.12
	乡村	521.97 : 1	0.11	22.75	46.66
2017	全国	634.64 : 1	0.11	22.67	64.39
	城区	—	0.14	22.51	82.64
	镇区	—	0.09	21.45	69.69
	乡村	—	0.12	24.57	56.81

续表

年份	地区	信息课生师比	生均计算机数（台）	生均图书册数（册）	建立校园网学校比例（%）
2018	全国	617.52 : 1	0.13	23.24	67.56
	城区	758.34 : 1	0.11	22.56	82.52
	镇区	704.33 : 1	0.11	22.06	71.68
	乡村	428.28 : 1	0.15	25.95	60.99
2019	全国	486.48 : 1	0.13	23.60	68.73
	城区	715.77 : 1	0.13	22.51	82.92
	镇区	605.66 : 1	0.12	22.35	71.80
	乡村	269.17 : 1	0.16	27.26	62.61
2020	全国	480.45 : 1	0.14	24.05	70.44
	城区	717.02 : 1	0.13	22.58	84.46
	镇区	596.68 : 1	0.12	22.92	73.08
	乡村	254.26 : 1	0.18	28.43	64.38

初中“生均图书册数”“信息课生师比”呈现出“乡优于镇、镇优于城”的梯度分布态势，“生均计算机数”呈现出“乡优于城，城优于镇”的分布态势，但“建立校园网学校比例”呈现出“城优于镇，镇优于乡”的分布态势。可见，乡村初中的“生均图书册数”“生均计算机数”“信息课生师比”方面都优于城镇，但“建立校园网学校比例”落后于城镇，未来农村学校需要进一步加强校园网建设（表 2.16）。

表 2.16　2016—2020 年城乡普通初中信息化建设状况

年份	地区	信息课生师比	生均计算机数（台）	生均图书册数（册）	建立校园网学校比例（%）
2016	全国	477.33 : 1	0.17	34.37	74.61
	城区	489.94 : 1	0.18	32.87	85.78
	镇区	500.67 : 1	0.15	33.07	75.17
	乡村	396.68 : 1	0.19	41.95	65.55
2017	全国	474.06 : 1	0.18	35.64	76.73
	城区	483.15 : 1	0.19	34.04	86.31
	镇区	496.37 : 1	0.16	34.66	77.16
	乡村	394.51 : 1	0.21	42.94	68.33

续表

年份	地区	信息课生师比	生均计算机数（台）	生均图书册数（册）	建立校园网学校比例（%）
2018	全国	485.68 : 1	0.18	35.89	77.23
	城区	495.98 : 1	0.19	34.05	86.11
	镇区	506.34 : 1	0.16	35.23	77.34
	乡村	404.82 : 1	0.21	43.02	69.48
2019	全国	486.71 : 1	0.19	35.99	77.12
	城区	498.80 : 1	0.20	34.09	85.72
	镇区	509.29 : 1	0.17	35.42	77.09
	乡村	396.04 : 1	0.21	43.34	69.39
2020	全国	484.86 : 1	0.19	36.97	77.40
	城区	504.54 : 1	0.21	34.89	86.68
	镇区	503.21 : 1	0.18	36.52	76.83
	乡村	387.25 : 1	0.23	44.86	69.28

三、农村义务教育政策关键词

（一）加快农村教育现代化建设

2019 年 2 月 23 日，中共中央、国务院印发《中国教育现代化 2035》，提出了推进教育现代化的八大基本理念：更加注重以德为先，更加注重全面发展，更加注重面向人人，更加注重终身学习，更加注重因材施教，更加注重知行合一，更加注重融合发展，更加注重共建共享。该文件明确了推进教育现代化的基本原则：坚持党的领导、坚持中国特色、坚持优先发展、坚持服务人民、坚持改革创新、坚持依法治教、坚持统筹推进。推进教育现代化的总体目标是：到 2020 年，全面实现“十三五”发展目标，教育总体实力和国际影响力显著增强，劳动年龄人口平均受教育年限明显增加，教育现代化取得重要进展，为全面建成小康社会作出重要贡献。在此基础上，再经过 15 年努力，到 2035 年，总体实现教育现代化，迈入教育强国行列，推动我国成为学习大国、人力资源强国和人才强国，为到本世纪中叶建成富强民主文明和谐美丽的社会主义现代化强国奠定坚实基础。2035 年主要发展目标是：建成服务全民终身学习的现代教育体系、普及有质量的学前教育、实现优质均衡的义务教育、全面普及高中阶段教育、职业教育服务能力显著提升、高等教育竞争力明显提升、残疾儿童少年享有适合的教育、形成全社会共同参与的教育治理新格局。2019 年 2 月 23 日，中共中央办公厅、国务院办公厅印发《加快推进教育现代化实施方案（2018—2022 年）》，明确了在 2018—2022 年的 5 年内推进教育现代化的十项重点任务：实施新时代立德树人工程、推进基础教育巩固提高、深化职业教育产教融合、推进高等教育内涵发展、全面加强新时代教师队伍建设、大力推进教育信息化、实施中西部教育振兴发展计划、推进教育现代化区域创新试验、推进共建“一带一路”教育行动、深化重点领域教育综合改革。

1. 办好乡村小规模学校和乡镇寄宿制学校

乡村小规模学校[①]和乡镇寄宿制学校（以下统称两类学校）是农村义务教育的重要组成部分。办好“两类学校”是实施乡村振兴战略、推进城乡基本公共服务均等化的基本要求，是实现义务教育优质均衡发展的关键所在。党和国家高度重视“两类学校”的发展，2018 年国务院办公厅印发《关于全面加强乡村小规模学校和乡镇寄宿制学校建设的指导意见》之后，国家陆续颁布了一系列政策文件，从不同方面改善和发展“两类学校”，目的在于振兴乡村教育、服务农村建设。

为了进一步巩固贫困地区义务教育薄弱学校基本办学条件工作成果，2019 年 7 月 8 日，教育部、国家发展改革委、财政部联合发布《关于切实做好义务教育薄弱环节改善与能力提升工作的意见》。该文件将加强两类学校建设作为重点任务，各地按照“实用、够用、安全、节俭”原则，合理确定两类学校基本办学标准，进一步修订完善农村义务教育学校布局专项规划。乡镇寄宿制中心学校要按照标准化要求，加强宿舍、食堂、厕所和体育运动场地建设，配齐洗浴、饮水、取暖等学生生活必需的设施设备，全面改善学生吃、住、学、文化活动等基本条件，满足偏远地区学生和留守儿童的寄宿需求。对于规划保留的乡村小规模学校，要结合实际设置必要的功能教室，配备必要的设施设备，保障基本教育教学需要，防止盲目撤并人为造成学生辍学和生源流失，避免出现新的校舍闲置问题。在保障经费方面，在农村义务教育学校校舍安全保障长效机制、教育现代化推进工程等资金的基础上，中央财政通过安排义务教育薄弱环节改善与能力提升补助资金，支持中西部地区和东部部分困难地区。为了规范和加强城乡义务教育补助经费管理，提高资金使用效益，推进义务教育均衡发展，2019 年 9 月 12 日，财政部、教育部联合印发《城乡义务教育补助经费管理办法》，对城乡义务教育补助经费做出了详细规定，并适当提高“两类学校”生均公用经费补助水平。该

① 乡村小规模学校在本研究中是指人数不足 100 人的村小学和教学点。

文件还提出县（区）级财政、教育部门应当落实经费管理的主体责任，加强区域内相关教育经费的统筹安排和使用，兼顾不同规模学校运转的实际情况，向乡镇寄宿制学校、乡村小规模学校、教学点、薄弱学校倾斜。

2020 年 1 月 2 日，中共中央、国务院发布《关于抓好“三农”领域重点工作确保如期实现全面小康的意见》。该文件强调要提高农村教育质量，加强乡镇寄宿制学校建设，统筹乡村小规模学校布局，改善办学条件，提高教学质量，体现了党中央对“三农”领域中农村教育的高度重视。2020 年 5 月 17 日，中共中央、国务院印发《关于新时代推进西部大开发形成新格局的指导意见》，这是党中央、国务院从全局出发，顺应中国特色社会主义进入新时代、区域协调发展进入新阶段的新要求，统筹国内国际两个大局做出的重大决策部署。该文件要求加快改善贫困地区义务教育薄弱学校基本办学条件，全面加强乡村小规模学校、乡镇寄宿制学校建设。该文件体现了党和国家把增强人民群众获得感、幸福感、安全感放到突出位置，注重教育区域协调可持续发展。2020 年 6 月 19 日，教育部等十部门联合发布《关于进一步加强控辍保学工作健全义务教育有保障长效机制的若干意见》，指出要健全办学条件保障机制，各地要统筹利用义务教育各类工程建设项目，大力改善农村特别是贫困地区义务教育办学条件，重点加强乡镇寄宿制学校和乡村小规模学校建设，着力打造乡村温馨校园。2020 年 12 月 16 日，中共中央、国务院印发《关于实现巩固拓展脱贫攻坚成果同乡村振兴有效衔接的意见》，指出进一步提升脱贫地区公共服务水平，继续改善义务教育办学条件，加强乡村寄宿制学校和乡村小规模学校建设。

2021 年 1 月 4 日，中共中央、国务院印发《关于全面推进乡村振兴加快农业农村现代化的意见》，这是继 2020 年《关于抓好“三农”领域重点工作确保如期实现全面小康的意见》后，党中央对“两类学校”的再次强调，凸显了办好“两类学校”的重要意义。该文件提出要提高农村教育质量，继续改善乡镇寄宿制学校办学条件，保留并办好必要的乡村小规模学校。2021 年 4 月 29 日，第十三届全国人民代表大会常务委员会第二十八次会议通过《中华人民共和国乡村振兴促进法》，为持续改善农村学校办学条件、提高农村基础教育质量提供了法律保障。为了巩固拓展教育脱贫攻坚成果，全面推进乡村振兴战略，实现巩固拓展教育脱贫攻坚成果同乡村振兴有效衔接，2021 年 4 月 30 日，教育部等四部门印发《关于实现巩固拓展教育脱贫攻坚成果同乡村振兴有效衔接的意见》。该文件以“建立健全巩固拓展义务教育有保障成果长效机制”“建立健全农村家庭经济困难学生教育帮扶机制”“做好巩固拓展教育脱贫攻坚成果同乡村振兴有效衔接重点工作”为重点任务，并指出对“两类学校”的要求：“继续实施义务教育薄弱环节改善与能力提升工作……支持设置乡镇寄宿制学校，保留并办好必要的乡村小规模学校。”2021 年 6 月 23 日，教育部、国家发展改革委、财政部联合发布《关于深入推进义务教育薄弱环节改善与能力提升工作的意见》。该文件要求持续改善学校基本办学条件，以农村义务教育学校薄弱环节为重点，改善学校寄宿条件，重点满足偏远地区学生和留守儿童的寄宿需求。该文件还提出要继续改善规划保留的乡村小规模学校办学条件，支持乡村学校因地制宜开好音体美等课程，保障教育教学需要。

2. 激发农村学校办学活力，助力农村教育现代化

当前，我国基础教育正从“有学上”向“上好学”迈进，在办人民满意教育的过程中，学校办学活力不足在一定程度上影响了教育质量的提升，亟待创新办学体制机制。2020 年 9 月 15 日，教育部等八部委发布《关于进一步激发中小学办学活力的若干意见》。该文件围绕对学校管得太多、激励不够、保障不够等突出问题，提出了相关举措。具体而言，针对管得过多问题，从“保证教育教学自主权”“扩大人事工作自主权”“落实经费使用自主权”三方面提出了相关要求；针对激励不够问题，从“强化评价导向作用”“强化校内激励作用”“强化学校文化引领作用”“强化优质学校带动作用”四个方面提出了具体要求，尤其强调了优质学校的带动作用，帮扶薄弱学校和农村学校提高办学水平；针对保障不够问题，提出要“注重选优配强校长”“注重加强条件保障”“注重拓展社会资源”，对于长期在艰苦边远地区工作的乡村教师，要加大荣誉表彰和物质奖励力度；针对管理机制不健全问题，提出“完善宏观管理”“完善内部治理”“完善社会监督”。该文件为推进中小学教育治理现代化提供了行动指南，对于激发学校办学活力也具有重要意义。

3. 教育信息化支撑农村教育现代化建设

为了加快农村教育信息基础设施建设，促进城乡教育信息化均衡发展，2019 年 5 月 16 日，中共中央办公厅、国务院办公厅印发《数字乡村发展战略纲要》。该文件指出，深入推动乡村教育信息化，实现乡村小规模学校和乡镇寄宿制学校宽带网络全覆盖，通过发展“互联网＋教育”，推动城市优质教育资源与乡村中小学实现对接，帮助乡村学校开足开好开齐国家课程。2019 年 7 月 8 日，教育部、国家发展改革委、财政部联合发布《关于切实做好义务教育薄弱环节改善与能力提升工作的意见》。该文件要求各地通过光纤、双向宽带卫星等方式，加快推进农村学校宽带网络接入，实现全覆盖，为确需保留的乡村小规模学校建设专递课堂、同步课堂，共享优质教育资源提供网络保障。2019 年 8 月 28 日，教育部、国务院扶贫办联合印发《关于解决建档立卡贫困家庭适龄子女义务教育有保障突出问题的工作方案》，要求大力改善贫困地区义务教育基本办学条件，推进教育信息化建设，提升乡镇寄宿制学校和乡村小规模学校基本办学能力。为了充分发挥信息技术对农村义务教育现代化的积极作用，进一步改善农村义务教育薄弱学校办学条件，2021 年 1 月 20 日，教育部等五部门发布《关于大力加强中小学线上教育教学资源建设与应用的意见》。该文件针对加强农村“线上教育”提出：加大农村地区特别是边远贫困地区学校对平台资源的使用力度，切实发挥优质教育资源共享使用效益；农村薄弱学校特别是乡镇寄宿制学校和乡村小规模学校要针对师资方面存在的实际困难，充分利用平台，开足开齐开好国家规定课程；完善政策保障体系，重点保障贫困地区义务教育学校必要的设备购置等相关经费，改善学校特别是农村边远地区学校网络接入条件。

（二）乡村教师队伍改革

乡村教师队伍改革涉及乡村教师薪资待遇、教师培训、编制管理、培养方式、信息技术应用能力等多方面。2019 年以来，我国出台了一系列相关政策文件，为造就一支热爱乡村、数量充足、素质优良、充满活力的乡村教师队伍构建了较为完善的政策框架。

1. 提高乡村教师薪资保障

2013 年以来，连片特困地区乡村教师生活补助实施工作取得积极成效，但仍存在补助额度相对较低、补助政策不够完善、工作开展不够规范、宣传引导力度不够等问题。为了推动各地继续实施好乡村教师生活补助政策，2020 年 6 月 17 日，教育部办公厅发布《关于进一步做好乡村教师生活补助政策实施工作的通知》。该文件要求根据乡村学校艰苦边远程度，完善乡村教师生活补助差别化政策，合理划分补助的档次及标准，实行有差别的补助政策；要聚焦重点区域，统筹协调补助政策，健全乡村教师生活补助经费长效机制，加大对“三区三州”等深度贫困县的倾斜支持力度，有条件的地方进一步扩大实施范围，重点向教学点、村小和条件艰苦地区倾斜；加强宣传引导，增强乡村教师荣誉感，高度重视乡村教师生活补助的政策宣传工作，努力营造全社会尊师重教、关注农村教育、关心农村教师的良好氛围。同年 7 月 31 日，教育部等六部门发布《关于加强新时代乡村教师队伍建设的意见》，旨在加强新时代乡村教师队伍建设，努力造就一支热爱乡村、数量充足、素质优良、充满活力的乡村教师队伍。该文件要求针对乡村教师队伍存在的“结构性缺员较为突出”“素质能力有待提升”“发展通道相对偏窄”“职业吸引力不强”等问题，必须把乡村教师队伍建设摆在优先发展的战略地位。该文件还从加强师德师风建设、创新挖潜编制管理、畅通城乡一体配置渠道、创新教师教育模式、拓展职业成长通道、提高地位待遇等方面提出了建设性意见，重点强调了对青年教师的关心，具体表现为在“培训”“职称评聘”“表彰奖励”等方面向乡村青年教师倾斜，丰富青年教师的精神文化生活。

2. 提升乡村教师培训质量

至2020年，“国培计划”已实施十周年。“国培计划”即“中小学教师国家级培训计划”，包括“中小学教师示范性培训项目”“中西部农村骨干教师培训项目”“幼儿园教师培训项目”，由中央财政投入资金，教育部、财政部自2010年开始全面实施，是提高我国中小学教师特别是农村教师队伍整体素质的重要举措。只2020年，国家对“国培计划”投入经费超过170亿元，培训教师校长超过1600万人次[①]，基本实现了对中西部农村义务教育学校和幼儿园教师的全覆盖，引领带动形成“国培—省培—市培—县培—校培”五级联动的新型教师培训网络。面向“十四五”时期对教师能力素质提升的新要求，“国培计划”将进一步完善。2021年4月30日，教育部、财政部联合发布《关于实施中小学幼儿园教师国家级培训计划（2021—2025）的通知》，旨在进一步推进教师培训提质增效和促进教师队伍高质量发展，为基础教育改革发展培养高端引领人才，为乡村振兴和中西部欠发达地区农村教育改革发展提供坚强师资支撑。为了实现上述目标，要实施中西部骨干教师培训项目，重点支持中西部欠发达地区农村义务教育学校校长和培训者深度培训。

基于此，国家创新探索了多种培养方式：一是创新岗位设置。如中西部乡村中小学“首席教师岗位计划”，各试点地区将“首席教师”的优势与当地实际相结合，探索出乡村教师队伍改革的有效路径。二是提升薄弱技能。尽管自2013年以来通过实施“全国中小学教师信息技术应用能力提升工程”，我国乡村教师的信息技术能力得到了一定程度的提高，而随着大数据、人工智能等技术的变革对乡村教师信息素养提出的要求更高，乡村教师的信息技术应用能力薄弱、创新能力不足等问题凸显。因此，2019年3月20日，教育部发布《关于实施全国中小学教师信息技术应用能力提升工程2.0的意见》，从学校信息化管理团队建设、信息化发展规划制定、创新培训模式等方面提出建议，旨在提升教师专业水平和信息技术的应用能力，全面促进信息技术和教育教学融合创新发展。

---

① 教育部：《第二场：介绍教师队伍建设进展成效、〈中共中央 国务院关于全面深化新时代教师队伍建设改革的意见〉落实评估情况、“十三五”期间国家支持教师队伍建设有关工作、第36个教师节系列宣传庆祝活动安排，发布2020年全国教书育人楷模名单》，（2020-09-04），http://www.moe.gov.cn/fbh/live/2020/52439/[2022-07-29]。

3. 改革乡村教师编制管理

2019 年 6 月 23 日，中共中央、国务院印发《关于深化教育教学改革全面提高义务教育质量的意见》，指出要优化教师资源配置，各地要按照中小学教职工编制标准做好编制核定工作，并制定小规模学校编制核定标准和通过政府购买服务方式为寄宿制学校提供生活服务的实施办法。2020 年 7 月 31 日，教育部等六部门发布《关于加强新时代乡村教师队伍建设的意见》，要求各地要结合实际制定小规模学校和寄宿制学校教职工编制的具体核定标准和实施办法。对民族地区、寄宿制、承担较多教学点管理任务等的乡村学校，按一定比例核增编制，在县域交流轮岗方面，县级教育行政部门要充分考虑乡村小规模学校、寄宿制学校和城镇学校的实际需要，统筹分配各校教职工编制和岗位数量。

4. 减轻乡村教师工作负担

近年来，中小学教师负担过重已成为基层教师反映最多、最强烈的问题。受历史遗留和体制机制的影响，中小学教师额外工作负担过重，各种督查、检查、评比、考核等事项名目多、频率高，各类调研、统计、信息采集等活动交叉重复、布置随意。还有一些地方和部门在落实安全稳定、创优评先等工作时，经常给学校和教师摊派任务，耗费了教师大量的时间、精力，影响了学校正常的教育教学秩序。为破解上述难题，2019 年 12 月 15 日，中共中央办公厅、国务院办公厅印发《关于减轻中小学教师负担进一步营造教育教学良好环境的若干意见》，从“进一步提高认识”“统筹规范督查检查评比考核事项”“统筹规范社会事务进校园”“统筹规范精简相关报表填写工作”“统筹规范调借用中小学教师事宜”“强化组织保障”六个方面提出了 20 项减轻中小学教师负担的务实举措。该文件指出国务院教育督导委员会要把减轻中小学教师负担工作纳入对省级政府履行教育职责的督导中，省级教育督导部门要把减轻中小学教师负担工作作为教育督导和开学检查的重要内容，以督促减，以减增效。该文件发布后，全国很多地方陆续出台了包括农村中小学教师在内的减负清单，清单既具可操作性，又兼具省份特色，有效地回应了减轻中小学教师负担、加强教师统筹管理方面的一系列机制性问题，这一系列举措标志着我国中小学教师管理制度建设体系日益趋向完善。[①]

① 教育部:《为中小学教师减负 为教育提质增效加油——教育部有关负责人就〈关于减轻中小学教师负担进一步营造教育教学良好环境的若干意见〉答记者问》，(2019-12-16)，http://www.moe.gov.cn/jyb_xwfb/s271/201912/t20191216_412101.html[2022-07-25]。

（三）农村学生健康发展

1. 促进农村学生营养和心理健康

“农村义务教育学生营养改善计划”实施后，有效改善了贫困地区农村学生的营养状况，但一些地方还存在“政策理解和落实不到位”“资金使用管理不规范”“食品安全管理不严格”“营养健康状况监测评估开展不及时”等问题，在一定程度上影响了“农村义务教育学生营养改善计划”的实施效果。为了进一步规范“农村义务教育学生营养改善计划”管理，2019 年 11 月 15 日，教育部、国家发展改革委、财政部、国家卫生健康委、市场监管总局发布《关于进一步加强农村义务教育学生营养改善计划有关管理工作的通知》，从“稳妥有序开展试点”“大力推进食堂供餐”“强化食品安全管理”“严格资金使用管理”“加强营养健康教育”“做好营养健康监测”六大方面提出了要求。为了进一步巩固“农村义务教育学生营养改善计划”成果，持续改善包括农村学生在内的学生营养健康状况，2021 年 9 月 26 日，财政部、教育部联合发布《关于深入实施农村义务教育学生营养改善计划的通知》。该文件提出从 2021 年秋季学期起农村义务教育学生营养膳食补助国家基础标准由每生每天 4 元提高至 5 元；各级教育部门要因地制宜统筹推进学校食堂供餐，进一步健全食品安全管理制度。同时，要进一步强化营养改善计划实名制学生信息管理，及时更新学生基本信息变动情况，实现受益学生人数等情况动态监管。此外，各级财政部门要强化省级统筹，落实地方支出责任，确保营养膳食补助提标资金及时足额到位。

2019 年 4 月 30 日，民政部等发布《关于进一步健全农村留守儿童和困境儿童关爱服务体系的意见》，要求针对农村留守儿童和困境儿童不同特点提供心理疏导，加强基层儿童工作队伍建设，各地要依托全国农村留守儿童和困境儿童信息管理系统，对儿童督导员、儿童主任实行实名制管理，并及时录入、更新人员信息，有针对性地为精神关怀缺失、遭受家庭创伤等儿童提供人际调适、精神慰藉、心理疏导等专业性关爱服务，促进身心健康。为了进一步增强学生心理健康工作的针对性和有效性，着力提升学生心理健康素养，2021 年 7 月 7 日，教育部办公厅发布《关于加强学生心理健康管理工作的通知》。该文件要求中小学要将心理健康教育课纳入校本课程，同时注重安排形式多样的生命教育和挫折教育，切实培养学生珍视生命、热爱生活的心理品质。针对农村学生群体，县级教育部门要发挥牵头作用，要设立或依托相关专业机构，牵头负责组织县域内中小学开展心理健康测评工作，建立“一生一策”的心理成长档案；县级教育部门要建立区域性的中小学生心理辅导中心，积极开展线上线下多种形式咨询辅导服务，定期向所在区域中小学提供指导、技能培训。此外，县级教育部门还要加强与卫生健康部门的协同联动，建立精神卫生医疗机构对学校心理健康教育及心理危机干预的支持协作机制，为所在区域中小学提供医疗帮助。

2. 保障农村学生合法权益

近年来，我国颁布实施了《中华人民共和国乡村振兴促进法》，修订了《中华人民共和国教育法》《中华人民共和国未成年人保护法》等一系列法律法规。

《中华人民共和国教育法》是中国教育工作的根本大法，是依法治教的根本大法。2021 年 4 月 29 日，第十三届全国人民代表大会常务委员会第二十八次会议审议通过了《全国人民代表大会常务委员会关于修改〈中华人民共和国教育法〉的决定》，于 2021 年 4 月 30 日起施行。此次修订是贯彻落实党的十九大精神、全国教育大会精神的重要举措，是对教育基本法律制度的进一步完善。修订后的《中华人民共和国教育法》严厉禁止顶替他人取得入学资格，并规定入学资格被顶替权利受到侵害的，可以请求恢复其入学资格，这对于保护多属于农村学生的被顶替者取得合理的入学权利具有重要作用。

为保障未成年人合法权益、促进未成年人健康成长，2020 年 10 月，《中华人民共和国未成年人保护法》审议通过，修订案规定“学校应当对尚未完成义务教育的辍学未成年学生进行登记并劝返复学，劝返无效的，应当及时向教育行政部门书面报告。学校应当配合政府有关部门建立留守未成年学生、困境未成年学生的信息档案，开展关爱帮扶工作”。2021 年 6 月 1 日，教育部颁布《未成年人学校保护规定》，该文件系统构建了未成年人学校保护的制度体系，并对农村留守儿童、困境学生等弱势群体给予重点关注，为加强农村学校法制建设、保护农村学生的合法权益提供保障。

党和国家始终高度重视儿童事业发展，先后制定并实施了三个周期的中国儿童发展纲要，即《九十年代中国儿童发展规划纲要》《中国儿童发展纲要（2001—2010 年）》《中国儿童发展纲要（2011—2020 年）》，为我国儿童生存、发展、受保护和参与权利的实现提供了重要保障，我国儿童事业发展已取得历史性成就，但未来仍面临发展不平衡不充分的问题。有鉴于此，2021 年 9 月 8 日，国务院颁布新一轮的《中国儿童发展纲要（2021—2030 年）》，围绕健康、安全、教育、福利、家庭、环境、法律保护七个领域，提出多项主要目标和策略措施，旨在健全儿童权利的法律法规政策体系，完善儿童发展工作机制，缩小城乡、区域、群体间的儿童发展差距，使儿童享有更加均等的基本公共服务、更加普惠和优越的福利保障，享受更加和谐友好的家庭和社会环境，提升儿童的获得感、幸福感、安全感。

3. 加强中小学生手机管理

随着互联网和移动终端的快速发展，手机已悄然走进中小学生的日常生活之中。在“互联网＋教育”的时代背景下，手机不仅是丰富教学资源的分享者，也是网络不良信息的传播者。由于中小学生身心发育尚未完全，其分辨能力较弱、自控能力较差，容易出现“沉迷游戏”“行为失范”“价值观混乱”等问题，这会对学校日常教育教学管理和学生身心发展产生诸多负面影响。教育部对中小学生视力情况抽样调查的结果显示，2020 年上半年疫情期间中小学生的近视率提高了 11.7%[①]，根本原因在于过度使用电子产品。

为了加强中小学生手机的规范化管理，促进中小学生身心健康发展，2021 年 1 月 15 日，教育部办公厅发布《关于加强中小学生手机管理工作的通知》。该文件明确做出了“有限带入校园”“细化管理措施”“加强教育引导”“做好家校沟通”“强化督导检查”五个方面的规定，并进一步明确了对教育行政部门、学校、学生及家长不同主体的要求，以期推动落实对中小学生手机的管理，促使包括农村在内的中小学生合理使用手机，防止沉迷网络和游戏。2021 年 5 月 8 日，国务院教育督导委员会办公室印发《关于组织责任督学进行“五项管理”督导的通知》，将加强中小学生手机管理作为“五项管理”（中小学生作业、睡眠、手机、读物、体质管理）的重要督导内容，并采用校园巡查、推门听课、查阅资料、问卷调查、走访座谈等多种方式，督导“五项管理”落实情况。2020 年新冠肺炎疫情期间，在线教学的兴起使得手机等移动终端在农村学生群体中广泛普及。手机终端打开了农村学生通向广阔天地的大门，但由于自身的自制能力不足、家长监管职能缺失等，农村学生网络成瘾、学业荒废等问题频频出现，增加了农村中小学生手机管理的难度。要解决这一问题，亟待农村校内监管和校外监管协同发力，共同构建农村中小学生合理使用手机的保护机制。

四、农村义务教育研究学术话语

（一）教育扶贫学术研究进展

教育扶贫具有“扶教育之贫”和“靠教育脱贫”的双重内涵。“扶教育之贫”意为提高贫困地区的教育水平和教育质量，改善教学条件等，实现教育脱贫是实现全面脱贫的题中应有之义。“靠教育脱贫”意为通过教育的手段为贫困地区

① 北京日报客户端：《疫情期间中小学生近视率上涨 11.7% 新学期小学生每天锻炼两小时》，（2020-08-28），https://baijiahao.baidu.com/s?id=1676259993080859668&wfr=spider&for=pc[2022-11-14]。

培养人才，增强人们的脱贫意识和信心，进而促进地区经济的发展。[①] 它是致力于解决结构性教育贫困实践困境的宏观政策，优质教育资源的结构均衡是其价值诉求。[②] 教育扶贫经历了“扶教育之贫（1949—1977 年）”“靠教育脱贫（1978—2012 年）”“教育精准扶贫（2013 年至今）”三个发展变迁期。[③] 截至 2020 年年底，全国建档立卡家庭辍学学生实现动态清零，“我国义务教育有保障”的教育脱贫底线目标基本实现[④]，教育扶贫呈现出五大转向：从“绝对贫困”转向“相对贫困”、从“低维贫困”转向“高维贫困”、从“结构贫困”转向“行动贫困”、从“来源贫困”转向“支出贫困”、从“原生贫困”转向“代际贫困”，动态性、高维性、多元性、长期性和适切性将成为未来教育促进乡村扶贫与振兴的五大特征。[⑤]

教育基本公共服务滞后是贫困地区的最大短板，而义务教育基本公共服务能力不足是短板中的短板。[⑥] 农村贫困地区义务教育发展的主要问题是：城乡资源配置不均、农村学校办学条件相对较差、小规模学校运转困难、边远地区学生就近入学难以保证。[⑦] 针对上述问题，国家采取了一系列措施：针对城乡资源配置不均的情况，国家筹划“推进县域义务教育均衡发展和城乡教育一体化发展”；针对农村学校办学条件相对较差的现状，国家实施“农村学校标准化建设和农村义务教育薄弱学校建设”；针对小规模学校运转困难的窘境，国家不断增加小规模学校公用经费；针对边远地区学生就近入学难以保证的僵局，国家努力办好农村寄宿制学校和乡村小规模学校、实施义务教育“两免一补”[⑧]政策等，以确保农村孩子获得公平而有质量的教育。

在教育扶贫投入方面，已有研究证实了教育投入与经济增长和居民收入增加

---

① 吴彬镪、魏震雷：《习近平关于教育扶贫重要论述的科学意蕴与时代价值》,《福建师范大学学报（哲学社会科学版）》2021 第 5 期，第 90—98、169 页。

② 张鸿儒、常亚慧：《教育帮扶：资源下乡与机会竞争》,《当代教育科学》2020 第 5 期，第 60—65 页。

③ 李建辉、苏劲贤：《新时代背景下教育精准扶贫的现状及对策》,《教育评论》2021 年第 1 期，第 31—35 页。

④ 柴如瑾：《建档立卡贫困家庭辍学学生清零——我国义务教育有保障的目标基本实现》,《光明日报》2020 年 9 月 24 日第 8 版。

⑤ 李涛、邬志辉、周慧霞、冉淑玲：《“十四五”时期中国全面建设小康社会后教育扶贫战略研究》,《教育发展研究》2020 年第 23 期，第 30—42 页。

⑥ 曾天山：《以新理念新机制精准提升教育扶贫成效——以教育部滇西扶贫实践为例》,《教育研究》2016 年第 12 期，第 35—42 页。

⑦ 王嘉毅、封清云、张金：《教育与精准扶贫精准脱贫》,《教育研究》2016 年第 7 期，第 12—21 页。

⑧ “两免一补”是指对所有学生免除学杂费、免费提供教科书，对家庭经济困难的学生进行生活补助。

之间的关系，研究主要分为两类：一类是研究教育投入与宏观经济增长之间的内在联动。有研究表明，财政转移支付的比例每提升 10 个百分点，该地区居民的受教育年限能够增加约 0.2 年，尤其是专项转移支付的作用更为明显。① 另一类是分析教育投入与微观个体收入之间的关系。有学者认为，农村地区个人教育收益率随教育层级的上升呈递增趋势，且义务教育和义务后教育收益率的差巨大，建议中央政府未来以义务后教育发展作为农村教育优先的发展目标，加大对农村地区高中教育的财政投入力度。② 由地区经济发展落后导致的“公共教育资源投入不足”“配置不均与教育学龄人口不协调”等问题是缓解教育贫困难度大的根源。③学者也认识到，教育投入的脱贫作用大于其他因素④，强有力的政策实施能保障贫困地区教育发展。党的十八大以来，国家在总体教育投入、教育专项投入上不断增加：一是全国总体教育投入与规模持续增长。2012 年，国家财政性教育经费支出占国内生产总值的比例首次实现了 4%，国家财政性教育经费占 GDP 的比例连续 8 年在 4% 以上。2019 年，全国教育经费总投入为 50 175 亿元，比上年增长 8.74%。⑤ 二是“全面改薄”成为我国义务教育学校建设史上财政投入最大的单项工程。2013—2017 年，中央财政投入 1300 多亿元，带动地方投入 2500 多亿元，全面改善义务教育阶段薄弱学校办学条件和中小学校舍安全状况。⑥ 三是义务教育贫困补助作为我国教育精准扶贫的重要举措，对经济与家庭结构缺失的学生意义重大。有学者认为，贫困补助降低了辍学率，同时提高了学生的认知能力，并且补助对家庭贫困程度越高的学生人力资本的提高作用越强。⑦

关于教育扶贫保障的研究，主要涉及“保障主体”和“保障方式”等。在保障主体方面，已有研究多从国家、高等学校、基层部门、社会组织四个主体着

---

① 高跃光、范子英：《财政转移支付、教育投入与长期受教育水平》，《财贸经济》2021 年第 9 期，第 20—34 页。

② 黄斌、钟晓琳：《中国农村地区教育与个人收入——基于三省六县入户调查数据的实证研究》，《教育研究》2012 年第 3 期，第 18—26 页。

③ 张俊良、张兴月、闫东东：《公共教育资源、家庭教育投资对教育贫困的缓解效应研究》，《人口学刊》2019 年第 2 期，第 17—29 页。

④ 彭妮娅：《教育扶贫成效如何？——基于全国省级面板数据的实证研究》，《清华大学教育研究》2019 年第 4 期，第 90—97 页。

⑤ 佘颖：《国家财政性教育经费占 GDP 比重连续 8 年 4% 以上——2019 年教育投入首次突破 5 万亿元》，《经济日报》2020 年 6 月 13 日第 4 版。

⑥ 付卫东、曾新：《十八大以来我国教育扶贫实施的成效、问题及展望——基于中西部 6 省 18 个扶贫开发重点县（区）的调查》，《华中师范大学学报（人文社会科学版）》2019 年第 5 期，第 45—56 页。

⑦ 王静曦、周磊：《贫困补助能提高义务教育学生的人力资本吗？》，《中国软科学》2020 年第 7 期，第 65—76 页。

手，认为国家应完善政策保障，优化教育财政支出重点，聚焦支持脱贫地区、巩固拓展教育脱贫攻坚成果和乡村振兴，适当向国家乡村振兴重点帮扶县倾斜[①]；高等学校应落实帮扶责任，聚焦脱贫攻坚，发挥高校优势，创新帮扶形式，推进教育扶贫、产业扶贫、智力扶贫、健康扶贫、精神扶贫、语言扶贫，广泛宣传动员；基层部门应促进全程、全员、全方位育人机制，促进农村社区教育与社区成员的双向互动[②]；社会组织应积极参与教育扶贫，这样既能解决政府单一主体可能带来的供给单一、供需失衡的问题，又能扩大教育扶贫的社会效应。[③]在保障方式方面，已有研究主要集中在三个方面：一是政府应该提供平等的物质条件保障，诸如加强贫困地区义务教育薄弱学校建设、改善贫困地区学生的生活条件、提高家庭经济困难学生资助水平；二是保障贫困地区共享优质教育资源，这意味着不仅要让贫困地区的教育发展尽享我国教育现代化的福利，也要根据贫困地区自身的发展特点，在教育教学过程中满足差异化、异质性的个体和地区需要；三是重视教师人力资源开发，改善阻断贫困代际传递的软环境。[④]

教育政策效果评估是指围绕着政策效果而进行的规范、测度、分析、建议等一系列活动的总称。[⑤]科学的教育扶贫政策评估指标工具是教育扶贫机制持续优化的有力保障。

关于教育扶贫政策效果评估方面的研究，既有研究指出政策效果评估研究主要由两部分组成：一部分是评估的框架或策略的选择，包括长期评估与短期评估、自评与第三方评估、整体评估与局部评估、定性评估与定量评估。[⑥]另一部分是评估指标体系的确立。有学者综合精准扶贫相关政策与扶贫绩效评价相关文献，认为精准扶贫能否取得理想的效果在于“贫困对象识别是否精准”“项目选择是否精准”“帮扶过程是否精准”“组织及扶贫方式是否精准”，并由此构建了包括“精准识别”“精准帮扶”“社会经济发展”“基础设施建设”“减贫成效”五

① 教育部、国家发展和改革委员会、财政部、国家乡村振兴局：《教育部等四部门关于实现巩固拓展教育脱贫攻坚成果同乡村振兴有效衔接的意见》，教发〔2021〕4 号，2021 年 4 月 30 日。

② 杨育智、李艳莉：《乡村振兴战略下农村社区教育的普惠性价值及其实现》，《中国成人教育》2019 年第 11 期，第 91—96 页。

③ 向雪琪：《教育扶贫的维度及其政策意蕴》，《中国农业大学学报（社会科学版）》2020 年第 5 期，第 94—102 页。

④ 史志乐：《教育扶贫与社会分层：兼论阻断贫困代际传递的可能性》，《教育理论与实践》2019 年第 4 期，第 16—19 页。

⑤ 袁振国：《教育政策学》，江苏教育出版社 2001 年版，第 346 页。

⑥ 章文光、宫钰、吴义熔：《基于致贫原因的帮扶措施精准性评估分析》，《公共管理与政策评论》2021 年第 4 期，第 26—35 页。

个层面的精准扶贫综合评估体系，教育扶贫作为“社会经济发展”的一个子目标出现在三级指标层。该研究还发现，经济社会发展是贫困地区精准扶贫绩效评价的重要评价指标。该研究认为教育扶贫工作应加大中央和各省级政府的扶贫投入预算，激励社会资本参与，鼓励企业进驻贫困地区，通过激励机制吸引优秀科技人才。[①]有学者基于“传统扶贫绩效评价指标建构”，即通过对教育扶贫对象识别、资金运作的监督控制，并对教育扶贫结果与最初的目标进行比对，进一步强调以“扶贫对象的精准识别”为前提，以“扶贫瞄准”为核心。在此基础上，该研究构建了“扶贫对象识别”“资源投入”“教育扶贫产出”“扶贫成效”四个一级指标，通过多层次灰色系统评价模型对其进行评价。通过检验后，该评价模型可以测量同一地区各年度教育扶贫工作绩效距目标值的相对距离及工作绩效优势。同时，也可对同一年度不同地区的教育扶贫绩效进行比较，还可对不同地区该年度教育扶贫的结果进行排序，这对下一步的工作重心调整有一定意义。[②]

中国教育扶贫工作积累了重要经验，主要包括：第一，坚持制度优势与政治优势相结合，坚定不移地坚持社会主义道路是我国教育扶贫工作开展的制度优势；第二，根据国情与社会需要，分阶段分群体分区域精准施策，完成不同历史时期的特定任务；第三，教育精准扶贫负载的公平理念成为我国教育政策的长期性价值取向[③]；第四，坚持扶贫同扶智与扶志良性互动。中国政府在推进脱贫攻坚的过程中，把改善贫困人口和贫困地区的生存发展条件同扶志扶智结合起来，以“五个一批”[④]为主要抓手，着力改善贫困地区和贫困人口的生存发展条件，通过着力发展壮大贫困人口的经济基础，提高贫困人口收入水平；通过扶贫同扶智相结合，着力提高他们的内生发展能力，摆脱精神贫困状态。在提高贫困劳动者自身人力资本含量的同时，提高他们子女的受教育水平和技术技能水平，以阻断贫困代际传递。[⑤]

① 陈爱雪、刘艳：《层次分析法的我国精准扶贫实施绩效评价研究》,《华侨大学学报（哲学社会科学版）》2017 年第 1 期，第 116—129 页。

② 王林雪、殷雪：《精准扶贫视角下教育扶贫绩效评价体系构建》,《统计与决策》2019 年第 3 期，第 65—68 页。

③ 袁利平、丁雅施：《教育扶贫：中国方案及世界意义》,《教育研究》2020 年第 7 期，第 17—30 页。

④ “五个一批”是指发展生产脱贫一批、易地搬迁脱贫一批、生态补偿脱贫一批、发展教育脱贫一批、社会保障兜底一批。

⑤ 郑宝华、宋媛：《中国脱贫攻坚对人类反贫困理论的贡献》,《云南社会科学》2021 年第 5 期，第 56—66、186 页。

（二）乡村教师学术研究进展

国运兴衰，系于教育。振兴乡村教育、促进农村教育高质量发展，关键在教师。[①] 近年来，我国持续加大乡村教师队伍建设力度，国家有关部门出台了一系列针对性文件，使得乡村教师队伍整体质量得到显著提升。然而，目前仍存在“乡村教师角色转变困难”“工资满意度不高”“职称评聘困难”“专业发展受限”“荣誉制度实效不足”等现实问题，新生代乡村教师也开始成为学者关注的群体。

在乡村教师角色转变方面，2015 年 9 月 9 日，习近平给“国培计划（2014）”北京师范大学贵州研修班全体教师回信，信中勉励广大教师“努力做教育改革的奋进者、教育扶贫的先行者、学生成长的引导者，为贫困地区教育事业发展、为祖国下一代健康成长继续作出自己的贡献”[②]，这是对广大教师，尤其是对乡村教师教育扶贫地位与作用的肯定。在乡村振兴战略背景下，乡村教师被赋予“专业性”和“公共性”双重角色，并被期待能积极扮演“乡贤”角色。他们在完成乡村学校教书育人任务之余，还要努力扮演乡村产业人才的培育者、乡村生态文明的传播者、乡风文明的守护者、乡村治理的协助者和乡民生活改造的领导者等社会角色。[③]这意味着他们除了具备知识、能力、威望外，还需具备扮演新“乡贤”角色的主观意愿。[④]

在乡村教师工资待遇方面，有学者借助消费补偿理论分析了乡村教师收入。收入不仅是劳动力价值的货币化表现，其中还包含了工作环境的隐性价格。在城乡区域上，学校区位劣势导致教师职业效用损失，位于乡村的学校和位于乡镇的学校给教师带来的不便，其折算为货币价值分别相当于教师平均收入的 20.99% 和 10.21%。在学校距离上，学校到县城的距离对教师职业效用的影响为每 1% 距离对应 2.64% 的教师工资差异。[⑤] 在乡村教师生活补助政策实施以后，乡村教师每月获得了 200 元左右的生活补助，但超过半数的教师对生活补助水平并不满意，与期望每月获得 500～1000 元的补助有一定差距。鉴于此，地方政府要加大对乡村教师生活补助政策的宣传力度，提升教师的政策认知。与此同时，应充分

---

① 褚宏启：《教师是振兴乡村教育的关键》，《中国教育学刊》2021 年第 10 期，第 7 页。

② 新华网：《习近平总书记给“国培计划（2014）”北京师范大学贵州研修班参训教师的回信》，（2015-09-09），http://www.moe.gov.cn/jyb_xwfb/moe_176/201509/t20150909_206921.html[2022-10-10]。

③ 肖正德：《论乡村振兴战略中乡村教师的新乡贤角色》，《教育研究》2020 年第 11 期，第 135—144 页。

④ 肖正德：《乡村振兴战略中乡村教师新乡贤角色担当意愿的相关影响因素分析》，《华东师范大学学报（教育科学版）》2021 年第 7 期，第 92—106 页。

⑤ 雷万鹏、马红梅：《学校区位特征与教师生活补助政策——基于消费补偿理论的视角》，《教育研究》2021 年第 9 期，第 131—141 页。

听取乡村教师的意见，合理制定生活补助标准，补助政策应覆盖全部乡村教师，并重点向交通不便的偏远学校倾斜。此外，地方政府还应加强对乡村未婚青年教师的关注，制定乡村教师子女就学优惠政策。[①]

在乡村教师专业发展方面，乡村教师发展经历了“从注重学历补偿转向促进教师专业化发展”“从职前职后分离转向推进教师教育一体化”“从提供外部支持转向激励教师内生发展”的演进。[②] 有学者运用知识图谱可视化分析方法，对我国教师专业发展领域高质量的 CSSCI（Chinese Social Sciences Citation Index，中国社会科学引文索引）期刊 2002—2017 年的数据展开探究，得出如下结论：第一，教师专业发展研究在比较研究领域成果卓越，但多是介绍澳大利亚、美国的经验，缺乏本土理论建构；第二，经验性、实证性的研究逐渐增多，反思性教学、乡村教师、教学学术以及学习共同体是研究重要前沿，但缺乏代表性成果，尤其是对教师专业发展考核评价的保障机制方面不够重视。[③] 有学者对 1788 名乡村中小学教师的调查发现，乡村教师专业发展的能动性明显弱于城市教师，他们更多采用自我导向的专业发展方式，不善于利用外部资源。基于此，建立健全乡村教师专业发展的引导激励体系、构建基于教育教学改进的乡村教师专业实践共同体迫在眉睫。[④]

在乡村教师职称评聘方面，职称评聘一直是各级各类学校的痛点和难点，它不但关系到乡村教师队伍的结构和发展，也是体现教育管理制度是否科学公平的“风向标”。[⑤] 在义务教育阶段，教师职称在国家事业单位岗位设置管理办法及目标比例总体框架下，名额分配和评聘上呈现出较为突出的城乡差异，存在乡村学校高级职称比例总体较低且晋升困难的问题。对此，在高级职称名额分配上，国家应专设乡村学校教师数量和比例，进行专轨专用。[⑥]

---

① 姜金秋、田明泽：《乡村教师生活补助政策对教师留任意愿的影响——基于连片贫困地区三个县的实证研究》，《教育科学研究》2019 年第 4 期，第 28—34 页。

② 白亮、王爽、武芳：《乡村教师发展支持体系研究》，《中国教育学刊》2019 年第 1 期，第 18—22、57 页。

③ 郭丽君、陈春平：《我国教师专业发展研究的知识图谱——2002—2017 年 CSSCI 期刊的文献计量分析》，《现代教育管理》2019 年第 2 期，第 86—92 页。

④ 王晓丽、曾庆玉、弋英：《如何提升乡村教师的专业发展能动性？》，《中小学管理》2019 年第 8 期，第 32—35 页。

⑤ 李兴洲、唐文秀：《乡村教师政策靶向瞄准优化策略研究》，《国家教育行政学院学报》2020 年第 6 期，第 35—42 页。

⑥ 庞丽娟、杨小敏、金志峰：《乡村教师职称评聘的困境、影响与政策应对》，《教师教育研究》2019 年第 1 期，第 31—36 页。

在乡村教师资源配置方面，受城市文化的影响，乡村教师配置政策“向城性”严重，缺乏对乡村场域的充分关照。乡村教师配置政策面临乡村教师“总量超编”与“岗位缺人”的难题、“流失严重”与“补充困难”的矛盾、“科学主义”与“人文关怀”的失衡、“有效需求”与“现实供给”的冲突等困境。基于上述问题，可采取如下措施：一是增加教师储量，增强乡村教师的获得感；二是突破“班师比”“生师比”的科学主义思想禁锢，综合乡村学校场域、学校规模、教育教学需要等精确配备教师；三是采用“差别化”配置标准，兼顾“学校类别”和“地域差别”，改变单纯依据在校生数配置教师的标准；四是建立动态的乡村教师配置机制，及时依据乡村学校样态的变化调整乡村教师配置。① 有学者基于2020—2035 年学龄人口变动趋势，对乡村教师队伍的需求结构进行了预测。研究表明，在教师总量上，乡村教师需求总量变化相对平缓，小学阶段师资存在缺口；在教师退出上，由于“基数大”且“退出慢”，年轻教师补充需求迫切；在学科结构上，语数外学科师资有所富余，科学、体育、综合实践等学科师资缺口严重；在岗位需求上，临时性岗位以及非专任教师岗位人员需求较大。鉴于此，面向教育现代化 2035，国家应完善卓越定向师范生培养体系，健全精准化乡村教师补充机制，构建常态化优质师资共享机制。②

在乡村教师荣誉制度方面，2015 年 6 月 1 日，国务院办公厅发布《乡村教师支持计划（2015—2020 年）》，明确提出“建立乡村教师荣誉制度”，“国家对在乡村学校从教 30 年以上的教师按照有关规定颁发荣誉证书。省（区、市）、县（市、区、旗）要分别对在乡村学校从教 20 年以上、10 年以上的教师给予鼓励”。2016 年 9 月 1 日，教育部、人力资源和社会保障部联合发布《关于向乡村学校从教 30 年教师颁发荣誉证书的决定》，决定开展乡村教师从教 30 年教师荣誉证书的颁发工作，以“提高教师地位待遇，鼓励广大教师安心从教、终身从教，吸引更多优秀人才投身乡村教育事业”。有学者建议“乡村教师荣誉制度”与“提高乡村教师生活待遇”相关举措应同时推进，补充关于经济收入、政治地位和社会声望的内容，以三者为基础推动乡村教师社会地位的提升。③ 有学者从公共视域的角度透视乡村教师荣誉制度，对甘肃、宁夏、山西、黑龙江、山东和江苏 6

① 余应鸿、常宝宁：《乡村教师配置政策及其优化研究》,《教师教育研究》2020 年第 3 期，第 73—80 页。

② 王爽、刘善槐、房婷婷：《面向 2035 的乡村教师队伍需求结构预测与建设规划》,《中国教育学刊》2021 年第 10 期，第 1—7 页。

③ 谢爱磊、刘群群：《声望危机隐忧下的乡村教师荣誉制度建设研究》,《中国教育学刊》2019 年第 1 期，第 23—28 页。

个地区的 1297 名乡村教师进行了调查分析，研究提出应通过构建有效“荣誉评选和奖惩机制”“制定科学的称号设置与分类体系”“健全具有引领和濡化价值的荣誉准则系统”来进行制度优化。①

此外，新生代乡村教师也开始走进学者的研究视野。新生代乡村教师作为乡村教育发展的新生力量，不仅是当前乡村教育事业发展的中流砥柱，更是乡土文化保护、传承的重要力量。新生代乡村教师是指 20 世纪 80 年代后在城市出生、成长，接受过高等教育并在乡村从教的群体。②乡村教育振兴背景下，理想的新生代乡村教师应集“生态人格形象”“自然审美形象”“诗意优雅形象”于一体。③

（三）农村留守儿童和随迁子女状况学术研究进展

随着我国社会转型和城市化进程的加速推进，农村人口大规模向城市迁移。20 世纪 80 年代以来，中国劳动力逐渐形成了从农村流向城市的空间配置模式，并且在迁移模式上日益呈现“人户分离”的特征。④农民工浪潮兴起，其子女形成“留守”抑或“流动”两种样态，“留守儿童”和“随迁子女”随之产生。学界就留守儿童在农村与随迁子女进城上学过程中所面临的问题展开了探究。

1. 农村留守儿童状况学术研究进展

留守儿童是指因父母双方或一方外出务工半年及以上而被留在户籍所在地，不能与父母双方共同生活在一起的 18 周岁以下的儿童青少年。⑤ 2016 年，农村留守儿童首次摸底排查的数据为 902 万人，截至 2018 年 8 月底，全国仍有农村留守儿童 697 万余人。⑥农村留守儿童总体数量减少有四个方面的原因：一是留守转为随迁，进城务工人员随迁子女数量增加，减少了农村留守儿童的数量；二是党中央、国务院做出扶贫攻坚、新型城镇化建设等重大决策，通过政策外部力量持续推进返乡创业就业，鼓励部分留守儿童父母返乡；三是在政府部门的引导

① 陈玉义、万明钢：《公共视域下乡村教师荣誉制度的实践困境与对策——基于甘肃、山东等6省区的调查分析》，《中国教育学刊》2019 年第 4 期，第 28—33 页。

② 吴凯欣、毛菊、张斯雷：《学校・乡村・日常生活：“城市型”新生代乡村教师身份认同危机与纾解》，《当代教育科学》2021 年第 9 期，第 42—50 页。

③ 蔺海沣、谢敏敏：《新生代乡村教师形象及其塑造路径》，《湖南师范大学教育科学学报》2019 年第 6 期，第 60—69 页。

④ 柳建坤、何晓斌、贺光烨、张云亮：《父母参与、学校融入与农民工子女的心理健康——来自中国教育追踪调查的证据》，《中国青年研究》2020 年第 3 期，第 39—48 页。

⑤ 段成荣、梁宏：《我国流动儿童状况》，《人口研究》2004 年第 1 期，第 53—59 页。

⑥ 林晖、罗争光：《全国农村留守儿童数量下降》，（2018-10-30），http://www.gov.cn/xinwen/2018-10/30/content_5335992.htm[2022-07-25]。

下，提高了父母的监护责任意识，一些留守儿童父母主动要求返乡；四是城镇化水平快速提高、城镇户籍人口不断增加，大多数城市降低了落户门槛。①

2016 年，国务院颁布《关于加强农村留守儿童关爱保护工作的意见》，农村留守儿童问题正式被纳入国家政策视野之中，并对家庭、政府、学校及社会力量提出了相应的关爱服务要求。2019 年，民政部颁布了《关于进一步健全农村留守儿童和困境儿童关爱服务体系的意见》，明确规定要加强基层儿童工作队伍建设，并要求各地将农村留守儿童关爱保障纳入政府购买服务指导性目录。在国家政策的指导下，各地政府自主创新，全面实施留守儿童关爱工程，不断健全农村留守儿童关爱服务体系。②

既有研究对农村留守儿童的身心健康、营养状况、行为特征等方面进行了分析。父母外出打工改变了留守儿童的家庭结构、成长环境以及父母的教养方式，进而影响了留守儿童这一特殊群体早期的人力资本积累。③大多数留守儿童正处于情感、人格发育的变化转折期，长期与父母分离且往往由祖父母或其他亲戚照看，缺少父母直接的亲情关怀和学习监督，容易受到消极情绪困扰。④他们面临严重的身心发展问题，包括更高的患病率⑤、自信心不足⑥、孤独感较强⑦、学业成绩差和学率低⑧以及社会焦虑等⑨。

近期研究者对留守儿童进行了更为细化的研究，更加关注留守儿童的未来发

---

① 民政部：《2018 年农村留守儿童数据》，(2018-09-01)，http://www.mca.gov.cn/article/gk/tjtb/201809/ 20180900010882.shtml[2022-07-26]。

② 周爱民、王亚：《留守儿童教育公平问题及其治理对策》，《湖南社会科学》2021 年第 3 期，第 146—154 页。

③ 崔颖、徐卓君：《父母外出务工对农村留守儿童非认知能力的影响及机制》，《浙江学刊》2021 年第 5 期，第 125—136 页。

④ 林宏：《福建省“留守孩”教育现状的调查》，《福建师范大学学报（哲学社会科学版）》2003 年第 3 期，第 132—135 页。

⑤ 丁继红、徐宁吟：《父母外出务工对留守儿童健康与教育的影响》，《人口研究》2018 年第 1 期，第 76—89 页。

⑥ 周宗奎、孙晓军、刘亚、周东明：《农村留守儿童心理发展与教育问题》，《北京师范大学学报（社会科学版）》2005 年第 1 期，第 71—79 页。

⑦ 范兴华、方晓义、刘勤学、刘杨：《流动儿童、留守儿童与一般儿童社会适应比较》，《北京师范大学学报（社会科学版）》2009 年第 5 期，第 33—40 页。

⑧ 胡枫、李善同：《父母外出务工对农村留守儿童教育的影响——基于 5 城市农民工调查的实证分析》，《管理世界》2009 年第 2 期，第 67—74 页。

⑨ 赵苗苗、李慧、李军、李林贵、王翠丽、Stephen Nicholas、孟庆跃：《父母外出务工对农村留守儿童心理健康的影响研究》，《中国卫生事业管理》2012 年第 1 期，第 60—63 页。

展情况。一些学者开始关注留守儿童“非认知能力”“社会融入”“未来受教育水平”等领域，主要采取实证研究的方式对其进行集中探讨。研究发现，0～3 岁的农村留守儿童，随着父亲连续外出的时间增加，其受教育水平逐渐提高，但母亲连续外出的时间增加时，留守儿童的受教育水平逐渐降低；4～12 岁农村留守儿童，随着母亲连续外出的时间增加，留守儿童的受教育水平逐渐降低，但父亲连续外出的时间增减对孩子受教育水平无明显影响。回归结果显示，童年时期父母外出状况对其受教育水平的影响存在明显的城乡差异、性别差异和地区差异。① 在家庭内部资源中，相对于家庭经济状况、父母文化资本等因素，父辈教育期望程度对子女教育获得产生了显著影响，并同时对学业努力、教育期望和辍学意愿三个指标产生影响，父母对子女的主观教育期待更容易传递给子女，通过提升或降低子女的心理能量，隐而不彰地左右子女对教育价值的判断。② 家庭成员之间的亲密情感联结能让留守儿童感受到来自家庭的支持，而这种支持作为一种丰沛的情感资源令留守儿童倾向于用积极的认知策略来调节消极情绪，在面对问题时则会表现得更加宽容、乐观、老练，适应性行为也会更多。有研究表明，留守儿童的家庭亲密度越高，其社会适应性发展越好，攻击性越低。③

父母外出务工增加了家庭收入，在收入效应的影响下，留守儿童的人际交往能力和自我价值认可度得到提高。与此同时，父母外出务工带来的分离效应和期望差异会使儿童在关键时期缺乏必要的关爱和监督，对留守儿童的非认知能力产生了消极影响，具体表现为儿童情绪不稳定以及求知欲、创造力和好奇心的降低。④ 针对既有实证研究，有学者指出实证研究存在两大改进空间：一是多数研究基于对特定地区小学生进行抽样调查，对留守子女这一全国性现象的解释效力难以验证留守对心理健康的影响在其他年龄层是否存在；二是以往关于儿童心理健康水平的比较研究在选择比较组时存在一定的问题，导致某些重要影响机制尚未被揭示出来。大多数研究主要比较农村地区留守儿童与非留守儿童来检验父母外出务工对其心理健康的影响，但缺少对农村留守儿童与农民工随迁

① 韩保庆、王胜今、张敬霞：《童年时期父母外出对受教育水平的影响——基于中国家庭追踪调查的实证研究》，《南方人口》2021 年第 2 期，第 1—11 页。

② 严骏夫、徐选国：《社会资本、抗逆力与留守儿童的教育获得——基于 7 省“农村中小学生发展状况调查”的实证研究》，《中国农业大学学报（社会科学版）》2020 年第 4 期，第 96—105 页。

③ 耿毅博、刘衍玲、严玲、林杰、冉芳、蒋毅：《留守儿童家庭亲密度对社会适应的影响：有调节的中介效应》，《西南大学学报（自然科学版）》2021 年第 8 期，第 10—19 页。

④ 崔颖、徐卓君：《父母外出务工对农村留守儿童非认知能力的影响及机制》，《浙江学刊》2021 年第 5 期，第 125—136 页。

子女的比较。[①]

2. 随迁子女状况的学术研究进展

"进城务工人员随迁子女，是指户籍登记在外省（区、市）、本省外县（区）的乡村，随务工父母到输入地的城区、镇区（同住）并接受义务教育的适龄少年儿童。"[②]我国随迁子女教育政策发展主要分为有条件的进入流入地公办学校借读时期（1996—2000 年）、明确流入地政府和公办学校责任时期（2001—2009 年）、从"两为主"（指以流入地政府管理为主，以全日制公办中小学为主）政策向"两纳入"（指随迁子女义务教育被纳入各级政府教育发展规划和财政保障范畴）政策过渡时期（2010 年至今）。[③] 2020 年 4 月 3 日，《国家发展改革委关于印发〈2020 年新型城镇化建设和城乡融合发展重点任务〉的通知》发布。该文件要求提高农业转移人口市民化质量，实现 1 亿非户籍人口在城市落户目标和国家新型城镇化规划圆满收官。具体而言，督促城区常住人口 300 万以下城市全面取消落户限制，推动城区常住人口 300 万人以上城市基本取消重点人群落户限制，取消进城就业生活 5 年以上和举家迁徙的农业转移人口、在城镇稳定就业生活的新生代农民工、农村学生升学和参军进城的人口等重点人群落户限制。这为加快随迁子女在城市落户、降低入学门槛、保障其平等接受义务教育奠定了坚实的政策基础。

现有研究主要集中于随迁子女在"入学前""入学中""入学后"面临的教育公平问题。在入学前，尽管到 2020 年全国义务教育阶段进城务工人员随迁子女 1429.73 万人[④]，进城务工人员随迁子女在公办学校就读或者享受政府购买学位的服务占比达到 85.8%[⑤]，但仍然面临"就读公办学校难"这一现实问题，具体表现为流入地教育主管部门对随迁子女在城市就学系列证件材料的一般要求，包括"身份证、户口簿、居住证 / 暂住证、租房合同 / 房产证、劳动合同 / 务工证明、连续缴纳社会保险证明、计生证等，这里既有对进城务工人员身份的证明要求，

---

① 柳建坤、何晓斌、贺光烨、张云亮：《父母参与、学校融入与农民工子女的心理健康——来自中国教育追踪调查的证据》，《中国青年研究》2020 年第 3 期，第 39—48 页。

② 教育部：《2020 年全国教育事业发展统计公报》，（2021-08-27），http://www.moe.gov.cn/jyb_sjzl/sjzl_fztjgb/202108/t20210827_555004.html[2022-07-25]。

③ 朱月华：《随迁子女义务教育政策分析及改进路径研究——基于利益相关者视角》，《教育科学研究》2020 年第 12 期，第 5—11 页。

④ 教育部：《2020 年全国教育事业发展统计公报》（2021-08-27），http://www.moe.gov.cn/jyb_sjzl/sjzl_fztjgb/202108/t20210827_555004.html[2022-11-16]。

⑤ 教育部：《1400 余万随迁子女受教育权利如何保障？教育部答问封面新闻》，（2021-03-31），http://www.moe.gov.cn/jyb_xwfb/moe_2082/2021/2021_zl25/bd/202104/t20210401_523930.html[2022-11-16]。

也有对其居住、工作、收入乃至生育状况的证据考察。农民工各类证件材料的拥有情况，在很大程度上决定着子女能否在城市享有公办学校的入学机会”[①]。“父母及其子女个体因素”“家庭层面因素”“流入地及流出地政策因素”在随迁子女入学中都影响了其对就学地的选择。[②]

在入学过程中，随迁子女可能面临辍学、学业失败等困难。有学者认为“农民工子女随迁率处于较低水平是进城务工的‘收入吸引力’与子女教育的‘制度排斥力’综合作用的结果”[③]：一方面，随迁子女容易存在未及时依法接受义务教育和一定程度在校“超龄”的双重现象，年龄越大的孩子越容易面临失学或学业失败的风险；另一方面，随迁子女辍学比例随年龄的递增而升高，且教育费用负担也随流动距离的增加而增长。相对地，公办学校混合编班的学费对于不同流动特征的随迁子女来说是较为稳定的。

在随迁子女入学后，接受随迁子女的学校主要集中在公办校、民办校、打工子弟学校三类学校，但这三类学校办学水平呈现巨大差距。即便是公办学校，接收农民工随迁子女的公办校与城市核心区公办校的办学水平差距也较大。[④]针对转学的随迁子女，有学者基于湖北和广东两省随迁子女调研数据，考察了转学对其语文和英语成绩的影响。研究发现，转学对小学阶段随迁子女语文和英语成绩有消极影响。与转入公办学校相比，转入民办打工子弟学校就读对随迁子女语文成绩的负面影响更显著。此外，家庭经济条件越差，转学对随迁子女学业成绩的消极影响越大。[⑤]有学者认为，解决随迁子女入学问题的根本在于回应“谁应该”以及“谁能够”为随迁子女义务教育“买单”，而问题的关键在于合理划分中央和地方政府财政支出责任，确保随迁子女义务教育具备充足、可靠的资金和制度保障。[⑥]当前，亟须构建“省级统筹、中央兜底”的中央与省级政府分担的经费

---

① 邬志辉、李静美：《农民工随迁子女在城市接受义务教育的现实困境与政策选择》，《教育研究》2016 年第 9 期，第 19—31 页。

② 陶然、孔德华、曹广忠：《流动还是留守：中国农村流动人口子女就学地选择与影响因素考察》，《中国农村经济》2011 年第 6 期，第 37—44 页。

③ 邬志辉、李静美：《农民工随迁子女在城市接受义务教育的现实困境与政策选择》，《教育研究》2016 年第 9 期，第 19—31 页。

④ 卢伟、褚宏启：《教育扶贫视角下农民工随迁子女教育改革——如何实现入学机会均等与教育起点公平》，《中国教育学刊》2017 年第 7 期，第 57—62 页。

⑤ 雷万鹏、马丽：《转学对农民工随迁子女学业成绩的影响》，《教育发展研究》2019 年第 20 期，第 70—77 页。

⑥ 吴开俊、周丽萍：《进城务工人员随迁子女义务教育财政责任划分——基于中央与地方支出的实证分析》，《教育研究》2021 年第 10 期，第 11—23 页。

保障机制。根据地方财政供给能力以及随迁子女教育的外部效益发生范围，将随迁子女的教育财政支出责任适度上移到更高级别的中央财政，适度加强省级统筹的事权和支出责任，避免基层政府支出责任过重。调整后的地方财政与中央财政分担比例大致为 6∶1，较为合理可行。[①]

（四）县域义务教育均衡发展学术研究进展

《国务院关于深入推进义务教育均衡发展的意见》提出义务教育均衡发展的基本目标是“到 2020 年，全国义务教育巩固率达到 93%，实现基本均衡的县（市、区）比例达到 95%”。《国家中长期教育改革和发展规划纲要（2010—2020 年）》提出“到 2020 年基本实现区域内均衡发展”，这一目标已在 2019 年提前实现。到 2019 年，全国已有 95.32% 的县（市、区）通过了义务教育基本均衡发展国家督导评估认定[②]，在推进县域义务教育均衡发展上已取得显著成效，为县域义务教育向优质均衡发展奠定了坚实的基础。

1. 义务教育均衡发展的内涵研究

目前，关于义务教育均衡发展的内涵，学界基本上达成了以下共识：第一，均衡发展不是平均发展；第二，均衡发展是一个相对概念，不能要求实现绝对的均衡；第三，均衡发展是一个理想目标，它的实现是一个渐进过程。改革开放以来，我国义务教育发展实现了“从非均衡到教育普及”“从初步均衡到基本均衡”的两次飞跃，现在正迈向优质均衡发展的新征程。国家颁布的《县域义务教育优质均衡发展督导评估办法》《中国教育现代化 2035》《加快推进教育现代化实施方案（2018—2022 年）》共同构成了理解义务教育优质均衡发展政策的核心文本。与基本均衡发展阶段颁布的《教育部关于进一步推进义务教育均衡发展的若干意见》《国务院关于深入推进义务教育均衡发展的意见》等相比，优质均衡发展政策结合优质均衡发展新目标，不仅提高了达标难度，还增加了有关教育质量提升的考评指标。“和而不同”是对义务教育优质均衡发展新时代要义的精准定位[③]，这也意味着全国义务教育要在达到国家底线标准的基础上实现优质发展、特色发展。

---

① 吴开俊、杨晓霞：《进城务工人员随迁子女“教育洼地”真伪考》，《教育研究》2018 年第 11 期，第 68—75 页。

② 教育部：《全国已有 95.32% 的县（市、区）实现义务教育基本均衡》，（2020-05-19），http://www.moe.gov.cn/fbh/live/2020/51997/mtbd/202005/t20200520_456728.html[2022-11-14]。

③ 朱德全、冯丹：《和而不同：义务教育优质均衡发展的新时代要义与治理逻辑》，《教育科学》2021 年第 1 期，第 23—30 页。

2. 义务教育均衡发展面临的实践困境研究

当下，追求教育资源“绝对平均”的基本均衡发展治理逻辑已不适应义务教育发展的时代要求，从基本均衡走向全面均衡、优质均衡任重道远。县域优质均衡发展主要面临“硬件条件”“教育质量”两大困难，主要体现在四个方面：其一，义务教育阶段的重心在农村，学校长期投入不足、条件落后、硬件缺口大。其二，政策大部分忽视了非正式制度的影响，如忽视了文化对薄弱学校的影响，尤其是对薄弱学校贫困文化生成机制的阻断与改造路径的探索不足。[①] 其三，义务教育师资队伍有待优化，农村教师资源配置面临诸多困境，包括数量供给不足且流失严重、教师资源质量整体偏低、年龄性别职称结构失衡、培训和交流机会较少等。其四，义务教育治理存在困境，一方面，数量化的评价指标使得学校建设“重建轻用”；另一方面，“兜底式”的评价指标缺乏高位优质均衡发展的指导。地方治理存在“重物轻人”“厚城薄乡”等失衡问题。[②] 学校治理则存在注重教学设施设备、学校物理环境建设等问题。[③] 社会治理单一化，治理制衡力量缺席，个人及社会组织缺乏对资助地区和学校在财力、物力及人力上具体“缺什么”“缺多少”，应该“给什么”“给多少”等情况的深入考察，导致供给行为“一刀切”问题的出现，难以发挥社会力量应有的治理效能。[④]

3. 促进义务教育均衡发展的对策研究

县域义务教育均衡发展并非为均衡而均衡，需在发展过程中促进人的全面发展，以人的发展推动整个社会的科学发展与进步。[⑤] 针对留守儿童、乡村教师、农村学校三类主体，有学者提出以下建议：面对留守儿童数量多这一事实，需要各类学校长期针对该群体的心理特点、思维特征开展全程全方位育人。具体而言，各类学校应创新留守儿童教育关爱模式，重建留守儿童亲子间的“基本信任”[⑥]；针对教师招不进、留不住、教不好的情况，通过建立激励约束机制，各级政府在提升农村学校办学地位、强化财政责任、加强师资配置、变革教学模式、

① 周常稳、周霖：《薄弱学校研究：结构主义与文化主义解释的对峙》，《教育理论与实践》2019年第16期，第3—7页。

② 冯建军：《义务教育优质均衡发展的理论研究》，《全球教育展望》2013年第1期，第84—94、61页。

③ 赵丹、陈遇春、赵阔：《优质均衡视角下乡村小规模学校教育质量困境与对策》，《华中师范大学学报（人文社会科学版）》2019年第2期，第157—167页。

④ 朱德全、冯丹：《和而不同：义务教育优质均衡发展的新时代要义与治理逻辑》，《教育科学》2021年第1期，第23—30页。

⑤ 张茂聪、刘信阳：《县域义务教育优质均衡发展：基于内发发展理论的构想》，《教育研究》2015年第12期，第62—72页。

⑥ 邓纯考：《中国农村留守儿童教育变迁》，中国社会科学出版社2018年版，第287、294页。

促进学校与社区有效互动等方面继续补足乡村教育短板，这是乡村振兴阶段稳定教师队伍的关键[①]；要让农村学校摆脱“弱”的地位，在保障学校硬件设施的基础上，注重丰富学校发展内涵、共享教育资源、构建新型学习生态、提升教育的文化品性和人文意蕴，以避免“千校一面”。[②]

4. 县域义务教育均衡发展的指标研究

《县域义务教育优质均衡发展督导评估办法》规定，义务教育优质均衡发展县应具备“通过国家义务教育基本均衡发展认定三年以上”“基本均衡发展认定后年度监测持续保持较高水平”。具体而言，县域义务教育优质均衡发展评估包括四个方面的内容：一是教育资源配置，主要评估学校在教师数量、校舍面积、仪器设备值等方面的配置水平和校际均衡情况；二是政府保障程度，主要评估能够体现县级政府依法履职等方面的落实情况或保障水平；三是教育质量水平，主要评估义务教育普及程度等方面的完成情况或发展水平等；四是社会公众认可度，调查对象有学生与家长、教师与校长等教育直接相关者，以及人大代表、政协委员等外部监督者，主要调查在“基层政府落实教育公平政策”“规范学校办学行为”“实施素质教育”等方面取得的成效。通过对比国家 2012 年启动的“县域义务教育均衡发展督导评估”和 2019 年启动的“县域义务教育优质均衡发展督导评估”可知，与“基本均衡”相比较，“优质均衡”评估框架的范围更广泛、体系更严密；评估标准着重补齐短板、提升质量；评估流程注重多元化、精细化[③]，但评估要点仍是均衡指标范围的扩展和均衡程度的提高，县域义务教育优质均衡发展的实践探索仍然是围绕均衡问题展开，并未很好地观照优质发展，义务教育的优质均衡发展仍然存在很大的提升空间[④]。

5. 县域义务教育均衡发展的资源配置研究

（1）县域义务教育财力资源投入的研究

财力资源投入是义务教育均衡发展的重要保障。2001 年，国务院发布《关于基础教育改革与发展的决定》，指出我国基础教育存在“总体水平还不高，发

---

① 赵丹、陈遇春、赵阔：《优质均衡视角下乡村小规模学校教育质量困境与对策》，《华中师范大学学报（人文社会科学版）》2019 年第 2 期，第 157—167 页。

② 曹东勃、梁思思：《优质均衡：后脱贫时代乡村教育振兴之道》，《华东理工大学学报（社会科学版）》2021 年第 2 期，第 42—51 页。

③ 曹东勃、梁思思：《优质均衡：后脱贫时代乡村教育振兴之道》，《华东理工大学学报（社会科学版）》2021 年第 2 期，第 42—51 页。

④ 杨清溪、柳海民：《优质均衡：中国义务教育高质量发展的时代路向》，《东北师大学报（哲学社会科学版）》2020 年第 6 期，第 89—96 页。

展不平衡”的问题。各级人民政府要改变过去义务教育由乡镇负责的旧体制，开始实施“以县为主”的管理新体制，以提高义务教育的管理重心，缓解由乡镇经济社会发展不均衡带来的乡镇间义务教育发展不均衡问题。这一制度虽然从整体上促进了农村义务教育发展，但部分学者指出，在“以县为主”的教育投入体制下，国家转移的支付资源能否到达乡村学校具有较大的不确定性。农村义务教育投资具有区域外溢性，这不利于区域内义务教育质量的提升，背离了义务教育优质均衡发展的初衷。

对此，要进一步改善县域义务教育均衡财政投入，学者亦提出了相关建议。第一，明确各级政府的财政投入责任。在促进义务教育均衡发展过程中，各级政府应承担相应的财政责任。[①] 第二，扩大投入渠道，允许多种投入方式参与到义务教育均衡发展中，比如，拓宽教育投入资金来源渠道，提高社会力量对我国教育发展的关注度以及责任担当，吸纳社会组织和团体及相关利益主体的闲置资本，并成立相应的部门管理和监督捐助资金的使用情况，以促进个人善款更好地使用。[②] 第三，无论是政府还是学校都应该建立经费使用信息透明化机制，定期公布义务教育经费的投入、使用去向，接受全民监督，同时还应该建立严格的审计机制，并向社会及时公布审计结果，保证经费投入在阳光下进行。[③]

（2）县域义务教育均衡发展学校硬件配置研究

关于县域义务教育均衡发展，除财政投入外，学校硬件和软件配置亦是均衡程度的体现，正如学者对“标准化学校”的定义，标准化学校是指“在义务教育领域内根据法律规定，确保全国基础教育大体拥有均衡的物资条件和师资队伍条件的规范化学校”[④]。其中农村地区学校硬件设施（物资条件）相对于软件配置（师资队伍）更易先行。改革开放以来，为改善农村义务教育办学条件，国家先后实施了义务教育西部“两基”攻坚计划、农村寄宿制学校建设工程、国家贫困地区义务教育工程、农村中小学现代远程教育工程等一系列工程，以推动农村义务教育学校办学条件标准化、加强乡村小规模学校和乡镇寄宿制学校建设。目前，农村义务教育学校办学条件显著改善，标准化建设水平显著提升，城乡差

① 田汉族、戚瑜杰：《政府在义务教育均衡发展中的责任及其限度》，《湖南师范大学教育科学学报》2016 年第 5 期，第 70—77 页。

② 高强：《对农村义务教育经费投入问题的探索》，《社会》2003 年第 11 期，第 13—15、12 页。

③ 柳海民、李子腾、金熳然：《县域义务教育经费投入均衡状态及改进对策》，《东北师大学报（哲学社会科学版）》2017 年第 6 期，第 149—154 页。

④ 杨兆山、金金：《建设“标准化学校”搭建义务教育均衡发展的操作平台》，《东北师大学报》2005 年第 5 期，第 36—41 页。

距明显逐步缩小。农村义务教育学生生均学校校舍建筑面积、农村生均计算机台数、生均图书册数、生均固定资产总值等指标的增长速度也显著快于城市地区。同时，农村义务教育教学设施设备、信息化基础设施也不断完善。由此可见，农村学校面貌焕然一新，不少农村地区“最漂亮的建筑是学校，最美的环境是校园”[①]。

农村地区学校在政策影响下获得了巨大发展红利，与此同时，校际学校建设差距也引起了学者们的关注。究其原因，有学者认为根源在于我国缺乏一个统一的学校建设标准。[②] 除此之外，也有学者指出办学条件差一直是农村薄弱学校发展滞后的重要原因之一，义务教育均衡发展不能忽视薄弱学校的建设，即那些没有达到基本办学标准的建设。近年来，在农村学校办学条件整体得到改善的情况下，薄弱学校的办学条件仍有待提高。[③]

因此，有学者建议实现义务教育均衡发展，必须要加强农村薄弱学校的建设，让偏远农村地区的孩子也能享受到较好的教育。具体可以采取三种措施：一是加大教育投资体制改革的力度，增加对农村薄弱学校的投入；二是创新学校管理思路，大力提升薄弱学校的管理水平；三是坚持疏堵结合，抑制城乡间教师的“逆向”流动；四是坚持就近入学的原则，均衡城乡学校生源。[④]

（3）县域义务教育均衡发展师资配置研究

在教育优质均衡发展进程中，农村教师资源配置问题仍然突出。为了完善教师管理体制，政府推动与探索义务教育教师“县管校聘”改革，将教师编制归属单位由学校提高至县级教育行政部门，教师由“学校人”转变为“系统人”，推动教师“无校籍”管理改革。通过改革，消除教师管理体制机制中的障碍，充分发挥编制的导向作用，引导教师合理流动，优化教师资源配置，进一步激发教师队伍活力，加快县域内义务教育优质均衡发展。

有学者从教师编制、岗位、聘用、考核、退出、权益保障等方面针对浙、皖、粤、鲁、闽 5 省的“县管校聘”改革实施意见进行了内容归类和比较分析，

① 宋乃庆、肖林、辛涛：《改革开放以来义务教育办学条件建设：成就、反思与建议——基于数据分析的视角》，《教育学报》2019 年第 1 期，第 47—55 页。

② 杨兆山、张海波：《标准化学校：教育均衡发展视角下农村义务教育的发展路径》，《东北师大学报（哲学社会科学版）》2008 年第 1 期，第 24—29 页。

③ 郭清扬：《义务教育均衡发展与农村薄弱学校建设》，《华中师范大学学报（人文社会科学版）》2013 年第 1 期，第 161—168 页。

④ 郭清扬：《义务教育均衡发展与农村薄弱学校建设》，《华中师范大学学报（人文社会科学版）》2013 年第 1 期，第 161—168 页。

发现虽然各省在改革方案中的侧重点和在具体细节上有较多不同，但“县管校聘”管理体制改革的总体思路和内容架构较为一致，在政策目标上都期望能解决好“优质师资流动难”“教师资源配置不均”等问题。除此之外，教师专业技术人员的身份定位不明确，学校用人自主权监督问责机制不明晰，不同部门教师管理服务的碎片化、分割化，农村教师职业吸引力不足等均可能导致“县管校聘”改革产生问题。[①] 当前，“县管校聘”的主要风险包括：改革内容涉及教师管理的不同职能部门，不同行政部门之间行政协调与合作困难需得到足够的重视；在推动教师交流时，应重视市场机制、公民责任机制、文化机制的作用；考虑教师原有的工作生态，避免教师人力资源的浪费。[②]

基于上述问题，有学者提出从以下四个方面进行改善：第一，修订相关政策文本，完善相关制度设计，为政策执行者提供科学、合理、明确的政策目标与手段；第二，转变政策执行模式，完善利益表达机制，吸纳教师、校长、家长、专家等不同利益主体参与政策过程；第三，建立健全监督机制，完善配套政策，优化“县管校聘”政策执行环境；第四，构建合适的利益协调机制，实现激励相容，确保不同行动者追求个体利益的行为与公共利益最大化的目标相符。[③]

（五）新冠肺炎疫情期间农村在线教育的学术研究进展

《中国教育现代化 2035》中的十大战略任务之一是实现基本公共教育服务均等化，而利用信息化提升义务教育均等化水平，不仅是疫情期间的重要任务，更是未来实现教育精准扶贫的助推器。在义务教育迈向优质均衡发展的新时期，县域基础教育信息化优质均衡发展是基础教育优质均衡发展的重要内容。[④]

2020 年初，新冠肺炎疫情暴发，各学校课堂教学工作均受到不同程度的影响，也给在线教育发展带来了机遇。在线教育是以网络为载体，打破时空限制，将教师和学生连接起来开展教学活动的一种形式。据权威部门统计，中国在线教育市场规模及用户规模增长迅猛，2019 年，中国在线教育用户规模达到 2.61 亿

① 李茂森：《“县管校聘”实施方案研究与再思考——基于浙、皖、粤、鲁、闽等5省“县管校聘”改革实施意见的内容分析》，《教育发展研究》2019 年第 2 期，第 67—72 页。

② 姜超、邬志辉：《“县管校聘”教师人事制度改革的政策前提与风险》，《四川师范大学学报（社会科学版）》2015 年第 6 期，第 57—62 页。

③ 黄旭中：《义务教育教师“县管校聘”政策执行研究》，华中师范大学博士学位论文，2020 年，第 151 页。

④ 万昆、饶爱京：《基于集群发展的县域基础教育信息化优质均衡提升路径研究》，《现代远距离教育》2020 年第 2 期，第 62—67 页。

人。[①]当前，教育信息化进入融合创新阶段，该阶段特征主要体现在以下三方面：一是学校网络基础环境基本实现全覆盖。截至2020年11月底，全国中小学（含教学点）联网率为99.7%。[②]二是优质资源供给和教学应用水平大幅提升。教育部实施“农村教学点数字教育资源全覆盖”项目，深入推进“三个课堂”（“专递课堂”、“名师课堂”和“名校网络课堂”）应用，连续多年开展“一师一优课、一课一名师”活动，利用信息化手段扩大优质教育资源覆盖面的有效机制基本形成。三是大规模在线教学活动顺利展开。面对新冠肺炎疫情的影响，教育部启动“停课不停学”工作，开通国家中小学网络云平台，方便学生居家学习，推动全社会对教育信息化的认识进一步提升。

尽管在线教育本身具有无限的潜力，但农村在线教育在内容层面、教师层面、学生层面都面临挑战。在内容层面上，很多农村学校在在线教学过程中暴露出网络支撑能力不足和优质适切的数字资源不足的问题，例如，西北某地牧民为了解决孩子在线学习网络不畅的问题，只得到处游走上网；四川深度贫困地区部分学生爬上几千米山顶拿着手机上课[③]，农村学校和教师很少使用国家或省级的优质数字教育资源。在教师层面上，师资短缺且在线教学能力不足，进一步拉大了教育数字鸿沟。农村的地理位置处于弱势，乡村教师的职业吸引力不强，很难吸引优秀的年轻教师，教学点的教师大多年龄偏大，信息化教学能力与年轻教师相比较弱，信息技术水平往往达不到现实要求。[④]在学生层面上，学生在线学习过程中的参与度和专注度较低且一些家长的居家辅导能力不足。有研究者调查发现，直播/点播式在线教学不利于培养学生的自我管理能力和学习能力。[⑤]疫情期间，家长转变为学生学习的实际助教，尤其是小学生需要家长准备设备、监督学习和辅导作业。这对农村地区的家长和留守儿童的监护人来讲都是难题。[⑥]

---

① 艾媒咨询：《2019—2020年中国在线教育行业发展研究报告》，(2020-02-14)，http://www.iimedia.cn/c400/68955.html[2022-07-25]。

② 中国互联网络信息中心：《第47次〈中国互联网络发展状况统计报告〉》，(2021-02-03)，http://www3.cnnic.cn/n4/2022/0401/c88-1125.html[2022-11-14]。

③ 付卫东、周洪宇：《新冠肺炎疫情给我国在线教育带来的挑战及应对策略》，《河北师范大学学报（教育科学版）》2020年第2期，第14—18页。

④ 郭玉娟、陈丽、王怀波：《疫情下农村地区在线教学的现状、问题和建议——基于河南省H县“停课不停学”的调研分析》，《现代远距离教育》2020年第5期，第81—88页。

⑤ 余胜泉、王慧敏：《如何在疫情等极端环境下更好地组织在线学习》，《中国电化教育》2020年第5期，第6-14、33页。

⑥ 郭玉娟、陈丽、王怀波：《疫情下农村地区在线教学的现状、问题和建议——基于河南省H县“停课不停学”的调研分析》，《现代远距离教育》2020年第5期，第81—88页。

针对疫情期间农村在线教育出现的问题，学者提出了借助教育信息化促进农村地区教育发展的建议：一是要加大农村地区教育投入，建设新一代教育网络基础设施，抓住 5G 时代的教育网络升级机遇，可以有效破解在线教育的窘状，促进农村地区教育实现跨越式发展。①二是要建立区域资源转化平台，整合适切的教育资源，挖掘乡土文化价值，建设与整合适合农村地区的优质数字资源，使资源真正服务于农村地区教育发展。三是要促进师生信息素养提升，保证在线教学和居家在线学习顺利进行。在学生方面，应培养学生的自主学习能力，建议教师将培养学生自主学习能力作为一项重要的教学任务；在教师方面，应提高农村教师的信息素养和应变能力，定期开展培训，将教师的网上指导、师生互动、作业批阅、学情分析、答疑辅导等信息技术应用能力作为培训重点。②四是要抓住家校协同育人的重要实践机遇，共同营造有效的学习环境和氛围。③

关于教育公平视域下的农村在线教育研究，学者从教育“起点公平”“过程公平”“结果公平”三个层面进行了探究。起点公平重在机会层面的公平，基础设施是推动教育公平的先决条件，加大农村基础教育设施建设力度，确保教育的起点公平；过程公平指向实施差异化教学，开展分层分类培训，加强在线教育监管等举措，确保边远地区的学生也可以享有优质的教育教学资源，实现在线教育的过程公平④；教育公平的实质在于教育结果公平⑤，在线教育结果公平更加关注在线教学质量和学生的全面发展、个性化发展。在线教育在关注个体、以学生发展为根本目标的同时，通过科学管理，推进在线教育规范发展，有效保障教育结果公平。⑥

对于疫情期间的在线教育发展形态研究，学者围绕在线教育与传统教育的关系展开了分析，不同学者有不同的看法。总的来看，在线教育与传统教育互为补

① 王运武、王宇茹、李炎鑫、李丹：《疫情防控期间提升在线教育质量的对策与建议》，《中国医学教育技术》2020 年第 2 期，第 119-124、128 页。

② 郭玉娟、陈丽、王怀波：《疫情下农村地区在线教学的现状、问题和建议——基于河南省 H 县“停课不停学”的调研分析》，《现代远距离教育》2020 年第 5 期，第 81—88 页。

③ 田俊、陈兰枝：《抗疫时期“停课不停学”的特征、问题与后疫情时代在线教育的发展趋势——访华中师范大学教育信息技术学院教授、信息化与基础教育均衡发展省部共建协同创新中心执行主任王继新》，《教师教育论坛》2020 年第 4 期，第 4—8 页。

④ 胡钦太、刘丽清、丁娜：《教育公平视域中在线教育的困境与出路》，《中国电化教育》2020 年第 8 期，第 14—21 页。

⑤ 辛涛、黄宁：《教育公平的终极目标：教育结果公平——对教育结果公平的重新定义》，《教育研究》2009 年第 8 期，第 24—27 页。

⑥ 胡钦太、刘丽清、丁娜：《教育公平视域中在线教育的困境与出路》，《中国电化教育》2020 年第 8 期，第 14—21 页。

充、相得益彰，逐渐形成了三种教育形态：在线教育形态、混合教育形态、传统教育形态。[①] 以混合教育形态为例，有学者在把握线上教学与线下教学的关系时提出了混合教育新形态。[②] 这里有两种思维方式：一种是从在线教育问题出发提出混合教育[③]；另一种是看到了线下教育的不足，从而提出混合教育[④]。但是，混合教育具体形态的细化程度有待提高，还需要深化研究。

（六）劳动教育学术研究进展

“教育必须与生产劳动相结合”是马克思主义关于人的全面发展教育思想的一个重要命题，也是我国教育方针制定的重要理论依据之一。回顾、反思过去对于“教育与生产劳动相结合”命题的解读，形成对于这一命题与时俱进的时代诠释，对当前落实教育方针、开展劳动教育具有积极作用。[⑤] 我国劳动教育价值取向发展经历了五个历史阶段：雏形建设时期（1949—1956 年）凸显“体能”，全面探索时期（1957—1965 年）侧重“生产”，“文化大革命”时期（1966—1976 年）变成“工具”，恢复重建时期（1977—1998 年）突出“技术”，改革深化时期（1999 年至今）立足“素养”，不同时期对劳动教育的本质和价值做出了不同的诠释。[⑥]

学界对劳动教育的概念界定普遍围绕劳动教育的基本内容、劳动素养、劳动价值观等方面展开。关于劳动教育的内涵，学者在一定程度上达成了共识，认为劳动教育是以促进学生形成劳动价值观（确立正确的劳动观点、积极的劳动态度，热爱劳动和劳动人民等）和养成劳动素养（有一定的劳动知识与技能、形成良好的劳动习惯等）为目的的教育活动。[⑦] 劳动教育有如下三个基本特征：一是劳动教育本身就是生存教育、实践教育、永恒教育、全民教育、创造教育、幸福

---

① 王运武、王宇茹、李炎鑫、李丹：《疫情防控期间提升在线教育质量的对策与建议》，《中国医学教育技术》2020 年第 2 期，第 119—124、128 页。

② 本刊编辑部：《2020 中国教育研究前沿与热点问题年度报告》，《教育研究》2021 年第 3 期，第 26—40 页。

③ 吴刚：《作为风险时代学习路标的教育技术：困境与突破》，《开放教育研究》2020 年第 3 期，第 11—25 页。

④ 韩筠：《在线课程推动高等教育教学创新》，《教育研究》2020 年第 8 期，第 22—26 页。

⑤ 檀传宝：《何谓“教育与生产劳动相结合”——经典论述的时代诠释》，《课程·教材·教法》2020 年第 1 期，第 4—10 页。

⑥ 徐海娇：《危机与重构：劳动教育价值研究》，东北师范大学博士学位论文，2017 年，第 55—75 页。

⑦ 文新华：《论劳动、劳动素质与劳动教育》，《教育研究》1995 年第 5 期，第 9—15 页。

教育、未来教育、全人教育。[①] 二是劳动教育具有普通教育的特征，劳动教育既是手段也是目的，具有双重属性机制，对“五育”[②]的系统性、融合性、通融性、整体价值性具有本质的解释力和承载力。[③] 劳动教育具有立德、益智、健体、育美、创新等较为全面的教育功能。三是劳动教育的学科概念和课程地位表现在劳动教育是上位概念，是学科概念，是独立课程概念。从我国的现实教育发展状态来看，以劳动教育为机制实现德智体美劳全面培养的教育体系建设，实现“五育”的融通、融合的辩证统一是可能的，也是必然的。[④]

在关于农村劳动教育课程建设的研究中，学者发现乡村学校劳动教育课程建设具有天然优势：一是农事活动丰富多彩，促进了课程资源生成的在地化。乡村环境是学校的外延，乡村学校的围墙之外处处可见农田，周边的果园、菜园等劳作场所都是可供开发的课程资源。二是乡村场域的劳动文化基因促成课程实施的常态化。教师、家长、当地居民都可以成为学生劳动教育的教师，他们有丰富的劳动经验，有利于劳动教育课程实时实地开展，促进乡村学校劳动教育课程实施常态化。三是乡村教师的劳动情感促进课程设计的乡土化。乡村教师具有对乡土文化的认识以及联系学生生活经验的意识，善于从学生的日常生活中发掘劳动课程资源，帮助学生接受理解和意义建构。[⑤]

目前，农村劳动教育课程仍存在弊病。有学者认为劳动教育实施出现问题的原因主要包括观念失衡、社会消费思潮冲击明显，定位不明，城市化价值取向突出，学校劳动教育形式化、常态化的组织机制欠缺等[⑥]，具体表现为：首先，乡村学校布局调整与办学模式转变引发了劳动课程实施场域疏离，乡村学校布局调整及寄宿制学校的诞生使学生进一步远离乡村劳动场域，直接导致“悬置”于乡村的学校出现，限制了劳动课程在乡村应有的发展空间；其次，家长的劳动价值观与劳动教育观具有片面性，认为“读书”胜过一切，使得乡村学生劳动的机会减

---

① 徐长发：《劳动教育是人生第一教育》，《中国教育报》2015 年 5 月 6 日第 7 版。

② “五育”是指德育、智育、体育、美育和劳动教育。

③ 檀传宝：《劳动教育的概念理解——如何认识劳动教育概念的基本内涵与基本特征》，《中国教育学刊》2019 年第 2 期，第 82—84 页。

④ 黄济：《关于劳动教育的认识和建议》，《江苏教育学院学报（社会科学版）》2004 年第 5 期，第 17—22 页。

⑤ 刘佳、王玥玮：《学校劳动教育课程建设的“乡村思路”》，《中国教育学刊》2021 年第 6 期，第 71—75 页。

⑥ 陈洁：《我国劳动教育的价值缺失与重塑之路研究》，《教学与管理》2020 年第 5 期，第 8—10 页。

少[①]，相较于“手机”而言，劳动课的吸引力不足，导致学生对劳动场域的自动疏离和对劳动情意的自我遗弃[②]；最后，农村学校劳动教育课程目标存在偏差，统一设置的劳动教育课程目标容易导致农村学校在选择劳动教育课程目标时缺乏地域适用性。

关于农村劳动教育课程实践路径方面，有学者提出了以下观点：首先，促成“为了乡村学生幸福”的乡村学校劳动教育课程观念。教师通过参与、发现和激发学生的劳动兴趣，进而影响学生的劳动意识，再推动家长转变劳动观念，并进一步促成管理者制度建设，促进学生劳动观念的形成。其次，选择具有地域适用性的课程目标。农村学校应结合农村劳动文化基因，制定适合当地农村学校的劳动教育课程目标，而不是简单地模仿城市劳动教育课程的内容和目标。最后，打造“与乡村文化共生”的乡村学校劳动教育课程实践。通过乡村学校劳动教育的内涵建设，创造性地将地方乡土文化转化为劳动课程资源和教学资源，成为促进乡村教育内生发展的重要契机。[③]

五、农村教育扶贫典型经验

“贫困是人类社会的顽疾。反贫困始终是古今中外治国安邦的一件大事。”[④]教育脱贫攻坚是决胜全面建成小康社会的重要内容，党的十八大以来，教育部会同有关部门印发了《教育脱贫攻坚“十三五”规划》，中共中央办公厅、国务院办公厅印发了《加快推进教育现代化实施方案（2018—2022 年）》等文件，以政策文本的方式出台了国家首个教育脱贫行动纲领[⑤]，“统筹实施各类工程项目和行动计划”，努力实现义务教育“更高水平、更有质量的普及”[⑥]，落实“人人有学上、

① 韦丽银、刘远杰：《新时代我国农村寄宿制学校劳动教育的内涵、问题与对策》，《教育发展研究》2019 年第 10 期，第 36—46 页。

② 欧阳修俊、谭天美：《乡村学校劳动教育课程变革的挑战与方向》，《中国教育学刊》2019 年第 8 期，第 56—60 页。

③ 欧阳修俊、谭天美：《乡村学校劳动教育课程变革的挑战与方向》，《中国教育学刊》2019 年第 8 期，第 56—60 页。

④ 习近平：《在全国脱贫攻坚总结表彰大会上的讲话》，《人民日报》2021 年 2 月 26 日第 2 版。

⑤ 教育部：《教育部等六部门印发〈教育脱贫攻坚“十三五”规划〉——2020 年贫困人口教育基本公共服务全覆盖》，（2016-12-30），http://www.moe.gov.cn/jyb_xwfb/xw_fbh/moe_2069/xwfbh_2016n/xwfb_161229/161229_mtbd/201612/t20161230_293455.html[2022-11-16]。

⑥ 中华人民共和国中央人民政府：《中共中央办公厅、国务院印发〈加快推进教育现代化实施方案（2018—2022 年）〉》，（2019-02-23），http://www.gov.cn/xinwen/2019-02/23/content_5367988.htm[2022-11-16]。

个个有技能、家家有希望、县县有帮扶”的政策目标。[①]经过 2012—2021 年的不懈奋斗，贫困地区义务教育得到充分保障，连片特困地区乡村教师生活补助惠及 8 万多所学校、127 万名教师，累计选派 19 万名教师到边远贫困地区、边疆民族地区支教，全国每年约 1.5 亿城乡义务教育学生免除杂费并获得免费教科书，约 2500 万家庭经济困难学生获得生活补助，约 1400 万进城务工人员随迁子女实现相关教育经费可携带。农村贫困家庭子女义务教育阶段辍学问题实现动态清零，2020 年贫困县九年义务教育巩固率达到 94.8%。[②]

党的十八大以来，教育部 75 所直属高校[③]、数百万扶贫干部披坚执锐、扎根实干、勇立新功，涌现出众多教育扶贫先进事迹。教育帮扶是需要社会各界共同参与的，通过吸纳社会力量才能更有效地实现教育公平。[④]正因为如此，有学者认为解决教育扶贫问题的核心是对基础薄弱的贫困地区分配更高层、更丰富的帮扶主体。[⑤]本部分精选全国教育扶贫典型案例，按“帮扶主体”进行划分，挑选“河北石家庄”“云南昌宁”“江苏—陕西”三个贯穿南北纬度、横跨东西区域的案例分别代表“教育集团”帮扶、“高校”联合组团式定点帮扶和“东西部”对口帮扶三类教育帮扶模式，以期为“后扶贫时代”提供本土经验，为他国教育扶贫事业贡献中国智慧。

（一）“教育集团”帮扶

河北省石家庄市地处华北平原腹地，北靠京津，东临渤海，西倚太行山，是首都的南大门。石家庄外国语教育集团（以下简称“石外集团”）用十年规划推进教育扶贫，创造了“大家好才是真好”的学校共同体教育扶贫的新模式。该模式拟建立“城乡教育帮扶共同体”，并于 2017 年获得北京师范大学第三届“明远

① 教育部：《教育部等六部门印发〈教育脱贫攻坚“十三五”规划〉——2020 年贫困人口教育基本公共服务全覆盖》，（2016-12-30），http://www.moe.gov.cn/jyb_xwfb/xw_fbh/moe_2069/xwfbh_2016n/xwfb_161229/161229_mtbd/201612/t20161230_293455.html[2022-11-16]。

② 国务院新闻办公室：《全面建成小康社会：中国人权事业发展的光辉篇章》，（2021-08），http://www.gov.cn/xinwen/2021-08/12/content_5630894.htm[2022-10-10]。

③ 教育部：《高校扶贫工作特色及成效》，（2020-11-26），http://www.moe.gov.cn/fbh/live/2020/52663/sfcl/202011/t20201126_501719.html[2022-07-25]。

④ 谢治菊：《东西部协作教育组团帮扶的模式转向与本土建构》，《吉首大学学报（社会科学版）》2021 年第 4 期，第 105—115 页。

⑤ 陈志、丁士军、吴海涛：《帮扶主体、帮扶措施与帮扶效果研究——基于华中 L 县精准扶贫实绩核查数据的实证分析》，《财政研究》2017 年第 10 期，第 103—112 页。

教育奖”特别奖。①

石外集团将贫困山区学校的发展目标与自身发展目标融为一体，将学校发展融入区域教育均衡发展以及国家脱贫攻坚的历史进程。在帮扶的具体对象和内容方面，该集团将教育帮扶聚焦于具有主体性的人，通过学校文化、主体精神、情感、情操等的持续唤醒和塑造，进行“以人为本”的帮扶实践。在帮扶的具体着力点上，石外集团以能力帮扶为突破口，将能力建设和提升作为帮扶的关键支点，形成了追求主体素质提升的内生动力型帮扶。石外集团对山区学校调查后发现，山区学校发展落后的根源并非教学设施和硬件环境的制约，而是校长管理能力、教师教学能力和学生学习能力不足。主体能力不足且“满足现状”的状态，从根本上制约了山区教育质量的提升和整体的发展。因此，石外集团提出“人的能力建设”是教育扶贫之本，规划设计并实施了九大帮扶工程，在提升校长、教师、学生的关键能力上下足功夫，以人的主体性改变，推动贫困山区教育实现具有持久内在动力的持续发展。在帮扶主体层面，石外集团的“学校共同体”模式是一种城乡学校结为共同体的校际帮扶，而非由政府主导和实施的帮扶，在本质上属于民间帮扶。校际帮扶的优势在于，可以摆脱过多的行政干预和制度束缚，能够基于帮扶学校自身的优势和被帮扶学校的具体实际而灵活展开和创造性地实施。因此，帮扶的对象和内容更加明确，目标和方式更加具体、可操作，帮扶学校和被帮扶学校之间能够高频互动、合作共赢，从而更能提升帮扶的实际效果。这种校际帮扶实现了真正意义上的点对点的精准帮扶。在帮扶的时间样态层面，“学校共同体”模式牢固树立“长期帮扶”“常态帮扶”的理念，努力追求实现教育扶贫精准、可持续。教育具有长期性、潜在性、滞后性等特征，实质性的教育效果很难在短期内显现。因此，教育扶贫不能急功近利、心浮气躁，相反必须求真务实、持久推动。石外集团在帮扶之初就成立了“山区帮扶办公室”，配备专职工作人员，将山区学校帮扶作为学校的日常工作进行管理，针对山区校长、教师和学生的具体帮扶措施形成了稳定的实施制度和机制。②

（二）“高校”联合组团式定点帮扶

实践表明，提升贫困地区和贫困人口的内生动力是根治贫困的重要举措。中共中央、国务院发布的《关于打赢脱贫攻坚战的决定》对扶贫工作提出了要求：

① 顾明远：《创建教育扶贫的新模式》，《河北师范大学学报（教育科学版）》2021 年第 1 期，第 9—11 页。

② 强新志：《“大家好才是真好”学校共同体教育扶贫实践模式探索》，《河北师范大学学报（教育科学版）》2021 年第 1 期，第 16—19 页。

"注重扶贫先扶智，增强贫困人口自我发展能力。"为了贯彻党中央关于定点扶贫工作的总体部署，教育部牵头推动高校定点扶贫工作，并于 2012 年开始将教育部直属高校正式纳入国家定点扶贫工作体系。2012 年以来，"44 所综合类和理工科为主的直属高校承担了 44 个国家扶贫开发重点县定点扶贫任务。2019 年根据工作需要又新增了 20 所直属高校参与定点扶贫，加上其余的 11 所承担滇西专项扶贫任务的直属高校，75 所直属高校尽锐出战，全面投入脱贫攻坚战"①。在此期间，教育部出台了《关于进一步充实教育部直属高校定点扶贫工作力量的通知》《关于做好新时期直属高校定点扶贫工作的意见》等文件，实现了定点扶贫工作对 592 个国家扶贫开发工作重点县的全覆盖。②高校定点扶贫实践将高校的人才、科技、资源等特色优势与定点扶贫县发展短板有机结合起来，把先进的理念、人才、技术、经验等要素输送到贫困地区，逐步解决贫困地区扶智资源短缺问题。③

云南省昌宁县地处保山、大理、临沧三州市接合部，是集民族、山区、贫困"三位一体"的山区农业县。据 2018 年数据，该县共有义务教育学校 145 所，学生 34 944 人。④受地理条件的影响，居住人口分散，学校点多面广，办学条件薄弱，教育扶贫压力繁重。在东北大学、西南大学的定点帮扶下，昌宁县学校教育基础设施得到了明显改善，师资队伍建设得到了大幅度加强，义务教育质量也获得了显著提升。

自 2013 年起，东北大学定点扶贫昌宁县，先后派出 8 名挂职干部，突出抓好教育、产业、科技帮扶，直接投入扶贫资金 1200 余万元，培训干部人才 1.5 万余人次，帮助建档立卡贫困人口脱贫 9000 余人次。⑤东北大学通过派驻干部、深入调研、科学规划，主要采取三个手段进行教育帮扶：一是精准投入，改善教育基础设施。针对昌宁县薄弱的教育基础设施，东北大学争取到中国教育发展基金会的"润雨计划"项目，为落实漭水镇大山头小学等 3 所学校改造修缮资金 35 万元，还争取到教育部基建项目对云南省昌宁第一中学等 5 所中小学进行改

① 《教育部：75 所直属高校定点扶贫贫困县全部脱贫摘帽》,（2020-11-26），http://www.moe.gov.cn/fbh/live/2020/52663/mtbd/202011/t20201127_501975.html[2022-07-25]。

② 人民网：《教育部：75 所直属高校定点扶贫贫困县全部脱贫摘帽》,（2020-11-26），http://www.moe.gov.cn/fbh/live/2020/52663/mtbd/202011/t20201127_501975.html[2022-11-15]。

③ 赵玥：《高校教育扶贫的逻辑机理及相对扶贫阶段的优化建议》,《经济纵横》2020 年第 9 期，第 70—76 页。

④ 昌宁县人民政府：《昌宁：打好控辍保学组合拳 义务教育学生一个都不少》,（2018-02-05），http://www.yncn.gov.cn/info/1022/35751.htm[2022-11-16]。

⑤ 刘玉：《脱贫快车从白山黑水驶向彩云之南》,《中国教育报》2020 年 10 月 8 日第 1 版。

造，协调解决教学楼修缮的资金 240 多万元。[①] 与此同时，东北大学利用自有资金积极服务昌宁县，推动该县义务教育阶段学校标准化建设。东北大学投入 100 万元用于初级中学教学综合楼建设、厕所及浴室建设，并分别在昌宁县鸡飞初级中学、大田坝初级中学援建了一间“知行书苑”图书室。二是精准支教，助学筑梦。2014—2019 年，东北大学先后派出五批研究生支教团共 36 人，赴昌宁开展为期 1 年的支教服务活动。支教教师的出现，为贫困地区师资队伍注入活力，提高了教育教学质量。支教团成员针对贫困学生缺乏计算机、互联网知识开展相关课程，提升了学生的综合素质水平。除完成正常的教学任务外，支教团成员还发挥自身的优势，在爱国主义教育、“七彩课堂”素质拓展、旅游宣传、学生励志教育、赈灾捐助等方面做了大量工作。三是精准聚力，积极捐赠。东北大学师生积极捐赠、传递爱心。东北大学向昌宁县捐赠了总价值 62 万余元的教学电脑 100 台，装备了 3 所小学信息化课堂。[②] 除此之外，东北大学针对部分学校冬季缺乏热水的情况，专项设置“昌宁中小学冬季温暖工程”，由东北大学出资 20 万元，用于购置昌宁县三所完全小学太阳能热水器及饮用水设备，彻底改善了师生用水条件。[③]

2019 年 9 月，根据教育部、国务院扶贫办的相关文件部署和安排，西南大学开始实施“乡村振兴助推工程”，定点扶贫昌宁县。一年内，学校选派两位干部分别担任副县长和驻村第一书记，270 余名（人次）师生奔赴昌宁。[④] 西南大学针对昌宁县的教育现实情况和师资培训需求，开展订单式、定向式精准培训。培训采用分学段、分学科、“师带徒”的方式，将昌宁县选派的 66 名中小学骨干教师分别安排到西南大学的附属中学、附属小学、附属实验幼儿园进行跟岗培训，并指派学校的卓越教师作为跟岗学习的指导教师，提供全方位、全过程、零距离的学习指导，帮助提高选派教师的专业引领水平。[⑤] 与此同时，西南大学充

---

① 昌宁县人民政府：《东北大学莅昌调研对口帮扶工作》，(2015-09-02)，http://www.yncn.gov.cn/info/1020/1343.htm[2022-11-16]。

② 教育部：《东北大学实施教育扶贫“三个三”工程 助力昌宁脱贫攻坚 增强发展内生动力》，(2019-10-15)，http://www.moe.gov.cn/jyb_xwfb/xw_zt/moe_357/jyzt_2019n/2019_zt27/zsgx/dbdx/201910/t20191015_403557.html[2022-11-16]。

③ 云南网：《教育部直属高校、直属单位认真落实滇西专项扶贫任务：“滇西之所需，我们之所行”》，(2018-05-30)，http://yn.yunnan.cn/html/2018-05/30/content_5228686.htm[2022-11-16]。

④ 李腾飞：《西南大学实施“乡村振兴助推工程”精准帮扶云南省昌宁县》，(2020-09-16)，http://www.cnr.cn/yn/ynkx/20200916/t20200916_525263530.shtml[2022-07-25]。

⑤ 西南大学含弘新闻网：《昌宁县66名骨干教师来学校跟岗培训》，(2020-11-24)，http://news.swu.edu.cn/s/news/xscn/20201124/4346094.html[2022-11-16]。

分发挥自身的教育资源优势，派出专家团队，聚焦昌宁县中小学教师的管理能力和教学能力的提升，截至 2021 年，西南大学已开展线上线下培训班 7 期，共培训昌宁县基础教育（骨干）教师和中小学校（园）长 760 余人次。西南大学每年选派 4 名研究生支教团志愿者到昌宁开展支教活动，还组织百名优秀大学生与昌宁县百名贫困中小学生进行"大手牵小手"的结对帮扶、百名"西小兰"志愿者开展"一对一"线上爱心家教活动，为贫困学生和留守儿童提供课业辅导、学业规划、心理关爱等服务。① 除此之外，西南大学还与昌宁县共建师范生实习实训基地、大学生社会实践基地、创新创业基地。西南大学附属中学、附属小学分别结对帮扶昌宁县第一中学和昌宁县第一示范小学，逐渐实现西南大学与昌宁县教育的无缝对接，尽力改善昌宁县学校的办学条件。②

（三）"东西部"对口帮扶

关于"对口帮扶"，中共中央、国务院发布的《关于尽快解决农村贫困人口温饱问题的决定》对其的阐释如下："组织沿海发达省、直辖市对口帮扶西部贫困省、自治区。东西互助是促进东西部优势互补，缩小差距，逐步实现共同富裕的重要途径。"20 多年来，东部沿海的江苏省与地处西部的陕西省持续开展省际对口协作。

2018 年，江苏省 51 个县（市、区）与陕西省 56 个贫困县（区）实现结对全覆盖，并积极推进镇村两级签订结对帮扶协议。③ 在省级统筹方面，两省积极对接签订教育协作交流协议，在陕西全省率先搭建了覆盖高职、中职、高中、初中、小学、特教、幼教全学段的校际深度合作交流平台。例如，陕西省宝鸡市与江苏省徐州市开展教育对口帮扶。宝鸡职业技术学院、三和职业学院，渭滨、金台、陈仓区 3 所职教中心和宝鸡市特殊教育学校、宝鸡幼儿园分别与徐州市的两所高职、3 所中职（中专）、1 所特殊教育学校、1 所幼儿园签订了对口帮扶协议。④ 除此之外，陕西省还积极选派干部、教师赴江苏学习。例如，陕西省宝鸡

---

① 西南大学含弘新闻网：《学校"五个一"助力昌宁基础教育提升》，（2021-10-15），http://news.swu.edu.cn/s/news/zhnews/20211015/4673973.html[2022-11-16]。

② 西南大学：《西南大学实施"乡村振兴助推工程"精准帮扶云南省昌宁县》，（2020-12-16），http://s.enaea.edu.cn/h/tpgjzt/fpdt/2020-12-16/22033.html[2022-11-16]。

③ 薛天：《苏陕扶贫协作推进两地结对帮扶全覆盖》，（2018-04-26），http://www.gov.cn/xinwen/ 2018-04/26/content_5286060.htm[2022-07-25]。

④ 宝鸡市教育局：《宝鸡徐州合作互动助理教育发展》，（2018-01-16），http://jyj.baoji.gov.cn/art/2018/1/16/art_1538_415058.html[2022-11-15]。

市选派干部、教师赴江苏省徐州市结对学校挂职锻炼，共计结对学校 71 所、交流培训 288 次、参与教师达 1557 人。[①] 在社会支持方面，自 2017 年起，江苏省民政厅动员全省 8 万多家社会组织参与两省扶贫协作。[②] 以陕西省山阳县为例，2019 年，“山阳县寄宿学生暖心项目”正式启动，该项目为苏陕社会组织扶贫协作项目之一，由江苏民政财务会计学会资助陕西众益社会组织服务中心，根据前期需求调研，针对贫困地区寄宿制学校冬季取暖设施短缺、卫生习惯有待改善、素养教育缺失等情况，为山阳县 7 校 300 名建档立卡寄宿学生送去包含毛巾、香皂、牙刷等 10 种卫生用品的“暖心包”。除此之外，江苏民政财务会计学会还资助陕西众益社会组织服务中心为贫困学校提供取暖设施的硬件设备、学生素养教育系列课程，改善寄宿制学校学生的住宿环境，培养学生良好的生活习惯和素养，阻断贫困的代际传承。[③] 2020 年，江苏省社会组织开展苏陕社会组织扶贫协作项目 178 个，涉及教育在内的众多领域，投入资金 4100 万元。[④]

江苏省与陕西省对口帮扶、共同发展，近年来在教育方面取得了很大成效。2018 年，两省开展组团式教育结对帮扶，实现 438 所中小学（幼儿园）结对，促成 2300 名教师双向交流，联合招收培养贫困学生 291 名。[⑤] 2019 年，江苏省级社会组织针对陕西社会组织开展帮扶项目 20 个，帮扶资金达 439 万元，涵盖民生扶贫、志愿扶贫、培训交流等多个领域。[⑥] 直至 2020 年，江苏、陕西教育协作共建 50 个专业、25 个实训基地、31 个协作项目。[⑦]

---

① 宝鸡市教育局：《宝鸡市中职学校管理干部赴徐州挂职学习》，（2020-10-27），http://jyj.baoji.gov.cn/art/2020/10/27/art_1511_1222474.html[2022-11-15]。

② 唐悦：《江苏省动员社会组织参与苏陕扶贫协作》，（2017-12-14），http://www.gov.cn/xinwen/ 2017-12/14/content_5246894.htm[2022-07-25]。

③ 陕西省扶贫办：《苏陕社会组织扶贫协作项目为山阳寄宿学生送去“暖心包”》，（2020-01-08），http://www.shaanxi.gov.cn/xw/ztzl/lsgd/2020/tpgjsqzxd/jyjl_621/tszs/202004/t20200414_1488552.html[2022-07-25]。

④ 江苏省民政厅：《2020 年苏陕社会组织扶贫协作项目签约仪式在西安举行》，（2019-12-18），http://mzt.jiangsu.gov.cn/art/2020/11/2/art_54968_9556206.html[2022-07-25]。

⑤ 陕西省政府办公厅：《苏陕扶贫协作项目去年带动陕西十八万人脱贫》，（2019-03-22），http://www.shaanxi.gov.cn/xw/ztzl/lsgd/2020/tpgjsqzxd/hlgj/ssxz/201903/t20190322_1486425.html[2022-07-25]。

⑥ 陕西省人民政府：《苏陕社会组织扶贫协作项目为山阳寄宿学生送去“暖心包”》，（2020-04-14），http://www.shaanxi.gov.cn/xw/ztzl/lsgd/2020/tpgjsqzxd/jyjl_621/tszs/202004/t20200414_1488552_wap.html[2022-11-15]。

⑦ 佚名：《苏陕协作决战决胜脱贫攻坚战》，《陕西日报》2020 年 8 月 26 日第 5 版。

结 语

2019—2021 年，我国农村义务教育事业稳步发展，各项指标得到大幅改善。农村义务教育从“有学上”步入“上好学”的新阶段，县域义务教育也由“均衡发展”向“优质均衡”的高质量发展迈进。两年来，农村义务教育学段出现了农村留守儿童数量不断减少的可喜变化，但乡村教师师资结构性缺编、城乡小学信息化水平参差不齐等问题仍然制约着我国农村义务教育的发展，农村教育发展仍然任重而道远。

展望未来，国家应该出台关于加强农村教育现代化建设、完善乡村教师队伍建设、关爱和保障农村学生尤其是留守儿童和随迁子女受教育权利等多项政策，保障农村教育办学质量、提高人民对教育的满意度。总结经验，我们发现教育扶贫是促进农村教育发展、阻断贫困代际传递的有效手段，通过更多有效案例研究与推广，对巩固脱贫成果、提高学生素质、助推农村发展具有重要作用。

第3章

农村普通高中教育年度进展报告*

---

* 本章撰写人：刘善槐、殷美娜、杨雨晴、房婷婷、李秋艳、闫淼淼。作者单位：教育部人文社会科学重点研究基地东北师范大学中国农村教育发展研究院。

2019 年，国务院办公厅印发《关于新时代推进普通高中育人方式改革的指导意见》，提出“到 2022 年，德智体美劳全面培养体系进一步完善，立德树人落实机制进一步健全”的改革目标。随后，各地陆续出台了相关政策，从课程、评价、考试招生等多个维度推进新高考改革。本章从教育大事记、政策议题、发展态势及学术热点四个部分展开，旨在呈现 2019 年以来我国高中教育事业的发展状况，进一步把握高中育人方式改革新方向，推进普通高中教育新改革。

我国普通高中教育发展总体稳定。2020 年，全国有普通高中 1.42 万所，比上年增加 271 所；招生 876.44 万人，比上年增加 36.95 万人；普通高中专任教师数 193.32 万人，比上年增加 7.40 万人。①

普通高中教育政策聚焦于高中阶段教育全面普及攻坚、高考综合改革、新课程改革三部分内容。一是稳步推进高中阶段教育全面普及。《高中阶段教育普及攻坚计划（2017—2020 年）》提出，国家扩大实施教育基础薄弱县普通高中建设项目，支持改扩建一批普通高中教学和学生生活类校舍，提升培养能力。继续实施普通高中改造计划，支持中西部省份贫困地区教学生活设施不能满足基本需求、尚未达到国家基本办学条件标准的普通高中学校改扩建校舍、配置图书和教学仪器设备以及体育运动场等附属设施建设。截至 2021 年，我国高中阶段毛入学率已达到 91.4%。② 二是深化高考综合改革。2020 年，中共中央、国务院印发《深化新时代教育评价改革总体方案》，对新时代教育评价制度改革的总体要求和重点任务进行了规划部署。各地采取了系列政策举措综合推进学生教育评价制度创新。三是强化新课程新教材体系建设。2020 年，教育部印发《普通高中课程方案和语文等学科课程标准（2017 年版 2020 年修订）》，对普通高中的课程方案和思想政治、语文、历史、生物等学科课程标准进行了完善和调整。此外，普通高中统编教材已在全国投入使用，新课程新教材国家级示范区和示范校建设工作也已启动实施。

学界对普通高中育人方式改革、高中阶段教育全面普及、普通高中多样化特色发展中需要厘清的概念、现实困境以及实践经验等问题进行了积极探讨，对推进普通高中改革实践起到了积极的促进作用。

---

① 《2020 年全国教育事业发展统计公报》，（2021-08-27），http://www.moe.gov.cn/jyb_sjzl/sjzl_fztjgb/202108/t20210827_555004.html[2022-07-26]。

② 《全国高中阶段教育毛入学率达91.4% 普通高中专任教师总数10年来大幅增加》，（2022-07-09），http://www.gov.cn/xinwen/2022-07/09/content_5700124.htm[2022-07-29]。

一、农村普通高中教育大事记

（一）高考综合改革

2019 年 6 月，国务院办公厅印发《关于新时代推进普通高中育人方式改革的指导意见》。该文件强调办好普通高中教育，对于巩固义务教育普及成果、增强高等教育发展后劲、进一步提高国民整体素质具有重要意义。该文件还提出了“到 2022 年，德智体美劳全面培养体系进一步完善，立德树人落实机制进一步健全”的改革目标。此外，该文件详细论述了构建全面培养体系、优化课程实施、创新教学组织管理、加强学生发展指导、完善考试和招生制度、强化师资和条件保障六大方面的重点任务。

2019 年 11 月，教育部考试中心研制的《中国高考评价体系》《中国高考评价体系说明》由人民教育出版社出版发行，该体系从高考的核心功能、考查内容、考查要求三个方面回答了为什么考、考什么、怎么考的考试本源性问题，从而在高考领域对于“培养什么人、怎样培养人、为谁培养人”这一教育根本问题给出了答案。《中国高考评价体系》《中国高考评价体系说明》是高考评价体系研制成果的凝练和结晶，主要供高考命题人员、高考研究人员、教育考试管理人员以及广大师生学习参考使用。

2020 年 10 月，中共中央、国务院印发《深化新时代教育评价改革总体方案》，这是新中国第一个关于教育评价系统改革的文件，也是指导深化新时代教育评价改革的纲领性文件。该文件指出，普通高中主要评价学生全面发展的培养情况。国家制定普通高中办学质量评价标准，突出实施学生综合素质评价、开展学生发展指导、优化教学资源配置、有序推进选课走班、规范招生办学行为等内容。

2021 年 7 月，中共中央办公厅、国务院办公厅印发《关于进一步减轻义务教育阶段学生作业负担和校外培训负担的意见》。该文件指出，逐步提高优质普通高中招生指标分配到区域内初中的比例，规范普通高中招生秩序，杜绝违规招生、恶性竞争。

2021 年 12 月，为深入贯彻全国教育大会精神，加快建立健全教育评价制度，促进普通高中教育内涵发展和质量提升，教育部印发《普通高中学校办学质量评价指南》。该文件把立德树人成效作为根本标准，坚持以学生全面培养全面发展为核心，聚焦学校办学质量，构建了普通高中学校办学质量评价体系。评价内容主要包括办学方向、课程教学、教师发展、学校管理、学生发展五个方面，共18项关键指标。

（二）新课程新教材改革

2020年3月，中共中央、国务院印发《关于全面加强新时代大中小学劳动教育的意见》。该文件指出，普通高中要注重围绕丰富职业体验，开展服务性劳动、参加生产劳动，使学生熟练掌握一定劳动技能，理解劳动创造价值，具有劳动自立意识和主动服务他人、服务社会的情怀。

2020年5月，教育部组织对《普通高中课程方案和语文等学科课程标准（2017年版）》进行修订，形成了《普通高中课程方案和语文等学科课程标准（2017年版2020年修订）》。该次对普通高中课程方案以及思想政治、语文、历史和生物学课程标准的修订涉及前言及正文部分，其他学科课程标准的修订仅涉及前言部分。

2020年7月，教育部办公厅印发《关于做好普通高中新课程新教材实施国家级示范区和示范校建设工作的通知》。教育部组织开展了普通高中新课程新教材实施国家级示范区和示范校遴选工作，经各地推荐和专家审核，确定了一批示范区和示范校。该文件强调各地要高度重视示范区和示范校的建设工作，切实加强领导；突出重点，形成有效经验；健全机制，确保工作实效。该文件还指出，示范校要积极开展新课程培训基地学校建设，通过校长教师挂职交流或跟岗学习等方式，加大对薄弱高中和农村学校的对口帮扶力度。

2020年7月，教育部印发《大中小学劳动教育指导纲要（试行）》。该文件面向学校，重点针对劳动教育是什么、教什么、怎么教等问题，细化有关要求。该文件指出，普通高中学段劳动教育应注重围绕丰富职业体验，开展服务性劳动和生产劳动，让学生理解劳动创造价值，具有劳动自立意识和主动服务他人、服务社会的情怀。同时，指导学生持续开展日常生活劳动，增强生活自理能力，固化良好劳动习惯；选择服务性岗位，经历真实的岗位工作过程，获得真切的职业体验，培养职业兴趣；积极参加大型赛事、社区建设、环境保护等公益活动、志愿服务，强化社会责任意识和奉献精神；统筹劳动教育与通用技术课程相关内容，从工业、农业、现代服务业以及中华优秀传统文化特色项目中，自主选择1~2项生产劳动，经历完整的实践过程，提高创意物化能力，养成吃苦耐劳、精益求精的品质，增强生涯规划的意识和能力。

2020年12月，教育部发布《普通高中音乐教学器材配备标准》《普通高中美术教学器材配备标准》《普通高中体育与健康教学器材配备标准》《小篮球场地建设与器材配备规范》等八个教育行业标准，明确了八个教育行业的建设与器材的配备规范。其中，对普通高中学校音乐教学器材、美术教学器材、体育与健康教学器材的配备、安全、使用要求进行了严格规定。

2021 年 3 月，教育部、中央军委国防动员部联合印发《高中阶段学校学生军事训练教学大纲》。该文件对普通高中阶段学生军事训练教学的教学定位、教学目标、教学课时、教学内容、教学实施、评价考核等内容进行了详细规定。

（三）高质量普及

2021 年 3 月，《中华人民共和国国民经济和社会发展第十四个五年规划和 2035 年远景目标纲要》发布。该文件强调要推进基本公共教育均等化，巩固提升高中阶段教育普及水平，鼓励高中阶段学校多样化发展，并提出了将高中阶段教育毛入学率提高到 92% 以上的发展目标。

为了规范和加强改善普通高中学校办学条件补助资金管理，提高资金使用效益，2021 年 4 月，财政部、教育部对《改善普通高中学校办学条件补助资金管理办法》进行修订，对补助资金管理的原则、用途、分配等进行了规定。该文件对各省份补助资金投入比例的各因素占比进行了调整，将基础因素权重修改为 80%，将考虑地方努力程度的投入因素的权重提高到 20%。

2021 年 12 月，财政部、教育部、人力资源和社会保障部、退役军人部、中央军委国防动员部印发《学生资助资金管理办法》。其中，普通高中资助范围及标准包括：一是免学杂费。对具有正式学籍的普通高中原建档立卡等家庭经济困难学生（含非建档立卡的家庭经济困难残疾学生、农村低保家庭学生、农村特困救助供养学生）免学杂费。二是国家助学金。资助具有正式学籍的普通高中在校生中的家庭经济困难学生。各地可结合实际，在确定资助范围时适当向农村地区、脱贫地区和民族地区倾斜。该文件进一步指出，国家统一实施的普通高中免学杂费和国家助学金政策，所需经费由中央与地方财政分档按比例分担，省级财政统筹落实。

2021 年 12 月，教育部、国家发展和改革委员会、财政部等九部门联合印发了《“十四五”县域普通高中发展提升行动计划》。该文件提出了“到 2025 年，县中整体办学水平显著提升，市域内县中和城区普通高中协调发展机制基本健全，统筹普通高中教育和中等职业教育发展，推动高中阶段教育毛入学率达到 92% 以上”的总体目标。围绕如何落实主要目标，该文件提出了深化招生管理改革、加强教师队伍建设、改善办学薄弱环节、提高教育教学质量四项重点任务。

为了保障各项目标、任务和措施落到实处，该文件对计划的组织与领导也进行了详细规定。

二、农村普通高中教育发展的政策议题

2019 年以来，普通高中教育处于普及攻坚、高考综合改革、新课程改革三项重大改革进入同步推进的关键时期。在全面普及高中教育的基础上，进一步深化高中育人方式综合改革、完善教育评价制度、切实推进课程改革成为普通高中教育阶段政策关注的重要议题。

（一）巩固提升高中教育普及水平，构建高质量教育体系

党的十八大以来，我国普通高中教育快速发展，普及水平显著提高。《高中阶段教育普及攻坚计划（2017—2020 年）》提出了“到 2020 年，全国普及高中阶段教育……全国各省（区、市）毛入学率均达到 90% 以上，中西部贫困地区毛入学率则要显著提升”的发展目标。为了实现高中教育的全面普及，打赢脱贫攻坚战，我国在改善贫困地区普通高中办学条件、健全学生资助管理体系等方面做了诸多努力。

1. 改善贫困地区普通高中办学条件

《教育脱贫攻坚“十三五”规划》提出，实施普通高中改造计划和教育基础薄弱县普通高中建设项目，并要求各地加大对贫困地区普通高中的投入力度，优先支持贫困县普通高中改善办学条件，保障建档立卡等贫困家庭学生接受普通高中教育的机会。为了保证各项措施切实落地推行，各层面的文件均采用教育部门和财政部门联合发文的形式。2021 年 4 月，财政部、教育部印发《关于下达 2021 年改善普通高中学校办学条件补助资金预算的通知》。该文件强调“省级财政、教育部门要切实发挥省级统筹作用，合理安排中央补助资金和自有财力，区分轻重缓急科学分配资金，加大对困难地区和薄弱环节的支持力度，向因推动高考综合改革而出现办学条件困难的地区倾斜，加快补齐县域普通高中短板……切实加强资金使用管理。要对照区域绩效目标同步分解省以下绩效目标，强化绩效监控和评价，注重绩效评价结果运用，做好全过程预算绩效管理”。

各地积极响应国家政策的要求，为进一步落实资金的使用，细化出台了省级层面的政策。2020 年 5 月，河北省财政厅、河北省教育厅印发《关于下达 2019 年改善普通高中办学条件中央补助资金预算的通知》。该文件指出，中央资金重点用于集中连片特困县、国家级扶贫开发重点县普通高中改善办学条件。各级财政、教育部门要指导和监督普通高中学校加强资金管理。严禁挤占、截留和

挪用，切实提高资金使用绩效。打赢高中教育普及攻坚战的主要重难点在于需要攻克教育发展较为薄弱的地区。甘肃省坚持稳中求进的工作总基调，教育优先发展战略逐步落实，普通高中教育资源快速扩张，教育质量稳步提高。截至2021年底，甘肃省内普通高中校舍建筑面积为1028.42万平方米，较2020年增加了16.95万平方米；图书为2083.06万册，较2020年增加了62.12万册；教学仪器设备值为19.44亿元，较2020年增加了1.49亿元。①

2. 建立健全学生资助体系

为了保证高中学生的就学率，健全学生资助制度，国家层面出台了贫困学生认定工作的指导文件。2019年4月，多部门联合印发《学生资助资金管理办法》。该文件第八条对普通高中阶段教育的学生资助的范围及标准进行了详细的规定。一是免学杂费。对具有正式注册学籍的普通高中建档立卡等家庭经济困难学生（含非建档立卡的家庭经济困难残疾学生、农村低保家庭学生、农村特困救助供养学生）免学杂费。免学杂费标准按照各级人民政府及其价格、财政主管部门批准的公办学校学杂费标准执行（不含住宿费）。二是实施国家助学金计划。资助具有正式注册学籍的普通高中在校生中的家庭经济困难学生。各地可结合实际，在确定资助面时适当向农村地区、贫困地区和民族地区倾斜。为实现家庭经济困难学生资助全覆盖，各地不断完善资助体制。2021年6月，河南省教育厅、国家开发银行河南省分行印发《关于切实做好2021年生源地信用助学贷款工作的通知》。该文件指出，贷款量较大的县级学生资助管理中心可推进贷款办理向高中、乡镇下沉。为了进一步加强县学生资助中心管理，助学贷款系统中增加了乡镇街道和高中信息管理功能，部分县学生资助管理中心在系统中录入了乡镇街道和高中信息。

总的来说，“十三五”期间，经过国家和各地政府的持续努力，高中阶段教育全面普及攻坚计划成效显著。2021年，全国高中阶段教育毛入学率达91.4%，比2012年提高了6.4个百分点。全国普通高中总数达1.46万所，在校生2605.03万人，分别比2012年增长了7.97%和5.59%，为更多适龄学生提供了接受普通高中教育的机会。②

① 甘肃省教育厅：《2021年甘肃省教育事业发展统计公报》，（2022-03-08），http://jyt.gansu.gov.cn/jyt/c107288/202203/1999439.shtml[2022-07-31]。

② 教育部：《全国高中阶段教育毛入学率达91.4% 普通高中专任教师总数10年来大幅增加》，（2022-07-09），http://www.moe.gov.cn/fbh/live/2022/54639/mtbd/202207/t20220711_645015.html[2022-07-31]。

（二）深化高中综合改革，推进教育评价制度创新

2019 年，国务院办公厅印发《关于新时代推进普通高中育人方式改革的指导意见》，提出“科学的教育评价和考试招生制度基本建立，师资和办学条件得到有效保障，普通高中多样化有特色发展的格局基本形成”的改革目标。2021 年，教育部印发《普通高中学校办学质量评价指南》。该文件提出，要把立德树人成效作为根本标准，坚持以学生全面培养全面发展为核心，聚焦学校办学质量，构建普通高中学校办学质量评价体系。各地积极响应国家政策号召，结合高中考试招生制度改革、学生综合素质评价改革政策进行办学质量评价体系改革建设，相继出台实施了一系列改革举措。

1. 促进考试招生制度改革

为了深化高考招生制度改革，教育部及各地区从以下方面做出了努力：一是构建高考评价体系。高考评价体系是高考命题、评价与改革的理论基础和实践指南。2020 年，教育部考试中心正式发布了《中国高考评价体系》《中国高考评价体系说明》。该体系由教育部考试中心牵头组织华南师范大学、北京师范大学等 5 所高校的 150 余位专家，在深入总结我国高考内容改革的成功做法，充分借鉴国外考试的先进经验，依据高校人才选拔要求和国家课程标准的基础上，历经 3 年时间研制完成。该体系由“一核四层四翼”组成，其中，“一核”是高考的核心功能，即“立德树人、服务选才、引导教学”，回答“为什么考”的问题；“四层”为高考的考查内容，即“核心价值、学科素养、关键能力、必备知识”，回答“考什么”的问题；“四翼”为高考的考查要求，即“基础性、综合性、应用性、创新性”，回答“怎么考”的问题。《中国高考评价体系》的出台有助于充分发挥高考育人功能和积极的导向作用，对于全面贯彻党的教育方针、完善立德树人体制机制、发展素质教育、推进教育公平、办好人民满意的教育，具有重大而深远的意义。

二是规范学业水平考试制度。2019 年，河北省人民政府印发了《河北省普通高校考试招生制度改革实施方案》。该文件指出，从 2018 年秋季高一年级学生开始，学业水平考试分为合格性考试和选择性考试。合格性考试成绩是学生毕业、高中同等学力认定的主要依据；选择性考试成绩是普通高校招生录取的重要依据。同年，《湖北省高等学校考试招生综合改革实施方案》发布，对建立健全普通高中学业水平考试制度，考试科目、内容、对象以及组织情况进行了统一的规定和设计。考试共有 13 门合格性考试科目和 6 门选择性考试科目，学生可根据自身的兴趣、优势和高等学校招生要求，在上述科目中自主选择 3 门科目参加

选择性考试，其中在物理、历史中选择一门为首选科目，在思想政治、地理、化学、生物学中选择两门为再选科目；合格性考试内容为国家课程标准规定的各学科必修课程内容，选择性考试内容为国家课程标准规定的各学科必修课程和选择性必修课程内容；合格性考试每学年组织一次，考试时间安排在每学年下学期期末。学生在校期间每门科目参加一次合格性考试，成绩不合格的可参加一次补考。

2. 落实学生综合素质评价改革

普通高中学生综合素质评价是对学生全面发展状况的观察、记录、分析，是客观反映学生德智体美劳全面发展情况的系统评价，也是高考综合改革和新高考方案的重要内容。2019 年，国务院办公厅印发《关于新时代推进普通高中育人方式改革的指导意见》，强调“把综合素质评价作为发展素质教育、转变育人方式的重要制度，强化其对促进学生全面发展的重要导向作用。强化对学生爱国情怀、遵纪守法、创新思维、体质达标、审美能力、劳动实践等方面的评价”。各地积极响应号召，所有省份均出台了普通高中学生综合素质评价的具体实施办法。多地学校在不断探索学生综合素质评价的有效做法，特别是进入高考综合改革的省份。北京、浙江、江苏、辽宁、湖南、广东、重庆等地建立了学生综合素质评价电子平台。2019 年，江苏省教育厅印发《关于全面实施普通高中学生综合素质评价工作的通知》，启动了江苏省普通高中学生综合素质评价电子化管理平台，建立起全省综合素质评价工作系统，将自 2018 年秋季起入学的普通高中学校的所有学生全部纳入。为了保障评价工作顺利开展，各地积极组织召开培训会。浙江省对综合素质评价进行等级评定，采用学生互评和教师评定相结合的办法，建立电子化平台按学期记录并锁定学生普通高中就读期间的成长信息，并对实践中出现的问题及时反应，不断进行修订完善。2020 年，为解决信息填报中发现大量的问题，确保各市、县（区）教育行政部门和普通高中学校人员能够熟练运用平台，银川市教育局召开了普通高中学生综合素质评价工作启动会暨平台操作培训会，要求各县教育行政部门的教育局主管副局长、基础教育科科长、平台管理员，以及学校各高中学校校长或主管副校长，德育、教务主任，学校综评平台管理员、班主任代表参加学习。①

① 银川市教育局：《关于召开银川市普通高中学生综合素质评价工作启动会暨平台操作培训会的通知》，（2020-11-13），http://www.yinchuan.gov.cn/xxgk/bmxxgkml/sjyj/xxgkml_1919/bmqtwj_1927/202012/t20201202_2389389.html[2022-11-14]。

（三）切实转变育人方式，统筹推进新课程新教材改革

课程在学校教育中处于核心地位，教育的目标、价值主要通过课程来体现。因此，高中课程改革是高中教育改革的核心内容。近些年，国家通过进一步优化课程方案、规范学校课程以及实行统编教材等举措不断推进普通高中课程改革。

1. 修订课程方案

深化课程改革是发展素质教育、落实立德树人根本任务的关键举措，也是新形势下推进育人方式改革的主要着力点。《普通高中课程方案和语文等学科课程标准（2017 年版 2020 年修订）》首次凝练提出了各学科的核心素养，明确了学生学习该学科课程后应形成的正确价值观念、必备品格和关键能力。除新增了学科核心素养外，修订的课程标准还研制增加了学业质量内容，更新了教学内容，增强了指导性。该文件明确，劳动为必修课程，共 6 学分，其中志愿服务为 2 分，学生在课外时间进行，3 年内不少于 40 小时。该文件提出，体育与健康的必修内容，必须在高中三学年持续开设。[①] 该文件进一步优化了课程结构。首先，保留原有学习科目，调整外语规划语种，在英语、日语、俄语基础上，增加德语、法语和西班牙语。其次，将课程类别调整为必修课程、选择性必修课程和选修课程，在保证共同基础的前提下，为不同发展方向的学生提供有选择的课程。再次，进一步明确各类课程的功能定位，与高考综合改革相衔接，其中必修课程全修全考，选择性必修课程选修选考，选修课程由学校根据实际情况统筹规划开设，为学生就业和高校招生录取提供参考。最后，合理确定各类课程学分比例，在毕业总学分不变的情况下，对原必修课程学分进行重构，由必修课程学分、选择性必修课程学分组成，适当增加选修课程学分，既保证基础性，又兼顾选择性。

2. 完善统编三科教材实施

针对教材建设，教育部基础教育司司长吕玉刚提出："抓好统编三科教材使用，是落实立德树人根本任务的必然要求，是新时代教材建设提高政治站位、突出战略定位、落实育人本位的关键举措"[②]。中小学道德与法治（思想政治）、语文、历史三科统编教材集中体现了新时代党的教育方针，具有传递社会主义核心价值观、传承中华优秀传统文化、传授人类文明知识的重要功能，对培养德智体

---

① 樊未晨：《教育部公布普通高中课程方案：劳动为必修课占6学分》，《中国青年报》2020 年 6 月 4 日第 2 版。

② 吕玉刚：《抓好统编三科教材使用 落实立德树人根本任务》，《课程·教材·教法》2020 年第 10 期，第 4—7 页。

美劳全面发展的社会主义建设者和接班人具有极其重要的作用。[①]普通高中三科统编教材于2019年正式投入使用，2022年前实现所有省份“全覆盖”，到2025年实现所有年级“全覆盖”。[②]为了实现这一目标，加快推进普通高中新教材的使用，让一线老师了解普通高中三科统编教材新课程标准，准确把握新高考新课标的核心内容是政策落地的重要一环，国家组织了大量的培训活动。一是统筹组织国家级示范培训和地方全员培训。2019年8月，教育部组织开展高中统编三科教材国家级示范培训，全面解读了高中统编三科教材的总体要求、基本理念和核心内容，旨在帮助广大教师准确把握统编三科教材的教学重点和难点，切实用好统编三科教材，帮助省级教育行政部门和教研部门负责同志将工作重点转移到提高教育质量上，抓好新教材实施和保障工作。[③]2020年11月，银川市教育局举办高中语文、政治、历史教师新课程新课标新教材培训班。二是统筹利用好集中面训和网络培训。加大网络培训资源开发力度，充分发挥网络培训覆盖面广、学习时间和学习方式灵活等优势，持续为广大教师提供丰富的专业培训。2020年8月，教育部组织举办2020年普通高中统编三科教材国家级网络示范培训班。网络示范培训面向2020年秋季学期开始使用新教材的15个省份和第一批使用新教材的6个省份，覆盖21个省份各级三科教研员和全体三科教师约20万人。[④]

3. 加强示范区、示范校建设

为了引导各地有效地开展新课程新教材的改革，教育部启动了国家级示范区和示范校建设工作。通过示范区和示范校的经验和成果，逐步推动新课程新教材全面实施。2020年，教育部办公厅先后发布了《关于遴选建立普通高中新课程新教材实施国家级示范区和示范校的通知》《关于做好普通高中新课程新教材实施国家级示范区和示范校建设工作的通知》，分批启动普通高中新课程新教材实施国家级示范区和示范校建设工作。国家级示范区和示范校建设工作，每批建设周期为3年。从2020年开始，教育部组织各地推荐遴选并确定了33个普通

---

① 李化侠：《从教材建设作为国家事权的高度推进三科统编教材使用》，《课程·教材·教法》2021年第6期，第73—74页。

② 施歌：《普通高中三科统编教材2025年所有年级“全覆盖”》，(2020-12-24)，http://m.xinhuanet.com/2020-12/24/c_1126903004.htm[2022-08-02]。

③ 汪瑞林：《教育部组织开展高中统编三科教材国家级示范培训》，《中国教育报》2019年8月15日第2版。

④ 教育部：《教育部组织举办2020年普通高中统编三科教材国家级网络示范培训班》，(2020-08-03)，http://www.moe.gov.cn/jyb_xwfb/gzdt_gzdt/s5987/202008/t20200803_476442.html[2022-08-02]。

高中新课程新教材实施国家级示范区和 99 所示范校，承担对区域内薄弱学校和农村学校的培训与帮扶任务，积极探索可借鉴、可推广的经验和做法。[①] 各地积极响应教育部的号召，出台了省级层面的政策文件部署示范区的建设，围绕示范区、示范校建设进行了一系列政策建设。2021 年 12 月，广州市教育局印发《关于做好普通高中新课程新教材实施市级示范区、示范校和学科基地建设工作的通知》，强调在课程建设、课程管理、教学改革、考试评价、资源开发等方面做好顶层设计，抓好统筹谋划，强化过程管理和工作考核，确保示范建设工作有序推进。

三、农村普通高中教育的发展态势[②]

2020 年，我国普通高中的总体发展趋势良好，学校数量基本维持稳定，全国共有普通高中 1.42 万所，比上年增加 271 所；招生规模有所扩大，招生 876.44 万人，比上年增加 36.95 万人，增长 4.40%；在校生 2494.45 万人，比上年增加 80.15 万人，增长 3.32%；普通高中教职工 294.87 万人，比上年增加 11.50 万人，增长 4.06%；专任教师 193.32 万人，比上年增加 7.40 万人，增长 3.98%。生师比为 12.90∶1；专任教师学历合格率为 98.79%，比上年提高 0.17 个百分点[③]；办学条件也得到了明显改善。但同时区域间、城乡间仍存在较大的差距。

（一）普通高中数量稳定

全国普通高中数量变化相对稳定，2020 年比 2019 年增加了 271 所学校，增幅为 1.94%。城区普通高中增加了 224 所，增幅为 3.12%，乡村普通高中数量增加幅度略大，增加了 37 所，增幅为 5.00%（表 3.1）。[④]

① 教育部：《新课程、新教材及高中育人方式改革进展及成效》，（2022-09-15），http://www.moe.gov.cn/fbh/live/2022/54835/sfcl/202209/t20220915_661166.html[2022-11-14]。

② 本部分数据来源于教育部公布的 2019 年、2020 年教育统计数据，以及《2020 年全国教育事业发展统计公报》。

③ 教育部：《2020 年全国教育事业发展统计公报》，（2021-08-27），http://www.moe.gov.cn/jyb_sjzl/sjzl_fztjgb/202108/t20210827_555004.html[2022-07-26]。

④ 教育部：《2019 年教育统计数据——全国基本情况：普通高中校数、班数》，（2020-06-10），http://www.moe.gov.cn/jyb_sjzl/moe_560/jytjsj_2019/qg/202006/t20200610_464565.html[2022-07-26]；教育部：《2020 年教育统计数据——全国基本情况：普通高中校数、班数》，（2021-08-30），http://www.moe.gov.cn/jyb_sjzl/moe_560/2020/quanguo/202108/t20210831_556633.html[2022-07-26]。

表 3.1　全国城乡普通高中数量变化情况

地区	2019 年学校数（所）	2020 年学校数（所）	数量变化（所）	变化幅度（%）
全国	13 964	14 235	271	1.94
城区	7 190	7 414	224	3.12
镇区	6 034	6 044	10	0.17
乡村	740	777	37	5.00

全国各地区普通高中数量总体增加，24 个省份的学校数有所增加。其中，云南、西藏、山东、江西、宁夏、河北、河南的普通高中数量的增幅较大，分别为 9.87%、8.57%、6.56%、4.64%、4.62%、4.12%、4.05%。其中，云南、山东一年间分别增加了 54 所、42 所普通高中。全国有 7 个省份的学校数量有所减少，分别为山西、安徽、天津、陕西、青海、甘肃、新疆。其中，新疆地区的学校数量减幅最大，达到了 5.95%，一年间普通高中减少了 20 所（表 3.2）。[①]

表 3.2　各地区普通高中学校数量变化情况

地区	2019 年学校数（所）	2020 年学校数（所）	数量变化（所）	变化幅度（%）
全国	13 964	14 235	271	1.94
北京	318	321	3	0.94
天津	187	185	−2	−1.07
河北	679	707	28	4.12
山西	522	518	−4	−0.77
内蒙古	303	305	2	0.66
辽宁	420	425	5	1.19
吉林	251	257	6	2.39
黑龙江	368	370	2	0.54
上海	258	262	4	1.55
江苏	580	585	5	0.86
浙江	601	622	21	3.49
安徽	667	661	−6	−0.90

① 教育部：《2019 年教育统计数据——各地基本情况：普通高中校数、班数》，(2020-06-10)，http://www.moe.gov.cn/jyb_sjzl/moe_560/jytjsj_2019/gd/202006/t20200610_464606.html[2022-07-26]；教育部：《2020 年教育统计数据——各地基本情况：普通高中校数、班数》，(2021-08-30)，http://www.moe.gov.cn/jyb_sjzl/moe_560/2020/quanguo/202108/t20210831_556633.html[2022-07-26]。

续表

地区	2019 年学校数（所）	2020 年学校数（所）	数量变化（所）	变化幅度（%）
福建	544	550	6	1.10
江西	496	519	23	4.64
山东	640	682	42	6.56
河南	889	925	36	4.05
湖北	532	536	4	0.75
湖南	642	660	18	2.80
广东	1 008	1 035	27	2.68
广西	490	499	9	1.84
海南	124	127	3	2.42
重庆	260	264	4	1.54
四川	779	792	13	1.67
贵州	468	471	3	0.64
云南	547	601	54	9.87
西藏	35	38	3	8.57
陕西	471	464	−7	−1.49
甘肃	376	364	−12	−3.19
青海	108	106	−2	−1.85
宁夏	65	68	3	4.62
新疆	336	316	−20	−5.95

（二）普通高中招生规模有所增加，城乡初中升学比例存在较大差异

我国 2019 年的普通高中招生人数为 8 394 949 人，2020 年的招生人数为 8 764 435 人，增加了 369 486 人，增幅达到 4.40%。从全国各地区招生数来看，山西、四川、陕西、甘肃、新疆 5 个省份的招生规模有所减少，26 个省份的招生人数有所增加。其中，天津、北京招生人数增加幅度较大，分别为 19.53% 和 18.81%（表 3.3）。①

① 教育部：《2019 年教育统计数据——各地基本情况：普通高中学生数（总计）》,（2020-06-10），http://www.moe.gov.cn/jyb_sjzl/moe_560/jytjsj_2019/gd/202006/t20200610_464605.html[2022-07-26]；教育部：《2020 年教育统计数据——各地基本情况：普通高中学生数（总计）》，（2021-08-30），http://www.moe.gov.cn/jyb_sjzl/moe_560/2020/gedi/202109/t20210903_558595.html[2022-07-26]。

表 3.3　各地区普通高中招生情况

地区	2019 年招生数（人）	2020 年招生数（人）	招生数变化（人）	变化幅度（%）
全国	8 394 949	8 764 435	369 486	4.40
北京	51 403	61 071	9 668	18.81
天津	52 243	62 445	10 202	19.53
河北	506 728	560 803	54 075	10.67
山西	224 654	221 156	−3 498	−1.56
内蒙古	130 362	143 101	12 739	9.77
辽宁	203 043	205 370	2 327	1.15
吉林	149 522	151 566	2 044	1.37
黑龙江	190 255	194 509	4 254	2.24
上海	54 236	59 721	5 485	10.11
江苏	387 603	423 390	35 787	9.23
浙江	273 060	283 392	10 332	3.78
安徽	378 830	390 799	11 969	3.16
福建	221 862	232 939	11 077	4.99
江西	377 216	385 087	7 871	2.09
山东	587 874	636 233	48 359	8.23
河南	749 785	784 377	34 592	4.61
湖北	301 376	313 182	11 806	3.92
湖南	437 339	448 890	11 551	2.64
广东	639 413	671 805	32 392	5.07
广西	394 233	408 710	14 477	3.67
海南	60 586	65 036	4 450	7.34
重庆	209 829	217 321	7 492	3.57
四川	484 081	473 766	−10 315	−2.13
贵州	325 020	331 313	6 293	1.94
云南	330 490	359 998	29 508	8.93
西藏	23 238	26 674	3 436	14.79
陕西	212 712	212 548	−164	−0.08
甘肃	172 017	171 813	−204	−0.12
青海	42 236	44 908	2 672	6.33
宁夏	53 619	56 778	3 159	5.89
新疆	170 084	165 734	−4 350	−2.56

2020 年，全国初中毕业生升入普通高中的比例是 57.09%，比 2019 年降低了 0.64%。从全国来看，2019 年和 2020 年各省份初中毕业生升入普通高中的比例均高于 50%。2020 年，云南、西藏、青海、江苏、湖南、贵州、广东、甘肃 8 个省份初中升入高中的比例都有所提高。其中，云南和西藏的增加比例均达到了 4.17%（表 3.4）。[①]

表 3.4　各地区初中毕业生升入普通高中情况

地区	2019 年初中毕业生数（人）	2019 年普通高中招生数（人）	2020 年初中毕业生数（人）	2020 年普通高中招生数（人）	2019 年升学比例（%）	2020 年升学比例（%）	变化幅度（%）
全国	14 540 936	8 394 949	15 352 918	8 764 435	57.73	57.09	−0.64
北京	73 344	51 403	88 151	61 071	70.08	69.28	−0.80
天津	76 464	52 243	94 025	62 445	68.32	66.41	−1.91
河北	860 418	506 728	967 044	560 803	58.89	57.99	−0.90
山西	375 268	224 654	370 368	221 156	59.86	59.71	−0.15
内蒙古	194 077	130 362	222 230	143 101	67.17	64.39	−2.78
辽宁	315 612	203 043	339 121	205 370	64.33	60.56	−3.77
吉林	214 960	149 522	221 110	151 566	69.56	68.55	−1.01
黑龙江	269 903	190 255	278 094	194 509	70.49	69.94	−0.55
上海	86 567	54 236	96 016	59 721	62.65	62.20	−0.45
江苏	693 410	387 603	747 658	423 390	55.90	56.63	0.73
浙江	512 211	273 060	539 436	283 392	53.31	52.53	−0.78
安徽	676 496	378 830	707 454	390 799	56.00	55.24	−0.76
福建	399 462	221 862	426 977	232 939	55.54	54.56	−0.98
江西	635 775	377 216	686 917	385 087	59.33	56.06	−3.27
山东	1 023 992	587 874	1 125 213	636 233	57.41	56.54	−0.87
河南	1 411 868	749 785	1 484 618	784 377	53.11	52.83	−0.28
湖北	499 686	301 376	526 830	313 182	60.31	59.45	−0.86
湖南	769 462	437 339	786 850	448 890	56.84	57.05	0.21

① 教育部：《2019 年教育统计数据——各地基本情况：普通高中学生数（总计）》,(2020-06-10)，http://www.moe.gov.cn/jyb_sjzl/moe_560/jytjsj_2019/gd/202006/t20200610_464605.html[2022-07-26]；教育部：《2020 年教育统计数据——各地基本情况：普通高中学生数（总计）》，(2021-08-30)，http://www.moe.gov.cn/jyb_sjzl/moe_560/2020/gedi/202109/t20210903_558595.html[2022-07-26]。

续表

地区	2019 年初中毕业生数（人）	2019 年普通高中招生数（人）	2020 年初中毕业生数（人）	2020 年普通高中招生数（人）	2019 年升学比例（%）	2020 年升学比例（%）	变化幅度（%）
广东	1 149 457	639 413	1 204 191	671 805	55.63	55.79	0.16
广西	681 181	394 233	707 317	408 710	57.87	57.78	−0.09
海南	105 415	60 586	116 564	65 036	57.47	55.79	−1.68
重庆	329 956	209 829	349 464	217 321	63.59	62.19	−1.41
四川	828 692	484 081	868 254	473 766	58.42	54.57	−3.85
贵州	601 458	325 020	611 113	331 313	54.04	54.21	0.17
云南	618 649	330 490	625 145	359 998	53.42	57.59	4.17
西藏	41 191	23 238	44 024	26 674	56.42	60.59	4.17
陕西	351 360	212 712	353 880	212 548	60.54	60.06	−0.48
甘肃	285 931	172 017	285 311	171 813	60.16	60.22	0.06
青海	72 013	42 236	74 420	44 908	58.65	60.34	1.69
宁夏	91 727	53 619	97 660	56 778	58.45	58.14	−0.31
新疆	294 931	170 084	307 463	165 734	57.67	53.90	−3.77

从城乡初中毕业生升入普通高中的比例来看，2020 年，城区、镇区的升学比例都略有下降，只有乡村地区初中毕业生升学比例有所提高。但城乡间的升学比例差距仍然较大，乡村地区升学比例仅为 16.58%（表 3.5）。①

表 3.5　全国分城乡初中毕业生升入普通高中情况

地区	2019 年初中毕业生数（人）	2019 年普通高中招生数（人）	2020 年初中毕业生数（人）	2020 年普通高中招生数（人）	2019 年升学比例（%）	2020 年升学比例（%）
全国	14 540 936	8 394 949	15 352 918	8 764 435	57.73	57.09
城区	5 260 041	4 075 166	5 714 506	4 317 496	77.47	75.55
镇区	7 263 166	4 011 376	7 548 981	4 100 569	55.23	54.32
乡村	2 017 729	308 407	2 089 431	346 370	15.28	16.58

① 教育部：《2019 年教育统计数据——全国基本情况：普通高中学生数》，（2020-06-10），http://www.moe.gov.cn/jyb_sjzl/moe_560/jytjsj_2019/qg/202006/t20200610_464560.html[2022-07-26]；教育部：《2020 年教育统计数据——各地基本情况：普通高中学生数（总计）》，（2021-08-30），http://www.moe.gov.cn/jyb_sjzl/moe_560/2020/quanguo/202108/t20210831_556628.html[2022-07-26]。

（三）普通高中教师数量稳步增加，教师素质不断提高

2020 年，全国普通高中专任教师数比 2019 年增加了 73 986 人，增幅为 3.98%。从全国范围来看，除新疆、陕西两地专任教师数有所减少外，其他省份专任教师数均呈现出增加趋势。其中，云南和河南专任教师增加数量较多，分别为 10 502 人和 9826 人。

2020 年，全国生师比为 12.90∶1，较 2019 年有所降低。从全国范围来看，河北、山西、内蒙古、辽宁、吉林等 17 个省份的生师比都呈现出下降的变化趋势。其中，云南的生师比从 14.55∶1 下降到 13.31∶1，降低了 8.52%。总的来看，各地生师比呈现出良好的发展态势（表 3.6）。[①]

表 3.6　各地区普通高中教师数量变化情况

地区	2019 年专任教师数（人）	2019 年生师比	2020 年专任教师数（人）	2020 年生师比	生师比变化（%）
全国	1 859 242	12.99∶1	1 933 228	12.90∶1	−0.69
北京	20 633	7.41∶1	21 013	7.62∶1	2.83
天津	16 596	9.55∶1	16 798	10.04∶1	5.13
河北	107 059	13.19∶1	115 108	13.18∶1	−0.08
山西	64 157	10.29∶1	64 331	10.17∶1	−1.17
内蒙古	36 966	10.99∶1	37 519	10.82∶1	−1.55
辽宁	52 378	11.48∶1	52 434	11.33∶1	−1.31
吉林	31 691	13.20∶1	32 661	13.12∶1	−0.61
黑龙江	42 909	12.86∶1	43 065	12.92∶1	0.47
上海	18 609	8.57∶1	19 042	8.74∶1	1.98
江苏	99 291	10.58∶1	105 467	10.96∶1	3.59
浙江	71 952	10.90∶1	73 662	10.98∶1	0.73
安徽	80 367	13.54∶1	82 054	13.82∶1	2.07
福建	51 952	12.30∶1	52 750	12.59∶1	2.36
江西	60 479	17.45∶1	65 211	16.94∶1	−2.92

① 教育部：《2019年教育统计数据——全国基本情况：普通中学教职工数（总计）》,（2020-06-10），http://www.moe.gov.cn/jyb_sjzl/moe_560/jytjsj_2019/gd/202006/t20200610_464603.html[2022-07-26]；教育部：《2020 年教育统计数据——各地基本情况：普通中学教职工数（总计）》，（2021-08-30），http://www.moe.gov.cn/jyb_sjzl/moe_560/2020/gedi/202109/t20210902_558037.html[2022-07-26]。

续表

地区	2019 年专任教师数（人）	2019 年生师比	2020 年专任教师数（人）	2020 年生师比	生师比变化（%）
山东	142 963	11.70 : 1	148 952	11.81 : 1	0.94
河南	138 269	15.61 : 1	148 095	15.18 : 1	−2.75
湖北	66 902	12.74 : 1	68 470	13.02 : 1	2.20
湖南	84 365	14.48 : 1	89 921	14.16 : 1	−2.21
广东	148 775	12.35 : 1	151 802	12.54 : 1	1.54
广西	63 091	17.29 : 1	71 043	16.21 : 1	−6.25
海南	13 589	12.70 : 1	14 306	12.71 : 1	0.08
重庆	39 882	15.46 : 1	40 836	15.34 : 1	−0.78
四川	101 167	13.82 : 1	102 957	13.68 : 1	−1.01
贵州	68 099	14.57 : 1	69 086	14.12 : 1	−3.09
云南	62 489	14.55 : 1	72 991	13.31 : 1	−8.52
西藏	5 748	11.40 : 1	6 080	12.34 : 1	8.25
陕西	57 473	11.90 : 1	57 224	11.44 : 1	−3.87
甘肃	45 813	11.49 : 1	45 994	11.21 : 1	−2.44
青海	9 994	12.64 : 1	10 386	12.45 : 1	−1.50
宁夏	11 322	13.55 : 1	11 615	13.84 : 1	2.14
新疆	44 262	11.94 : 1	42 355	11.76 : 1	−1.51

总体来看，城乡间普通高中生师比的差距不大。2020 年，城区生师比依然保持在 12.34 : 1。镇区和乡村地区的生师比较上年均有所下降，其中，镇区生师比下降了 1.24%。相对而言，2020 年，镇区的生师比仍是最高的，为 13.55 : 1，其次是乡村，为 12.99 : 1，城区的生师比最低，仅为 12.34 : 1（表 3.7）。①

表 3.7 全国分城乡普通高中生师比变化情况

地区	2019 年学生数（人）	2019 年教师数（人）	2020 年学生数（人）	2020 年教师数（人）	2019 年生师比	2020 年生师比	生师比变化（%）
全国	24 143 050	1 859 242	24 944 529	1 933 228	12.99 : 1	12.90 : 1	−0.69
城区	11 777 309	954 686	12 322 698	998 909	12.34 : 1	12.34 : 1	0

① 生师比数据根据教育部公布的2019年、2020年教育统计数据中全国、各地普通高中学生数，普通高中分课程专任教师学历情况计算得来。

续表

地区	2019 年学生数（人）	2019 年教师数（人）	2020 年学生数（人）	2020 年教师数（人）	2019 年生师比	2020 年生师比	生师比变化（%）
镇区	11 536 825	840 901	11 716 754	864 626	13.72 : 1	13.55 : 1	−1.24
乡村	828 916	63 655	905 077	69 693	13.02 : 1	12.99 : 1	−0.23

2020 年，普通高中教师中研究生学历教师所占比例呈现出上升的趋势，增加了 0.87%，达到了 11.47%。本科、专科、高中学历教师所占比例都有所下降。纵观教师队伍的学历情况，本科学历教师占据主体，2020 年占比达到了 87.32%。2020 年，普通高中本科及以上学历教师占比为 98.79%，比 2019 年提高了 0.16%（表 3.8）。①

表 3.8　普通高中各学历教师比例情况

学历	2019 年教师数（人）	2019 年各学历教师比例（%）	2020 年教师数（人）	2020 年各学历教师比例（%）	变化情况（%）
合计	1 859 242	100.00	1 933 228	100.00	—
研究生毕业	197 002	10.60	221 734	11.47	0.87
本科毕业	1 636 615	88.03	1 688 101	87.32	−0.71
专科毕业	25 257	1.36	23 101	1.19	−0.17
高中毕业	349	0.02	285	0.01	−0.01
高中以下毕业	19	0	7	0	—

注：因四舍五入，部分数据之和不等于合计，部分数据对应的比例值为 0，下同

2020 年，各年龄段的教师占比情况变化不显著，30～34 岁、35～39 岁、45～49 岁、50～54 岁教师比例都有所下降，其中 35～49 岁年龄阶段教师比例降幅最大，达到了 1.49%。教师队伍中的年轻教师比例有所提高，24 岁及以下教师比例提高了 0.85%。总的来看，2020 年教师队伍中占比最大的年龄阶段是 35～39 岁，占比为 18.99%，其次是 40～44 岁。29 岁以下年轻教师占比达到 18.75%（表 3.9）。

① 教育部：《2019 年教育统计数据——全国基本情况：普通高中分课程专任教师学历情况》,（2020-06-10），http://www.moe.gov.cn/jyb_sjzl/moe_560/jytjsj_2019/qg/202006/t20200610_464557.html[2022-07-26]；教育部：《2020 年教育统计数据——全国基本情况：普通高中分课程专任教师学历情况》,（2020-08-30），http://www.moe.gov.cn/jyb_sjzl/moe_560/2020/quanguo/202108/t20210831_556618.html[2022-07-26]。

表 3.9　普通高中各年龄段教师比例基本状况

年龄段	2019 年教师数（人）	2019 年各年龄段教师比例（%）	2020 年教师数（人）	2020 年各年龄段教师比例（%）	变化情况（%）
合计	1 859 242	100	1 933 228	100	0
24 岁及以下	81 241	4.37	100 941	5.22	0.85
25～29 岁	250 300	13.46	261 495	13.53	0.06
30～34 岁	292 323	15.72	298 504	15.44	−0.28
35～39 岁	380 740	20.48	367 080	18.99	−1.49
40～44 岁	300 211	16.15	316 875	16.39	0.24
45～49 岁	246 350	13.25	247 935	12.82	−0.43
50～54 岁	220 342	11.85	228 214	11.80	−0.05
55～59 岁	84 723	4.56	108 622	5.62	1.06
60 岁及以上	3 012	0.16	3 562	0.18	0.02

2020 年，在普通高中教师职称结构中，中学一级教师的比例相较 2019 年有所下降，但这一职称的教师仍占主体，比例为 35.98%。其次是副高级，占比为 27.20%，但相比 2019 年有所下降。中学二级职称教师所占比例相较 2019 年降低了 0.73%。变化最为明显的是未定职级的教师比例，提高了 1.69%（表 3.10）。①

表 3.10　普通高中教师职称分布情况

职称	2019 年教师数（人）	2019 年各职称教师比例（%）	2020 年教师数（人）	2020 年各职称教师比例（%）	变化状况（%）
合计	1 859 242	100.00	1 933 228	100.00	—
正高级	4 623	0.25	5 670	0.29	0.04
副高级	513 213	27.60	525 902	27.20	−0.40
中学一级	681 882	36.68	695 555	35.98	−0.70
中学二级	454 822	24.46	458 681	23.73	−0.73
中学三级	17 787	0.96	20 542	1.06	0.10
未定职级	186 915	10.05	226 878	11.74	1.69

① 教育部：《2019 年教育统计数据——全国基本情况：普通高中专任教师专业技术职务、年龄结构情况》，（2020-06-10），http://www.moe.gov.cn/jyb_sjzl/moe_560/jytjsj_2019/qg/202006/t20200610_464553.html [2022-07-26]；教育部：《2020 年教育统计数据——全国基本情况：普通高中专任教师专业技术职务、年龄结构情况》，（2021-08-30），http://www.moe.gov.cn/jyb_sjzl/moe_560/2020/quanguo/202108/t20210831_556616.html[2022-07-26]。

（四）普通高中整体办学条件不断改善，城乡差距依然明显

2020 年，普通高中校舍建筑面积为 60 050.11 万平方米，比上年增加 3261.55 万平方米。① 从生均办学条件来看，2020 年，我国普通高中的生均校舍面积、生均占地面积、生均图书数、生均计算机数、生均固定资产总值分别为 24.07 平方米、44.93 平方米、41.16 册、0.25 台、4.37 万元，较 2019 年均有所增长。其中，生均固定资产总值增长幅度较大，相较 2019 年增长了 6.33%。分城乡看，城区和乡村地区的办学条件相对优于镇区的办学条件，乡村地区生均图书数、生均计算机数都低于城区（表 3.11）。②

表 3.11　分城乡普通高中办学条件基本情况

办学条件	全国	城区	镇区	乡村
生均校舍面积（平方米）	24.07（23.52）	26.34（25.68）	20.91（20.51）	34.26（34.72）
生均占地面积（平方米）	44.93（44.75）	44.8（44.59）	42.85（42.70）	73.69（75.52）
生均图书数（册）	41.16（41.04）	45.63（45.78）	36.30（35.93）	43.13（44.79）
生均计算机数（台）	0.25（0.24）	0.30（0.29）	0.19（0.18）	0.27（0.27）
生均固定资产总值（万元）	4.37（4.11）	5.05（4.81）	3.51（3.27）	6.31（6.04）

注：括号外为 2020 年城乡普通高中办学条件基本数据，括号内为 2019 年城乡普通高中办学条件基本数据

相较于 2019 年，2020 年全国普通高中办学条件的达标比例总体上都有提高。2020 年，普通高中体育运动场（馆）面积达标学校占 93.05%，体育器材、音乐器材、美术器材、理科实验仪器配备达标学校占比也均在 94.00% 以上。相对来说，乡村大部分项目的达标率稍低于城区和镇区（表 3.12）。③

表 3.12　分城乡普通高中办学条件达标情况　　单位：%

办学条件达标率	合计	城区	镇区	乡村
体育运动场（馆）面积达标率	93.05（91.62）	92.62（91.34）	93.43（91.83）	94.08（92.70）

---

① 教育部：《2020 年全国教育事业发展统计公报》,（2021-08-27），http://www.moe.gov.cn/jyb_sjzl/sjzl_fztjgb/202108/t20210827_555004.html[2022-07-26]。

② 生均数据根据2019年、2020年教育统计数据——全国基本情况：普通高中办学条件（二）计算得来。

③ 教育部：《2019 年教育统计数据——全国基本情况：普通高中办学条件（三）》,（2020-06-10），http://www.moe.gov.cn/jyb_sjzl/moe_560/jytjsj_2019/qg/202006/t20200610_464548.html[2022-07-26]；教育部：《2020 年教育统计数据——全国基本情况：普通高中办学条件（三）》，（2021-08-30），http://www.moe.gov.cn/jyb_sjzl/moe_560/2020/quanguo/202108/t20210831_556606.html[2022-07-26]。

续表

办学条件达标率	合计	城区	镇区	乡村
体育器材配备达标率	95.10（94.20）	95.51（94.80）	94.84（93.75）	93.31（92.03）
音乐器材配备达标率	94.31（93.20）	94.85（93.99）	93.85（92.49）	92.79（91.35）
美术器材配备达标率	94.41（93.31）	95.12（94.31）	93.75（92.38）	92.79（91.22）
理科实验仪器配备达标率	94.91（93.84）	95.37（94.52）	94.64（93.45）	92.54（90.41）
建立校园网比例	87.28（87.22）	91.29（90.90）	82.99（83.56）	82.50（81.35）
接入互联网比例	98.71（98.67）	98.52（98.51）	99.02（98.97）	98.07（97.70）

注：括号外为2020年城乡普通高中办学条件达标情况基本数据，括号内为2019年城乡普通高中办学条件达标情况基本数据

从全国范围来看，各地区2020年普通高中大部分生均指标相较于2019年都有所提升，办学条件都有所改善。分地区来看，北京、上海的办学条件仍居全国前列，大部分指标均优于其他地区。其中，北京生均计算机数、生均固定资产总值分别是全国平均水平的6.08倍、4.75倍；上海生均计算机数、生均固定资产总值分别是全国平均水平的3.40倍、3.58倍。各地区的办学条件存在较大差距，其中生均图书数的差距最为明显，北京的生均图书数为131.16册，而河南的生均图书数仅为17.57册（表3.13）。[①]

表3.13　各地区高中办学条件基本情况

地区	生均校舍面积（平方米）	生均占地面积（平方米）	生均图书数（册）	生均计算机数（台）	生均固定资产总值（万元）
全国	24.07（23.52）	44.93（44.75）	41.16（41.04）	0.25（0.24）	4.37（4.11）
北京	71.92（71.50）	100.67（102.70）	131.16（134.82）	1.52（1.59）	20.75（20.07）
天津	31.45（32.22）	56.11（58.79）	78.77（81.17）	0.46（0.47）	5.91（5.40）
河北	20.16（20.23）	37.21（37.94）	36.49（36.58）	0.19（0.18）	2.92（2.95）
山西	29.44（28.22）	55.83（55.13）	40.52（40.08）	0.25（0.24）	5.20（5.00）
内蒙古	26.55（26.05）	60.96（59.40）	37.06（36.85）	0.26（0.25）	6.51（5.94）
辽宁	19.65（19.12）	40.69（39.89）	29.93（29.01）	0.22（0.22）	3.19（3.08）
吉林	15.54（15.07）	30.50（30.44）	26.87（26.98）	0.17（0.17）	3.02（2.70）

① 生均数据根据《2019年教育统计数据——各地基本情况：普通高中办学条件（二）》《2020年教育统计数据——各地基本情况：普通高中办学条件（二）》计算而来。

续表

地区	生均校舍面积（平方米）	生均占地面积（平方米）	生均图书数（册）	生均计算机数（台）	生均固定资产总值（万元）
黑龙江	16.20（16.09）	38.45（38.28）	19.70（19.94）	0.17（0.17）	2.72（2.66）
上海	46.75（46.89）	66.20（67.74）	89.90（94.70）	0.85（0.86）	15.65（14.91）
江苏	27.94（29.46）	49.90（53.67）	49.64（52.77）	0.31（0.32）	5.97（6.27）
浙江	35.41（34.36）	62.77（62.34）	63.58（60.93）	0.39（0.37）	6.93（6.54）
安徽	25.20（25.65）	48.34（49.81）	34.80（33.77）	0.29（0.24）	4.05（3.92）
福建	33.91（33.13）	60.78（61.60）	77.74（79.16）	0.38（0.37）	5.44（5.24）
江西	20.20（19.33）	41.61（40.71）	39.09（38.98）	0.19（0.18）	2.84（2.44）
山东	23.00（22.85）	44.68（44.71）	37.31（38.16）	0.23（0.22）	4.61（4.33）
河南	17.03（16.41）	32.38（32.17）	17.57（17.74）	0.11（0.11）	2.32（2.21）
湖北	22.77（23.32）	45.45（46.61）	24.97（26.02）	0.16（0.16）	1.88（3.97）
湖南	22.75（22.31）	42.21（42.00）	33.36（33.15）	0.16（0.16）	4.10（3.74）
广东	29.95（29.07）	49.17（49.16）	60.31（61.54）	0.40（0.40）	5.19（4.89）
广西	18.69（17.96）	32.85（32.71）	35.64（33.26）	0.15（0.14）	2.35（2.06）
海南	32.93（32.47）	64.24（65.70）	49.48（53.41）	0.32（0.31）	5.85（5.96）
重庆	24.44（23.96）	37.97（37.37）	38.40（36.85）	0.23（0.22）	4.00（3.57）
四川	24.73（23.59）	42.91（41.03）	50.92（48.57）	0.26（0.25）	4.72（4.27）
贵州	21.08（20.06）	40.48（39.19）	39.18（38.74）	0.18（0.17）	4.19（3.89）
云南	24.30（22.37）	51.11（48.42）	40.38（40.40）	0.22（0.22）	4.73（4.07）
西藏	22.42（23.10）	53.95（59.11）	24.51（26.75）	0.14（0.15）	4.53（6.25）
陕西	24.64（22.56）	43.14（40.09）	57.65（56.44）	0.29（0.27）	4.52（4.16）
甘肃	19.61（18.84）	37.96（37.15）	39.18（38.44）	0.21（0.20）	3.88（3.53）
青海	24.34（22.55）	52.61（53.45）	48.37（46.85）	0.27（0.26）	6.45（5.34）
宁夏	19.72（19.67）	53.96（52.46）	40.51（37.86）	0.27（0.25）	5.04（4.36）
新疆	25.09（23.57）	57.78（55.65）	33.39（30.79）	0.24（0.23）	4.95（4.48）

注：括号外为 2020 年各地区办学条件基本情况数据，括号内为 2019 年各地区办学条件基本情况数据

四、农村普通高中教育的学术热点

我们在中国知网以“高中”“教育”为主题，对 2019—2021 年 CSSCI 收录的文献进行检索。通过关键词共线和可视化等量化分析发现，普通高中教育的研

究主要集中于普及高中阶段教育、普通高中育人方式改革以及普通高中多样化特色化发展三大主题。

（一）普及高中阶段教育

2019年，中共中央、国务院印发《中国教育现代化2035》，明确提出了2035年全面普及高中阶段教育的发展目标。“全面普及”指向高中阶段教育的质量、公平、结构等多维度的整体性改善，包括高中教育质量整体提升，区域、城乡、校际、群体之间教育公平的全面提升。[①]全面脱贫前，我国高中教育普及面临城乡差距大、贫困地区普及程度不高的问题。贫困地区是普及高中教育的重点攻坚地区。为了保障全面普及高中教育的政策目标的达成，学界进行了深入的探讨和分析，研究主要聚焦于高中阶段教育全面普及与教育脱贫、民族地区高中教育普及等方面。

1. 全面普及与教育脱贫

全面普及高中阶段教育是我国教育发展的重大举措，也是实现深度贫困地区脱贫，解决区域性整体贫困的重要手段。[②]党的十八大以来，我国坚持贯彻精准扶贫、精准脱贫的基本方略，将“教育扶贫”作为“五个一批”精准扶贫、精准脱贫的工程的重要路径之一。[③]普通高中教育对于减少绝对贫困和长期贫困、阻止贫困的代际传递发挥了独特而关键的作用。[④]大力发展贫困地区普通高中教育，对于加强贫困地区的创新型人才培养，全面提高贫困人口素质和能力，进而从根本上消除贫困意义重大、影响深远。[⑤]有学者从教育补助的视角出发，通过构建综合教育模型，考察了公共教育投入对家庭教育决策的影响，发现中低技能就业需求的增加扭曲了家庭教育决策，不利于我国教育普及攻坚政策的实施。公共教育投入，特别是学生资助具有重要的再分配效应，能够部分抵消教育机会成本上

---

① 李建民：《“全面普及高中阶段教育”的内涵释要与路径选择》,《教育研究》2019年第7期，第73—82页。

② 成刚：《民族区域自治州高中阶段教育普及水平及影响因素研究》,《民族研究》2019年第1期，第35—45、139页。

③ 本报评论员：《助力教育精准扶贫》,《中国青年报》2015年12月30日第1版。

④ 李强谊、钟水映、曾伏娥：《职业教育与普通教育：哪种更能减贫？》,《教育与经济》2019年第4期，第19—27页。

⑤ 于璇：《我国中西部贫困地区普通高中教育发展困境与治理路径研究》，华东师范大学博士学位论文，2019年，第18页。

升或直接成本上升对家庭教育决策产生的不利影响，进而消除这种扭曲。[①] 为了破解这一发展困境，学者提出增加优质高中教育机会对教育贫困学生的供给，增加高水平中学在贫困地区的招生指标；实施农村高中贫困学生国家特殊资助计划，设立面向农村高中贫困学生的特殊资助计划；实施农村高中教育质量专项提升计划，提高普通高中教育办学能力和教学质量，提高贫困学生升入一流大学的比例，突破贫困家庭代际传递陷阱。[②]

2. 民族地区高中教育普及

从全国范围来看，民族地区高中入学率较低。为了解决这一发展难题，大量研究从贫困民族地区高中教育普及存在的问题入手，提出了相应的对策建议。有学者分析了我国 30 个民族区域 2006—2016 年的数据，发现该地区高中教学存在普及程度不高、普及不均衡等问题。通过计量分析发现，人均公共财政支出、农民纯收入低等因素显著影响了高中阶段教育普及水平。对此，学者提出支持深度贫困地区普及普通高中教育应采取超常规举措，对各地区采取差别化、倾斜性政策；因地施策，完善差别化区域政策，分类指导，分区规划，提高政策的精准度；调整中职办学策略，优化普职结构比例。同时，适应培养创新创业人才和培育新型职业农牧民的要求，提供各种生活补助，通过学费减免与生活资助精准定位，发挥系统优势，强化责任落实。[③] 有学者通过回溯贫困民族地区高中阶段教育普及的政策演进过程，发现了普及高中教育在不同维度上的具体内涵。基于贫困民族地区高中阶段教育的独特功能定位及普及攻坚的内涵逻辑，学者提出了民族地区高中教育普及的实现路径：一是在具体实践中结合学校自身的特点、办学思想和教育理念等，形成自己的理念体系，满足不同年级学生发展的现实需求；二是落实差别补偿原则，保障贫困民族地区和贫困人口高中阶段教育发展的实际需求；三是推进普职融通，搭建贫困民族地区学生学习成长“立交桥”；四是加快教育现代化，完善贫困民族地区高中教育治理体系和治理能力现代化建设，从而实现贫困民族地区高中阶段教育的普及发展和优质提升。[④]

---

① 何宗樾、宋旭光：《教育普及攻坚：个体决策机制与公共财政影响》，《财经问题研究》2020 年第 1 期，第 72—83 页。

② 范小梅、吴晓蓉：《教育如何促进贫困者的婚姻发展？》，《苏州大学学报（教育科学版）》2019 年第 3 期，第 92—101 页；李涛、邬志辉、周慧霞、冉淑玲：《“十四五”时期中国全面建设小康社会后教育扶贫战略研究》，《教育发展研究》2020 年第 23 期，第 30—42 页。

③ 成刚：《民族区域自治州高中阶段教育普及水平及影响因素研究》，《民族研究》2019 年第 1 期，第 35—45、139 页。

④ 于璇：《贫困民族地区普及高中阶段教育的内涵维度与实现路径》，《民族教育研究》2020 年第 5 期，第 105—112 页。

3. 高质量普及

高中教育承接义务教育和高等教育，是人才培养的关键阶段。高中教育的普及在数量上基本实现，面向未来，社会对高中教育普及的质量提出了更高的要求。中华人民共和国成立以来，从教育资源极度匮乏，到人民群众普遍享有受教育机会，建成了全世界最为庞大的教育体系，成为教育发展成就令人瞩目的教育大国。现今，我国实现了九年义务教育普及、高中阶段教育接近普及和高等教育普及化，教育发展迈入新的发展阶段，教育发展目标也需要升级创新，即从规模扩张到质量提升、从数量增长到公平发展、从教育大国到教育强国。[①]“更高水平的普及教育”是在满足学生“有学上”的基础上，向让学生“上好学”努力。普及是国家通过教育一体化的全过程建设、办学条件统筹规划的全面完善和课程教学整体质量的全方位提升，在提升学生的学习获得感和满意度的基础上，实现“幼有所育、学有所教”。[②]有研究指出，高中阶段面临的任务是：高中阶段教育普及与完成水平进入世界先进行列，城乡新增劳动力普遍接受高中阶段教育；普通高中与中等职业教育协调发展，有效满足学生个性化、多样化的发展需求，学生的自主发展能力显著提升，为成长成才提供坚实的知识和能力储备。因此，在基本普及高中教育的地区，应提升高中教育质量，进行普通高中学校的“全面改薄”，在保证量的基础之上提升水平，完善品质，提高育人质量。[③]

（二）普通高中育人方式改革

全面推进育人方式改革是事关新时代普通高中教育高质量发展的重大任务。随着我国高中阶段教育逐步实现普及，普通高中教育进入以内涵发展和质量提升为重点的新阶段。[④]普通高中综合素质评价、完善考试和招生制度、优化课程实施作为推进普通高中育人方式改革的重要内容，自实施以来就成为学术研究的热点话题。

1. 综合素质评价改革

学生综合素质评价制度既是人才培养模式改革的重要内容，也是人才选拔制度改革的重要方面。作为新一轮深化考试招生制度改革的重要举措和主要亮点，

---

① 李春玲：《教育发展的新征程：高质量的公平教育》，《青年研究》2021年第2期，第1—8、94页。

② 李志超：《我国更高水平普及教育的发展理路与战略思考——〈教育规划纲要〉十年回眸与展望之二》，《中国教育学刊》2021年第1期，第9—13页。

③ 马思腾：《整体推进普通高中教育公平发展的策略组合》，《人民教育》2020第21期，第43—45页。

④ 陈如平：《以育人方式改革为重点推动普通高中深度变革》，《中国教育学刊》2020年第8期，第31—35页。

学生综合素质评价的改革成为破除“唯分数”论、健全立德树人落实机制的关键环节。① 学界在改革内涵结构的解读、评价落实以及后续改进方面进行了持续的讨论和研究。

学界对学生综合素质评价的认识和解读研究逐渐多元化。随着信息技术的发展，校园、课堂、学习等概念也发生了变化，因此“综合素质评价”的概念也随之发生了变化。在传统的教与学场景中，“素质”本来就难以测量，测量之后的评价则更难。综合素质评价是一个复合体、一项系统工程，如何运用学习科学和信息技术的最新发展成果为学生创造能充分反映学生生活和未来实际的评价体系，是国内外教育系统面临的巨大挑战。② 随着评价方案的实施与改进，当前综合素质评价趋向规范、科学，制度化水平不断提升。但是，由于受到多种因素的影响，高中综合素质评价都普遍“难为”。③ 从推进情况看，综合素质评价纳入高校招生评价体系表现为形式化乃至虚化，高中的过程性评价成绩在高校招生录取中难以发挥实质性的作用。④

在此背景下，很多学者尝试对该问题给出理论上的破解之道。有研究者提出，学生综合素质评价需要从“教”“考”“招”三个层面同步实施改革，不仅要转变教学方式，还应配套调整相应的考试内容，从“考什么教什么”向“教什么考什么”转变，最后在招生环节积极引导高校转变以往的“唯分数”论招生模式，从“招分”向“招生”转变。⑤ 还有学者指出，从评价主体和评价功能两个维度，可以将综合素质评价定位划分为统一的发展性评价、统一的选拔性评价、校本的发展性评价和校本的选拔性评价四种不同模式，每一种评价模式的功能定位都各不相同。高考综合改革中的学生综合素质评价，应平衡校内与校外两类主体的不同需求，兼顾促进发展与科学选才两方面的功能，使评价更加协调，破解当前学生综合素质评价实践中的诸多难题。⑥ 有学者通过教育数据挖掘、学习分

① 柳夕浪：《学生综合素质评价定位研究》，《教育研究》2019年第11期，第71—80页；柯政：《学生评价改革的难为、应为、须为》，《教育发展研究》2021年第18期，第29—37页。

② 张治、刘小龙、徐冰冰：《“新高考”背景下综合素质评价结果应用的研究——以上海市综合素质评价实践为例》，《教育发展研究》2019年17期，第8—14页。

③ 程岭：《纳入高等学校招生体系的综合素质评价：“难为”审思与“能为”创建》，《教育研究》2020年第12期，第111—120页。

④ 李志涛：《过程性评价纳入高校招生评价体系的国际经验与启示》，《中国考试》2021年第2期，第69—76页。

⑤ 张治、刘小龙、徐冰冰：《“新高考”背景下综合素质评价结果应用的研究——以上海市综合素质评价实践为例》，《教育发展研究》2019年17期，第8—14页。

⑥ 柳夕浪：《学生综合素质评价定位研究》，《教育研究》2019年第11期，第71—80页。

析、人工智能、机器学习等技术，从清华大学附属中学多年来的实践出发，充分运用现代信息技术，自下而上地推动学生综合素质评价工作的开展，通过记录体系、评价体系、数据应用体系三大板块，构建了为学生提供全方位行为记录与评价的电子平台，以促进学生综合发展，推动深化学校教育教学改革。[①]另外，有学者从量化实证的角度，整合形成了十个综合素质评价指标，分析了综合素质评价指标与学业指标的关联问题。研究结果显示，高中综合素质评价与学业指标的相关性数值整体偏低，这既反映出在实践层面上两者属性的差异性，也进一步体现了综合素质评价在高考选拔中的价值和意义。[②]

对学生综合素质评价在进行实践探索的同时，学界也紧跟其改革步伐进行研究和学术化产出。截至2020年，不少地区和学校不同程度地推进了学生综合素质评价实践，出台了相关实施方案，建立了专门的信息化平台，在中考和高考中探索使用综合素质评价结果，少数地方和学校以实施综合素质评价为契机带动学校教育改革。[③]有学者提出，学生综合素质培养对教育改革产生了多方面积极作用，但仍存在多方面的质疑，如综合素质评价究竟指向什么、可不可以进行量化评价、在人才培养和选拔中发挥了多大作用，以及是否会造成新的教育机会不公平等。[④]另有学者提出，综合素质评价还远未达到克服“唯分数”“唯升学”顽瘴痼疾的目的，在部分地区和学校难以全面落地，综合素质评价的深化还面临如何确保可操作性、效度以及公平等一系列难题。因此，在未来的发展中，必须探索创新思路和务实途径，以核心素养和写实记录为依托破解“评什么”、以信息化平台和专业化技术为支撑破解“怎么评”、以“谁使用谁评价”和“以评促教”为引领破解评价结果“怎么用”的问题。[⑤]对于普通高中学生综合素质评价实施过程，既有积极成效、取得了共识，也存在分歧与争议、问题隐忧与面临挑战，理论探讨与实践摸索并存，未来仍有较大的研究和实践发展空间。

---

① 杜毓贞、王殿军、潘鑫、郑笑彤：《学生综合素质评价系统的设计与开发》，《现代教育技术》2019年第12期，第96—102页。

② 王鼎、任虹宇、王倩：《综合素质评价结果有效性研究——基于学业成绩与综合素质评价指标的相关性分析》，《教育发展研究》2019年第20期，第18—28页。

③ 卢海弘、张也：《综合素质评价研究：最新进展、主要难点及破解思路》，《现代教育管理》2020年第5期，第46—50页。

④ 董秀华：《综合素质评价实施过程中的共识、争议与隐忧》，《教育发展研究》2020年第22期，第28—41页。

⑤ 卢海弘、张也：《综合素质评价研究：最新进展、主要难点及破解思路》，《现代教育管理》2020年第5期，第46—50页。

2. 考试招生制度改革

考试招生制度改革是破除“唯分数”论，推进办学质量综合评价改革的重要举措。高考朝着怎样的方向发展，普通高中的学生评价就会沿着怎样的路径前进。高考改革的变化对普通高中学生发展评价改革具有重要的带动和助推作用。研究者的研究关注到了高校招生录取标准改革、考试命题、新高考方案等多个方面。高校招生录取标准经历了一元到多元的变迁，综合评价录取改革对高中学业水平考试和综合素质评价在高校招生录取中的应用进行了多维度的探索。综合评价招生模式肇始于新课改和素质教育的要求，在考试向评价转变的过程中逐步建立，在高校招生中“见分又见人”的要求和期待中逐步完善起来的一种高校招生选拔方式。① 有学者提出，在过去一元录取标准联盟长期占据主导地位的背景下，高校主要依据高考总成绩录取新生。但是，如今在多元录取标准联盟的不断努力下，政府先后出台了保送生政策、鼓励性加分政策、自主招生政策等，它们与“德体合格前提下，按照高考总成绩择优录取”的政策共同构成了我国高校招生录取标准子系统的基本政策体系。② 完善综合评价招生模式，需要进一步深化教育评价理论研究，明确教育评价功能定位，厘清教育评价主体职责，从而推动中国特色现代教育考试招生制度的建设。③ 有学者对高考恢复以来的高考命题进行了回顾，指出高考命题改革呈现出从“知识立意”“能力立意”到“素养立意”的发展脉络，逐渐实现了从经验命题向以教育测量为指导的科学化命题的转变。④

学界对新高考方案的发展困局进行了解读，并提出了相应的破解之道。有学者提出将国家课程全面纳入高考科目，旨在提供一种高考科目设置改革的新思路，即“全科设考、全员参考、组合录取”。“全科设考”能够从根本上解决高中课程难以开足开齐的问题，既维护了国家课程的权威性，又促进了学生的全面发展，同时保证了高校招生质量。⑤ 有学者指出，目前的方案在实施过程中存在一些亟待解决的理论问题，其中较为突出的即为等级考科目分数计算与分数合成的

---

① 杜瑞军、钟秉林：《高校综合评价招生模式的改革动因、经验启示及未来走向》,《北京师范大学学报（社会科学版）》2021 年第 4 期，第 58—73 页。

② 王莉华、朱沛沛：《从一元到多元：我国高校招生录取标准的变迁之路》,《现代教育管理》2020 年第 6 期，第 28—33 页。

③ 杜瑞军、钟秉林：《高校综合评价招生模式的改革动因、经验启示及未来走向》,《北京师范大学学报（社会科学版）》2021 年第 4 期，第 58—73 页。

④ 朱颖：《高考恢复以来高考命题的回顾与展望——基于考试招生制度改革的研究视角》,《历史教学问题》2021 年第 5 期，第 41、137—142 页。

⑤ 马健生、陈元龙：《全科设考 全员参考 组合录取——高考科目设置改革新思路》,《北京师范大学学报（社会科学版）》2020 年第 2 期，第 5—18 页。

问题，主要包括合格考分数利用存在不足、等级考计分分数转换存在缺陷、等级考科目成绩之间尚不可比、“一年多考”的分数计算面临挑战、高考分数合成方法的科学性有待提高。对此，可采用加权相加的方式计算总成绩和通过连续栏栅的方式进行招生录取。基于以上难题，相关教育部门应该联合教育测量专家，进一步坚定改革的决心，探索更公平、更科学的新高考改革方案，推进考试招生制度改革的顺利实施。[①] 另有学者对比了历次高考方案，并从影响政策执行的理想化的政策、政策执行机构、目标群体和政策环境因素进行了政策执行模型分析。基于对执行困境的根源的解析，学者指出应加强政策执行研究，落实高考改革精髓；建立生涯规划体系，系统推进选科评估指导；摆正局部和全局的关系，树立整体观念；加大对薄弱地区的支持力度，确保政策环境均衡。[②]

3. 新课程改革

在学校教育的诸多要素中，课程居于核心位置，它是教育工作的核心、教学活动的依据、学生成长成才的保障。[③] 普通高中课程改革是基础教育课程改革的先行者与风向标，引领着我国基础教育课程改革的发展方向。[④] 课程改革在学术界引起了广泛而热烈的讨论，主要集中于新课程新教材实施后各学科教材、课程标准建设等相关问题。

（1）学科核心素养

普通高中课程改革的重点在学校层面的课程实施，主要探讨“培养什么人”的教育的本源性问题，具体学科和课程是求解这一问题的重要视点。很多研究者从自身相关学科领域出发，聚焦新课程改革背景下高中各科课程的学科核心素养研究。需要说明的是，由于论文、著作等研究对政策文本反映的滞后性，本章多数研究中对标的是《普通高中历史课程标准（2017 版）》。

有研究指出，我国基础教育课程改革已进入“核心素养”时代[⑤]，以学科核心素养为指引和依据来选择和重组学习内容，也就是解决“学什么”的问题。[⑥] 很

---

① 辛涛、郑宏山、姜宇：《新高考选考科目分数合成的现状与改进途径》，《北京师范大学学报（社会科学版）》2020 年第 2 期，第 19—25 页。

② 夏晓飞、吴晓云：《新高考改革方案的执行困境与突围——以江苏省为例》，《江苏高教》2021 年第 9 期，第 72—81 页。

③ 陈如平：《以育人方式改革为重点推动普通高中深度变革》，《中国教育学刊》2020年第8期，第 31—35 页。

④ 郭华、王琳琳：《中国普通高中课程结构改革的70年探索》，《中国教育学刊》2019年第10期，第 9—16 页。

⑤ 孟庆涛：《核心素养视域下英语教学改革的反思与推进》，《课程・教材・教法》2019年第6期，第 107—111、143 页。

⑥ 尹后庆：《深入推进普通高中新课程体系建设》，《中国教育学刊》2020 年第 8 期，第 5 页。

多学者依据政策文本中对学科素养的规定，结合教学实际，对学科素养的内涵、意义及其实施面临的现实问题和困境进行了思考和探讨。有研究指出语文核心素养的提出为语文学科找到清晰的定位，减少了长期以来关于语文是什么、语文要教什么和学什么等问题的纷争。有学者在建构主义理论视野下，对“语言建构与运用”“思维发展与提升”“审美鉴赏与创造”“文化传承与理解”四个方面进行了详细的解读。① 有学者深入研究了英语学科核心素养，强调了主体语境的重要性。主题语境为实现学科育人提供了话题和情景。英语教学只有依托主题语境，深入探究主题意义，才能实现语言学习的情景化，实现对教学内容的深度整合。语言学习只有实现情景化，语言知识才能得以活化，才能转化为学生的素养。同时，在理论探究的基础上提出了改进英语学科核心素养教学的对策建议。② 有研究对高中历史教学中核心素养的概念与内涵以及培育原则进行了研究，重点阐述了科学核心素养的培育策略，包括教师要转变教学观念、精心安排教学活动并采用科学的评价方式等，并进一步提出了培养学生历史核心素养的原则以及核心素养观下教师的转型、精心安排教学活动、开展全方位的评价等核心素养培育策略。③ 有学者对 15 个国家的课程标准和 38 位一线教师的深度访谈内容进行了文本分析，最终将小学科学核心素养确定为科学观念与应用、科学思维与创新、科学探究与交流、科学责任与态度四个方面。④

在对学科素养进行研究的基础上，部分学者研究了实践层面的课程的开发和实施。有学者提出目前英语课程资源的开发缺乏基础研究和理论指导、对课程资源内涵的把握不够准确、仍然存在局限于教材的倾向，并给出了开发与利用英语课程资源的建议，即应准确把握英语课程资源的实质内涵、突破教材的制约，克服课程资源开发的瓶颈，与课程改革的其他环节协同发展、各司其责，把握课程资源开发与利用的重点。⑤ 有学者基于对语文学科核心素养的解析，尝试建构突出“情境活动”核心价值，刻画学生语文学科核心素养的发展特征的测评框架。

① 杨伟：《语文核心素养概念的背景、意义与理论资源——论〈普通高中语文课程标准（2017年版）〉的创新》，《课程·教材·教法》2019 年第 7 期，第 99—105 页。

② 孟庆涛：《核心素养视域下英语教学改革的反思与推进》，《课程·教材·教法》2019 年第 6 期，第 107—111、143 页。

③ 刘谦：《新课改背景下高中历史教学核心素养的培育》，《中国教育学刊》2019 年 S2 期，第 22—23 页。

④ 王碧梅：《科学学科核心素养结构及指标体系建构——基于 15 个国家课程标准和 38 位教师深度访谈内容的编码分析》，《外国教育研究》2021 年第 9 期，第 43—56 页。

⑤ 程晓堂：《课程改革背景下英语课程资源的开发和使用：问题与建议》，《课程·教材·教法》2019 年第 3 期，第 96—101 页。

该测评框架主要包括情境、语言实践活动、关键认知能力等核心维度。[①] 有研究者基于对历史学科素养的解读以及对历史学科核心素养理念的课堂实践，提出当下高中历史课程改革应在历史学科核心素养理念的指引下，进行多维的课堂实践探索，在深入课堂实践的同时，更要溯源历史学科素养理念的本义，这样才能保证实践的方向正确。[②]

（2）新教材规划与改革

教材建设是落实立德树人根本任务，适应基础教育发展新要求的重要举措。围绕国家相关政策文件，学界关于新教材的研究主要集中在高中三科统编教材、教材建设规划两大方面。

关于高中三科统编教材的研究，学者主要聚焦教材的编写。2019年秋季，教育部组织编写了普通高中《思想政治》《语文》《历史》教材，并于2019年9月率先在部分省市普通高中起始年级开始投入使用，其他省份也陆续全面推开。高中三科统编教材的导向和特色鲜明，主要体现在：坚持以马克思主义为指导，认真贯彻习近平新时代中国特色社会主义思想，落实立德树人根本任务，价值导向正确；选文选材精当，充分吸收马克思主义中国化的最新成果，精选贴近学生思想、学习、生活实际的内容，做到了理论性与实践性相统一；呈现方式新颖，编排合理，图文并茂，符合学生的年龄特点和认知水平。[③] 有些学者是从教材的立德树人方面进行研究的，指出高中语文教材的编写要坚持立德树人，增强文化自信，在整体框架设置、单元内容编排、课文选择、学习任务群设计等方面高度重视和体现国家意志，体现习近平新时代中国特色社会主义思想，积极发挥语文教材在育人方面的独特优势。教材应精选人文主题和典范文章，通过设计一定情境下的学习任务，有机融入社会主义核心价值观教育，继承和弘扬中华优秀传统文化、革命文化和社会主义先进文化，培养文化自信，推动文化的创造性转化及创新性发展。[④] 有研究对统编高中《思想政治》教材进行了深入剖析，指出教材的定位与呈现体现出思想逻辑、内容逻辑和实践逻辑的三重统一。[⑤]

---

① 李倩、谭霞、吴欣歆、郑国民：《教育评价变革背景下语文学科核心素养测评框架研究》，《课程·教材·教法》2021年第2期，第95—102页。

② 赵玉英、郎文涛：《高中历史学科核心素养的实践性解读》，《历史教学问题》2020年第4期，第135、144—147页。

③ 教育部教材局负责人：《编好三科教材培育时代新人——教育部教材局负责人就普通高中三科教材统编工作答记者问》，《人民教育》2019年第18期，第51—54页。

④ 王本华、朱于国：《以立德树人为根本，以核心素养为依归，建设符合新时代需要的高中语文教材》，《课程·教材·教法》2019年第10期，第10—18页。

⑤ 田国秀、王静：《统编高中〈思想政治〉教材的三重逻辑及教学建议》，《课程·教材·教法》2021年第12期，第63—68页。

关于教材建设规划的研究，学者主要聚焦于国家宏观治理及建设层面。为了切实加强党对教材工作的全面领导，提高教材建设的科学化、规范化水平，《中小学教材管理办法》《全国大中小学教材建设规划（2019—2022 年）》等文件相继印发，在我国教育史上首次对教材制度进行了全面规划。《全国大中小学教材建设规划（2019—2022 年）》提出，2022 年教材建设要全面加强，教材管理体制基本健全、体系基本完备、质量显著提升。有学者从国家治理的宏观视角出发，全面深度考察了教材制度建设与国家治理之间的互动逻辑，直面当前我国教材制度建设中的困境与挑战，认为应该创新教材体制机制，从而构建一套具有中国特色的教材制度体系。① 有学者则是基于立德树人推进教材一体化构建，推进大中小学教材一体化建设是落实立德树人的重要方略，认为应秉持正确的价值取向，即教材建设要体现教材目标的整体性，坚持国家意志与人才培养的统一；体现教材内容的系统性，坚持标准体系与教材体系的统一；体现教材组织的逻辑性，坚持学段纵向衔接与学科的横向配合。② 抓好新教材的使用，切实发挥好教材的育人功能是下一步工作的关键。另外，还需要做好教材培训解读，建立教材使用监测平台，定期对教材进行回访，通过点面结合，全面了解教材使用情况，及时研究教材使用中遇到的新情况、新问题，定期对教材进行修订，使教材建设机制不断完善。③

（三）普通高中多样化特色化发展

随着我国高中阶段教育逐步实现普及，普通高中教育进入以内涵发展和质量提升为重点的新阶段，多样化特色发展成为高中教育改革的重要路径。中共中央办公厅、国务院办公厅印发的《加快推进教育现代化实施方案（2018—2022 年）》提出，加快高中阶段教育普及攻坚，推动普通高中优质特色发展。《中国教育现代化 2035》提出，推动各级教育高水平高质量普及，提升高中阶段教育普及水平，鼓励普通高中多样化有特色发展。有研究指出，全面普及高中阶段教育应以普及作为研究的起点，以建设中国特色高中阶段教育为重要内容，将推进普通高

① 张振、刘学智：《教材制度建设的困境与超越：国家治理视角》，《中国教育学刊》2020 年第 10 期，第 53—57 页。

② 刘学智、王馨若：《基于立德树人的大中小学教材一体化建设》，《课程 · 教材 · 教法》2019 年第 8 期，第 12—19 页。

③ 佚名：《编好三科教材培育时代新人——教育部教材局负责人就普通高中三科教材统编工作答记者问》，《人民教育》2019 年第 18 期，第 51—54 页。

中高质量发展作为教育现代化的重点任务。[①] 普通高中教育承担的使命远远不是升学，而是要为建设创新型国家、为国家高质量发展奠定创新人才基础，为国家的繁荣进步奠定国民素质基础。[②] 一些研究者在理论上对普通高中特色化发展进行了分析和解读，对现实问题进行了探讨，并尝试给出破解之道，在此基础上对实践案例进行了经验的挖掘和总结。

1. 概念解读

发展多样化有特色的普通高中教育，首先需要对多样化发展有清晰的界定和认识。围绕政策议题和现实中的建设经验，一些学者在学理层面进行了理论探讨，认为普通高中多样化就是解决高中阶段教育普及过程中形成的普通高中同质化的问题。[③] 有学者提出普通高中多样化是普通高中学校群落逐步趋向多样的良性高中教育生态，即普通高中群体从一种单一的趋势向多样趋势发展的导向或者态势，抑或从一种较低水平的多样化状态向一种较高水平的多样化状态发展的导向或者态势。通过这样一种过程性的运动或发展，普通高中学校群体形成一种有机互补、差序格局的良性教育生态。有学者进一步对普通高中多样化的内涵和结构进行了探讨，指出高中的多样化发展主要包括两个层面：学校间的多样化、差序格局，指向区域内学校群体格局生态的内涵；学校内部的个性化样态，指向具体的学校内部的发展。[④] 有些研究则探讨了如何看待和协调“多样”“特色”“高品质教育”之间的关系问题，提出普通高中教育多层次、多类型、多形式化发展是满足人们多样化需求的重要方面，高中学校只有兼顾多样与特色，才能满足学生个性发展、多样选择的要求，进而有助于实现高品质教育。研究者对此提出以“错位发展 + 个性化教育”诠释的多样化，以“外部适应 + 内部整合创新”为线索的特色化，以“独立创新 + 协作 + 社会责任”诠释下的品牌学校与高品质教育等理念去实现学校多样化特色化的发展。[⑤]

---

① 李建民：《“全面普及高中阶段教育”的内涵释要与路径选择》，《教育研究》2019年第7期，第73—82页。

② 《人民教育》编辑部：《构建普通高中多样化有特色发展新格局》，《人民教育》2020年第23期，第12页。

③ 张宝歌、韩嵩、焦岚：《后普及时代普通高中多样化制约机制及对策思考》，《教育研究》2021年第1期，第83—95页。

④ 杨锐：《统一与多样辩证关系视野下普通高中多样化发展——基于吉林省54所普通高中的调研》，《东北师大学报（哲学社会科学版）》2019年第6期，第111—117页。

⑤ 武秀霞：《多样、特色与高品质教育——关于普通高中特色发展若干问题的反思》，《教育科学研究》2019年第12期，第26—31、45页。

2. 现实问题剖析

普通高中教育多样化建设政策明确提出后，各级政府做了多方面的努力，但变革取得的成果依然难以令人满意。普通高中的多样化建设仍然面临诸多阻碍，政策需求难以得到落实与推进。基于现实问题，部分学者将研究视角聚焦于政策层面的解读和政策改进研究，希望从理论层面提供改进意见。研究采用实证方法对政策制定和政策执行进行了研究。研究者以“普通高中多样化发展问题”为导向，以重心下移与深度聚焦为思路，借助扎根理论，通过对高中校长的深度访谈发现，普通高中多样化发展呈现出“承认”与“抵制”双重生态，主要表现为对作为“公开文本”的普通高中多样化发展本身的“认”与“不认”，以及实践中“客观性承认”“规范性承认”“教育性承认”与“常规性抵制”“制度性抵制”的复杂交互，其内隐的教育逻辑亦有所映射。基于教育学的政策立场，普通高中多样化发展需要在政策逻辑与教育逻辑垂直与水平的深度关联中重审政策制定，在认知与实践的同构中注重政策理解。① 有学者专门就高中教育多样化建设中存在的问题及其制度方面的原因进行分析并给出了相关建议。研究发现，地方政府对高中教育的管理权责较为模糊，常常忽视对普通高中教育的支持和投入，导致地方高中办学困难；基层教育行政部门在对高中教育的规划发展和政策执行上缺乏统一、规范和明确的指导。研究者认为主要的原因包括教育立法缺位、招生考试制度改革不够深化、现代教育治理体系尚未完善、普通高中教育体制改革还需攻坚克难、普通高中校内治理体系与管理制度建设不足等。要解决这些现实问题，就需要进一步深化教育管理体制变革，形成更完善的制度框架，为普通高中教育多样化建设提供强有力的支持。在国家层面上，要不断完善制度建设，深化教育制度变革，加快推动普通高中教育立法，弥补多样化建设中的制度缺位；在地方层面上，地方政府应创新政策执行机制，完善和优化制度安排，使其在对高中教育多样化的支持中发挥最优效果；在学校层面上，应完善内部制度体系，把握并发挥好办学的自主权，推进特色化建设。② 有研究者通过实地调研多所高中，较为全面地展示了学校在办学多样化方面进行的探索及实践，发现普通高中多样化发展在推进过程中总体上呈现出低水平、多样化的现实样态，是“两头好、中间差”式的多样化，是高度同质化背景下的多样化，是学校类型差异不明显的多样化。在学校内部还呈现出对多样化发展的认识不足、自主发展能力不足、课程与

① 邹红军：《承认与抵制：我国普通高中多样化发展的扎根理论研究》，《中国教育学刊》2019年第7期，第35—41页。

② 余凯、谢珊：《普通高中教育多样化发展的问题分析与政策建议》，《中国教育学刊》2020年第2期，第40—45页。

教学层面多样化实践困难等问题。[①]

3. 实践案例分析

作为国家推进教育现代化战略的内容，实现普通高中的多样化、特色化发展，对我国普通高中的转型发展进行了新的定位。政策颁布后，地方办学热情高涨，相继出台了系列政策文本鼓励学校进行探索创新，开展多样化的办学实践。各地相继涌现出大量的特色化办学实践案例，形成了丰富的办学实践经验，学术界也对这些案例进行了分析总结。

普通高中要实现特色化发展，政府在普通高中的管理中的地位与作用非常重要。各地政府在地区高中特色化发展中积极引导，在宏观理念上进行改革和探索，最终实现了整个教育生态的转变。以上海的"道势术"发展理念为例，上海作为国家教育体制改革试点，实施开展"普通高中多样化、特色化发展试验"项目，其借用传统文化中的"道势术"理念来分析。在特色普通高中创建过程中，"道"是引领特色普通高中建设的理念；"势"是特色普通高中建设依赖的环境与资源；"术"作为特色普通高中建设中的特色项目与创建载体，是探寻特色普通高中创建的成功之道。[②] 与之类似，浙江省绍兴市上虞区实施了"品质活教育"探索。根据学校城乡差异、师资差异及发展潜力统筹布局，该市探索出一条以"品质活教育"为价值旨归的高中多样化特色发展之路，实现了县域普通高中错位发展、差异发展、多样化发展。上虞区教育借助活课程、活课堂、活学生的三维定位，实现了特色教育三大转变，创新人才培养模式，增强了教育的选择性和个性化。从"分层发展"向"分类办学、错位发展"定位转变，让学校"活"起来；从"专业化"向"全面素养与有限分化平衡"方式转变，让课程"活"起来；从"唯分数"向"全面发展与生涯辅导相结合"的目标转变。[③]

除了发挥政府的统筹推动力进行多样化建设，在学校办学中探索多样化微观层面的课程改革路径也是重要的发展方式。有学者指出，学校作为落实普通高中多样化发展的关键主体，应该转变传统的教育政策的执行者的角色，成为自主办学的主体。学校不断提高自主办学的能力与意识，努力走特色发展之路，也是实现高中特色化办学的重要路径。具体来说，学校需要切实从本校、学生的实际情

---

① 杨锐：《统一与多样辩证关系视野下普通高中多样化发展——基于吉林省54所普通高中的调研》，《东北师大学报（哲学社会科学版）》2019年第6期，第111—117页。

② 朱丽：《特色普通高中建设中的道、势、术融合——基于上海市特色普通高中创建实践的分析》，《中国教育学刊》2020年第10期，第41—46页。

③ 蔡建红：《县域高中优化布局优质发展的"上虞实践"》，《人民教育》2020年第23期，第17—20页。

况出发，具备自主开发、设计、组织多样化、特色化的课程资源的能力，使教师具备在课堂教学中“因材施教”的能力。[①]也有研究指出，除了学校内部不断深化改革、探索内涵式发展道路，还应该实行开放办学，拓展特色办学的视野和格局，联动整合区内外各种资源，促进学校全面发展。研究指出，特色课程必须呼应育人目标、承载多种功能类型，既自成一体，又融入学校整体课程体系，特色课程应培育学生一定的“专门”能力，体现其实用性基本功能，但更应该挖掘隐性元素，凸显育人的要义，特色教育活动、课堂以及校园环境建设都蕴含着丰富的机会。[②]有研究指出，普通高中实现多样化发展的核心是课程的多样化，为学生提供丰富多样的教育资源尤其是课程资源，切合学生的个性发展、兴趣爱好、能力水平。[③]也有研究指出，学校发展特色是学校办学的一种整体风貌，是内化于学校环境、课程、教学与管理之中的特定形式与内容。[④]围绕办学特色，学校应该形成素养导向的多样化校本课程结构和多样化课程类型，并通过校本课程比例的调整实现特色育人和多样化发展，统筹普通高中教育中各种类型的课程，并将其纳入统一的课程管理框架，划定难度等级和模块类别，规范课程标准和师资质量，为学生在高中教育体系内部的转换提供依据和标准。[⑤]有研究分析并总结了重庆市万州第二高级中学的特色办学之路，发现该校实现普通高中特色化发展是从凝练基于现状又面向未来的特色愿景文化、开发全面扎实又个性多彩的特色课程体系、实施统一规范又自主灵动的特色课堂教学、开展面向全体又层次多样的特色学生活动、培养业务精湛又一专多能的特色师资队伍、探索立足区域又面向世界的集团化办学模式等方面探索实践路径。[⑥]

① 杨锐：《统一与多样辩证关系视野下普通高中多样化发展——基于吉林省54所普通高中的调研》，《东北师大学报（哲学社会科学版）》2019年第6期，第111—117页。

② 徐士强：《本道术原：普通高中特色课程的建设逻辑》，《中国教育学刊》2019年第7期，第42—48页。

③ 武秀霞：《多样、特色与高品质教育——关于普通高中特色发展若干问题的反思》，《教育科学研究》2019年第12期，第26—31、45页。

④ 王玉国：《共同体视角下的普通高中多样化与特色化》，《教学与管理》2020年第33期，第39—42页。

⑤ 李天鹰、杨锐：《美国普通高中多样化发展的经验与启示》，《东北师大学报（哲学社会科学版）》2019年第3期，第156—163页。

⑥ 汪建德：《普通高中特色化发展的实践路径——以重庆市万州第二高级中学为例》，《中国教育学刊》2019第S2期，第1—4页。

结　语

2019 年以来，《高中阶段教育普及攻坚计划（2017—2020 年）》进入深化落实阶段，高中阶段教育取得了显著的成效。高中阶段教育普及水平得到进一步提升，农村普通高中的普及率大幅提升；高考综合改革和课程改革持续推进，教育体系不断完善；高中特色化办学快速发展，教育质量得到稳步提升。进入“十四五”时期，农村教育开始进入高质量发展阶段，提升教育质量成为乡村振兴发展背景下普通高中发展政策关注的重点，如何建设高质量的县域高中成为发展需要直面的难题。为了推动普通高中全面发展提升，要科学统筹规划，在学生帮扶、普职融合、教师队伍建设等方面持续发力。第一，持续完善家庭经济困难学生专项帮扶机制。在保障农村高中教育完成率和升学率的基础上，进一步扩大专项家庭经济困难学生的招生计划，为家庭经济困难学生升入大学提供更多机会。第二，推进普通高中教育与职业教育融合。从整体出发，合理调配县域内的教育资源，通过人财物的精准配置，为县域内普通高中和中职学校融通发展提供基础。第三，加强县域内高中阶段师资队伍建设。师资水平和生源质量是决定普通高中办学水平的关键。为此，农村高中发展政策应着力为县级普通高中创设更加良好的发展环境，在提升普及率的同时关注办学质量，加强教师队伍建设，大幅提升教师待遇，促进教师专业发展，为教师营造良好的工作和生活环境。

第4章 农村职业教育年度进展报告*

* 本章撰写人：陈衍、王慧、祝叶丹、陈雪洁、郑瑶瑶、宋永芳。作者单位：浙江工业大学职业技术教育研究所、长三角产教融合与职业教育发展研究院。

本章主要从发展、政策、研究三个方面展示2020—2022年我国农村职业教育的发展情况。基于农村职业教育的发展现状、政策导向，分析其面向农村的区域服务功能，结合有关研究热点，透视农村职业教育的未来发展趋势。

研究显示，现阶段我国农村职业教育研究主要围绕农村职业教育和成人教育示范县建设、新型职业农民培育以及持续教育扶贫等方面开展。通过研究不难发现，现阶段的农村职业教育仍处于不断发展的阶段，农村职业教育机构数量不断减少，资源配置相对于城市而言仍显落后，师资及经费问题比较突出。但不可否认的是也有一些可喜的发展。在研究涉及的这一阶段内，农村职业教育招生数量持续增长，规模比较稳定。在下一阶段，要发挥政府的主导作用以及社会的支柱力量，为农村职业教育的发展保驾护航，着重围绕农村职业教育和成人教育示范县建设、新型职业农民培育、职业学校和高校建设、持续教育扶贫等方面开展工作，侧重创新差异化培养农业技术人才；创新新型职业农民的培养模式；重视对新型职业农民的技能提升；着力培养乡村特色文化继承人；发挥职业学校及高校的人才培养优势；构建“校政企农”多方联动体系；健全农村职业教育人才保障机制；支持农村创新创业发展；推进农村供给侧结构性改革。

一、农村职业教育大事记

2020 年 9 月 16 日，教育部等九部门印发《职业教育提质培优行动计划（2020—2023 年）》。该文件提出，深化职业教育供给侧结构性改革，建立产业人才数据平台，发布人才需求报告，促进产业发展和人才需求精准对接。优化职业院校和专业布局，加大对农业农村等人才急需领域的职业教育供给，建设 100 所乡村振兴人才培养优质校，发挥好"国家级农村职业教育和成人教育示范县"等在服务乡村振兴战略中的重要作用。

2020 年 11 月 7 日，农业农村部等七部门印发《关于推进返乡入乡创业园建设提升农村创业创新水平的意见》。该文件提出，到 2025 年，在全国县域建设 1500 个功能全、服务优、覆盖面广、承载力强、孵化率高的返乡入乡创业园，吸引 300 万返乡入乡人员创业创新，带动 2000 万农民工就地就近就业。

2020 年 11 月 11 日，农业农村部召开党的十九届五中全会精神宣讲报告会。会议强调要把思想和行动统一到全会精神上来，全面推进乡村振兴，加快农业农村现代化。[①] 全会对"三农"工作高度重视，《中共中央关于制定国民经济和社会发展第十四个五年规划和二〇三五年远景目标的建议》单列专章部署安排，这是着眼于开启全面建设社会主义现代化国家新征程，着眼于构建新发展格局，着眼于防风险、守底线、保安全做出的重大部署，充分体现了"三农"在全党工作重中之重的战略地位。围绕《中共中央关于制定国民经济和社会发展第十四个五年规划和二〇三五年远景目标的建议》部署要求，"十四五"农业农村工作要重点抓好三件大事：一是推进巩固拓展脱贫攻坚成果同乡村振兴有效衔接，全面实施乡村振兴战略，让亿万农民共同迈向更加美好的生活。二是推进农业现代化，一手抓供给，持续提升粮食综合生产能力；一手抓质量，持续提升农业质量效益和竞争力。三是推进农村现代化，实施乡村建设行动，推动农村基础设施和公共服务取得明显进步，让农民有更多获得感、幸福感、安全感。

① 农业农村部新闻办公室：《农业农村部召开党的十九届五中全会精神宣讲报告会强调 把思想和行动统一到全会精神上来 全面推进乡村振兴 加快农业农村现代化》，（2020-11-13），http://www.moa.gov.cn/xw/zwdt/202011/t20201113_6356272.htm[2022-11-14]。

二、农村职业教育事业发展

农村职业教育事业发展状况研究的范围包括各层次学历教育以及社会培训中涉及农村职业教育的相关数据指标，时间范围为 2012—2020 年，本部分指标的基础数据来源于《中国统计年鉴》（2012—2020 年）、《中国教育统计年鉴》（2012—2020 年）、《中国劳动统计年鉴》（2012—2020 年）、《中国教育经费统计年鉴》（2013—2021 年）和《2021 年全国教育事业发展统计公报》。

（一）农村职业教育机构与资源配置状况

1. 农村职业教育机构数量显著降低

农村职业教育机构数量呈下降趋势。职业技术培训机构数量从 2012 年的 123 766 所降至 2020 年的 87 540 所，降幅为 29.27%。其中，农村成人文化技术培训学校（机构）数量从 2012 年的 100 009 所下降至 2020 年的 44 519 所，降幅为 55.49%，变化幅度显著高于总体水平。农村成人文化技术培训学校（机构）数占职业技术培训机构数的比例从 2012 年的 80.80% 下降到 2020 年的 50.86%。

2. 农村职业教育生均办学条件与职业技术培训机构生均办学条件差距继续扩大

2012—2020 年，农村成人文化技术培训学校（机构）各项生均办学条件水平均低于职业技术培训机构生均办学条件水平（表 4.1）。至 2020 年，农村职业技术培训机构与全国职业教育培训机构的生均图书藏量（册）的差距呈逐渐缩小的趋势，生均教学、实习仪器设备资产值的差距呈逐渐增大的趋势；生均教学行政用房建筑面积的差距先是 2012—2014 年呈逐渐缩小的趋势，而后又呈现逐渐扩大的趋势；生均图书藏量和生均固定资产总值的差距呈波动变化；生均占地面积的差距在 2012—2016 年保持缩小的趋势，至 2020 年有逐渐扩大的趋势；生均教学用计算机数（台）这一指标在 2014 年表现为没有差距，为 0.01 台，其余年份大体保持不变。

表 4.1　农村职业技术培训机构生均办学条件状况

指标	比较维度	2012 年	2014 年	2016 年	2018 年	2019 年	2020 年
生均占地面积（平方米）	总体	2.69	2.59	2.53	2.69	2.80	3.11
	其中农村	1.87	1.87	1.86	1.91	1.96	2.05

续表

指标	比较维度	2012 年	2014 年	2016 年	2018 年	2019 年	2020 年
生均教学行政用房建筑面积（平方米）	总体	1.00	0.99	1.11	1.68	1.76	2.10
	其中农村	0.53	0.57	0.53	0.53	0.51	0.55
生均图书藏量（册）	总体	3.09	3.43	3.43	3.26	3.14	3.58
	其中农村	1.40	1.42	1.63	1.80	1.99	2.30
生均教学用计算机数（台）	总体	0.02	0.01	0.02	0.02	0.02	0.02
	其中农村	0.01	0.01	0.01	0.01	0.01	0.01
生均固定资产值（万元）	总体	0.10	0.53	0.63	0.84	2.38	2.09
	其中农村	0.05	0.41	0.05	0.32	0.28	1.89
生均教学、实习仪器设备资产值（万元）	总体	0.03	0.16	0.11	0.26	0.74	0.76
	其中农村	0.01	0.09	0.01	0.10	0.07	0.10

资料来源：根据《中国教育统计年鉴》（2012—2020 年）的数据计算而得

3. 农村职业教育经费低于普通教育水平

农村职业高中生均教育经费支出从 2012 年的 9999.33 元增长到 2020 年的 20 773.09 元，增幅为 107.74%，整体来看保持增长的趋势。农村职业高中生均预算内教育经费支出从 2012 年的 7015.28 元增长至 2020 年的 14 864.59 元，增幅为 111.89%。农村职业高中生均预算内经费支出的增幅水平显著高于农村普通高中的增幅水平。为了更直观地明晰在生均教育经费与生均预算内教育经费这两项指标中农村职业高中与农村普通高中、全国职业高中的差距，选择 2012 年、2019 年和 2020 年相关数据，并进行两两比较，结果如表 4.2 所示。

表 4.2　农村职业高中与农村普通高中、全国职业高中生均教育经费和生均预算内教育经费支出比较

单位：%

指标	比较对象与基准	2012 年	2019 年	2020 年
生均教育经费	农村职业高中 / 农村普通高中（以农村普通高中为 100）	104.26	104.66	114.11
	农村职业高中 / 全国职业高中（以全国职业高中为 100）	84.83	81.32	85.58
生均预算内教育经费	农村职业高中 / 农村普通高中（以农村普通高中为 100）	104.77	108.73	105.35
	农村职业高中 / 全国职业高中（以全国职业高中为 100）	86.72	85.41	85.66

4. 农村职业教育师资存量显著不足

农林牧渔类学科生师比与职业教育总体生师比依然存在较大差距（表 4.3）。中等职业学校（机构）（不含技工学校）专任教师数从 2012 年的 684 071 人下降到 2020 年的 316 091 人。[①] 其中，农林牧渔类学科专任教师数从 2012 年的 23 139 人下降至 2020 年的 16 387 人。中等职业学校（机构）（不含技工学校）生师比在 2012—2019 年一直处于下降的趋势。这表明中等职业学校（机构）（不含技工学校）的生师比得到了不断优化。主要原因在于，农林牧渔类学科在校生出现大幅降低，而专任教师降低的速度相对来说较为缓慢。

职业技术培训机构专任教师数从 2012 年的 282 233 人增加到 2020 年的 341 767 人，其中农村成人文化技术培训学校（机构）专任教师数从 2012 年的 87 761 人下降到 2020 年的 53 010 人。2012—2020 年，职业技术培训机构的生师比从 161.83∶1 下降到 94.50∶1。农村成人文化技术培训学校（机构）的生师比在 2012—2014 年出现下降的趋势后，2018 年出现上升的趋势，而后又出现下降的趋势。这表明职业技术培训机构的生师比得到了不断优化。在职业技术培训机构总体生师比不断优化的大背景下，2020 年农村成人文化技术培训学校（机构）的生师比仅为职业技术培训机构的 26.04%，说明职业技术培训机构在专任教师资源方面的弱势较为显著。

表 4.3　各类职业学校生师比

职业学校类别	比较维度	2012 年	2014 年	2016 年	2018 年	2019 年	2020 年
中等职业学校（机构）（不含技工学校）	总体	24.70∶1	21.34∶1	19.84∶1	19.10∶1	18.94∶1	19.54∶1
	其中农村	94.58∶1	57.51∶1	43.26∶1	40.70∶1	38.48∶1	40.52∶1
职业技术培训机构	总体	161.83∶1	153.27∶1	156.69∶1	128.80∶1	111.75∶1	94.50∶1
	其中农村	361.90∶1	339.94∶1	369.50∶1	395.95∶1	381.51∶1	362.87∶1

2020 年，中等职业学校（机构）（不含技工学校）专任教师各级职称所占比例排序为中级（37.24%）、副高级（24.31%）、初级（23.25%）、无职称（14.56%）、正高级（0.64%），农林牧渔类专任教师各级职称所占比例排序为中级（39.34%）、副高级（31.54%）、初级（19.90%）、无职称（8.24%）、正高级（0.98%）；中等职业学校（机构）农林牧渔类专任教师正高、副高和中级职称比例均高于全国水平。结合教师年龄数据分析可知，其师资结构不断优化的背后蕴含着农村职业教育师资队伍无法得到及时补充的隐忧。

① 因技工院校有自身的办学特点，本章中关于中等职业学校（机构）的数据均不含技工学校。

（二）农村职业教育招生、在学与就业情况

1. 农村中等职业教育招生数量持续下降

在普通高校和成人高校本专科、网络高校本科中，农学科招生数基本保持平稳增长，而在网络高校专科中农学科招生数却呈现下降的趋势（表 4.4）。

表 4.4　各类高等学校农学科招生情况　　单位：人

高校类别	学历	类别	2012 年	2014 年	2016 年	2018 年	2019 年	2020 年
普通高校	本科	总体	3 740 574	3 834 152	4 054 007	4 221 590	4 312 880	4 431 154
		其中农学科	63 974	70 675	72 529	73 556	74 696	77 913
	专科	总体	3 147 762	3 379 835	3 432 103	3 688 341	4 836 146	5 243 364
		其中农学科	56 236	55 299	57 727	73 556	102 662	103 076
成人高校	本科	总体	984 817	1 102 409	969 387	1 400 380	1 505 520	1 226 385
		其中农学科	14 163	19 177	15 378	19 462	19 166	22 382
	专科	总体	1 454 734	1 553 631	1 142 903	1 332 739	1 516 568	1 243 177
		其中农学科	24 594	30 026	21 566	19 560	20 856	19 420
网络高校	本科	总体	696 698	781 445	847 568	1 044 360	1 006 897	1 072 248
		其中农学科	5 186	7 300	9 739	11 569	10 821	11 266
	专科	总体	1 267 770	1 280 407	1 448 520	2 164 704	1 878 561	1 706 880
		其中农学科	66 809	47 563	48 355	27 031	24 418	18 393
总计	本科	总体	5 422 089	5 718 006	5 870 962	6 666 330	6 825 297	6 729 787
		其中农学科	83 323	97 152	97 646	104 587	104 683	111 561
	专科	总体	5 870 266	6 213 873	6 023 526	7 185 784	8 231 275	8 193 421
		其中农学科	147 639	132 888	127 648	120 147	147 936	140 889

资料来源：根据《中国教育统计年鉴》（2012—2020 年）的数据计算而得

1）全国高等学校本科招生数在 2012—2020 年增幅为 24.12%，其中农学科在校生数在 2012—2020 年增幅为 33.89%，显著高于总体水平，2020 年该学科人数占总数的 1.66%。全国高等学校专科在校生数在 2012—2020 年增幅为 39.57%。其中，农学科专科招生数在 2012—2020 年降幅为 4.57%，呈波动式的变化趋势，2012—2018 年一直呈现下降的趋势，2019 年突然呈现上升的趋势，到 2020 年又再次呈现下降的趋势。

2）全国普通高等学校本科招生数在 2012—2020 年增幅为 18.46%。其中，农学科招生数在此期间的增幅为 21.79%，显著高于总体水平，2020 年该学科招生人数占总数的 1.76%。全国普通高等学校专科招生数在 2012—2020 年增幅为

66.57%。其中，农学科专科招生数在此期间的增幅为 83.29%，显著高于总体水平。

3）全国成人高等学校本科招生数在 2012—2020 年增幅为 24.53%。其中，农学科招生数在此期间的增幅为 58.03%，增幅显著高于总体水平，2020 年该学科招生数占总数的 1.83%。全国成人高等学校专科招生数在 2012—2020 年降幅为 14.54%，呈波动式的变化趋势，2012—2014 年呈不断上升的趋势，2014—2018 年呈现不断下降的趋势，2018—2019 年出现上升的趋势，2020 年又转而呈现下降的趋势。其中，农学科专科招生数在此期间降幅为 21.04%，显著高于总体水平。

4）全国网络高等学校本科招生数在 2012—2020 年增幅为 53.90%。其中，农学科招生数在此期间的增幅为 117.24%，显著高于总体水平，2020 年，该学科招生数占总数的 1.05%。全国网络高等学校专科招生数在 2012—2020 年增幅为 34.64%。其中，农学科专科招生数在此期间的降幅为 72.47%，显著高于总体水平。

高中阶段农村职业教育招生数在 2012 年后总体呈下降趋势，局部年份招生数量呈波动变化状态。2012—2018 年，招生数下降趋势明显，但之后招生数明显上升，但上升速度较为缓慢。中等职业学校（机构）（不含技工学校）招生数在 2012—2020 年降幅为 18.84%。其中，初中毕业生招生数在此期间的降幅为 14.14%，应届初中毕业生招生数在此期间的降幅为 3.65%。中等职业学校（机构）（不含技工学校）农林牧渔类学科招生数在 2012—2020 年降幅为 65.53%。其中，招收的初中毕业生数在此期间的降幅为 63.24%，降幅略高于总体水平；应届初中毕业生招生数在此期间的降幅为 53.85%（表 4.5）。

表 4.5　中等职业学校（机构）（不含技工学校）招生情况

单位：人

指标	类别	2012 年	2014 年	2016 年	2018 年	2019 年	2020 年
招生数	总计	5 970 785	4 953 553	4 661 428	4 285 024	4 574 121	4 846 056
	其中农林牧渔类学科	719 852	394 930	293 260	285 576	238 255	248 112
招收初中毕业生数	总计	5 037 228	4 337 617	4 198 668	3 879 007	4 054 872	4 325 103
	其中农林牧渔类学科	462 166	249 581	205 054	165 740	152 346	169 908
招收应届初中毕业生数	总计	4 593 465	4 145 422	4 093 675	3 778 260	4 165 127	4 425 726
	其中农林牧渔类学科	395 127	235 266	197 478	158 267	165 090	182 340

资料来源：根据《中国教育统计年鉴》（2012—2020 年）的数据计算而得

2. 农村职业教育规模有升有降

根据相关数据可知，农村职业教育的农学科的在校生数，除了全国普通高校基本保持平稳增长的趋势，网络高校专科在校人数却呈现下降的趋势（表 4.6）。

1）全国高等学校本科在校生数在 2012—2020 年的增幅为 35.58%。其中，农学科在校生数在此期间的增幅为 30.15%，增幅略低于总体水平；2020 年该学科在校生数占总数的 1.50%。全国高等学校专科在校生数在 2012—2020 年增幅为 41.74%。其中农学科专科在校生数在此期间，降幅为 11.56%；2020 年该学科在校生数占总数的 1.67%。

2）全国普通高等学校本科在校生数在 2012—2020 年增幅为 27.93%。其中，农学科在校生数在此期间的增幅为 24.35%，增幅显著低于总体水平；2020 年该学科在校生数占总数的 1.66%。全国普通高等学校专科在校生数在 2012—2020 年增幅为 51.37%，其中农学科专科在校生数在此期间的增幅为 65.60%，2020 年该学科在校生数占总数的 1.92%。

3）全国成人高等学校本科在校生数在 2012—2020 年增幅为 63.65%。其中，农学科在校生数在此期间的增幅为 34.15%，增幅显著低于总体水平；2020 年该学科在校生数占总数的 1.23%。全国成人高等学校专科在校生数在 2012—2020 年增幅为 10.92%。其中，农学科专科在校生数在此期间出现下降的趋势，降幅为 23.54%；2020 年该学科在校生数占总数的 1.26%。

4）全国网络高等学校本科在校生数在 2012—2020 年增幅为 55.39%。其中，农学科在校生数在此期间的增幅为 136.27%，增幅显著高于总体水平；2020 年该专业在校生数占总数的 0.91%。全国网络高等学校专科在校生数在 2012—2020 年增幅为 44.61%。其中，农学科专科在校生数在此期间的降幅为 68.79%，变化幅度显著高于总体水平，2020 年该学科在校生数占总数的 1.26%。

表 4.6　各类高等教育中农学科在校生情况　　单位：人

高校	学历	类别	2012 年	2014 年	2016 年	2018 年	2019 年	2020 年
普通高校	本科	总体	14 270 888	15 410 653	16 129 535	16 973 343	17 508 204	18 257 460
		其中农学科	244 261	269 252	279 373	288 719	293 879	303 731
	专科	总体	9 642 267	10 066 346	10 828 898	11 337 005	12 807 058	14 595 488
		其中农学科	169 578	170 247	179 040	192 409	238 237	280 815
成人高校	本科	总体	2 475 495	2 797 917	2 686 619	2 971 134	3 413 174	4 051 025
		其中农学科	37 093	44 553	42 353	42 503	44 825	49 759
	专科	总体	3 355 628	3 733 295	3 157 264	2 938 744	3 272 429	3 721 917
		其中农学科	61 338	66 113	56 773	46 014	46 711	46 898

续表

高校	学历	类别	2012 年	2014 年	2016 年	2018 年	2019 年	2020 年
网络高校	本科	总体	2 002 698	2 287 010	2 339 270	2 825 757	2 941 610	3 111 899
		其中农学科	11 958	16 153	21 153	25 580	27 008	28 253
	专科	总体	3 701 414	4 027 462	4 110 059	5 430 796	5 636 735	5 352 565
		其中农学科	215 762	198 903	157 719	136 216	77 614	67 337
总计	本科	总体	18 749 081	20 495 580	21 155 424	22 770 234	23 862 988	25 420 384
		其中农学科	293 312	329 958	342 879	356 802	365 712	381 743
	专科	总体	16 699 309	17 827 103	18 096 221	19 706 545	21 716 222	23 669 970
		其中农学科	446 678	435 263	393 532	374 639	362 562	395 050

资料来源：根据《中国教育统计年鉴》（2012—2020 年）数据计算而得

各类高中阶段的农村职业教育在校生数变化趋势相同。中等职业学校和技工学校的在校生数总体上均呈下降的趋势。

1）中等职业学校（机构）（不含技工学校）在校生人数在 2012—2020 年从 16 898 820 人下降到 12 678 379 人，降幅为 24.97%。其中，农林牧渔类学科在校生数在此期间从 1 718 203 人下降到 664 007 人，降幅为 61.35%，变化幅度显著高于总体水平。

2）技工学校在校生数在 2012—2020 年从 4 238 051 人下降到 3 955 306 人，降幅为 29.29%。其中，非学历农村职业教育在校生数均呈下降的趋势。

3）职业技术培训机构注册学生数在 2012—2020 年从 45 673 538 人下降到 32 297 862 人，降幅为 6.67%。其中，农村成人文化技术培训学校（机构）的注册学生数不断减小，呈下降的趋势。

3. 学历型农村职业教育毕业生规模出现两极化

2012 年后，本科和专科两种学历的农村职业教育毕业生规模出现两极化发展趋势。本科层次的农学科总体上规模持续增长，而专科层次的农学科总体上规模持续减少。此外，两种层次类型的教育规模发展都呈现相对稳定的态势。

1）全国高等学校本科毕业生数在 2012—2020 年增幅为 45.86%。其中，农学科毕业生数在此期间的增幅为 51.64%，增幅显著高于总体水平；2020 年该学科毕业生数占总数的 1.63%。全国高等学校专科毕业生数在 2012—2020 年增幅为 30.91%。其中，农学科专科毕业生数在此期间出现下降的趋势，降幅为 23.81%，变化幅度显著低于总体水平；2020 年该学科毕业生人数占总数的 1.54%。

2）全国普通高等学校本科毕业生数在 2012—2020 年的增幅为 38.40%。其中，农学科毕业生数在此期间的增幅为 32.49%，增幅程度显著低于总体水平；2020 年该学科毕业生数占总数的 1.69%。全国普通高等学校专科毕业生数在 2012—2020 年增幅为 17.39%。其中，农学科专科毕业生数在此期间的增幅为 7.70%，增幅显著低于总体水平；2020 年该学科毕业生数占总数的 1.67%。

3）全国成人高等学校本科毕业生数在 2012—2020 年增幅为 53.10%。其中，农学科毕业生数在此期间的增幅为 100.48%，增幅程度显著高于总体水平；2020 年该学科毕业生数占总数的 1.83%。全国成人高等学校专科毕业生数在 2012—2020 年增幅为 7.79%，呈波浪式的变化趋势，先是从 2012—2016 年呈现上升的趋势，接着从 2016—2019 年呈下降的趋势，然后在 2019—2020 年又再次呈现上升的趋势。其中，农学科专科毕业生数在此期间却出现下降的趋势，降幅为 17.52%，变化幅度显著高于总体水平；2020 年该学科毕业生数占总数的 1.47%。

4）全国网络高等学校本科毕业生数在 2012—2020 年增幅为 81.22%。其中，农学科毕业生数在此期间的增幅为 235.41%，增幅显著高于总体水平；2020 年该学科毕业生数占总数的 1.02%。全国网络高等学校专科毕业生数在 2012—2020 年增幅为 110.25%。其中，农学科毕业生数在此期间出现下降的趋势，降幅为 57.53%，变化幅度显著低于总体水平；2020 年该学科毕业生数占总数的 1.34%。（表 4.7）。

表 4.7　各类高等教育中农学科毕业生情况　　单位：人

高校	学历	类别	2012 年	2014 年	2016 年	2018 年	2019 年	2020 年
普通高校	本科	总体	3 038 473	3 413 787	3 743 680	3 868 358	3 947 157	4 205 097
		其中农学科	53 789	59 796	64 499	67 537	67 365	71 265
	专科	总体	3 208 865	3 179 884	3 298 120	3 664 729	3 638 141	3 766 894
		其中农学科	58 308	55 541	55 911	60 496	58 898	62 797
成人高校	本科	总体	801 015	899 050	1 021 846	995 851	1 016 733	1 226 385
		其中农学科	11 164	13 729	17 259	15 999	15 915	22 382
	专科	总体	1 153 342	1 313 279	1 422 804	1 181 557	1 114 636	1 243 177
		其中农学科	22 228	23 175	24 158	20 729	18 499	18 334
网络高校	本科	总体	477 949	586 272	700 906	681 915	801 508	866 120
		其中农学科	2 638	4 537	6 002	8 577	10 384	8 848
	专科	总体	882 921	1 075 034	1 173 881	1 267 274	1 521 620	1 856 377
		其中农学科	58 618	57 479	40 019	42 714	27 847	24 897

续表

高校	学历	类别	2012 年	2014 年	2016 年	2018 年	2019 年	2020 年
总计	本科	总体	4 317 437	4 899 109	5 466 432	5 546 124	5 765 398	6 297 602
		其中农学科	67 591	78 062	87 760	92 113	93 664	102 495
	专科	总体	5 245 128	5 568 197	5 894 805	6 113 560	6 274 397	6 866 448
		其中农学科	139 154	136 195	120 088	123 939	105 244	106 028

资料来源：根据《中国教育统计年鉴》（2012—2020 年）数据计算而得

高中阶段农村职业教育毕业生数量呈现下降态势，主要表现在以下几个方面。

1）中等职业学校（机构）（不含技工学校）毕业生的总人数在 2012—2020 年从 5 543 840 人下降到 3 834 642 人，降幅为 30.83%，而其中获得职业资格证毕业生数从 2012 年的 3 483 872 人下降到 2020 年的 2 579 124 人，降幅为 25.97%。中等职业学校（机构）（不含技工学校）农林牧渔类毕业生数从 2012 年的 579 046 人降至 2020 年的 237 001 人，降幅为 59.07%，其中获得职业资格证书毕业生数从 2012 年的 281 080 人降至 2020 年的 138 763 人，降幅为 50.63%，变化幅度低于总体水平。中等职业学校（机构）（不含技工学校）农林牧渔类毕业生数占其毕业生总数比例从 2012 年的 10.44% 下降到 2020 年的 6.18%，大约下降 4 个百分点。

2）技工学校的毕业生数在 2012—2020 年从 1 205 106 人下降到 1 014 070 人，降幅为 15.85%。经技工学校培训结业农村劳动者占结业人员总数比例逐年下降。非学历农村职业教育结业人数数量大体呈现萎缩态势，但相较于先前，萎缩态势逐渐变缓。

3）职业技术培训机构结业生数在 2012—2020 年从 45 673 538 人下降到 33 311 774 人，降幅为 27.07%。其中，在此期间，农村成人文化技术结业生数从 35 631 908 人下降到 21 321 976 人，降幅为 40.16%，变化幅度显著高于总体水平；而职工技术培训学校结业生数在此期间却出现上升的趋势，从 1 23 8031 人上升到 1 722 763 人，增幅为 39.15%。

三、农村职业教育政策观察

2018—2020 年，我国农村职业教育政策进展主要集中在职成教示范县建设、新型职业农民培育、产教融合深入推进以及教育扶贫途径拓宽等方面。

（一）建设职成教示范县，引领农村职业教育健康发展

随着农村职业教育和成人教育示范县名单的不断更新、成果的不断推广，各市县在人才培养、产教融合、职业学校建设等项目上铆足了劲，在一定程度上促进了各市县的良性竞争。

2018 年，教育部等五部门公布了第三批国家级农村职业教育和成人教育示范县的名单，2019 年公布了第四批示范县名单（表 4.8）。在各地自愿申报、省级评估、入围创建、省级复检的基础上，经教育部等相关部门商定，天津市宝坻区等 43 个单位入选。

表 4.8　第四批国家级农村职业教育和成人教育示范县创建合格名单

序号	省（自治区、直辖市）及新疆生产建设兵团	第四批创建合格县（市、区）
1	天津市	宝坻区
2	河北省	承德市滦平县
3		保定市徐水区
4	山西省	晋中市太谷县
5		晋中市祁县
6		运城市垣曲县
7	内蒙古自治区	巴彦淖尔市杭锦后旗
8		乌兰察布市商都县
9	黑龙江省	哈尔滨市宾县
10		哈尔滨市通河县
11		哈尔滨市五常市
12		齐齐哈尔市甘南县
13		齐齐哈尔市泰来县
14	江苏省	扬州市宝应县
15		常州市溧阳县
16		南通市通州区
17	浙江省	宁波市余姚市
18		丽水市缙云县
19		温州市永嘉县
20		嘉兴市海宁市
21		湖州市安吉县

续表

序号	省（自治区、直辖市）及新疆生产建设兵团	第四批创建合格县（市、区）
22	安徽省	六安市金寨县
23		阜阳市界首市
24	河南省	长垣县
25		固始县
26		濮阳市濮阳县
27		郑州市新密市
28	广东省	茂名市化州市
29		惠州市惠东县
30		江门市台山市
31		云浮市新兴县
32	四川省	成都市彭州市
33		泸州市合江县
34		巴中市南江县
35		宜宾市南溪区
36	贵州省	毕节市金沙县
37		铜仁市德江县
38	陕西省	宝鸡市凤翔县
39		咸阳市泾阳县
40		安康市汉阴县
41	宁夏回族自治区	固原市西吉县
42	新疆生产建设兵团	第一师五团
43		第一师十团

资料来源：教育部等：《教育部等五部门关于公布第四批国家级农村职业教育和成人教育示范县名单的通知》，(2019-02-28)，http://www.moe.gov.cn/srcsite/A07/zcs_cxsh/201903/t20190321_374694.html[2022-05-22]

2019 年 4 月，国家级农村职业教育和成人教育示范县创建工作阶段性总结会在广东云浮新兴县召开，中国成人教育协会常务副会长、秘书长张昭文同志代表专家组发布了第四批国家级农村职业教育和成人教育示范县创建工作抽查复检情况报告。报告总结了职成教示范县创建以来取得的六大可喜成果：一是政府统筹规划，农村职成教育发展环境进一步优化；二是强化条件保障，农村职成教育基础能力得到改善；三是对接产业需求，职成教育服务效能显著提升；四是助推精准扶贫，助力乡村振兴，服务地方社会发展效能显著提升；五是弘扬传统文化，促进民族团结，服务农村社会稳定和长治久安；六是创新工作举措，产教深度融合，为品牌农业发展提供人才支撑。同时，报告提出了五项建议：一是要增强“四个意识”，提高政治站位，将示范县创建工作放到落实国家乡村振兴战略和扶贫工作的高度进行统筹规划；二是要落实责任，形成合力，努力提升服务能力；三是服务为先，提质增效，为地方培养实用人才；四是加大宣传，营造氛围，发挥示范引领作用；五是不忘初心，持续发展，后示范期再立新功。教育部职成司城乡社会教育处刘杰介绍了示范县创建的总体情况并部署了第五批示范县抽查复检工作，强调工作的重点主要是各省首先要认真总结经验，发挥好示范县成功创建后的示范效应，为乡村振兴提供足够的人才支撑；其次要推进第五批示范县创建复检工作；最后要委托国家开放大学做好示范县展示平台各县网站评估工作。①

此外，对于示范县的评估工作，2019 年 9 月 24 日，山东省平度市通过国家级农村职业教育和成人教育示范县抽检复审。平度市自创建国家级农村职业教育和成人教育以来，通过党政推动，部门协同，企业参与，共建共享，以服务产业链升级为目标，构建了结构优化、特色突出的专业体系，基本覆盖了全市经济社会发展的各个领域，实现了“产、学、研、育”多元融合，形成了校企一体、产教一体、工学一体的办学特色，提高了人才培养的针对性和实用性，办学质量和效益明显提高。②

安徽省界首市农村职业和成人教育构建了“产教融合、校企合作、工学结合”的人才培养模式，打造了结构合理、形式多样、自主发展的现代职业教育体系，完善了以职教中心为核心、乡镇和行业办学为枢纽、学校企业社会相互融合的办学体制，形成了具有界首特色的现代职成教育体系。该市 2019 年有中等职业学校 1 所、职业教育中心 1 个、社区大学 1 所，乡镇成人文化技术学校 15 所，社区学校 20 所。村级成人文化技术学校基本实现了全覆盖，中等职业学校年招生规模约 1800 人，年开展成人培训超过 1.8 万人次，基本形成了较为完善的中等职业教育体系和市、乡、村三级成人培训网络。③

---

① 搜狐网：《国家级农村职业教育和成人教育示范县创建工作阶段性总结会在广东云浮新兴县召开》,（2019-04-14），https://www.sohu.com/a/307917811_53486[2022-11-17]。

② 大众网：《平度入选第五批“国家级农村职业教育和成人教育示范县”》,（2019-09-26），https://qingdao.dzwww.com/pingdu/PdNews/201909/t20190927_17113347.htm[2022-11-17]。

③ 阜阳市人民政府：《界首成功创建国家级职成教育示范县》,（2019-03-15），https://www.fy.gov.cn/content/detail/5c8b08c27f8b9a105e8b4567.html[2022-11-17]。

（二）培育新型职业农民，服务“三农”建设发展

在推进社会主义现代化过程中，我国一直高度重视“三农”问题，农业、农村、农民为改革开放和社会主义现代化建设做出了重大贡献。党的十九大报告强调中国特色社会主义已经进入新时代，我国社会主要矛盾已转化为人民日益增长的美好生活需要和不平衡不充分的发展之间的矛盾。解决新时代我国社会的主要矛盾，必须坚持农业农村现代化发展，坚持乡村振兴战略。在乡村振兴战略实施过程中，人才缺乏尤其是新型职业农民的缺乏制约了乡村振兴。因此，培育新型职业农民是乡村振兴战略的基础性工程，做好新型职业农民的培育工作，有利于解决乡村振兴面临的人才资源短缺问题，推进农业农村现代化发展。

1. 差异化地培养农业技术人才

适应新时代的职业农民应该是在所经营领域有着一技之长，并且能够在农业生产、管理、经营等方面都有着卓越能力的一批人，但由于农村的经济、文化、教育等资源有限，将农业技术人才进行分类培养是能够实现乡村治理由短时期快速发展到可持续进步的有效途径。

2018 年 9 月 30 日，农业农村部办公厅印发《乡村振兴科技支撑行动实施方案》。该方案指出要培育一批引领乡村振兴的新型农业经营主体，实施农业经营主体带头人轮训计划、现代青年农场主培养计划、农村实用人才带头人培训计划和农业产业精准扶贫带头人培训计划。

江西省根据这一政策，将乡村振兴人才归为新型职业农民、农村专业人才以及社会人才三类，并结合江西省农业产业特色出台了九项具有针对性的计划，分别为新型职业农民培养计划、农村实用人才培养计划、现代青年农场主培育计划、新型农业经营主体带头人轮训计划、新型职业农民学历提升试点计划、农业科研杰出人才计划和杰出青年农业科学家培养计划、农村创新创业人才培养计划、“一村一名大学生”工程、高校毕业生基层成长计划。

专栏一 《江西省乡村振兴战略规划（2018—2022 年）》摘要

（一）新型职业农民培养计划

以提高农民、扶持农民、富裕农民为方向，以吸引年轻人务农、培养职业农民为重点，通过培训提高一批、吸引发展一批、培育储备一批，加快构建一支有文化、懂技术、善经营、会管理的新型职业农民队伍，到 2022 年，培养 22 万名以上新型职业农民。

（二）农村实用人才培养计划

围绕农村生产服务、农技推广应用、乡村手工业、农耕文化等方面，大力发展农村职业教育，加强农村专业人才队伍建设，扶持培养一批农业职业经理人、经纪人、乡村工匠、文化能人、非遗传承人等。到 2022 年，培养农村实用人才 70 万名左右。

（三）现代青年农场主培育计划

按照“科教兴农、人才强农、新型职业农民固农”的战略要求，以技能培训、创业指导、政策扶持、跟踪服务为重点，分产业、分类型培育一批现代青年农场主，激活农村青年自身创造活力，提高创业兴业能力。

（四）新型农业经营主体带头人轮训计划

以服务现代农业发展为导向，以提升新型职业农民综合素质和生产经营能力为目标，规范新型职业农民培训工作内容、程序和要求，实施精准化培训，提升培训质量和效果，加快培养造就高素质现代农业生产经营者队伍。

（五）新型职业农民学历提升试点计划

按照“不离乡土、不误农时、工学结合、因需施教、分段集中、统一培养”的原则，采用田间课堂、网络教室等培训方式，将中高等教育延伸到农村，与涉农院校开展新型职业农民学历提升项目，对考核合格的农民发放大中专学历。

（六）农业科研杰出人才计划和杰出青年农业科学家培养计划

积极参与国家农业科研杰出人才计划和杰出青年农业科学家项目，每年培养 2～3 人参与国家农业科研杰出人才计划和杰出青年农业科学家项目。

（七）农村创新创业人才培养计划

整合打造一批农村创新创业园区（基地）、农村创业人员培训基地。到 2022 年，培训农村创业创新人才 10 000 人次，农村创业创新带头人 300 名，宣传推介优秀带头人典型 10 个；培育一批国家级、省级和市县级农村创业创新导师；建设 10 个国家农村创业创新园区（基地）、4 个全国农村创业创新人员培训基地。

（八）“一村一名大学生”工程

将“一村一名大学生”工程延长至 2022 年，进一步健全培养使用机制，大量选送符合条件的村“两委”干部、新型农业经营主体带头人、农村新产业新业态创业者和有志于农村创业的优秀青年等，进入工程培养体系，提升培养质量，到 2020 年实现平均每个行政村有 4 名左右“留得住、用得上、干得好、带得动”的高素质农村实用人才，到2022年完成6万名“一村一名大学生”培养任务。

（九）高校毕业生基层成长计划

将在农村基层重点领域就业创业的优秀高校毕业生作为后备人才，建立导师结对帮扶制度，推动国家、省市学术技术带头人、高层次人才与基层高校毕业生建立结对培养关系。积极创造条件，加大对后备人才支持力度，为其在基层工作生活提供便利。上级机关事业单位选拔干部人才、同级单位岗位职务（等级）晋升和评聘专业技术职务（岗位），应当将纳入后备人才的优秀高校毕业生作为重点人选对象。

资料来源：江西省发展和改革委员会：《江西省乡村振兴战略规划（2018—2022年）》，（2019-06-17），http://www.jiangxi.gov.cn/art/2019/6/17/art_4990_699852.html[2022-05-22]

2. 创新新型职业农民的培养模式

新型职业农民培育对推进乡村振兴战略的实施具有重要的作用。在乡村振兴战略实施过程中，新型职业农民的培育必须切合农业发展趋势、农村实际情况以及农民的切实需求。新型职业农民的概念提出之后，对职业农民的招生考试制度、培养形式、考核方法等方面都有了一定的创新。

2019年10月8日，江西省政府新闻办公室、江西省教育厅等联合召开新闻发布会，宣布50所高职院校面向社会人员扩招28 455人。扩招对象为具有高中学历（含同等学力）及以上江西省户籍的企事业单位在职职工、退役军人、下岗职工、农民工、农村“两委”干部、新型职业农民等社会人员。扩招免予文化素质测试，招生院校原则上采用“综合素质评价＋职业适应性测试或技能测试”的形式组织考试。通过扩招录取的考生，统一安排在2020年3月入学。考虑到社会人员入读高职的特殊性，江西省将按照“标准不降、模式多元、学制灵活”的原则开展教育管理，力争提高人才培养的针对性、适应性和实效性。高职院校根据人才培养目标、培养规格，推行学分制改革，单独制订人才培养方案、课程体系，实行弹性学制和弹性学期制，实行单独编班、单独选课、单独教学、单独考核。对在省内农村长期工作的新型职业农民、农村“两委”干部等农村优秀中青年进行定向培养，免收学费、书本费和住宿费。①

2020年7月30日，陕西省教育厅、陕西省农业农村厅印发了《陕西省职业

① 骆辉：《50所高职院校计划扩招28455人》，（2019-10-09），https://baijiahao.baidu.com/s?id=1646873837524852293&wfr=spider&for=pc[2022-05-20]。

教育服务乡村振兴战略三年行动计划（2020—2022 年）》。根据该文件，陕西省实施人才振兴计划、康养教育振兴计划、居民素质提升计划、管理服务提升计划以及职教服务乡村振兴能力提升工程。其中，人才振兴计划将重点建立职业院校与政府、行业企业协同培训机制，打造乡村劳动力培训品牌，开展乡村旅游、家政服务、物流配送等培训，建立与区域产业发展相匹配、与乡村振兴相适应的技术技能人才培养体系。[①]

2020 年 10 月，江西省农业农村厅办公室、江西省教育厅办公室印发《关于做好 2020 年全省高职扩招培养高素质农民报名登记和身份审核工作的通知》，明确 2020 年全省高职扩招培育高素质农民 4000 人，明确报考高职扩招培养高素质农民的对象为参加过高素质农民（含新型职业农民培育工程）培训的人员。该文件指出，2020 年全省高职扩招培育高素质农民实行弹性学制和灵活多元教学模式，基本学制三年。正式录取的学员纳入高职扩招计划，省财政承担省属高职院校的生均经费，南昌市财政承担市属高职院校的生均经费。承担培养任务的高职院校不再收取学员在学习期间的学费、书费、住宿费。学员在学习期间的生活费和交通费等个人自理。学习期满达到毕业要求的，颁发全日制高等教育专科学历证书。[②]

3. 重视新型职业农民的技能提升

考虑到农民工终生职业技能的培养并响应和贯彻《乡村振兴战略规划（2018—2022 年）》，2019 年 1 月 9 日，人力资源和社会保障部发布《新生代农民工职业技能提升计划（2019—2022 年）》，计划到 2022 年末，努力实现新生代农民工职业技能培训“普遍、普及、普惠”的目标。该文件提出三方面要求：大规模开展多种形式的职业技能培训，包括就业技能培训、岗位技能提升培训、技能扶贫培训以及创业创新培训；切实提高培训质量，创新培训内容和方式，提高培训针对性有效性，扩大培训供给，实行市场化社会化培训机制，做好公共就业服务，实现培训就业一体化；强化保障措施，加强组织领导，形成工作合力，加大扶持力度，落实补贴政策，优化社会环境，形成良好氛围。

2019 年 9 月 21 日，河南省人民政府发布《河南省职业技能提升行动方案（2019—2021 年）》，针对农民群体提出实施高素质农民技能提升计划；建设一批

---

① 陕西省教育厅、陕西省农业农村厅：《关于印发〈陕西省职业教育服务乡村振兴战略三年行动计划（2020—2022 年）〉的通知》，（2020-07-30），http://jyt.shaanxi.gov.cn/news/jiaoyutingwenjian/202007/30/17359.html[2022-05-22]。

② 甘甜：《江西：高职扩招培育高素质农民 4000 人》，（2020-10-28），https://baijiahao.baidu.com/s?id=1681789485022287160&wfr=spider&for=pc [2022-05-20]。

乡村振兴新型农民培育基地和农业农村类高技能人才培训基地，依托农业广播电视学校、涉农院校、科研单位、农技推广机构，培养一批爱农业、懂技术、会经营的新型农民；3 年培训 18 万人次以上，其中技能提升培训占比 40% 以上。①

2019 年 11 月 19 日，陕西省西安市职业技能提升行动正式启动。西安市人力资源和社会保障局、西安市财政局联合印发的《西安市职业技能提升行动实施方案（2019—2021 年）》提出，面向农村转移就业劳动者特别是新生代农民工、城乡未继续升学初高中毕业生等青年、下岗失业人员、退役军人、家政服务人员、就业困难人员（含残疾人）等，持续实施“春潮行动”“求学圆梦行动”“新型职业教育培训合作行动”“残疾人职业技能提升计划”“新生代农民工职业技能提升计划”和返乡创业培训计划，以及劳动预备培训、就业技能培训、职业技能提升培训等专项培训，实施新型职业农民培育工程和农村实用人才带头人素质提升计划。②

2019 年 12 月 4 日，教育部、农业农村部在江苏省句容市召开百万高素质农民学历提升行动计划推进会。农业农村部有关负责人就百万高素质农民学历提升行动计划的实施向涉农院校提出要求：一要把准需求，在乡村振兴大视角下，系统梳理人才需求；二要解构任务，围绕地方主导产业、特色产业开展精准培养；三要构建体系，加快构建短期培训与学历教育衔接、学历证书和技能证书衔接的体系；四要协调政策，健全完善助学政策，推行“定向培养”，为广大农民接受学历教育创造良好条件和环境。经过 5 年努力，培养 100 万名接受学历职业教育、具备市场开拓意识、能推动农业农村发展、带领农民增收致富的高素质农民。③

2020 年 11 月 11 日，农业农村部召开党的十九届五中全会精神宣讲报告会，强调把思想和行动统一到全会精神上来。全面推进乡村振兴，加快农业农村现代化。会议强调，全会对“三农”工作高度重视，《中共中央关于制定国民经济和社会发展第十四个五年规划和二〇三五年远景目标的建议》列专章部署安排，这是着眼于开启全面建设社会主义现代化国家新征程，着眼于构建新发展格局，着眼于防风险、守底线、保安全做出的重大部署，充分体现了“三农”在全党工作

① 河南省人民政府：《河南省人民政府办公厅关于印发河南省职业技能提升行动方案（2019—2021 年）的通知》，（2019-09-07），https://www.henan.gov.cn/2019/09-21/955265.html[2022-05-20]。

② 西安市人力资源和社会保障局、西安市财政局：《西安市人社局 西安市财政局关于印发西安市职业技能提升行动实施方案（2019—2021 年）的通知》，（2019-11-19），http://xahrss.xa.gov.cn/xwzx/tzgg/5f4efee4fd850845e6eef7fa.html[2022-05-20]。

③ 《农业农村部推进实施百万高素质农民学历提升行动计划》，（2019-12-09），http://www.gov.cn/xinwen/2019-12/08/content_5459459.htm[2022-05-20]。

重中之重的战略地位。同时会议提出“十四五”农业农村工作要重点抓好三件大事：一是推进巩固拓展脱贫攻坚成果同乡村振兴有效衔接，全面实施乡村振兴战略，让亿万农民共同迈向更加美好的生活；二是推进农业现代化，一手抓供给，持续提升粮食综合生产能力，一手抓质量，持续提升农业质量效益和竞争力；三是推进农村现代化，实施乡村建设行动，推动农村基础设施和公共服务取得明显进步，让农民有更多获得感、幸福感、安全感。①

此外，重视对新型职业农民的技能提升还体现在数字技能方面。信息技术在农民职业教育中的使用主要集中于网络教育资源收集和传播、在线教育培训、信息技术能力培养等方面。2019 年 2 月 15 日，农业农村部办公厅印发《2019 年农业农村科教环能工作要点》，指出要构建多元化立体培育格局，统筹利用各类教育培训资源，加强标准规范、名师队伍、精品课程和教材建设，遴选一批培育示范基地，加快构建“专门机构 + 多方资源 + 市场主体”的多元化培育体系；创新培训机制，探索政府购买服务等方式，支持农民专业合作社和龙头企业等主体承担培训工作；创新培训方式，依托云上智农 APP 开展在线学习、在线服务和在线考核，实现线上与线下培训的学时学分有效衔接。

2019 年 2 月 19 日，河南省人力资源和社会保障厅、河南省扶贫开发办公室出台《河南省技能扶贫专项行动计划》，强调要充分发挥河南省人社系统“互联网 + 职业培训”平台作用，采取网上教学和现场实训相结合的方式，为贫困劳动力免费提供优质的职业技能课程和资源，使学员看得懂、学得会、用得上。②

2019 年 5 月 16 日，中共中央办公厅、国务院办公厅印发《数字乡村发展战略纲要》，从促进产业技术的智慧化升级、开展网络扶智和扶贫、推动乡村创业创新、加强农民信息素养培训等方面突出了乡村信息化实现的必要性。

技能提升行动使得农村人才的能力有了质性发展，其对农村产业和经济产生的作用是巨大的，促使社会对农民的关注度和认可度不断提升。据此山东省首次提出职业农民职称评审制度，该制度打破了传统的学历、论文、资历要求，将实用技能作为评定标准，生动地验证了职称不是“评”出来的，而是“干”出来的这一真理。③

---

① 澎湃新闻：《农业农村部召开党的十九届五中全会精神宣讲报告会》，(2020-11-13)，https://m.thepaper.cn/baijiahao_9978301[2022-05-20]。

② 河南省人力资源和社会保障厅、河南省扶贫开发办公室：《关于印发河南省技能扶贫专项行动计划的通知》，(2019-02-19)，http://www.luoshan.gov.cn/news.php?cid=27&id=6670[2022-05-20]。

③ 鲁网：《山东省全面推开新型职业农民职称评定制度》，(2021-01-08)，https://baijiahao.baidu.com/s?id=1688298683763357252&wfr=spider&for=pc[2022-11-17]。

4. 着力培养乡村特色文化继承人

随着城乡精神文明建设的一体化进程的推进，乡村特色文化产业逐步发展。新时代的职业农民不仅是技术的操控者和创新者，更是乡村文化和精神的传播者。2018 年 9 月，中共中央、国务院印发《乡村振兴战略规划（2018—2022 年）》，强调了以下两点内容：其一，发展乡村特色文化产业，加强规划引导、典型示范，挖掘培养乡土文化本土人才。大力推动农村地区实施传统工艺振兴计划，培育形成具有民族和地域特色的传统工艺产品，促进传统工艺提高品质、形成品牌、带动就业。其二，广泛开展群众文化活动。完善群众文艺扶持机制，鼓励农村地区自办文化。培育挖掘乡土文化本土人才，支持乡村文化能人。加强基层文化队伍培训，培养一支懂文艺爱农村爱农民、专兼职相结合的农村文化工作队伍。传承和发展民族民间传统体育，广泛开展形式多样的农民群众性体育活动。鼓励开展群众性节日民俗活动，支持文化志愿者深入农村开展丰富多彩的文化志愿服务活动。活跃繁荣农村文化市场，推动农村文化市场转型升级，加强农村文化市场监管。

（三）深入推进产教融合，落实乡村振兴战略

乡村振兴是要不断提高村民在产业发展中的参与度和扩大受益面，彻底解决农村产业和农民就业问题，确保当地群众长期稳定增收、安居乐业，农业农村现代化是实施乡村振兴战略的总目标。按照党的十九大提出的决胜全面建成小康社会、分两个阶段实现第二个百年奋斗目标的战略安排，中央农村工作会议明确了实施乡村振兴战略的目标任务①：到 2020 年，乡村振兴取得重要进展，制度框架和政策体系基本形成；到 2035 年，乡村振兴取得决定性进展，农业农村现代化基本实现；到 2050 年，乡村全面振兴，农业强、农村美、农民富全面实现。

1. 发挥职业学校及高校的人才培养优势

高校是农业科技创新的主力之一，承担着助力乡村振兴的重要使命。新时代，我们不断利用职业学校的科研以及人才培养优势，以智扶志，鼓励优秀的高素质高技能型人才返乡下乡，通过教育阻断贫困的代际传递，同时为这些高技能人才做好保障，最大化地发挥人才的价值。

为了贯彻落实乡村振兴战略，了解当前农业农村发展现状，2018 年，国家统计局农村司组织全国省（区、市）统计局和国家统计局各调查总队开展了“乡村振兴之路”调研活动。全国共调研了 1103 个村，填报 11 979 份有效调查问卷，

① 《中央农村工作会议》,（2017-12-29），http://www.12371.cn/special/lczyncgzhy/[2022-05-20]。

对广大农民意愿、农村产业发展情况、生态宜居情况、乡风文明情况、乡村治理情况、民生保障情况等进行调查了解。受访农民认为，乡村振兴最急需的是资金，占 64.6%，其次是人才，占 52.3%，最后是技术，占 50.8%。资金紧张、技术水平落后、人才匮乏已成为实施乡村振兴战略的最大瓶颈。在这一过程中，农村职业学校、农业职业院校、农业专业高等教育院校作为农村技能人才培养的摇篮，却恰恰面临着办学基础薄弱、专业吸引力不强、地区特色不明显、人才培养规模缺乏、人才交流机制混乱、人才培养不对口等困境。

2018 年 12 月 29 日，教育部印发《高等学校乡村振兴科技创新行动计划（2018—2022 年）》，力求通过完善高校科技创新体系布局，强化高校科技和人才支撑体系，使得高校服务乡村振兴的创新能力和质量显著提升，打造一支懂农业、爱农村、爱农民的乡村振兴人才队伍。该计划提出了一个体系、两个支撑、三个服务、四个保障、五个原则、六个战略、七个行动。其中，“七个行动”主要涵盖以下内容：第一，科学研究支撑行动，包括提升前沿科学与技术水平、促进学科交叉与融合创新、加强乡村振兴战略研究。第二，技术创新攻关行动，包括突破核心关键技术与装备、强化技术支撑体系创新。第三，能力建设提升行动，包括加强农业农村领域重大条件平台建设、建设乡村振兴的协同创新平台、加强高校新农村发展研究院建设。第四，人才培养提质行动，包括促进学科专业发展建设、强化人才培养、加强基层人才能力培训。第五，成果推广转化行动，包括加快农业技术转移转化、打通转移转化机制障碍、服务农业农村创新创业。第六，脱贫攻坚助力行动，包括开展精准脱贫的实验示范、书写科技脱贫攻坚“高校样本”。第七，国际合作提升行动，包括加强高水平国际合作、促进国际人才交流、提升开放创新服务水平。

教育部科学技术司司长雷朝滋称该计划的发布把党中央、国务院关于乡村振兴的决策部署转化为高校科技创新工作的具体行动，标志着高校已经吹响全面深入服务乡村振兴的号角。

专栏二　《高等学校乡村振兴科技创新行动计划（2018—2022 年）》摘要

1）创新乡村振兴人才培养模式。支持高校在乡村振兴拔尖创新、复合应用和实用技能人才培养方面深化改革，开设学科专业交叉融合、理论与实践紧密结合、政产学研通力配合的乡村振兴实验班，推进教学模式、教学方法的改革与创新，加大教师队伍、教学条件建设等方面的建设力度，培养懂农业、爱农村、爱农民的农业农村现代化建设接班人。

2）加强乡村振兴高层次人才培养。积极探索专业学位研究生培养模式改革，鼓励和引导高校适度扩大农业硕士专业学位研究生培养规模。通过体制机制改革，优化乡村创新创业环境，培养青年创客、“新农人”等乡村振兴高端人才，推动青年人才扎根乡村创业。

3）广泛开展乡村振兴基层人才培训。加强高校培训能力建设，根据不同行业、不同领域、不同层次的人才培训需求，编制培训教材、制定培训方案、创新培训模式。建立高校与政府的协同培训机制。组织新型农业经营主体、农技骨干、新型职业农民、大学生村官以及“三农”党政干部等开展专题培训。面向乡村基层干部和涉农人员开展成人学历提升教育。

资料来源：教育部：《关于印发高等学校乡村振兴科技创新行动计划（2018—2022年）的通知》，（2019-01-04），http://www.gov.cn/xinwen/2019-01/04/content_5354819.htm[2020-10-10]

2019年的高职扩招将高等学府的大门向农业农村农民打开，这是振兴涉农职业教育、提升农民素质的又一重大举措。当年6月12日，教育部召开新闻发布会，解读《高等学校乡村振兴科技创新行动计划（2018—2022）》，会议认为该行动出台后，高校创新成果和人才优势转化为推动农业农村发展的产业动能，成效显著。①

2020年12月8日，在教育部召开的新闻发布会上，教育部职业教育与成人教育司司长陈子季介绍了“十三五”期间职业教育发展最大的成就，就是培养了一大批支撑经济社会发展的技术技能人才。②在服务区域发展上，实施职业教育东西协作行动计划，推进“东西职业院校协作全覆盖、东西中职招生协作兜底、职业院校全面参与东西劳务协作”三大行动，累计投入帮扶资金设备超过18亿元，共建专业点683个、实训基地338个、分校（教学点）63个，共同组建职教集团（联盟）99个，就业技能培训14万余人，岗位技能提升培训16万余人，创业培训2.3万余人。在服务脱贫攻坚上，职业院校70%以上的学生来自农村，千万家庭通过职业教育实现了拥有第一代大学生的梦想。“职教一人，就业一人，脱贫一家”成为阻断贫困代际传递见效最快的方式。例如，顺德职业技术学院开展的“一人学厨，全家脱贫”帮扶培训项目，就是职业教育助力精准扶贫、乡

① 国务院新闻办公室：《教育部举行高校乡村振兴科技创新行动〈计划〉发布会》，（2019-06-12），http://www.scio.gov.cn/xwfbh/gbwxwfbh/xwfbh/jyb/document/1656643/1656643.htm[2022-05-20]。

② 佚名：《教育部：全国职业院校共1.15万所 在校生2857万人》，（2020-12-08），http://www.moe.gov.cn/fbh/live/2020/52735/mtbd/202012/t20201209_504275.html[2022-05-20]。

村振兴的典型。“十三五”期间，共创建国家级农村职业教育与成人教育示范县261 个。在促进教育公平上，中职免学费、助学金分别覆盖超过 90% 和 40% 的学生，高职奖学金、助学金分别覆盖近 30% 和 25% 以上的学生。用三年时间扩招300万人，服务“六稳”“六保”，踢出了中国高等教育普及化的“临门一脚”。①

此外，在职业教育助力乡村振兴方面，我国多个省份的职业院校结合自身的专业优势在技能扶贫方面取得了较为丰硕的成果。

重庆三峡职业技术学院以专业扶持产业，搭建乡村振兴田间学院平台。该校农作物种植和水产专业教师科研团队相结合，在万州大林村实施“稻鱼共生”科技推广项目，该项目在三峡库区已推广 5300 余亩②，实现产值 2500 多万元。

兰州石化职业技术学院则根据当地产业的特点，2019 年为定点帮扶的 3 个贫困村组织维修钳工、焊接等技能培训班 9 期，3 个村的劳务人员 1800 人，劳务收入 3600 万元。同时，发展养殖产业，优化林果种植，开展电商培训，多措并举合力攻坚。湖南环境生物职业技术学院深入湖南省 11 个深度贫困县，针对重点贫困人群、重点疾病、主要健康问题和健康危险因素等内容，进行义诊义检、送医送药，并形成“深度贫困县健康扶贫质量报告”，为破解“因病致贫、因病返贫”提出了建议。新疆农业职业技术学院大力开展农业技术指导服务和农牧民培训，教师利用寒暑假，面对面、手把手、零距离指导农业生产，足迹遍布全疆 22 个深度贫困县，受益农户 2.7 万人。③

2. 构建多方联动体系

为了彰显产教融合的效果，必须注重构建学校、企业、政府等多方联动的机制，以政府的政策保障为主，重点发挥企业的技术技能需求预测优势以及高校的人才培养优势，校企合作共同培养一线的高素质高技能人才。除上述报告中提及的发挥高校的优势之外，越来越多的地区出台了具有针对性的产教融合政策。

2018 年，贵州省教育厅坚持“教育主动作为、协调部门配合，遵循市场规律、行政积极引导，以购买引领生产、以集团化（联盟）统筹流通”的工作方法，推进五个方面的试点，把“校农结合”工作推向深入：由黔南布依族苗族自治州政府牵头，成立黔南布依族苗族自治州高校“校农结合”集团，统筹建立

① 《教育部新闻发布会介绍“十三五”期间职业教育改革发展情况》,（2020-12-08），http://www.gov.cn/xinwen/2020-12/08/content_5568181.htm[2022-05-20]。

② 1 亩≈ 666.7 平方米。

③ 中国教育报：《办好县域职教中心 加大金融支持力度 培养农村实用人才——脱贫攻坚决胜时，职业教育再发力》，（2019-11-23），http://www.moe.gov.cn/jyb_xwfb/s5147/201911/t20191125_409527.html[2022-11-17]。

若干种养殖生产基地，由省供销社所属的农产品流通企业作为购销平台，实现订单生产、合同收购、按需配送、引领产业的统筹运行。由省教育厅牵头，成立职业院校“校农结合”联盟，由联盟成员学校共同推荐国有农产品流通企业作为购销平台，组织收购、检测、储存并统一按订单需求配送到联盟成员学校。由贵阳市、黔西南布依族苗族自治州、铜仁市教育局牵头，分别探索普通高中、义务教育、学前教育“校农结合”集中实施模式，全方位探索“校农结合”的有效方法。

2019 年，西安市人力资源和社会保障局、市财政局联合印发《西安市职业技能提升行动实施方案（2019—2021 年）》，提出要持续加强贫困劳动力和贫困家庭子女职业技能培训，为建档立卡贫困劳动力提供免费职业技能培训，加强苏陕扶贫协作中贫困劳动力的技能培训。鼓励培训机构入村入户对贫困劳动力开展培训。深入推进技能脱贫千校行动、深度贫困地区技能扶贫行动和技工教育赋能工程。鼓励各类企业尤其是规模以上企业或者吸纳就业人数较多的企业设立职工培训中心，按规定给予企业职工技能提升和转岗转业培训补贴。支持校企合作共建培训中心、实训中心、教学工厂等，培育一批产教融合型企业。产教融合型企业向所举办职业院校（含技工院校）投入的经费，符合规定的可按 30% 冲抵其当年应缴纳的教育费附加和地方教育附加。企业举办的职业院校全日制毕业生在省内就业且与用人单位签订一年以上劳动合同的，分别按中级工、高级工、预备技师每人不低于 1500 元、2000 元、3000 元标准给予院校资金支持。[①]

专栏三 《关于促进乡村产业振兴的指导意见》摘要

1）培育多元融合主体。支持农业产业化龙头企业发展，引导其向粮食主产区和特色农产品优势区集聚。启动家庭农场培育计划，开展农民合作社规范提升行动。鼓励发展农业产业化龙头企业带动、农民合作社和家庭农场跟进、小农户参与的农业产业化联合体。支持发展县域范围内产业关联度高、辐射带动力强、多种主体参与的融合模式，实现优势互补、风险共担、利益共享。（农业农村部、国家发展改革委、财政部、国家林草局等负责）

2）发展多类型融合业态。跨界配置农业和现代产业要素，促进产业深度交叉融合，形成“农业 +”多业态发展态势。推进规模种植与林牧渔融合，

① 《陕西西安：正式启动职业技能提升行动》，（2019-11-25），http://www.mohrss.gov.cn/SYrlzyhshbzb/dongtaixinwen/dfdt/201911/t20191125_343460.html[2022-11-17]。

发展稻渔共生、林下种养等。推进农业与加工流通业融合，发展中央厨房、直供直销、会员农业等。推进农业与文化、旅游、教育、康养等产业融合，发展创意农业、功能农业等。推进农业与信息产业融合，发展数字农业、智慧农业等。（农业农村部、国家发展改革委、教育部、工业和信息化部、文化和旅游部、国家卫生健康委、国家林草局等负责）

3）打造产业融合载体。立足县域资源禀赋，突出主导产业，建设一批现代农业产业园和农业产业强镇，创建一批农村产业融合发展示范园，形成多主体参与、多要素聚集、多业态发展格局。（农业农村部、国家发展改革委、财政部、国家林草局等负责）

4）构建利益联结机制。引导农业企业与小农户建立契约型、分红型、股权型等合作方式，把利益分配重点向产业链上游倾斜，促进农民持续增收。完善农业股份合作制企业利润分配机制，推广"订单收购＋分红"、"农民入股＋保底收益＋按股分红"等模式。开展土地经营权入股从事农业产业化经营试点。（农业农村部、国家发展改革委等负责）

资料来源：国务院：《关于促进乡村产业振兴的指导意见》，（2019-06-28），http://www.gov.cn/zhengce/content/2019-06/28/content_5404170.htm[2022-05-20]

3. 健全人才保障机制

乡村产业根植于县域，以农业农村资源为依托，以农民为主体。要通过人才振兴产业，产业促进人才的发展，首要前提是要健全兜底保障机制，用教育阻断贫困的代际传递，巩固脱贫攻坚成果。

专栏四 《关于促进劳动力和人才社会性流动体制机制改革的意见》摘要

1）推进精准扶贫促进贫困群体向上流动。坚持因村因户因人精准施策，聚焦"三区三州"等深度贫困地区和特殊贫困群体，深入推进产业、就业、社会保险、健康、教育扶贫工作，确保如期打赢脱贫攻坚战。积极应对外部环境变化、市场波动、产业结构变化对脱贫地方和脱贫人口的冲击，及时跟进研究针对性扶持政策措施。研究制定收入水平略高于建档立卡贫困户的群体支持政策。

2）推进教育优先发展保障起点公平。推进城乡义务教育一体化发展，实现县域内校舍建设、师资配备、生均公用经费基准定额等标准统一。落实国家学生资助政策，保障家庭经济困难学生、残疾学生等受教育权利。健全以居住证为主要依据的随迁子女义务教育入学政策，确保居住证持有人在居住地依法享受义务教育。继续实施支援中西部地区招生协作计划、重点高校招收农村和贫困地区学生专项计划、职业教育东西协作行动计划及技能脱贫千校行动，在贫困县对口支援建设一批中等职业学校（含技工学校），增加农村地区、贫困地区、贫困家庭学生上大学的机会和接受优质高等教育的机会。

资料来源：中共中央办公厅、国务院办公厅：《关于促进劳动力和人才社会性流动体制机制改革的意见》，（2019-12-25），http://www.gov.cn/zhengce/2019-12/25/content_5463978.htm[2020-10-10]

健全人才保障机制不仅仅体现在通过教育来阻断贫困的传递，还体现在财政相关政策的制定与发布上。国务院印发的《关于促进乡村产业振兴的指导意见》指出，完善政策措施，优化乡村产业发展环境，首先要从健全财政投入机制开始。加强一般公共预算投入保障，提高土地出让收入用于农业农村的比例，支持乡村产业振兴。新增耕地指标和城乡建设用地增减挂钩节余指标跨省域调剂收益，全部用于巩固脱贫攻坚成果和支持乡村振兴。鼓励有条件的地方按市场化方式设立乡村产业发展基金，重点用于乡村产业技术创新。鼓励地方按规定对吸纳贫困家庭劳动力、农村残疾人就业的农业企业给予相关补贴，落实相关税收优惠政策。另外，健全人才保障机制。各类创业扶持政策向农业农村领域延伸覆盖，引导各类人才到乡村兴办产业。加大农民技能培训力度，支持职业学校扩大农村招生。深化农业系列职称制度改革，开展面向农技推广人员的评审。支持科技人员以科技成果入股农业企业，建立健全科研人员校企、院企共建双聘机制，实行股权分红等激励措施。实施乡村振兴青春建功行动。

2020 年 6 月 20 日，河南省印发《关于推动返乡入乡创业高质量发展的实施方案》，指出在财税政策支持上发挥财政资金“四两拨千斤”的带动作用，加大对返乡入乡创业载体支持力度，对评为国家级或省级返乡创业示范园区的，由省财政给予一次性奖补资金 100 万元或 50 万元。实施税费减免，对返乡入乡创业企业招用建档立卡贫困人口、登记失业人员，符合条件的，按规定落实有关税收优惠政策。对入驻县（市、区）返乡入乡创业企业，发生的物管费、卫生费、房租费、水电费、场地租赁费，由各县（市、区）按当月实际发生费用的 50% 给予补贴，年补贴最高限额为 2 万元。①

① 《关于推动返乡入乡创业高质量发展的实施方案》，（2020-06-20），https://fgw.henan.gov.cn/2020/06-29/1561285.html[2022-10-05]。

（四）拓宽教育扶贫途径，致力于共同富裕

2020 年，我国脱贫攻坚战取得了全面胜利。在 2020 年贫困标准下，9899 万农村贫困人口全部脱贫，832 个贫困县全部摘帽，区域性整体贫困得到解决。①

1. 支持农村创新创业发展

近年来，农村创业创新环境持续改善，返乡入乡创业人员不断增多，形成了新的农村创业创新热潮。受新冠肺炎疫情影响，返乡留乡农民工就地就业创业的明显增多。但是，农村创业创新仍存在要素聚集较低、政策集成不够、服务集合不强等问题，需要明确建设重点、完善创业政策、优化指导服务、聚集培训资源，倡导技能扶贫与其他扶贫方式并进，推进农村创业创新，为乡村全面振兴和农业农村现代化提供有力支撑。

2019 年 1 月 3 日，中共中央、国务院印发的《关于坚持农业农村优先发展做好“三农”工作的若干意见》强调要坚持扶贫与扶志扶智相结合，加强贫困地区职业教育和技能培训，加强开发式扶贫与保障性扶贫统筹衔接，着力解决“一兜了之”和部分贫困人口“等靠要”问题。

在精准扶贫进程中，对于扶贫对象的精准识别，是推动农村人口技能提升的前提。对不同需求的群体进行差异化培养，合理分配扶贫资源，有利于从根本上解决技能不匹配问题，从而提升农民的幸福感。2019 年 1 月 8 日，人力资源和社会保障部、国务院扶贫办出台《关于深入推进技能脱贫千校行动的实施意见》，从技工院校建设、职业技能培训开展等方面进行规划。对有外出转移就业意愿人员，开展引导性培训和专项技能培训、初级技能培训，帮助其掌握就业的一技之长。对订单、定向、定岗就业人员，开展岗位技能培训，帮助其培训后直接上岗。对在乡镇扶贫车间、村社代工点等就业人员和手工艺制作等居家就业人员，开展就地就近技能培训，促进就业增收。对未能继续升学并准备转移就业的应届初、高中毕业生，开展劳动预备制培训。对学习能力较强、具备一定创业条件的人员，同时开展创业培训和生产技术技能培训，全力帮扶学员实现创业就业。

根据中央指示，各省份陆续出台了相关战略和方案，以期形成多种扶贫方式结合、多方扶贫主体参与的大扶贫格局。

江西省开展就业扶贫行动，以职业教育培训和劳务输出、乡村旅游、生态护林、林下经济、节能环保等相关职业技能培训等多种形式，实现脱贫举措与技能培训精准对接；引导订单式、学徒制等校企联合培养类职业教育项目；开展就业

---

① 央视新闻客户端：《9899 万人口脱贫 832 个贫困县摘帽 数说脱贫攻坚战》，(2021-02-25)，http://m.news.cctv.com/2021/02/25/ARTI7ahgktPFIe8YS0OX5tHv210225.shtml[2022-11-17]。

援助月、春风行动、民营企业招聘周等专项活动，加强地域间对口劳务协作，支持贫困地区人员外派就业；推动贫困地区开展对外家政服务企业供需对接；继续支持创建就业扶贫园区、龙头企业扶贫基地、就业扶贫车间、新型农村合作社、非正规就业组织、就业扶贫专岗托底等 6 类就地就业平台；因地制宜推进就业扶贫车间建设；优先面向贫困县重点支持建设县级职业教育中心（职业高中）或技工院校。①

贵州省深入实施精准脱贫三项行动计划，以精准招生和精准资助为抓手，实施扶智计划；以精准培养和精准就业为载体，实施自强行动；以精准培训和校农结合为突破口，实施造血工程，重点面向深度贫困地区办好全免费订单职业教育精准脱贫班。巩固提高教育“9 + 3”计划成果，继续实行中职免学费教育，大力实施中职强基工程，稳规模、调结构、强管理、提质量、促效益，强化中等职业学校管理，提升整体办学质量与水平，提高服务当地经济社会发展和脱贫攻坚能力。实施高职特优计划，紧扣深度贫困地区产业布局调整升级、农村产业革命和乡村振兴计划需求，形成紧扣产业、凸显特色、错位发展的专业体系，建设一批服务地方经济社会发展和脱贫攻坚省级优质高职院校。②

陕西省采取技能扶贫、就业扶贫、科技扶贫和产业扶贫等相结合的方式，实施技能脱贫专项行动，推进技工教育赋能工程，办好中等职业学校，建设实训基地，按规定落实职业培训补贴政策，统筹各类教育培训资源，加强就业技能培训和岗前培训，打造一批具有地域特点、社会认可的特色劳务品牌，有效带动劳务输出；加大贫困地区推广普及国家通用语言文字工作力度，开展贫困地区青壮年农民普通话培训，将学习掌握普通话作为职业技术培训的重要内容；鼓励创业带动就业，加强创业担保贷款信用村建设，优先为贫困劳动力提供创业孵化服务，积极培育“返乡创业带头人”和“贫困村创业致富带头人”，带动更多贫困劳动力创业就业；加强农村实用性、技能型人才队伍建设，支持各类涉农院校、科研院所、农业技术机构组建产业扶贫技术团队，重点为贫困村、贫困户提供技术服务。在贫困地区全面实施农技推广特聘计划，从农村乡土专家、种养能手等一线服务人员招聘一批特聘农技员，由县级政府聘为贫困村科技扶贫

① 江西省人民政府：《中共江西省委　江西省人民政府 关于打赢脱贫攻坚战三年行动的实施意见》，（2018-12-07），http://www.jiangxi.gov.cn/art/2018/12/7/art_5213_408287.html[2022-11-17]。

② 搜狐网：《重磅：省教育厅实施贵州省深度贫困地区教育精准脱贫三年攻坚行动（2018—2020年）》，（2018-10-17），https://www.sohu.com/a/260039438_100016140[2022-11-17]。

带头人。[①]

甘肃省促进农村劳动力多渠道转移就业和增收，加大就业技能培训力度，实施农民专业合作社能力提升工程，组织开展壮大万家合作社行动计划、合作社带头人万人培训计划、合作社辅导员培训计划等；鼓励外出农民工、高校和中等职业学校毕业生、退伍军人、城市各类人才返乡下乡创新创业，支持建立多种形式的创业支撑服务平台，完善乡村创新创业支持服务体系；大力开展乡土人才示范培训，培养一批“土专家”、“田秀才”、“农创客”、产业发展带头人和农村电商人才，扶持一批农业职业经理人。[②]

北京市人力资源和社会保障局、农业农村局联合发布《关于支持返乡下乡人员创业就业的实施意见》，鼓励高校及科研机构专业技术人员、种业科技人才、优秀高校毕业生等城市各类人才带着资金、技术下乡创业发展。符合条件的返乡下乡创业人员，可享受创业担保贷款、一次性创业补贴、社补岗补等政策优待。该实施意见结合北京市特点，根据高素质农民、科技人员、青年人才三类人才的特点，开辟了专业人才培育培养、科技兼职、在职创业等多条创新创业渠道。鼓励从事种业科研、推广的非营利性研究开发机构和高等学校采用转让、许可、作价入股等方式开展种业科研成果转移转化，成果转移转化所获收入全部留归种业科研单位，纳入单位预算，实行统一管理。[③]

新疆维吾尔自治区出台《关于疫情防控形势下做好高等学校 2020 届毕业生学业管理和就业服务工作的办法》，引导和鼓励毕业生到基层，到现代种植业、农产品加工、农村电子商务、农村合作经济和基层水利等领域就业创业。[④]

2020 年 11 月，农业农村部等印发《关于推进返乡入乡创业园建设提升农村创业创新水平的意见》，明确到 2025 年，在全国县域建设 1500 个功能全、服务优、覆盖面广、承载力强、孵化率高的返乡入乡创业园，吸引 300 万返乡入乡人

---

① 陕西省人民政府：《陕西省人力资源和社会保障厅陕西省财政厅关于印发陕西省职业技能提升行动实施方案（2019—2021 年）的通知》，(2020-04-02)，http://www.shaanxi.gov.cn/zfxxgk/zfgb/2020/d6q/ 202004/t20200402_1636019.html[2022-11-17]。

② 张掖市畜牧兽医局：《中共甘肃省委甘肃省人民政府关于坚持农业农村优先发展做好全省“三农”工作的实施意见》(2019-05-08)，http://www.zhangye.gov.cn/xmj/dzdt/gzdt/201905/t20190508_213260.html [2022-11-17]。

③ 北京市人力资源和社会保障局、北京市农业农村局：《关于支持返乡下乡人员创业就业的实施意见》，(2020-01-09)，http://www.beijing.gov.cn/zhengce/zhengcefagui/202001/t20200121_1619539.html [2022-01-05]。

④《自治区教育厅 自治区人社厅关于疫情防控形势下做好高等学校2020届毕业生学业管理和就业服务工作的办法》，(2020-05-11)，https://chesicc.chsi.com.cn/zxgw/jycyzc/xinjiang/202005/20200511/1908491374.html[2022-11-17]。

员创业创新，带动 2000 万农民工就地就近就业。

2. 推进农村供给侧结构性改革

农业的主要矛盾由总量不足转变为结构性矛盾，突出表现为阶段性供过于求和供给不足并存，矛盾的主要方面在供给侧。因此，必须顺应新形势新要求，坚持问题导向，调整工作重心，通过深入推进农业供给侧结构性改革，发挥现代农业职业教育集团的积极作用，开创农业现代化建设的新局面。以农业供给侧结构性改革为主线，以绿色发展为导向，坚持走产出高效、产品安全、资源节约、环境友好的发展道路，是全面推进农业现代化的必然选择。

推进农业供给侧结构性改革的核心是提升农业供给质量和效益，满足多样化消费需求，使农产品供给数量上更充足，品种和质量上更契合消费者的需要，真正形成结构更加合理、保障更加有力的农产品有效供给。各级单位不仅要着眼于为解决农产品供给数量不足服务，对改善品质、发展特色农产品和满足个性化需求等消费升级也要提供足够的支撑。

2020 年 9 月 23 日，教育部等九部门印发《职业教育提质培优行动计划（2020—2023 年）》，提出要深化职业教育供给侧结构性改革，建立产业人才数据平台，根据产业的发展发布产业人才需求报告，促进职业教育的人才培养能够与产业行业的发展需求实现精准对接。遴选建设一批产教融合型城市，推动试点城市建设开放型、共享型、智慧型实训基地。

四、农村职业教育研究进展

（一）研究文献总体概述

1. 立项课题

我们在国家社会科学基金科研创新服务管理平台上搜索 2018—2020 年的国家社会科学基金课题，共搜索到年度项目立项 10 586 项，青年项目立项 3176 项，均未在其中发现有与农村职业教育相关的课题。全国教育科学“十三五”规划 2019—2020 年课题立项 956 项，关于“农村职业教育”的课题有 3 项，其中国家一般课题有 1 项，课题名称为“乡村振兴背景下新型职业农民职业教育和培训支持体系及模式构建的研究”（马建富，江苏理工学院）；教育部重点课题 2 项，分别为“乡村振兴战略下新型职业农民培育：网络效应与协同机制”（李莉，福建师范大学协和学院）、“‘一带一路’倡议下中国－老挝农业职业教育合作机制研究”（裀美琦，广西农业职业技术学院）。

2. 学位论文

以“农村职业教育”为关键词，检索中国知网上 2018 年 8 月—2020 年 12 月 31 日的硕士、博士学位论文，共检索到 31 篇相关论文，具体如表 4.9 所示。

表 4.9　农村职业教育相关学位论文信息一览表

年份	作者	学校	论文题目
2018	徐进利	南京农业大学	《新农村背景下农民职业教育现状及对策研究——以江苏省连云港市为例》
	糜林君	西南大学	《职业教育精准支持在校农村贫困学生脱贫的策略研究——以重庆市为例》
	李娜	江西科技师范大学	《精准扶贫战略下江西农村职业教育发展研究——以赣州市兴国县为例》
	张立武	华南农业大学	《推进梅州农村职业教育发展研究——以职业教育学校为例》
	任亚杰	大连理工大学	《中等职业教育对农村劳动力转移的影响研究》
	万军	上海师范大学	《职业教育服务农村劳动力转移的制度创新研究》
	张飏	西北大学	《职业教育参与精准扶贫的现状、问题与路径研究——以陕西省汉中市为例》
	王雷	陕西师范大学	《农业供给侧结构性改革背景下农村职业教育制度变革研究》
	赵婷婷	淮北师范大学	《农村城镇化背景下安徽农村职业教育发展研究》
	魏秀宇	安徽财经大学	《皖北地区新型职业农民培育的制约因素及路径优化》
	何青云	湖南师范大学	《农村职业学校发展困境及对策研究——以湖南 D 县职业学校为例》
2019	刘焱	淮北师范大学	《供给侧改革背景下安徽省农村职业教育发展研究》
	薛瑞英	西南大学	《乡村振兴战略下的农村职业教育功能研究》
	柯婧秋	华东师范大学	《乡村振兴战略背景下县级职教中心的办学功能定位研究》
	蒲小潘	四川师范大学	《改革开放以来 S 县农村社区职业教育的演进及启示——基于口述史的研究》
	姜延琪	东北农业大学	《精准扶贫背景下加快黑龙江省农村职业教育发展的政策研究》
	蒙玲	广西师范大学	《广西农村中等职业学校涉农专业建设研究》
	吴涛	安徽农业大学	《农村职业教育发展策略研究——以安徽省马鞍山市为例》
	拓拥军	江西农业大学	《我国农村中等农业职业教育发展模式研究》
	郑凤贤	广东技术师范大学	《乡村振兴视角下农村职业教育有效供给研究——以徐闻县为例》
	李艳娟	内蒙古农业大学	《乡村振兴战略背景下赤峰市农村职业教育发展问题研究》
	侯明政	曲阜师范大学	《我国农村职业教育与农村剩余劳动力转移关系研究》

续表

年份	作者	学校	论文题目
2020	张珍	南京邮电大学	《"乡村振兴"战略下农村职业教育的发展路径研究》
	杨佳妮	西安理工大学	《乡村振兴战略视阈下农民职业教育问题研究》
	李珍珍	山西大学	《乡村振兴战略下我国农村职业教育推进研究》
	冯娜	内蒙古农业大学	《乡村振兴战略下达拉特旗农牧区职业教育发展问题研究》
	姚旖璇	东北师范大学	《民国时期农村职业教育实施研究》
	陈科	河北大学	《成人职业教育促进农村"空心化"治理研究——以浙江省L村为例》
	吴梦涵	河北经贸大学	《乡村振兴战略下农村职业教育发展问题与对策研究——以河北省20所农村职业教育试点学校为例》
	袁建成	河北大学	《乡村振兴战略背景下河北省农村职业教育发展研究——以盐山县为例》
	龙晓玲	兰州大学	《西宁市农村职业教育问题研究》

3. 论著

以"农村职业教育"为关键词在"中国知网"上检索，时间截取2018年8月—2020年12月31日，共获得349篇相关文献。通过人工筛出与农村职业教育强相关的文献，获取相关文献239篇，其中期刊论文211篇，被CSSCI收录的论文14篇，在核心期刊发表的论文53篇。在研究主题分布上，主要分布于农村职业教育及与农村职业教育相关的乡村振兴、精准扶贫、职业学校、农村电商、产教融合等。

在当当网、亚马逊网站、京东商城三大网站，分别以"农村职业教育"和"农职教"为关键词，搜索2018年8月—2020年12月31日出版的相关书籍，获得5本相关著作，分别为《农村优秀教师职业生涯与成长模式：基于质性资料的收集与分析》(林李楠、吴佳莉著，科学出版社2018年12月版)，《教育与农村居民增收研究——基于职业能力提升的视角》(吴振华著，经济科学出版社2019年6月版)，《新型城镇化进程中农村职业教育发展的理论与模式》(唐智彬著，湖南师范大学出版社2020年5月版)，《乡村振兴与农村职业教育变革》(马建富、陈春霞、吕莉敏著，知识产权出版社2020年8月版)，《新时代职业教育助推乡村振兴战略的服务体系及策略研究》(徐敏著，北京理工大学出版社2020年11月版)。

（二）研究主要内容分类

通过文献分析发现，2018—2020 年有关农村职业教育的研究关注点主要集中体现在以下几个方面。

1. 以乡村振兴为研究背景

党的十九大报告提出："实施乡村振兴战略。农业农村农民问题是关系国计民生的根本性问题，必须始终把解决好'三农'问题作为全党工作重中之重。要坚持农业农村优先发展，按照产业兴旺、生态宜居、乡风文明、治理有效、生活富裕的总要求，建立健全城乡融合发展体制机制和政策体系，加快推进农业农村现代化。"乡村振兴战略这项重大发展战略，其首要任务就是发展农村教育事业，职业教育作为连接教育与"三农"的枢纽，理所当然被研究者所重视。2018—2020 年，围绕农村职业教育主题所刊发的文献中，有近三成是以乡村振兴战略为背景展开的，研究内容也渐趋细化。

部分学者基于宏观层面，对乡村振兴战略背景下农村职业教育的现状进行了剖析，从而深入探索有效的发展路径。例如，高峰强调了乡村振兴战略背景下农村职业教育高质量发展的重要意义，在此基础上分析了我国农村职业教育发展存在与供给侧矛盾突出、教育投入不足导致办学基础薄弱、缺乏制度保障导致办学活力不足、教育体系不健全导致办学定位不准等问题。[①] 张旭刚从多方面肯定了乡村振兴战略下农村职业教育转型的逻辑必然，将乡村振兴战略下农村职业教育转型定位在对接产业振兴要求、巩固成人教育与继续教育、融入农业科技创新体系以及传承发展乡土文化，并阐明目前仍然存在思维理念之困、办学功能之困、办学机制之困和政策环境的困境，在此基础上着重提出乡村振兴战略下农村职业教育转型的实现路径。[②] 付先全强调对农村职业教育进行改革是乡村振兴战略的重要前提，乡村振兴战略中农村职业教育大有可为，并提出要坚持农村职业教育办学目的不动摇；统筹推进，实施农村职业教育分类指导；运用"互联网 +"加大农村教育对乡村振兴的支持力度；加大资金投入；实施农村职业教育政府购买制度等，将乡村振兴战略推向纵深。[③] 覃兵等指出目前我国农村职业教育存在缺乏统一管理机构、发展定位有失偏颇、农村职业教育培训供需错位、经费不足等

---

① 高峰：《乡村振兴战略下农村职业教育发展现状及应对策略》,《职教论坛》2019 年第 4 期，第 135—138 页。

② 张旭刚：《乡村振兴战略下我国农村职业教育的战略转型》,《教育与职业》2018 年第 21 期，第 5—12 页。

③ 付先全：《乡村振兴战略实施与农村职业教育发展的思考》,《职业技术教育》2018 年 21 期，第 26—30 页。

问题，从而提出理顺农村职业教育管理体制，明确农村职业教育的发展定位，优化培训方案，建立政府主导、多方主体参与的经费筹措机制以及加快农村职业教育师资队伍建设等举措。[①] 部分研究从较为微观的层面出发，主要集中在乡村振兴战略背景下农村职业教育与三产融合、产教融合生态系统的平衡与失衡等方面。例如，有学者分析了职业教育与农村三产融合发展的耦合作用机理，揭示了要素、结构和系统之间的协同关系以及耦合所存在的压力，从而提出增强内生动力、调整职业教育布局结构与专业结构等建议以推动乡村振兴战略的顺利实施。[②] 有学者从教育生态学的视角认为，农村职业教育体系目前存在供需错位、产教脱节、资源错配等结构性失衡问题，针对问题深入剖析制约发展的原因，并提出必须强化产教生态系统平衡观、明确产教实施主体生态位等发展路径。[③]

2. 研究基于精准扶贫目标

为确保贫困人口到 2020 年如期脱贫，国家以技能强能力，以教育扶意志，充分发挥农村职业教育在精准扶贫中的重要作用。

部分学者侧重于研究农村职业教育助推精准扶贫的问题以及解决路径，如张翊提出目前农村职业教育仍然存在教育资源整合度低、教育投入不足、教育供给与社会脱节等多方面问题，并提出强化政府责任、紧密对接需求、实现精准供给、探索多渠道投入以及构建多元化投入机制等实施策略。[④] 部分学者则聚焦农村职业教育精准扶贫的融合模式，如朱成晨等强调推行“课程、课堂、基地、产业、农校、高校”为一体的“六联动”运行模式，力求体现职业教育普通化、普通教育职业化、基础教育综合化、职业教育终身化的农村职业教育发展思路与融合式战略思路。[⑤]

3. 聚焦于自身发展的审视

关于农村职业教育的研究，很多致力于对本身经验、问题、价值取向、目标定位等方面的审视。例如，李松从新中国成立以来农村职业教育三大发展阶段总

① 覃兵、何维英、胡蓉：《基于乡村振兴战略的农村职业教育问题审视与路径构建》，《成人教育》2019 年第 8 期，第 60—64 页。

② 田真平、王志华：《乡村振兴战略下职业教育与农村三产融合发展的耦合》，《职教论坛》2019 年第 7 期，第 19—25 页。

③ 张旭刚：《乡村振兴战略下农村职业教育产教生态系统的失衡与平衡——基于教育生态学的视角》，《职业技术教育》2019 年第 10 期，第 53—59 页。

④ 张翊：《基于精准扶贫背景下农村职业教育问题审视及改革路径》，《农业经济》2019 年第 6 期，第 117—119 页。

⑤ 朱成晨、闫广芬、朱德全：《乡村建设与农村教育：职业教育精准扶贫融合模式与乡村振兴战略》，《华东师范大学学报（教育科学版）》2019 年第 2 期，第 127—135 页。

结出坚持党对农村职业教育事业的领导，绝对把握好农村职业教育发展方向等宝贵经验，同时也提出了相关问题，并给出了对策。[①] 张翊详细阐述了现阶段农村职业教育存在的如教育资源整合度低、教育投入不足、教育供给与社会需求脱节等各种问题，并从强化政府责任、优化资源配置等几个方面提出解决路径。[②] 王昆强和闫广芬在审视传统农村职业教育的价值取向的基础上，提出农村职业教育必须保持一种动态的变化，按照农民个体需求和农村社会发展需求进行动态调整。[③]

4. 宏观层面发展脉络梳理

改革开放 40 多年来，农村职业教育在中国经济社会发展与农业现代化进程中起到了关键作用。部分学者以 40 多年来农村职业教育发展脉络为主题开展研究，在整个农村职业教育背景的前提下，又可细分为对农村职业教育政策、办学体制的演进逻辑等方面的研究。唐智彬等将改革开放 40 年农村职业教育发展大致分为四个发展阶段，列举了农科教结合模式、县级职教中心模式、城乡一体化发展模式等一系列创新探索，并提出因地制宜和分类指导农村职业教育供给侧结构性改革等多种有力措施。[④] 丁红玲和李珍珍从改革开放以来我国农村职业教育政策的历史演进脉络进行系统梳理，进而分析总结政策的价值，从而提出相应的建议与展望。[⑤] 同一主题下，祁占勇和杨文杰从时间主线分割出改革开放以来农村职业教育政策发展的四个阶段，并剖析出各个阶段的发展特点并提出相关发展建议。[⑥]

5. 注重技术技能人才供给

人才振兴是乡村振兴的基础。农村职业教育在乡村人才振兴中发挥着不可替代的作用，是提升农村人口技能素质、促进乡村内生发展的根本途径。随着多项“三农”政策的提出，很多研究围绕着教育对劳动者素质的提高和农民技能

---

① 李松：《新中国成立70年我国农村教育：经验、问题与对策》，《河北师范大学学报（教育科学版）》2019 年第 4 期，第 46—53 页。

② 张翊：《基于精准扶贫背景下农村职业教育问题审视及改革路径》，《农业经济》2019 年第 6 期，第 117—119 页。

③ 王昆强、闫广芬：《农村职业教育价值取向：反思、诉求与应有定位》，《职业技术教育》2019 年第 10 期，第 60—65 页。

④ 唐智彬、石伟平、匡瑛：《改革开放40年我国农村职业教育发展回顾与展望》，《职业技术教育》2018 年第 19 期，第 55—61 页。

⑤ 丁红玲、李珍珍：《改革开放以来我国农村职业教育政策：历史回顾、价值逻辑及未来展望》，《河北大学成人教育学院学报》2018 年第 4 期，第 88—95 页。

⑥ 祁占勇、杨文杰：《改革开放40年来农村职业教育政策的演进逻辑与展望》，《中国职业技术教育》2018 年第 27 期，第 43—50 页。

培养等来展开。2018—2020 年的研究注重对农村人才的培养，尤其重视对新型职业农民的培养。例如，王柱国构建了乡村振兴人才金字塔模型，提出乡村振兴人才培育要以爱农业、懂技术、善经营为人才定位，以市场和农民学习需求为基本导向，落实“七位一体”的“农 + ”协同育人模式。有研究也指出了一些实践困难，例如，王云清指出新型职业农民培育存在产教不“融”、校企难“合”的“痛点”和“难点”，表现为培育主体单一，企业参与人才培养的内驱力不强；师资队伍难保培育质量；产教融合深度不足，实训基地综合效能不高等。[①]

（三）研究的主要特点与评价

1. 研究成果数量呈递减趋势

以 2018—2020 年为检索时间，在中国知网上以“农村职业教育”为关键词进行检索，结果显示，2018 年共有文献 132 篇，2019 年共有文献 113 篇，2020 年共有文献 101 篇。纵观历年关于农村职业教育发文数量，可以看出呈逐年下降趋势（表 4.10）。

表 4.10 “农村职业教育”主题下年度发文数量　　单位：篇

年份	2013	2014	2015	2016	2017	2018	2019	2020
发文数量	233	193	189	168	138	132	113	101

2. 研究方法运用相对单一

考察这一阶段关于农村职业教育的所有文献可以发现，大部分研究基于思辨研究方法，只有极少数的研究采用了实证研究方法。研究大部分基于目前政策发展以及农村职业教育进程中存在的一些问题，通过文献解读、梳理，从宏观层面分析并进行路径探究。在核心期刊文献中，只有个别研究以某市区为案例，通过考察当地农村职业教育现实情况，分析存在的问题并给出适当建议。也有个别研究使用模型分析和实证估计探索了农村职业教育支出的适合模式，并进行试点推广，具有一定的现实意义。

3. 研究主题范围有局限

从本阶段研究的主题来看，将农村职业教育置于乡村振兴战略背景下的研究占近三成，内容多集中于政策解读、现状问题分析和路径探究。部分研究者侧重

① 王云清：《新型职业农民产教融合培育模式的建构与创新实践》，《中国职业技术教育》2020 年第 36 期，第 53—57 页。

于农村职业教育本身的目标定位、困境以及建议探究。少数研究者致力于比较研究，分析了发达国家农村职业教育的发展模式。总体来说，2018—2020 年的文献主题主要集中于三大部分，即以乡村振兴战略为背景下的农村职业教育、农村职业教育致力于精准扶贫以及宏观层面对于改革开放 40 多年来的农村职业教育发展做梳理，较少聚焦于微观层面的具体问题，这也显示了农村职业教育研究存在主题范围不够广泛的不足。

4. 研究者间的合作有待加强

我们通过考察作者图谱发现，农村职业教育研究论文的作者单位分布较为分散，尚未形成明显的研究群体。除此之外，研究者的学术合作较少，只有少部分的研究是跨校合作。结合文献分析发现，大部分研究者之间开展的是校内合作，以作者的学缘关系为主导，主要集中在师生或同师门中，校外合作较少。这容易造成研究思维局限性较大、研究角度单一、创新难度大，不利于农村职业教育理论整体创新与协同发展。

结　语

近年来，我国农村职业教育取得重要进展，乡村振兴战略持续深化，农村供给侧结构性改革不断优化，东西部扶贫协作能力显著增强。但从总体情况来看，农业产业化水平低、农业创新化成果较少，农民的职业教育观念仍需转变以及科学文化素质不高等问题仍然阻碍着“三农”现代化。

下一阶段的工作重点应集中在以下三个方面。第一，加快发展针对乡村振兴的职业教育体系。乡村振兴，教育是基础，人才是关键。农业产业体系现代化是乡村振兴的目标之一，也是对农业传统生产方式的一场革命。要通过发展乡村职业教育助推乡村产业振兴，让更多农民通过职业教育学会从事乡村产业的本领，并能够就业创业，有力助推乡村产业发展。第二，鼓励高校利用自身的科研优势带动农村职业教育的发展。积极引导各地高校发挥自身的科教优势，采取物质扶贫与精神扶贫相结合的“双扶”思路，把重点放在扶智、扶志上，注重技能扶贫、文化扶贫、思想扶贫、情感扶贫相结合，培育内生动力，增强脱贫能力。同时，发挥农业类职业院校的学习和科研优势，将先进的农业知识与技术带到农村反哺农业，促进新型职业农民的创新与创业，从而带动农村经济及文化知识的繁荣，为乡村振兴出一份力。第三，大力发展涉农及涉乡专业，建立完善的农民继续教育体系。培养数以百万计的新型职业农民以及新农村建设所需的各类服务和专业人才，切实解决乡村振兴的人才需求问题，解决涉农专业招生困难、农村职业学校办学困难、农村职业学校涉农专业教师不足、农村职业学校存在非农化倾向等问题。让农村职业教育能够满足农村青年成长发展和回乡就业创业的需要，应对乡村振兴战略各类人才结构调整，培养留得住、用得上的乡村建设人才队伍，优化农村职业教育管理规划布局，重构农村职业教育专业设置，完善农村职业教育财政支持办法，构建面向农村的招生就业制度，更好地落实乡村振兴战略，实现共同富裕。

专题研究报告

2020—2022年全球最大的公共事件是新冠肺炎疫情（COVID-19），所有的国家都面临了非常严峻的挑战。《第49次中国互联网络发展状况统计报告》显示我国网民规模已达10.32亿，互联网普及率达71.6%，但我国农村网民规模只有2.97亿，农村地区互联网普及率也只有59.2%。[①] 在城乡数字鸿沟下，“停课不停学”“停课不停教”变成全球最大规模的线上教学实验，那么我国城乡中小学线上教学的基本情况是什么样的？线上学习感受又是怎样的？“在家上学”遭遇了哪些问题？面临哪些重大挑战？未来线上教学的发展趋势是怎样的？今后应重点加强哪些建设？第一个专题报告拟给予详细的回答。

《中华人民共和国国民经济和社会发展第十四个五年规划和2035年远景目标纲要》提出“建设高质量教育体系”的战略任务。构建高质量的教育体系的根本目的是提升国民素质，促进人的全面发展。改变乡村教育薄弱状况、促进城乡义务教育均衡发展和一体化发展，关键是加强高质量乡村教师队伍建设。尽管国家在总体上采取的是“市场化＋规制化”的农村教育供给制度，但现实中只是特定层次的特定院校毕业生到农村任教了，这是不争的事实。那么，为什么农村学校没有吸引到更多优秀的毕业生？怎样做才能让农村教师职业更具吸引力？如何加强农村中小学校和幼儿园优秀教师的有效供给？第二和第三个专题进行了专门的研究。

目前，学术界越来越多地证明了认知技能和非认知技能在农村学生发展中的重要作用。那么，作为学生非认知技能的重要方面，农村学生的学业自我效能究竟处于什么状况？家庭教育投入，特别是家长的教育参与，对学生

① 江苏网信：《中国互联网络信息中心（CNNIC）发布第49次〈中国互联网络发展状况统计报告〉》，（2022-02-25），http://jswx.gov.cn/chuanbo/wangluo/202202/t20220225_2953112.shtml[2022-08-26]。

的学业自我效能是否具有预测作用？在疫情居家学习的背景下，家庭怎样的教育时间、精力和经济投入才能有效提升学生的学业效能？作为学生认知技能和思维发展的重要方面，农村学生的数学成就与城市学生相比存在什么样的差异？如何才能提升农村学生的数学成就呢？第四和第一个专题利用专业化的研究手段进行了较为科学的分析。

第5章

新冠肺炎疫情期间城乡中小学线上教学状况调查报告*

* 本章撰写人：邬志辉、许程姝、王苏平、闵诗艺、郭新宇、徐媛、龚毓琳、武倩倩。作者单位：教育部人文社会科学重点研究基地东北师范大学中国农村教育发展研究院。

2019 年底，突然袭来的新冠肺炎疫情导致全国大中小学陷入新学期无法正常开学的状态。教育部紧急发布通知，号召全国大中小学“停课不停学”“停课不停教”，利用现代信息技术手段开展线上教学，一场全球最大规模的线上教学实践和实验就此展开。那么，新冠肺炎疫情背景下的城乡中小学线上教学状况怎么样？“在家上学”的线上教学实践遭遇了哪些问题？面临哪些重大挑战？线上教学是否会成为未来教育的基本形态？为了消除城乡教育的数字鸿沟，我们应当做些什么？针对这些问题，教育部人文社会科学重点研究基地东北师范大学中国农村教育发展研究院组建课题组于 2020 年 3 月 10 日—20 日针对“新冠肺炎疫情期间中小学线上教学状况”开展了大规模线上调查，共回收有效调查问卷 252 223 份。

调查发现，有 58.17% 的学生之前从未有过线上教学经验，这一比例在乡村学生中高达 63.44%。即使在疫情期间，也只有 94.02% 的学生参与了线上教学，而乡村学生线上教学的参与率只有 91.93%。疫情期间的线上教学在数字设备、网络接入、网络环境、家庭环境、信息素养、教育治理、全面教育等方面面临多重挑战。因此，未来线上教学的发展趋势是线下线上混合，但前提是要跨越城乡三道数字鸿沟。为此，未来要着重发展学生的自主学习能力，促进教师信息素养发展；推进“互联网＋”混合式学习；同步消除城乡三道数字鸿沟。

一、研究背景与问题

2020年伊始，受新冠肺炎疫情的影响，全国各省（自治区、直辖市）陆续延迟春季学期开学时间。疫情的不期而至打乱了正常的开学秩序，全国各地学校陆续开启了“停课不停学”“停课不停教”等线上教学工作。为了保障线上教学工作有序开展，2020年2月6日，教育部应对新型冠状病毒感染肺炎疫情工作领导小组办公室发布《关于疫情防控期间以信息化支持教育教学工作的通知》，就如何以信息化支持线上教学工作做出具体部署。2020年2月12日，教育部办公厅、工业和信息化部办公厅发布《关于中小学延期开学期间“停课不停学”有关工作安排的通知》，强调要坚持国家课程学习与疫情防控知识学习相结合、学校教师线上指导帮助与学生居家自主学习相结合的原则推进“停课不停学”工作落实落细。

在我国中小学陆续开展线上教学工作的同时，新闻报道的“贫困户女孩无钱买手机上网课自杀”“小学生因家长训斥上网课不积极跳楼自杀”等事件牵动人心，也从中折射出疫情之下社会对教育的焦虑以及对线上教学的强烈关注。当线上教学浪潮席卷全国后，我国中小学生线上教学的实际状况如何？线上学习感受又是怎样的？“家庭主场”的“线上教学”替代“学校主场”的“线下教学”时，需要家庭提供什么样的支持？当农民工家长和留守子女有了更多相处机会的时候，亲子关系经历了怎样的变化，家长又扮演什么样的角色？面对这场史无前例的“在家上学”实验，线上教学遭遇了哪些问题？面临的最大挑战是什么？这些问题都需要我们尽快搞清楚，以为破解线上教学难题提供合理有效的应对思路。与此同时，线上教学的广泛应用也表明新的学习格局正在形成，我们不仅需要采取新的应对策略，还需要从新的视角来审视学习的本质和前瞻未来教育的样态。在技术深刻变革教育管理方式与教育教学方式的背景下，新冠肺炎疫情期间的中小学线上教学到底是一场关乎教育教学的“彻底革命”，还是只是一次“应急教学”的临时演练？线上教学究竟在多大程度上改变了传统学校的教学活动？人们又在多大程度上接受线上教学？线上教学之于未来教育发展的价值何在？当“在家上学”成为一种教育选择时，学校教育又将如何发挥作用？学校真的可以被替代吗？“去学校化”社会真的来临了吗？我们做好准备了吗？未来社会学校的价值与优势何在？

为了回答以上种种现实问题以及实现对线上教学的系统研究，邬志辉教授牵头组建教育部人文社会科学重点研究基地东北师范大学中国农村教育发展研究院课题组（以下简称“课题组”），课题组成员主要是教育部人文社会科学重点研究基地东北师范大学中国农村教育发展研究院研究生，他们分别是博士研究生许程姝、王苏平、闵诗艺，硕士研究生郭新宇、徐媛、武倩倩、龚毓琳。

二、研究方法与基本信息

从 2020 年 3 月 10 日开始，课题组围绕核心议题“新冠肺炎疫情期间中小学线上教学状况”，利用线上调查平台问卷星开展了大规模调查。为了解决线上调查方法所产生的“选择偏误”①问题，课题组定点委托区域主管部门与中小学校，选定每省份（新疆生产建设兵团、西藏自治区、青海省除外）一个区（县）内的至少一所城市小学与一所农村小学参与全样本调查。截至 2020 年 3 月 17 日，累计有 252 223 名城乡中小学生参加了本次调查。在调研过程中，在邬志辉教授和李伯玲教授的组织和协调下，许多地方政府、兄弟院校、教师进修学校及各地一线教育管理人员给予了大力帮助，在此一并致谢。

本次回收的调查问卷达 25 万份之多，那么参与此次问卷调查的对象在性别、民族、年龄、学段、户籍、子女数量、家庭经济地位等人口学变量方面有什么特征呢?

（一）性别分布

从性别分布来看，本次调查的男女比例大致相当。其中，男生有 129 335 人，占比为 51.28%；女生有 122 888 人，占比为 48.72%。从性别的城乡分布来看，本次调查的男女比例也基本平衡。其中，城市男生有 48 579 人，占城市学生总数的 52.54%，城市女生有 43 886 人，占城市学生总数的 47.46%；镇区男生有 54 772，占镇区学生总数的比例为 50.96%，镇区女生有 52 712 人，占镇区学

① 选择偏误包括自选择偏误和样本选择偏误两个方面，前者是指解释变量的非随机性或人为选择性对研究的主效应估计所产生的偏差，譬如“城市教师更有助于提高学生的学业成绩”这一命题就存在自选择偏误问题，因为在城乡统一教师劳动力市场中，城市的生活条件和工作环境相对更为优越，可以吸引更优秀的教师，而且受城乡家庭经济条件的限制，城市学生的学习资源和所获得的学习帮助更为丰富和有力，因此在学业成绩上表现优异，本身可能就是学生群体优异的结果；后者指研究样本的非随机性或人为选择性对研究结果所产生的偏差。人们一般相信，只要研究样本数量足够大且以随机方式采集数据，那么数据在结构上就是可信的，但是受某些因素的影响，实际上尽管样本足够大，但仍然无法保证结构上的完整性。受新冠肺炎疫情影响，课题组此次进行的线上教学状况调查是以电子问卷形式进行的，但由于一些群体缺少线上设备或没有线上活动习惯，所以无论我们怎么随机，他们都不可能配合线上调查，从而导致调查对象的不完整性。

生总数的 49.04%；乡村男生有 25 984 人，占乡村学生总数的 49.71%，乡村女生有 26 290 人，占乡村学生总数的 50.29%（图 5.1）。

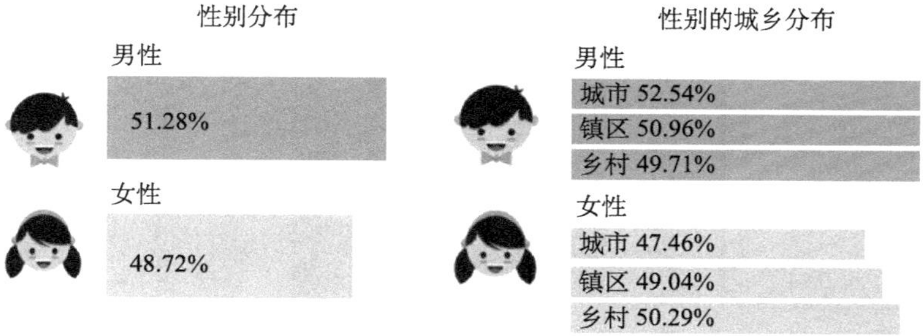

图 5.1　调查对象性别分布及城乡比较

（二）民族分布

从民族分布来看，本次调查的汉族学生，人数为 235 917 人，占比为 93.54%；少数民族学生为 16 306 人，占比为 6.46%。从民族的城乡分布来看，城市汉族学生为 88 482 人，占城市学生总数的 95.69%，城市少数民族学生为 3983 人，占城市学生总数的 4.31%；镇区汉族学生为 100 087 人，占镇区学生总数的 93.12%，镇区少数民族学生为 7397 人，占镇区学生总数的 6.88%；乡村汉族学生为 47 348 人，占乡村学生总数的 90.58%，乡村少数民族学生为 4926 人，占乡村学生总数的 9.42%（图 5.2）。

图 5.2　调查对象民族分布及城乡比较

（三）年龄分布

本次调查对象主要为中小学生，年龄分布见图 5.3。

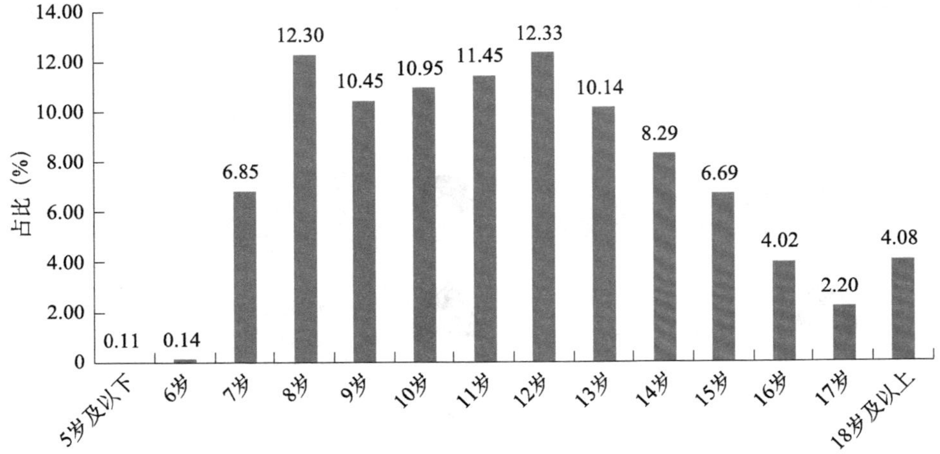

图 5.3　调查对象年龄分布

从城乡分布来看，学生年龄的城乡分布与总体分布基本一致（表 5.1）。

表 5.1　调查对象年龄的城乡分布

年龄	总计		城市		镇区		乡村	
	数量（人）	占比（%）	数量（人）	占比（%）	数量（人）	占比（%）	数量（人）	占比（%）
5 岁及以下	265	0.11	96	0.10	100	0.09	69	0.13
6 岁	352	0.14	80	0.09	119	0.11	153	0.29
7 岁	17 244	6.85	6 510	7.04	7 175	6.68	3 559	6.81
8 岁	31 015	12.30	11 243	12.16	13 063	12.15	6 709	12.83
9 岁	26 360	10.45	9 370	10.13	11 374	10.58	5 616	10.74
10 岁	27 618	10.95	9 461	10.23	11 517	10.72	6 640	12.70
11 岁	28 877	11.45	9 377	10.14	12 394	11.53	7 106	13.59
12 岁	31 110	12.33	9 790	10.59	13 274	12.35	8 046	15.39
13 岁	25 590	10.14	10 245	11.08	10 117	9.41	5 228	10.00
14 岁	20 903	8.29	8 914	9.64	8 665	8.06	3 324	6.36
15 岁	16 888	6.69	6 854	7.41	7 179	6.68	2 855	5.46
16 岁	10 148	4.02	4 236	4.58	4 613	4.29	1 299	2.48
17 岁	5 551	2.20	2 279	2.46	2 825	2.63	447	0.86
18 岁及以上	10 302	4.08	4 010	4.34	5 069	4.72	1 223	2.34

（四）学段分布

从学段分布来看，本次调查的小学学段的学生数量较多，累计达 178 660 人，占比为 70.83%；初中学段的学生数量次之，累计达 57 864 人，占比为 22.94%；高中学段的学生最少，累计达 15 699 人，占比为 6.22%（图 5.4）。从学段的城乡分布来看，小学学生数呈现城、镇、乡三级递增趋势，初中和高中呈现城、镇、乡三级递减趋势。乡村小学人数最多，占比为 82.08%；乡村高中人数最少，占比为 0.86%

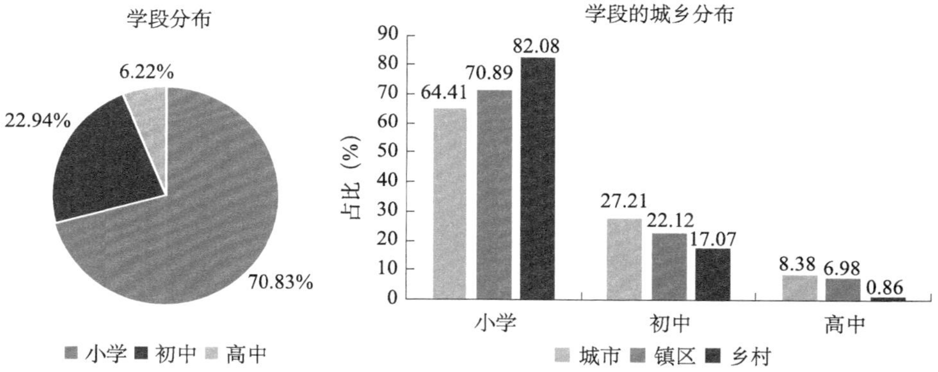

图 5.4 调查对象学段分布及城乡比较

（五）户籍分布

按照户籍划分，本次调查的农业户口学生多于非农业户口学生。其中，农业户口学生为 186 730 人，占比为 74.03%；非农户口学生为 65 493 人，占比为 25.97%。从城乡分布来看，镇区学生人数最多，达到 107 484 人，占比为 42.61%；城市学生人数次之，为 92 465 人，占比为 36.66%；乡村学生人数最少，为 52 274 人，占比为 20.73%（图 5.5）。

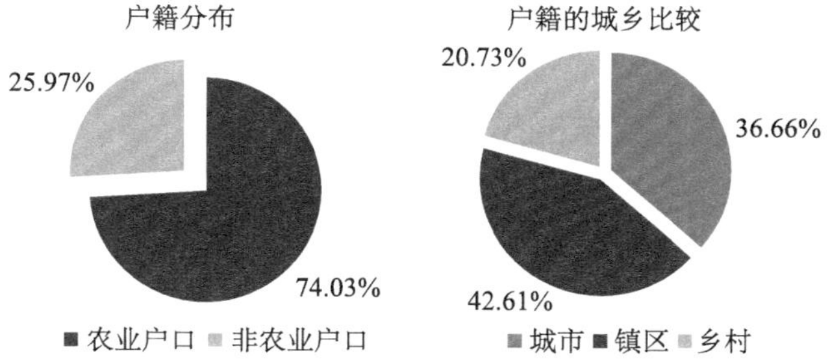

图 5.5 调查对象户籍分布及城乡比较

（六）子女数量分布

本次调查中非独生子女群体高于独生子女群体，其中非独生子女人数为175 849 人，占比为 69.72%；独生子女人数为 76 374 人，占比为 30.28%。从独生子女群体的城乡分布来看，城市与镇区的独生子女占比高于乡村。其中，城市独生子女人数为 32 409，占比为 42.43%；镇区独生子女人数为 32 359，占比为42.37%；乡村独生子女人数为 11 606，占比为 15.20%。从非独生子女群体的城乡分布来看，镇区非独生子女占比高于城市与乡村。其中，镇区非独生子女人数为 75 125，占比为 42.72%；城市非独生子女人数为 60 056，占比为 34.15%；乡村非独生子女人数为 40 668，占比为 23.13%（图 5.6）。

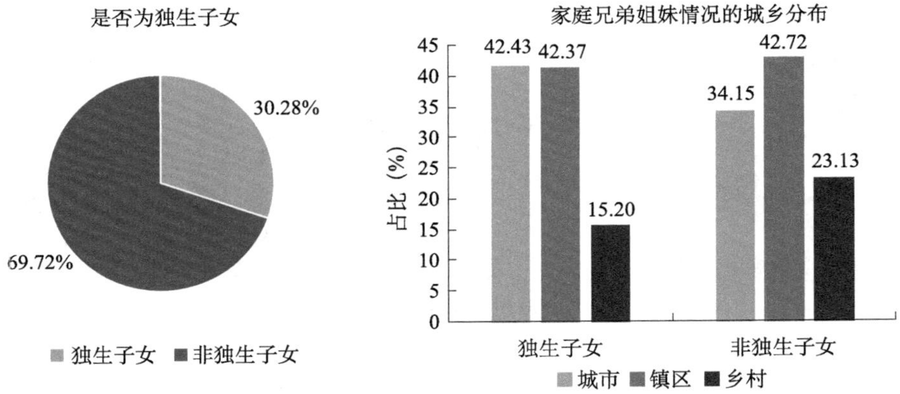

图 5.6　调查对象是否为独生子女及兄弟姐妹情况的城乡分布

（七）贫困户分布

本次调查共涉及 32 563 名贫困生，占总调查人数的 12.91%。从城乡分布来看，城市贫困学生占所调查城市学生的比例为 8.58%；镇区贫困学生占所调查镇区学生的比例为 13.56%；乡村贫困学生占所调查乡村学生的比例为 19.45%（图5.7）。

三、城乡中小学线上教学的总体状况

中小学开展“停课不停学”“停课不停教”活动后，中小学生的学习状态及表现如何？线上学习总体状况怎样？课题组通过对中小学生疫情前及疫情期间参加线上教学经验、学习途径、课程设置以及学习监督、学生体验等进行了调查，主要包括：疫情前线上教学经验、疫情期间线上教学参与情况；线上教学

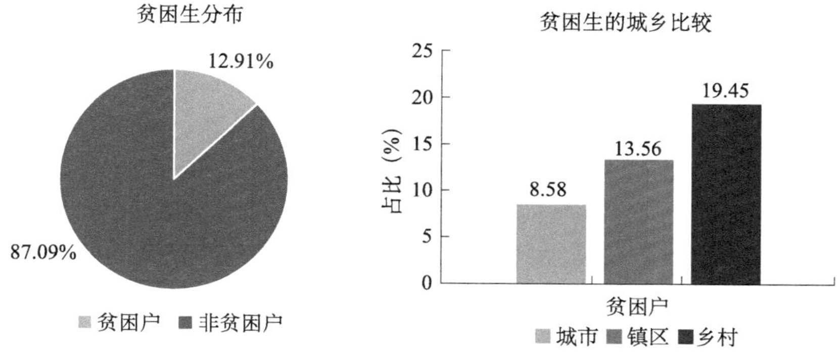

图 5.7　调查对象是否为贫困生及贫困生的城乡比较

渠道与形式；线上教学课程设置与安排（开设学科、教材使用情况、课程节数与时长）；线上关键教学环节（学习监督）；线上课堂表现以及线上教学的主观效果与满意度等。

（一）疫情前线上教学经验情况

一般认为，教育是在经验中、由于经验、为着经验的一种发展过程，从学生经验的角度来看，学生的已有经验和现有经验是未来经验的基础，未来经验必然基于已有经验和现有经验，因而本次调查首先聚焦于疫情前中小学生参加线上教学的情况。结果发现，疫情前有 58.17% 的学生没有线上教学的经验，参与过线上教学的中小学生占比仅为 41.83%，小于未参与线上教学的中小学生。通过城乡比较发现，疫情前城市学生的线上教学参与率高于镇区和乡村学生，分别相差 10.37 和 12.22 个百分点。疫情前，与城市接近半数（48.78%）的中小学生参加过线上学习相比，镇区有 61.59% 的中小学生未参加过线上教学，乡村有 63.44% 的中小学生未参加过线上教学（图 5.8）。

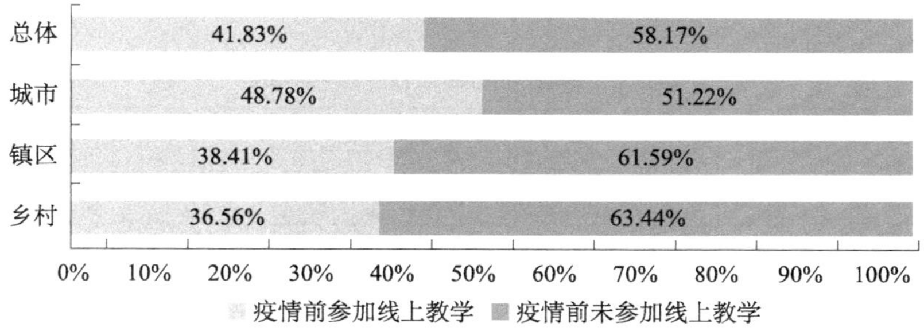

图 5.8　疫情前参加线上教学的比例及分布

（二）疫情期间线上教学参与情况

疫情期间各地积极开展“停课不停学”“停课不停教”工作，“线上教学”成为主要的教育教学模式，因此中小学生参加线上教学的比例大幅提高。总体来看，在调查的 252 223 名中小学生中，有 237 149 名中小学生在疫情期间参加了线上教学，参与率为 94.02%，与疫情前 41.83% 的线上教学参与率相比，提高了 52.19 个百分点。通过城乡比较发现，疫情期间城市学生的线上教学参与率依旧高于镇区与乡村，其中，参与线上教学的城市学生有 87 635 人，占比为 94.78%；镇区学生有 101 458 人，占比为 94.39%；乡村学生有 48 056 人，占比为 91.93%（图 5.9）。

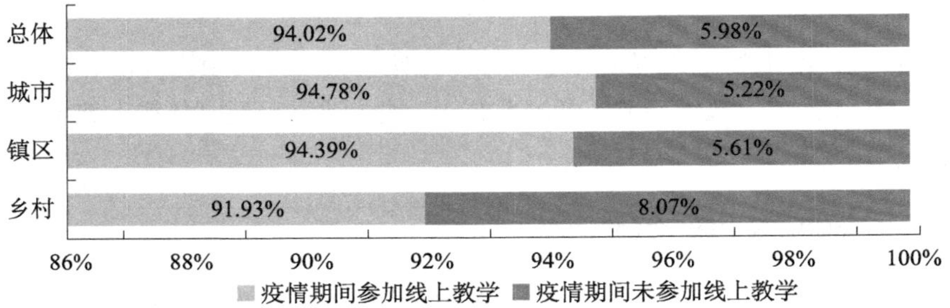

图 5.9　疫情期间学生参加线上教学的比例及分布

（三）参与线上教学的渠道情况

疫情期间线上教学参与渠道比较多元，形成了“有线 / 无线” + “平台”的线上教学模式，通过有线电视参与线上教学的学生比例达到 23.69%，通过 IPTV 网络电视参与线上教学的学生比例为 15.38%，通过网络平台参与线上教学的学生比例为 70.25%，以父母指导的线下学习为主的其他渠道比例为 18.08%。从中可以看出，网络平台依旧是城市、镇区和乡村学生线上学习的最主要渠道；IPTV 网络电视的使用率最低（表 5.2）。

表 5.2　疫情期间线上教学参与渠道

类别	总计		城市		镇区		乡村	
	数量（人）	占比（%）	数量（人）	占比（%）	数量（人）	占比（%）	数量（人）	占比（%）
有线电视	56 185	23.69	21 890	24.98	23 048	22.72	11 247	23.40
IPTV 网络电视	36 478	15.38	16 200	18.49	14 205	14.00	6 073	12.64
网络平台	166 586	70.25	59 584	67.99	75 019	73.94	31 983	66.55
其他渠道	42 865	18.08	16 903	19.29	16 484	16.25	9 478	19.72

（四）线上教学参与形式情况

多样化的教学形式能够激发学生的学习兴趣。线上教学作为新的教育方式之一，可以提高学生自主学习的能力，培养学生良好的学习习惯。疫情期间线上教学形式主要分为直播教学、录播教授、语音教学、名师课堂及其他形式。在这些线上教学形式中，学生参与直播教学的比例最高，为45.36%；其次为名师课堂，占比为42.19%（表5.3）。从表5.3来看，镇区学生参与直播教学的占比为46.85%，高于城市和乡村；乡村学生参与语音教学的占比为28.68%，高于镇区和城市学生；城市学生参与录播教授的占比为26.69%，高于镇区和乡村学生。通过城乡对比，发现镇区学生参与直播教学的占比最高，城市学生次之，而乡村学生可能由于基础设施不完善等外部因素的限制，参与率较城市和镇区学生低。

表5.3　疫情期间线上教学形式所占比例及分布

线上教学形式	总计		城市		镇区		乡村	
	数量（人）	占比（%）	数量（人）	占比（%）	数量（人）	占比（%）	数量（人）	占比（%）
直播教学	107 573	45.36	38 940	44.43	47 534	46.85	21 099	43.91
录播教授	55 977	23.60	23 393	26.69	23 452	23.11	9 132	19.00
语音教学	58 459	24.65	18 756	21.40	25 921	25.55	13 782	28.68
名师课堂	100 047	42.19	34 830	39.74	44 486	43.85	20 731	43.14
其他形式	20 985	8.85	9 367	10.69	7 590	7.48	4 028	8.38

（五）线上教学的课程分布情况

线上教学是一项系统工程，需要学校及教师多方协同强化课程支撑与保障，以切实提升线上教学质量，促进学生学习效率和效果的提升。线上教学课程实施不仅要符合学生的学习需求，也应与疫情期间“在家上学”的实际情况相结合。疫情时期的线上教学有其自身的特点和局限性，学校在做好统筹协调工作的同时，如何设置线上教学课程直接影响线上教学效果以及开学后的教育教学工作安排，也体现着疫情期间地方教育部门及学校对线上课程的开设倾向。从整体来看，语文、数学、英语是城乡中小学生线上教学普遍开设的课程，占比分别为98.30%、98.10%、89.56%；历史、生物、物理、地理课程的开设率也都超过了半数，分别占78.97%、62.56%、61.98%、59.48%；品德与社会/品德与生活（或政治）、化学、体育课程的开设率则在30%～50%，分别占46.03%、

37.74% 和 34.93%；美术、音乐、心理健康课程的开设率在 10%～30%，分别占 29.69%、28.95% 和 13.68%；信息技术与综合课程的开设率相对较低，仅占 4.94% 和 6.54%。此外，疫情期间有 19.71% 的城乡中小学生参加了疫情防控课程（表 5.4）。

表 5.4　疫情期间线上教学的学科分布

类别		总计（人）	开课率（%）	城市		镇区		乡村	
学科	学段			数量（人）	占比（%）	数量（人）	占比（%）	数量（人）	占比（%）
语文	总计	233 113	98.30	86 002	98.14	99 910	98.47	47 201	98.22
	小学	163 609	98.59	54 484	98.33	70 562	98.85	38 563	98.49
	初中	55 131	98.26	24 508	98.75	22 358	98.07	8 265	97.32
	高中	14 373	95.24	7 010	94.67	6 990	96.06	373	91.20
数学	总计	232 644	98.10	85 933	98.06	99 722	98.29	46 989	97.78
	小学	163 345	98.43	54 435	98.24	70 501	98.76	38 409	98.10
	初中	54 921	97.88	24 478	98.63	22 236	97.54	8 207	96.63
	高中	14 378	95.28	7 020	94.80	6 985	95.99	373	91.20
英语	总计	161 790	89.56	62 871	92.56	69 323	89.99	29 596	82.94
	小学	94 715	86.54	31 809	89.11	41 287	87.92	21 619	80.72
	初中	52 825	94.15	24 107	97.14	21 087	92.50	7 631	89.85
	高中	14 250	94.43	6 955	93.92	6 949	95.49	346	84.60
品德与社会 / 品德与生活（或政治）	总计	109 149	46.03	45 492	51.91	42 929	42.31	20 728	43.13
	小学	53 640	32.32	19 158	34.57	20 900	29.28	13 582	34.69
	初中	47 816	85.22	22 088	89.00	18 781	82.38	6 947	81.80
	高中	7 693	50.98	4 246	57.34	3 248	44.63	199	48.66
音乐	总计	68 644	28.95	30 628	34.95	25 774	25.40	12 242	25.47
	小学	48 210	29.05	19 364	34.95	18 967	26.57	9 879	25.23
	初中	16 784	29.91	9 502	38.29	4 976	21.83	2 306	27.15
	高中	3 650	24.19	1 762	23.79	1 831	25.16	57	13.94

续表

类别		总计（人）	开课率（%）	城市		镇区		乡村	
学科	学段			数量（人）	占比（%）	数量（人）	占比（%）	数量（人）	占比（%）
体育	总计	82 845	34.93	37 135	42.37	30 768	30.33	14 942	31.09
	小学	53 594	32.30	20 887	37.69	21 408	29.99	11 299	28.86
	初中	25 008	44.57	14 009	56.45	7 432	32.60	3 567	42.00
	高中	4 243	28.12	2 239	30.24	1 928	26.49	76	18.58
美术	总计	70 408	29.69	31 691	36.16	25 434	25.07	13 283	27.64
	小学	50 892	30.67	20 099	36.27	19 990	28.00	10 803	27.59
	初中	16 974	30.25	10 067	40.56	4 469	19.60	2 438	28.71
	高中	2 542	16.84	1 525	20.59	975	13.40	42	10.27
心理健康	总计	32 435	13.68	14 924	17.03	12 637	12.46	4 874	10.14
	小学	15 601	9.40	5 636	10.17	6 836	9.58	3 129	7.99
	初中	14 334	25.55	7 857	31.66	4 792	21.02	1 685	19.84
	高中	2 500	16.57	1 431	19.32	1 009	13.87	60	14.67
信息技术	总计	11 725	4.94	5 414	6.18	3 937	3.88	2 374	4.94
	小学	5 095	3.07	1 930	3.48	2 106	2.95	1 059	2.70
	初中	5 139	9.16	2 337	9.42	1 520	6.67	1 282	15.09
	高中	1 491	9.88	1 147	15.49	311	4.27	33	8.07
综合课程	总计	15 502	6.54	6 585	7.51	6 472	6.38	2 445	5.09
	小学	9 579	5.77	3 363	6.07	4 374	6.13	1 842	4.70
	初中	4 742	8.45	2 460	9.91	1 711	7.51	571	6.72
	高中	1 181	7.83	762	10.29	387	5.32	32	7.82
疫情防控课程	总计	46 743	19.71	20 078	22.91	19 123	18.85	7 542	15.69
	小学	29 674	17.88	11 038	19.92	12 921	18.10	5 715	14.60
	初中	13 949	24.86	7 274	29.31	4 938	21.66	1 737	20.45
	高中	3 120	20.67	1 766	23.85	1 264	17.37	90	22.00

续表

类别		总计（人）	开课率（%）	城市		镇区		乡村	
学科	学段			数量（人）	占比（%）	数量（人）	占比（%）	数量（人）	占比（%）
历史	总计	56 225	78.97	26 141	81.13	22 800	75.81	7 284	81.82
	初中	48 861	87.08	22 029	88.76	19 716	96.63	7 116	83.79
	高中	7 364	48.80	4 112	55.53	3 084	42.38	168	41.08
地理	总计	42 348	59.48	20 242	62.82	16 500	54.86	5 606	62.97
	初中	35 171	62.68	16 119	64.95	13 616	70.71	5 436	64.01
	高中	7 177	47.56	4 123	55.68	2 884	39.63	170	41.56
物理	总计	44 129	61.98	19 914	61.8	18 728	62.27	5 487	61.64
	初中	34 630	61.72	14 961	60.28	14 367	65.63	5 302	62.43
	高中	9 499	62.94	4 953	66.89	4 361	59.93	185	45.23
化学	总计	26 867	37.74	12 851	39.88	11 177	37.16	2 839	31.89
	初中	17 621	31.41	7 948	32.03	7 004	34.86	2 669	31.43
	高中	9 246	61.27	4 903	66.21	4 173	57.35	170	41.56
生物	总计	44 542	62.56	20 700	64.24	18 221	60.59	5 621	63.14
	初中	34 764	61.96	15 751	63.47	13 588	69.09	5 425	63.88
	高中	9 778	64.79	4 949	66.83	4 633	63.67	196	47.92
科学	总计	56 727	34.18	18 229	32.90	24 247	33.97	15 251	36.40

从城乡比较来看，镇区总体的语文、数学、物理课程开设率高于城市与乡村，而城市的英语、政治、化学、生物、音乐、体育、美术、信息技术、心理课程、综合课程、疫情防控课程开设率皆高于镇区与乡村。与城市与镇区相比，乡村地区的课程开设率较低，仅有地理、科学、历史三门课程开设率高于城市和镇区。此外，乡村的英语、音乐、体育、美术课程与城市相差较大，每门学科开设率差距分别达到 9.62、9.48、11.28、8.52 个百分点。从学段比较来看，初中各科开设率整体较高，其中政治、音乐、体育、心理健康、综合课程以及疫情防控课程的开设率均高于小学和高中。

（六）线上教学的教材使用情况

教材是知识的载体，是教学活动的重要凭借。近年来，随着教育信息化的逐渐普及，多种形态的电子教材被广泛地应用于课堂教学活动以及学生课后的自主学习活动中，手持终端设备的快速发展更是为电子教材的发展和应用提供了契机。从2010年开始，上海、北京、成都、大连、郑州等一些城市的中小学先后开始了电子课本以及电子书包教学模式的研究与实践。[①]疫情期间，中小学生的学习不仅依赖纸质教材，电子教材的使用也占了较高比例，约为46.46%。从城乡比较来看，疫情期间城市学生使用纸质教材的比例高于镇区和乡村，乡村学生使用电子教材的比例高于城市和镇区（表5.5）。

表5.5 疫情期间线上教学的教材使用情况

类别	总计		城市		镇区		乡村	
	数量（人）	占比（%）	数量（人）	占比（%）	数量（人）	占比（%）	数量（人）	占比（%）
纸质教材	160 401	49.96	60 457	50.74	68 778	49.84	31 166	48.75
电子教材	149 183	46.46	53 450	44.86	65 209	47.25	30 524	47.74
没有教材	11 485	3.58	5 235	4.39	4 007	2.90	2 243	3.51

（七）每天线上教学的课节时长与课节频率

调查发现，疫情期间中小学生平均每天上4.62节课。从每天线上学习的课节数的平均值来看，城市学生平均每天上课4.71节，镇区学生平均每天上课4.59节，乡村学生平均每天上课4.49节；按照学段划分，小学生平均每天上课4.00节，初中生平均每天上课5.95节，高中生平均每天上课6.43节。综合城乡学生与不同学段学生的课节时长，疫情期间学生的日均上课时长均低于疫情前的日均在校上课时长（例如，《河北省义务教育阶段教学评估实施方案（试行）》规定每周教学天数为5天，每周课时总数1～2年级为26课时，3～6年级为30课时，7～9年级为34课时）（表5.6）。

① 金会沫、李伟：《电子教材的发展缩影与趋势——中韩两国中小学校电子教材应用比较》，《中国信息技术教育》2016年第22期，第4—9页。

表 5.6 疫情期间平均每天线上授课节数与教学时长

类别		总体	城市	镇区	乡村
每天上课节数（节）	总计	4.62	4.71	4.59	4.49
	小学	4.00	3.86	4.04	4.11
	初中	5.95	6.08	5.74	6.18
	高中	6.43	6.43	6.47	5.78
每节授课时间（分钟）	总计	38.61	39.03	38.57	37.93
	小学	36.92	37.34	36.57	36.95
	初中	41.04	40.33	41.46	42.00
	高中	48.06	47.19	49.07	45.94

从疫情期间平均每天线上教学的课节频率来看，每天上 1～3 节课的学生人数最多，占比为 36.17%。从城乡比较来看，乡村学生每天上课节数整体偏少，每天上 1～3 节课的乡村学生占比为 38.82%，高于城市与镇区；每天上超过 5 节课的乡村学生占比为 28.73%，少于城市与镇区学生（表 5.7）

表 5.7 疫情期间平均每天线上教学的课节频率与课程时长

类别		总计		城市		镇区		乡村	
		数量（人）	占比（%）	数量（人）	占比（%）	数量（人）	占比（%）	数量（人）	占比（%）
上课节数	1～3 节	85 287	36.17	29 784	34.15	36 986	36.67	18 517	38.82
	4～5 节	73 980	31.38	25 822	29.61	32 679	32.40	15 479	32.45
	5 节以上	76 497	32.45	31 599	36.24	31 194	30.93	13 704	28.73
课程时长	1～30 分钟	89 210	37.62	34 313	39.15	36 777	36.25	18 120	37.71
	31～45 分钟	108 342	45.69	38 616	44.06	47 278	46.60	22 448	46.71
	46～60 分钟	24 985	10.54	8 496	9.69	11 555	11.39	4 934	10.27
	60 分钟以上	14 611	6.16	6 210	7.09	5 848	5.76	2 553	5.31

（八）单节线上课程时长情况

从单节线上课程时长情况来看，大部分中小学生每节课的时长保持在 31～45 分钟，占比为 45.69%，但也有相当比重的单节线上课程时长在 1～30 分钟的，占比为 37.62%（表 5.7）。从城乡比较来看，城市学生单节线上课程时长在 1～30

分钟和60分钟以上的比重均高于镇区、乡村学生；镇区学生单节线上课程时长在31～45分钟和46～60分钟的占比均高于城市、乡村学生；乡村学生总体课程时长在45分钟以内。从单节线上课程平均值比较来看（表5.6），城乡中小学生平均每节课时长为38.61分钟，其中城市学生每节课时长39.03分钟，高于镇区和乡村学生。从学段来看，课程时长随学校层次的提高而增加，高中课程时长平均每节课为48.06分钟，高于在校标准学习时长的40分钟。通过地域与学段交叉分析发现，城市小学课程时长高于镇区和乡村，镇区高中课程时长长于城市。根据广东省、浙江省、湖北省等多省份发布的线上教育指导来看，线上课程教师讲授（直播、录播）时间一般不超过20分钟，小学每天线上教育时间原则上划定为1～2小时，初中为3～4小时，高中为3～6小时。调查结果显示，不同学段的城乡中小学生单节课学习时长皆长于20分钟，但每天学习时长仍在大部分省份规定的线上教育适宜时间之内，从而呈现出单节课时长于省定标准、单天课时相对不长的特征。

（九）线上课堂表现情况

1. 疫情期间线上课堂教师表现[①]

教师表现指教师对教学内容的呈现以及在课堂中的行动，主要包括备课、授课情绪、师生互动等方面。本次调查通过7个问题考察教师线上教学的表现（表5.8）。

备课是高效完成教学任务的重要环节，在线上教学时主要表现为教师为了把知识内容呈现给学生并达到良好的教学效果所做的教学准备。课题组通过“老师的课件是否能够帮助学生理解知识”与“老师的课件是否设计美观，有利于学生学习”两个问题考察教师线上教学的备课情况。结果显示，“老师的课件能够帮助我理解知识”的总体平均分为3.86，其中，城市得分高于镇区和乡村，小学得分高于初中和高中。“老师的课件设计美观，有利于我学习”的总体得分为3.80，其中，城市得分高于镇区和乡村，小学得分高于初中和高中。

教师情绪也是考察教师线上课堂表现的一个重要维度。课题组通过“老师上课是否非常有热情”“老师是否总能调动课堂气氛”“老师的提问是否对学生有启发性”3个问题测量教师线上教学的实际情绪，并通过“线上上课的课堂氛围是否很活跃”这一师生实际互动情况来印证学生能否被老师的情绪调动，从而产生

① 疫情期间中小学生对线上课堂教师表现题目采用利克特五点打分法，分值在1～5，分别代表非常不符合、不太符合、一般、比较符合、非常符合。

表 5.8　疫情期间线上课堂教师表现情况

教师表现	学段	总体	城市	镇区	乡村
老师的课件能够帮助我理解知识	总体	3.86	3.89	3.87	3.82
	小学	3.88	3.86	3.91	3.84
	初中	3.85	3.99	3.77	3.69
	高中	3.72	3.71	3.74	3.54
老师的课件设计美观，有利于我学习	总体	3.80	3.83	3.81	3.73
	小学	3.83	3.83	3.87	3.76
	初中	3.75	3.88	3.67	3.59
	高中	3.61	3.58	3.63	3.54
老师上课非常有热情	总体	4.11	4.14	4.11	4.05
	小学	4.15	4.14	4.18	4.09
	初中	4.03	4.19	3.92	3.85
	高中	3.90	3.88	3.93	3.72
老师上课不迟到、不拖堂	总体	4.19	4.21	4.19	4.15
	小学	4.26	4.25	4.29	4.21
	初中	4.07	4.20	3.99	3.92
	高中	3.88	3.90	3.87	3.70
老师总能调动课堂气氛	总体	3.92	3.95	3.91	3.86
	小学	3.97	3.98	4.00	3.91
	初中	3.82	3.99	3.71	3.65
	高中	3.67	3.66	3.68	3.50
老师的提问对我有启发性	总体	3.87	3.90	3.88	3.83
	小学	3.91	3.90	3.95	3.87
	初中	3.82	3.97	3.71	3.66
	高中	3.66	3.66	3.68	3.51
线上上课的课堂氛围很活跃	总体	3.73	3.77	3.72	3.68
	小学	3.77	3.78	3.80	3.73
	初中	3.66	3.82	3.55	3.50
	高中	3.52	3.51	3.53	3.42

积极的课堂氛围。结果显示，“老师上课非常有热情”的总体得分为 4.11，“老师总能调动课堂气氛”的总体得分为 3.92，反映了学生对教师授课情绪的积极肯

定。“老师的提问对我有启发性”的总体得分为 3.87，“线上上课的课堂氛围很活跃”的总体得分为 3.73。其中，城市得分高于镇区和乡村，小学总体得分高于初中和高中。

线上教学要遵循线上教学的管理规范。课题组通过“老师上课能否不迟到、不拖堂”来考察线上教学的管理情况，该题的总体得分为 4.19，表明教师基本能做到上课不迟到、不拖堂。但是，镇区与乡村教师的得分均低于城市教师，这在一定程度上反映了镇区与乡村教师线上教学管理稍显不足。

2. 疫情期间线上课堂学生表现①

疫情期间线上课堂学生表现主要包括对教学内容的理解、课堂状态、师生互动以及课后任务完成情况。调查结果显示，“我能够理解老师所讲的内容”的总体得分为 3.78，“我能跟随老师的授课节奏认真听讲”的总体得分为 3.79，“我积极参与课堂教学互动”的总体得分为 3.63，“我能够了解每节课的学习任务”的总体得分为 3.90（表 5.9）。整体上，城市学生的得分高于镇区、乡村学生，且呈现随学段层次的升高得分逐渐降低的趋势。镇区小学、高中的学生得分高于城市、乡村学生，城市初中学生的得分高于镇区、乡村学生。总体来看，乡村学生在线上课堂的表现差于城市、镇区学生。

表 5.9　疫情期间线上课堂学生表现情况

学生表现	学段	总体	城市	镇区	乡村
我能够理解老师所讲的内容	总体	3.78	3.83	3.77	3.70
	小学	3.81	3.82	3.83	3.74
	初中	3.75	3.92	3.64	3.55
	高中	3.58	3.58	3.60	3.38
我能跟随老师的授课节奏认真听讲	总体	3.79	3.81	3.79	3.75
	小学	3.82	3.80	3.84	3.78
	初中	3.79	3.92	3.71	3.62
	高中	3.55	3.55	3.56	3.44
我积极参与课堂教学互动	总体	3.63	3.64	3.62	3.62
	小学	3.69	3.68	3.70	3.67
	初中	3.54	3.64	3.46	3.44
	高中	3.31	3.28	3.34	3.26

① 疫情期间线上课堂学生表现题目采用利克特五点打分法，分值在1～5，分别代表非常不符合、不太符合、一般、比较符合、非常符合。

续表

学生表现	学段	总体	城市	镇区	乡村
我能够了解每节课的学习任务	总体	3.90	3.92	3.90	3.85
	小学	3.91	3.89	3.95	3.88
	初中	3.91	4.04	3.82	3.74
	高中	3.68	3.68	3.69	3.58

（十）线上教学的主观效果及满意度

线上教学的主观效果①是学生在参与线上教学过程中的主体感受，主要通过线上学习适应性、自主学习能力评价以及与在校学习效果主观比较来体现。从线上教学效果来看，中小学生的主观评价相对较高。“我能够适应线上学习”的总体得分为 3.63，“我的自主学习能力得到提高”的总体得分为 3.63，“我能够达到平时在校学习效果”的总体得分为 3.40。从城乡比较来看，城市学生线上教学的主观效果优于镇区和乡村学生。在不同学段中，学生线上学习的主观效果随年级升高而降低，高中生整体线上学习主观效果一般，尤其是“我能够达到平时在校学习效果”一项，高中生的总体得分（3.08）与小学生得分（3.43）、初中生得分（3.39）差异明显表 5.10。

表 5.10　疫情期间线上教学效果的主观评价

类别	学段	总体	城市	镇区	乡村
我能够适应线上学习	总体	3.63	3.65	3.62	3.60
	小学	3.64	3.63	3.66	3.62
	初中	3.63	3.75	3.55	3.51
	高中	3.43	3.43	3.44	3.40
我的自主学习能力得到提高	总体	3.63	3.66	3.63	3.60
	小学	3.63	3.63	3.65	3.60
	初中	3.68	3.81	3.60	3.52
	高中	3.47	3.46	3.48	3.47

① 疫情期间线上教学的主观效果每道题采用利克特五点计分法，分值1～5分别代表非常不符合、不太符合、一般、比较符合、非常符合。

续表

类别	学段	总体	城市	镇区	乡村
我能够达到平时在校学习效果	总体	3.40	3.41	3.39	3.40
	小学	3.43	3.41	3.45	3.43
	初中	3.39	3.51	3.30	3.27
	高中	3.08	3.08	3.08	3.19

学习是学生的主要任务，学习满意度能够直观反映学生的学习感受，从而影响学生的学习情绪与态度。总体上，中小学生参与线上教学后的满意度相对较高（表5.11），感到非常满意和比较满意的城乡学生累计占比为55.09%。从城乡比较来看，城市学生线上学习满意度呈两极分化趋势，感到非常满意的学生占比为18.12%，高于乡村、镇区学生；感到不太满意和非常不满意的学生占比为10.97%，高于镇区、乡村学生；镇区学生线上学习体验满意度较高，感到非常满意和比较满意的学生占比达55.78%，高于城市、乡村学生；乡村学生线上学习体验满意度较低，感到一般、不太满意、非常不满意的学生占比达46.84%，高于镇区、城市学生。

表5.11　疫情期间线上教学满意度

满意度	总计		城市		镇区		乡村	
	数量（人）	占比（%）	数量（人）	占比（%）	数量（人）	占比（%）	数量（人）	占比（%）
非常满意	40 865	17.23	15 881	18.12	16 672	16.44	8 312	17.30
比较满意	89 773	37.86	32 625	37.23	39 916	39.34	17 232	35.86
一般	81 484	34.36	29 518	33.68	34 608	34.11	17 358	36.12
不太满意	20 465	8.63	7 775	8.87	8 425	8.30	4 265	8.87
非常不满意	4 562	1.92	1 836	2.10	1 837	1.81	889	1.85

四、城乡中小学线上教学的家庭环境

线上教学是通过网络授课方式进行的，学生的学习空间由“学校”转移到了“家庭”，因此家庭条件与环境对学生的线上学习有重要影响。线上教学对家长的参与以及家庭的支持提出了较高要求，并在一定程度上决定着孩子的学习效果。学术研究已经表明，具备安全性、支持性和参与性的家庭学习环境对学生居家学习至关重要。所谓安全，既包括不受病毒侵害、不受父母伤害的身体安全，也包括获得家庭成员情感鼓励和积极肯定、自身无紧张感和焦虑感的心理安全；所谓支持，是指在家庭有限条件下优先满足学生学习对时间、空间和设备等的需求；所谓参与，是指父母或监护人以伙伴、助理、导师的角色帮助和监督学生线上学习的行为。受新冠肺炎疫情影响，家长与子女获得了更多的相处机会，但也增加了不少冲突和矛盾。乡村儿童更容易受到父辈的体罚责备，较难获得父母的情感支持和学业帮助。[①] 那么，现实中家庭所能提供的线上学习环境是什么样的呢？课题组对“在家上学”学生的家庭物质环境和心理环境情况进行了调查。

（一）家庭物质环境

家庭物质环境是学生进行线上学习的物理条件基础，家庭物质环境良好可以为学生的线上学习提供助力，家庭物质环境匮乏则会对学生的线上学习产生硬性的不良影响。总体上看，在调查的全部学生中，城市学生的家庭物质环境优于镇区学生和乡村学生，从电力供应的持续性、家中数字学习设备的多样性、家中网络的稳定性，到学习空间的专门性、学习资料的丰富性，乡村学生都在不同程度上处于劣势。

1. 家中停电情况

电力保障是进行在线学习的基础物质资源。调查发现，尽管超过半数的城乡地区从不停电，但仍有部分城乡家庭的电力供应情况不容乐观，家中每月停电 1 次的学生占全部调查学生的 32.16%，家中每月停电 3～4 次的学生占全部调查学生的 6.65%。从城乡比较来看，城市的电力供应情况明显好于镇区和乡村，67.88% 的城市学生家中从不停电，高于镇区学生 11.42 个百分点，高于乡村学生 19.66 个百分点。与城市、镇区学生相比，乡村学生家中停电情况更为频繁，每月停电 3～4 次的情况占 10.84%，高于镇区学生 3.44 个百分点，高于城市学生 7.44 个百分点（表 5.12）。

表 5.12　家中停电和电子设备情况及城乡比较

类别		总计（人）	占比（%）	城市		镇区		乡村	
				数量（人）	占比（%）	数量（人）	占比（%）	数量（人）	占比（%）
家中停电情况	从不停电	148 652	58.94	62 764	67.88	60 681	56.46	25 207	48.22
	每月停电 1 次	81 122	32.16	25 376	27.44	36 312	33.78	19 434	37.18

① 邬志辉：《“疫情下的教育公平与均衡发展”笔谈》，《基础教育》2020 年第 3 期，第 32—34 页。

续表

类别		总计（人）	占比（%）	城市		镇区		乡村	
				数量（人）	占比（%）	数量（人）	占比（%）	数量（人）	占比（%）
家中停电情况	每月停电 3～4 次	16 761	6.65	3 142	3.40	7 952	7.40	5 667	10.84
	每周停电 2～3 次	4 926	1.95	923	1.00	2 251	2.09	1 752	3.35
	每天都停电	762	0.30	260	0.28	288	0.27	214	0.41
家中电子设备情况	智能手机	236 413	93.73	86 154	93.17	101 359	94.30	48 900	93.55
	台式 / 笔记本电脑	108 530	43.03	48 860	52.84	44 080	41.01	15 590	29.82
	带机顶盒的电视	173 970	68.97	68 319	73.89	73 665	68.54	31 986	61.19
	平板电脑	59 699	23.67	30 626	33.12	22 037	20.50	7 036	13.46
	以上均没有	11 546	4.58	5 248	5.68	4 405	4.10	1 893	3.62

2. 家中数字设备情况

在对学生家庭电子设备的调查中发现，有 95.42% 的中小学生家庭中有智能手机、电脑、平板电脑、带机顶盒的电视中的至少一种家庭电子设备。其中，智能手机的拥有率最高，达 93.73%；平板电脑的拥有率最低，仅有 23.67%。此外，有 4.58% 的学生家中不具备以上任何数字设备。从城乡比较看，城乡家庭之间智能手机拥有率差异不大，但台式 / 笔记本与平板电脑的拥有率呈现较明显的差别。其中，城市学生家庭拥有台式 / 笔记本电脑的占比为 52.84%，而镇区和乡村学生的拥有率较低，分别为 41.01% 和 29.82%；城市学生家庭平板电脑的拥有率为 33.12%，虽然不如电脑设备，但是城市学生家庭平板电脑拥有率仍分别高于镇区和乡村学生 12.62 和 19.66 个百分点（表 5.12）。综上表明，城乡之间在电子设备拥有率上仍旧存在一定差距。

3. 家庭网络连接情况

缺乏网络连接正在妨碍互联网在线教育等的广泛使用，并逐渐成为许多国家政策制定的关键考虑因素。此次疫情中，中小学生家庭的宽带网络、家庭手机网络（3G 或 4G）决定着学生能否拥有平等的线上受教育机会。在对 252 223 名中小学生的调查中发现，225 914 名学生的家庭安装了宽带网络，占比为 89.57%；未安装家庭宽带网络的学生为 26 309 名，占比为 10.43%。245 646 名学生家中拥有可连接 4G 或 3G 网络的手机，占比为 97.39%；未拥有可连接 4G 或 3G 网络手机的学生为 6577 名，占比为 2.61%。此外，接近 1% 的学生家中没有任何网络连接，其中乡村占比高于镇区、城市（表 5.13）。

表 5.13　家中网络连接情况、未连接网络原因及城乡比较

类别	项目	总计（人）	占比（%）	城市		镇区		乡村	
				数量（人）	占比（%）	数量（人）	占比（%）	数量（人）	占比（%）
家庭网络连接情况	家庭宽带网络连接	225 914	89.57	85 433	92.39	95 744	89.08	44 737	85.58
	家庭手机 4G 或 3G 网络	245 646	97.39	90 968	98.38	104 847	97.55	49 831	95.33
	家庭没有任何网络	2 102	0.83	410	0.44	838	0.78	854	1.63
家庭未连接网络的原因	可以手机上网	10 655	40.50	3 098	44.06	4 663	39.72	2 894	38.40
	当地未开通服务	1 339	5.09	311	4.42	625	5.32	403	5.35
	经济原因	7 445	28.30	1 504	21.39	3 514	29.93	2 427	32.20
	没有开通必要	3 100	11.78	1 097	15.60	1 317	11.22	686	9.10
	其他	3 770	14.33	1 022	14.53	1 621	13.81	1 127	14.95

对家庭未连接网络的原因进行分析，发现有 44.06% 的城市学生表示，家里能够使用手机网络替代家庭宽带的上网功能，镇区和乡村可以用手机网络代替宽带的学生占比分别为 39.72% 和 38.40%；由经济原因导致家庭未安装宽带的乡村学生更多，占比为 32.20%，与城市学生相比高了 10.81 个百分点（表 5.13）。

在安装了家庭宽带的 225 914 名学生中，有 59.99% 的学生认为自己家的网络速度一般甚至偏慢，表示“不满意”和“非常不满意”的学生占总受访学生总量的 11.2%。通过对参与线上学习的城乡中小学生的网络卡顿情况、网络卡顿频率、网络卡顿对线上学习影响等因素进行分析，发现 79.47% 的城乡中小学生在线上学习时遭遇过网络卡顿；除个人行为外，城乡中小学生普遍认为网络环境是影响线上学习效率的重要因素。从网络卡顿频率来看（表 5.14），有 17.69% 的城乡中小学生总是或经常在线上学习时遭遇网络卡顿，42.00% 的学生表示有时遭遇网络卡顿，33.20% 的学生表示很少遭遇网络卡顿，表示网络从不卡顿的学生

仅占 7.11%。从网络卡顿对城乡中小学生线上学习的影响来看，有 29.14% 的学生认为网络卡顿对线上学习影响大（包括“非常大”和“比较大”），34.01% 的学生认为网络卡顿对线上学习影响一般，由此可见，家庭网络状况对学生线上学习的体验感影响不容小觑。

表 5.14　家庭网络卡顿情况及城乡比较

类别	项目	总计（人）	占比（%）	城市		镇区		乡村	
				数量（人）	占比（%）	数量（人）	占比（%）	数量（人）	占比（%）
是否遭遇网络卡顿	是	188 461	79.47	69 886	79.75	80 479	79.32	38 096	79.27
	否	48 688	20.53	17 749	20.25	20 979	20.68	9 960	20.73
线上学习卡顿频率	总是	8 135	3.43	2 985	3.41	3 408	3.36	1 742	3.62
	经常	33 825	14.26	12 726	14.52	14 329	14.12	6 770	14.09
	有时	99 596	42.00	36 505	41.66	43 062	42.44	20 029	41.68
	很少	78 729	33.20	29 045	33.14	33 481	33.00	16 203	33.72
	从不	16 864	7.11	6 374	7.27	7 178	7.07	3 312	6.89
卡顿对学习体验感影响	非常大	18 913	7.98	7 030	8.02	7 913	7.80	3 970	8.26
	比较大	50 189	21.16	18 934	21.61	21 464	21.16	9 791	20.37
	一般	80 654	34.01	29 314	33.45	34 332	33.84	17 008	35.39
	不太大	57 492	24.24	20 341	23.21	25 405	25.04	11 746	24.44
	非常小	29 901	12.61	12 016	13.71	12 344	12.17	5 541	11.53

4. 家中学习空间情况

线上学习的场景性改变不仅表现为以网络环境为表征的虚拟场景，更表现为由校园环境向家庭环境的转置。与秩序化的学校空间不同，家庭学习空间对城乡中小学生的线上学习效果具有重要影响。调查发现，尽管整体来看乡村学生家中的房间数量并不比城市少，甚至房间数在 3 间以上的远远高出镇区和城市学生，占比达 44.60%，但受多种条件影响，乡村学生的书桌拥有量远低于镇区和城市学生，35.25% 的乡村学生没有独立书桌，而镇区和城市学生的这一比例分别为 24.00% 和 14.12%（表 5.15）。乡村尽管整体空间更大，但为学生提供的专门学习空间明显不足。

表 5.15　家中学习空间情况及城乡比较

类别		总计（人）	占比（%）	城市		镇区		乡村	
				数量（人）	占比（%）	数量（人）	占比（%）	数量（人）	占比（%）
家中房间数量	1 间	12 871	5.10	4 034	4.36	5 361	4.99	3 476	6.65
	2 间	58 224	23.08	24 866	26.89	23 560	21.92	9 798	18.74
	3 间	99 531	39.46	40 414	43.71	43 431	40.41	15 686	30.01
	3 间以上	81 597	32.35	23 151	25.04	35 132	32.69	23 314	44.60
家中独立书桌	没有	57 270	22.71	13 053	14.12	25 793	24.00	18 424	35.25

5. 家中学习资源情况

学习场域的改变带来学习资源的变化，在没有了学校图书馆、图书角等公共学习资源后，家庭资源成为学生学习的重要来源，家庭文化底蕴也影响着学生学习习惯的养成。调查发现，在 252 223 名中小学生中，城乡学生家庭拥有的书刊资源不够充足，且城乡分布不均，城市家庭的书刊资源更为丰富，藏书量在 10～100 本的家庭居多，有 17.79% 的城市家庭的书刊拥有量在 10 本以下；而乡村的这一比例为 51.85%，分别高于城市和镇区 34.06 和 17.59 个百分点（表 5.16）。家庭书刊资源的不足，在一定程度上限制了学生的阅读量，虽然镇区的情况较乡村稍好，但也不容乐观。

表 5.16　家中书刊数量及城乡比较

类别	总计（人）	占比（%）	城市		镇区		乡村	
			数量（人）	占比（%）	数量（人）	占比（%）	数量（人）	占比（%）
10 本以下	80 378	31.87	16 450	17.79	36 826	34.26	27 102	51.85
10～50 本	115 959	45.97	44 738	48.38	51 005	47.45	20 216	38.67
51～100 本	33 818	13.41	17 725	19.17	12 696	11.81	3 397	6.50
101～200 本	12 035	4.77	7 098	7.68	3 994	3.72	943	1.80
200 本以上	10 033	3.98	6 454	6.98	2 963	2.76	616	1.18

（二）家庭心理环境

学生的健康成长离不开良好的环境的影响，而良好的心理环境在学生成长的过程中尤为重要。大量研究表明，心理环境对学生学业表现的影响具有综合性，不仅对学生学习动机和态度具有重要作用，而且对学生的学业成就有重要影响。疫情期间，学生失去了学校的良好学习氛围和心理环境，转而将学习活动转移到了家庭，因此家长对孩子学习氛围的营造、学习条件的支持、学习活动的参与以及情绪情感的支持与调节具有重要作用，良好的家庭心理环境建设能够使学生在更加舒适的环境中学习，按照自己的步伐前进，达到事半功倍的效果；不良的家庭心理环境会导致学生难以集中精神学习，甚至与家人产生紧张关系，出现叛逆、厌学等情绪。

1. 家中环境安静情况

在安静的环境中学习，有助于大脑集中注意力专注于学习内容的输入，思考需要思考的东西，使学生内心具有舒适感，能更专心地学习。对接受线上教学的 237 149 名学生的调查表明，城乡学生家中总体较为安静，其中城市学生的家庭安静程度要好于镇区和乡村。有约 1/3 的学生表示家中安静程度一般和嘈杂，造成学习环境不够安静的原因主要是家中还有人上课和家人在旁做家务 / 看电视 / 玩手机，二者分别占 38.46% 和 48.93%（表 5.17），表明家人对学生上课安静环境的营造具有极大的影响。

表 5.17　家中环境安静情况及城乡比较

类别		总计（人）	占比（%）	城市		镇区		乡村	
				数量（人）	占比（%）	数量（人）	占比（%）	数量（人）	占比（%）
家中安静程度	非常安静	49 074	20.69	21 762	24.83	19 333	19.06	7 979	16.60
	比较安静	116 406	49.09	43 801	49.98	50 903	50.17	21 702	45.16
	一般	62 817	26.49	19 124	21.82	27 586	27.19	16 107	33.52
	比较嘈杂	7 796	3.29	2 604	2.97	3 205	3.16	1 987	4.13
	非常嘈杂	1 056	0.45	344	0.39	431	0.42	281	0.58
家中嘈杂原因	家人也上课	27 566	38.46	7 906	35.82	12 078	38.68	7 582	41.26
	家人在旁做家务 / 看电视 / 玩手机	35 070	48.93	11 675	52.90	14 987	48.00	8 408	45.76
	在室外上课	1 964	2.74	481	2.18	885	2.83	598	3.25
	其他	19 726	27.52	6 043	27.38	8 737	27.98	4 946	26.92

2. 家人物质支持情况

突发的疫情打乱了正常的教育教学秩序，在家庭条件有限的情况下，要支持学生的在线学习，需要家人付出一定的努力，其中物质支持是学生有条件进行线上学习的基础保障，除了要为学生提供学习空间、营造安静的学习环境外，还要保证学生有设备进行线上学习。在对学习场所进行考察时，发现有 42.43% 的学生在卧室书桌进行线上学习，30.64% 的学生在客厅进行线上学习，19.66% 的学生在书房进行线上学习，3.88% 的学生在床上进行线上学习，3.40% 的学生在室外、在父母工作的工厂或店铺进行线上学习。从不同地区看，城市学生拥有专门学习空间的比例更大，24.28% 的城市学生能够在书房进行学习，高于镇区和乡村的 18.63% 和 13.43%（表 5.18）。

表 5.18　线上教育学习场所占比情况及城乡比较

类别	总计（人）	占比（%）	城市		镇区		乡村	
			数量（人）	占比（%）	数量（人）	占比（%）	数量（人）	占比（%）
书房	46 627	19.66	21 278	24.28	18 897	18.63	6 452	13.43
客厅	72 651	30.64	27 268	31.12	30 132	29.70	15 251	31.74
床上	9 196	3.88	1 947	2.22	4 511	4.45	2 738	5.70
卧室书桌	100 623	42.43	35 343	40.33	44 167	43.53	21 113	43.93
其他场所	8 052	3.40	1 799	2.05	3 751	3.70	2 502	5.21

为了顺利进行线上教育，83 491 名城乡中小学生在不同程度上购置了电子设备、教材以及办理了新宽带网络等。按购置类型划分，手机是城乡中小学生购置的主要设备，占 31.82%；其次是教材 / 教辅资料，购置率为 25.26%；台式 / 笔记本电脑、平板电脑、宽带网络、打印机的购置率分别为 9.64%、7.92%、6.06%、3.34%。从城乡分布来看，乡村学生在手机购买方面的投入最大，购置率高于城市 17.16 个百分点；而城市学生在平板电脑、打印机、教材 / 教辅方面投入更大，购置率均高于镇区和乡村（表 5.19）。

表 5.19　线上教育新购设备情况及城乡比较

类别	总计（人）	占比（%）	城市		镇区		乡村	
			数量（人）	占比（%）	数量（人）	占比（%）	数量（人）	占比（%）
家中新购设备	83 491	35.21	28 255	32.24	38 351	37.80	16 885	35.14
手机	75 464	31.82	21 978	25.08	33 186	32.71	20 300	42.24
台式 / 笔记本电脑	22 866	9.64	8 500	9.70	9 676	9.54	4 690	9.76

续表

类别	总计（人）	占比（%）	城市		镇区		乡村	
			数量（人）	占比（%）	数量（人）	占比（%）	数量（人）	占比（%）
平板电脑	18 778	7.92	8 253	9.42	7 282	7.18	3 243	6.75
新办理宽带	14 365	6.06	4 648	5.30	6 371	6.28	3 346	6.96
打印机	7 931	3.34	4 165	4.75	2 955	2.91	811	1.69
教材 / 教辅	59 914	25.26	24 153	27.56	24 924	24.57	10 837	22.55

注：本表格占比以同地区接受线上教育学生数作为参考点

3. 家人参与情况

在家学习导致教师的不在场，对学生进行监督管理的责任就落到了家长身上。调查显示，城乡中小学生家长对学生学习的参与情况良好，学生在家学习的主要监督者和检查者是父母，城市父母参与学生学习监督和作业检查的比率要高于镇区和乡村；没有人对学生学习进行监管的仅占全部调查学生的 4.77%。在接受线上教育的 237 149 名学生中，有 63.63% 的学生认为家人能够帮助自己进行线上学习，镇区学生家人能够帮助学习的比例最高，达到 64.54%，其次是城市，最低的是乡村，为 62.10%；认为家人不能帮助自己学习的学生占比为 8.10%（表 5.20）。这表明城乡家长对学生的学习具有较强的参与感，能够积极支持学生学习，镇区家长的参与度最高。

表 5.20　家长参与情况及城乡比较

类别		总计（人）	占比（%）	城市		镇区		乡村	
				数量（人）	占比（%）	数量（人）	占比（%）	数量（人）	占比（%）
家人学习监督	父母	220 675	87.49	81 377	88.01	94 456	87.88	44 842	85.78
	（外）祖父母	36 272	14.38	13 051	14.11	14 946	13.91	8 275	15.83
	其他亲人	11 931	4.73	3 783	4.09	5 040	4.69	3 108	5.95
	老师	42 578	16.88	14 988	16.21	18 643	17.34	8 947	17.12
	没有人	12 040	4.77	4 582	4.96	4 988	4.64	2 470	4.73
家人检查作业	父母	205 815	81.60	76 164	82.37	87 589	81.49	42 062	80.46
	（外）祖父母	19 488	7.73	6 943	7.51	7 930	7.38	4 615	8.83
	其他亲人	10 621	4.21	3 220	3.48	4 530	4.21	2 871	5.49
	老师	96 135	38.12	32 334	34.97	42 984	39.99	20 817	39.82
	没有人	9 747	3.86	3 911	4.23	3 895	3.62	1 941	3.71

续表

类别		总计（人）	占比（%）	城市		镇区		乡村	
				数量（人）	占比（%）	数量（人）	占比（%）	数量（人）	占比（%）
家人帮助学习	非常符合	67 794	28.59	26 056	29.73	28 590	28.18	13 148	27.36
	比较符合	83 098	35.04	29 518	33.68	36 886	36.36	16 694	34.74
	一般	67 033	28.27	24 340	27.77	28 270	27.86	14 423	30.01
	不太符合	10 913	4.60	4 289	4.89	4 427	4.36	2 197	4.57
	非常不符合	8 311	3.50	3 432	3.92	3 285	3.24	1 594	3.32

4. 家人情感支持情况

学生在家学习的精神面貌对学习效果具有较大影响。家人的情感支持在一定程度上左右着学生的学习情绪，不同的情绪状态影响着学生学习的质量和效率，消极情绪容易使学生产生逆反、厌学等不良情绪，积极情绪则会产生良好的能动效应。整体来看，疫情期间感到焦虑或担忧的城乡中小学生达 40.82%，学生普遍认为疫情对学习影响大。在调查的 252 223 名城乡中小学学生中，有 102 963 名学生感到焦虑或担忧，其中，乡村学生最为焦虑，占调查乡村学生总数的 44.81%，焦虑程度最低的是城市学生，但占比也达到 38.37%（表 5.21）。有研究发现，在具体学业情绪中，“焦虑”作为一种消极情绪与学业成就的关系比较微妙，对于农村中学生而言，“焦虑”对学习活动并不都具有破坏性作用，适度的学习焦虑可能还会促进学生的学习。[①] 根据教育心理学的研究，焦虑程度与学习效率之间的关系呈倒“U”形曲线，即焦虑程度过强或过弱都不利于学习，中等程度的焦虑不仅不会破坏学习反而能提高学习的效果。吉林省吉林市的一名乡村学生说：“在家上课的时候，妈妈就在旁边看着我，还总是严厉地问我会没会、听没听懂，本来我就跟不上，她问完我就更害怕了，也听不进去了。”吉林省长春市的一名六年级学生说：“在家学习不能了解其他同学学得怎么样了，会有一点儿不安，爸爸就让我按照进度好好学，慢慢就觉得还挺好的。”由此可以看出，家长对孩子学习的态度对学生线上学习也具有相当程度的影响。另外，是否接受线上教育对学生的焦虑情况也有较大影响。调查发现，疫情期间没有接受线上教育的学生感到焦虑的比例比接受线上教育的学生高 6.44 个百分点，与同龄人相比，没有接受线上教育的缺失感和无助感是导致学生焦虑的重要原因。

① 熊建萍：《农村中学生学业情绪与学业成就的相关研究》,《当代教育论坛（综合研究）》2011 年第 3 期，第 94—95 页。

表 5.21　在家焦虑情况及城乡比较

类别	总计（人）	占比（%）	城市		镇区		乡村	
			数量（人）	占比（%）	数量（人）	占比（%）	数量（人）	占比（%）
学生总体感到焦虑情况	102 963	40.82	35 477	38.37	44 061	40.99	23 425	44.81
接受线上教学学生焦虑情况	95 897	40.44	33 325	38.03	41 378	40.78	21 194	44.10
未接受线上教学学生焦虑情况	7 066	46.88	2 152	44.55	2 683	44.52	2 231	52.89

五、城乡中小学线上学习的学校支持

据联合国教科文组织的统计数据，截至 2020 年 3 月 10 日，在 2020 年春季学期即将开学之际，全球已有 3.63 亿学生受到疫情影响。[①] 在国家倡导实施大规模线上教学之际，各地学校在努力为那些缺少数字设备、经济困难的学生家庭提供援助。

（一）疫情期间学生线上学习的学校支持

课题组从生活状况、心理状况、流量资助、经济补助、设备支持五个方面对学生线上学习的学校支持情况进行了调查。结果显示，分别有 82.04% 和 77.07% 的学生在生活状况、心理状况方面受到了学校的支持，有 19.85% 的学生获得了来自学校的流量资助，14.36% 的学生获得了来自学校的经济补助，8.84% 的学生获得了来自学校的设备支持（表 5.22）。

表 5.22　线上学习学校支持情况及城乡比较

类别	是否提供支持	总计		城市		镇区		乡村	
		数量（人）	占比（%）	数量（人）	占比（%）	数量（人）	占比（%）	数量（人）	占比（%）
生活状况	是	206 936	82.04	75 758	81.93	88 748	82.57	42 430	81.17
	否	45 287	17.96	16 707	18.07	18 736	17.43	9 844	18.83
心理状况	是	194 396	77.07	70 850	76.62	83 731	77.90	39 815	76.17
	否	52 810	22.93	21 615	23.38	23 753	22.10	12 459	23.83

① 光明网：《“教育战疫，停课不停学”国际网络研讨会召开》，（2020-03-17），https://m.gmw.cn/baijia/2020-03/17/33657938.html[2022-11-16]。

续表

类别	是否提供支持	总计		城市		镇区		乡村	
		数量（人）	占比（%）	数量（人）	占比（%）	数量（人）	占比（%）	数量（人）	占比（%）
流量资助	是	50 059	19.85	15 277	16.52	22 605	21.03	12 177	23.29
	否	202 164	80.15	77 188	83.48	84 879	78.97	40 097	76.71
经济补助	是	36 229	14.36	10 325	11.17	16 008	14.89	9 896	18.93
	否	215 994	85.64	82 140	88.83	91 476	85.11	42 378	81.07
设备支持	是	22 303	8.84	7 730	8.36	9 297	8.65	5 276	10.09
	否	229 920	91.16	84 735	91.64	98 187	91.35	46 998	89.91

（二）疫情期间学生线上学习学校支持的城乡比较

通过对城市学生的调查发现，有 81.93% 的学生在生活状况方面受到学校的关怀，76.62% 的学生在心理状况方面受到学校的安抚，分别有 16.52%、11.17%、8.36% 的学生在流量资助、经济补助及设备支持方面受到了学校的资助。镇区学生中，获得学校生活关怀的学生占比为 82.57%，获得学校心理安抚的学生占比为 77.90%，获得流量资助、经济补助、设备支持的学生占比分别为 21.03%、14.89%、8.65%。乡村学生受到学校生活关怀的占比为 81.17%，受到学校心理安抚的占比为 76.17%，23.29% 的乡村学生获得学校的流量资助，18.93% 的乡村学生获得学校的经济补助，10.09% 的乡村学生获得学校的设备支持（表 5.22）。在城乡比较中发现，镇区学生在生活状况、心理状况等方面得到了学校的更多支持，高于城市与乡村；学校对乡村学生的支持更侧重于经济层面，乡村学生在流量资助、经济补助、设备支持三方面受到资助的占比均高于镇区和城市。

六、城乡中小学线上学习的情绪体验

对一些学生来说，线上学习是一种崭新的经历和体验，伴随积极情绪体验的同时，还存在不少消极情绪体验。情绪体验不仅影响学生的身心，而且对学生的课堂学习效率有着重要的促进或阻碍作用。那么，学生线上学习的情绪体验到底是怎样的？不同学段学生之间有何差别？毕业班学生是否会更加焦虑？城乡学生之间有分别吗？贫困家庭学生的体验是什么样的？课题组根据大卫·沃森（David Watson）的积极与消极情绪量表，选定感兴趣、专注的、自信的、充满热情、兴奋五种积极情绪以及易怒、坐立不安、紧张、害怕、羞愧五种消极情绪，对中小学生情绪体验进行考察。测量结果显示，参与线上学习的中小学生的五种积极情绪的均值保持在3.30以上（满分为5），五种消极情绪的均值皆低于2.50（满分为5），这说明参与线上学习的中小学生情绪相对平稳。此外，课题组对不同学段、毕业年级、城乡学生、贫困生的情绪体验也进行了分类测量。

（一）不同学段学生参与线上学习的情绪体验

小学生参与线上学习的积极情绪体验按照各项均值从高到低排序，依次为感兴趣（3.69）、自信的（3.67）、专注的与充满热情（均为3.66）、兴奋（3.60）。消极情绪体验按照各项均值从高到低排序，依次为易怒与坐立不安（均为2.46）、紧张（2.39）、害怕与羞愧（均为2.34）。小学生线上学习的积极情绪与消极情绪体验均高于总体学生线上学习情绪体验，其中“自信的”积极情绪体验、“坐立不安”的消极情绪体验较为显著。

初中生较小学生情绪控制能力更强。初中生的积极情绪体验按照各项均值从高到低排序，依次为感兴趣（3.70）、专注的（3.69）、自信的（3.64）、充满热情（3.61）、兴奋（3.55）。消极情绪体验按照各项均值从高到低排序，依次为易怒（2.31）、紧张（2.28）、坐立不安（2.25）、害怕（2.20）、羞愧（2.19）。初中生消极情绪体验低于总体学生线上学习消极情绪，积极情绪中的“感兴趣”“专注的”得分略高于总体学生线上学习积极情绪得分，其余均低于总体均值。

高中生的积极情绪体验按照各项均值从高到低排序，依次为感兴趣（3.48）、专注的（3.44）、自信的（3.41）、充满热情（3.40）、兴奋（3.33）。消极情绪体验按照各项均值从高到低排序，依次为易怒（2.44）、坐立不安（2.36）、紧张（2.35）、害怕（2.33）、羞愧（2.32）。由于与小学生、初中生相比，高中生有更多的上网经历，所以他们对线上学习的兴趣、热情不高，积极情绪均低于总体学生线上学习积极情绪均值，并且紧张、坐立不安的消极情绪略低于总体学生线上学习的消极情绪均值。但由于老师线上提问、家庭网络卡顿、设备不好等原因，高中生的羞愧、害怕、易怒等消极情绪体验略高于总体学生的线上学习消极情绪（图5.10）。

综合小学、初中、高中学生线上学习的情绪体验对比结果来看，疫情期间初中生的线上学习消极情绪体验低于小学生、高中生，消极情绪更为稳定；高中生的线上学习积极情绪体验普遍低于小学生、初中生，学习热情学习状态不如小学生、初中生。因为更少接触网上课堂、手机授课等形式，小学生对线上学习的积极情绪体验整体偏高，对线上教学有较大的热情和兴趣，但耐心不足、注意力容

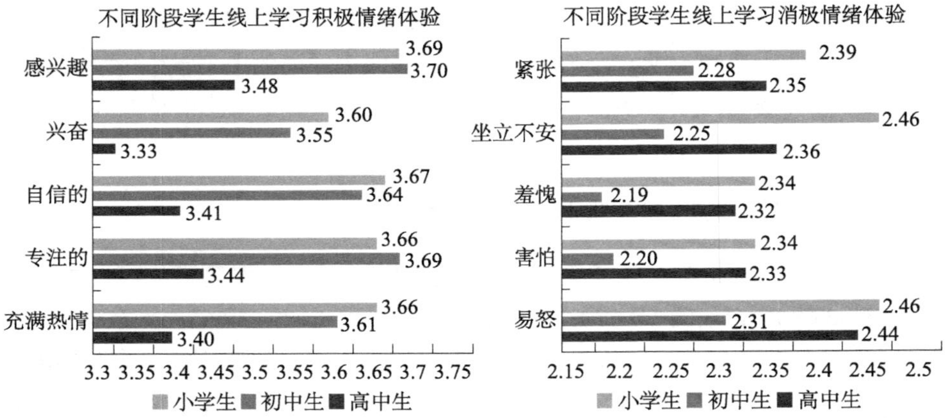

图 5.10　疫情期间学生线上学习时情绪体验及学段比较

易转移、父母监督式学习等，导致小学生的消极情绪也较高。

（二）毕业年级学生线上学习的情绪体验

受疫情影响，初三、高三年级延迟开学，多地发出延迟中高考的通知。在“超长寒假”之下，毕业年级学生的时间更为紧迫，课题组对 15 224 名初三学生、4153 名高三学生进行了调查，来了解他们线上学习的情绪体验。

1. 初三学生线上学习情绪体验

初三学生线上学习的积极情绪体验按照各项均值从高到低排序，依次为感兴趣（3.61）、专注的（3.60）、自信的（3.56）、充满热情（3.54）、兴奋（3.47）。消极情绪体验按照各项均值从高到低排序，依次为易怒（2.37）、紧张（2.34）、坐立不安（2.30）、害怕与羞愧（均为 2.27）。初三学生线上学习消极体验高于初中学生总体线上学习消极情绪体验，积极情绪体验则普遍低于初中学生总体线上学习积极情绪体验（图 5.11）。

2. 高三学生线上学习情绪体验

高三学生线上学习积极情绪体验按照各项均值从高到低排序，依次为感兴趣（3.40）、专注的（3.37）、自信的（3.35）、充满热情（3.33）、兴奋（3.28）。消极情绪体验按照各项均值从高到低排序依次为易怒（2.55）、坐立不安（2.50）、紧张（2.49）、害怕（2.48）、羞愧（2.47）。高三学生线上学习的消极情绪体验明显高于其他年级学生，积极情绪体验也明显低于其他年级学生。受疫情影响，虽然学校及时开展了线上教学，但面临升学的高三学生的学习效果远不如线下的班级授课。一些学生自控能力差，无法逃脱手机、平板电脑的诱惑，因此无法合理利用时间，最终导致线上学习的消极情绪体验明显高于其他年级学生。高三学生不仅有来自线上学习的困扰，更承担着升学的压力，所以线上学习的积极情绪体验也明显低于其他年级学生。此外，调查中还发现，乡村高三学生在学生群体中最为焦虑，消极情绪体验均值也远大于城市、镇区高三学生，“紧张”“坐立不安”“害怕”的消极情绪明显（图 5.12）。

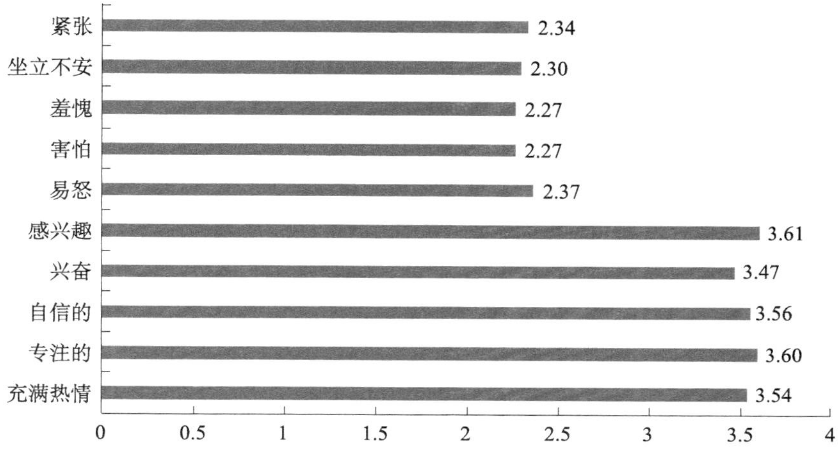

图 5.11　疫情期间初三学生线上学习时的情绪体验

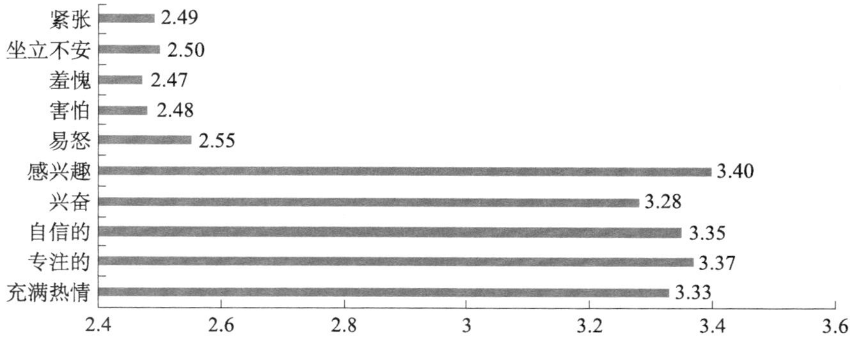

图 5.12　疫情期间高三学生线上学习时的情绪体验

（三）城乡学生的线上学习情绪体验

在积极情绪体验方面，城市、镇区、乡村学生表现出的“感兴趣”情绪均值分别是 3.70、3.68、3.64；“自信的”情绪均值分别是 3.68、3.65、3.60；“充满热情”情绪均值分别是 3.67、3.63、3.60；“专注的”情绪均值分别是 3.66、3.65、

3.64；“兴奋”情绪均值分别是 3.59、3.55、3.54。与镇区、乡村学生相比，城市学生表现出更高的线上学习积极情绪（图 5.13）。

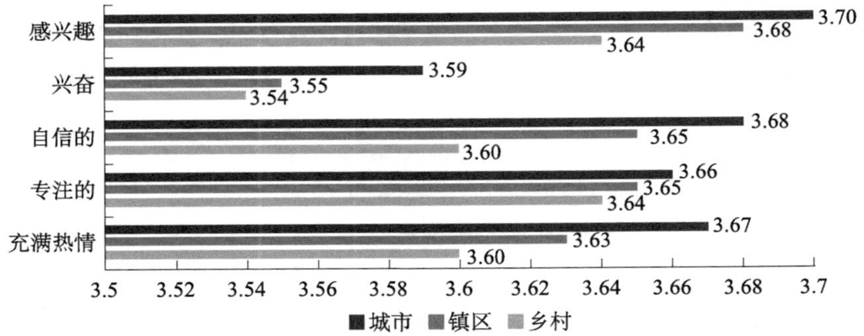

图 5.13　疫情期间城乡学生线上学习时的积极情绪体验

在消极情绪方面，城市、镇区、乡村学生“易怒”的情绪均值分别是 2.36、2.44、2.51；“紧张”的情绪均值分别是 2.27、2.37、2.50；“坐立不安”的情绪均值分别是 2.34、2.42、2.49；“害怕”的情绪均值分别是 2.23、2.32、2.42；“羞愧”的情绪均值分别是 2.22、2.32、2.42。与城市、镇区学生相比，乡村学生表现出更高的线上学习消极情绪（图 5.14）。

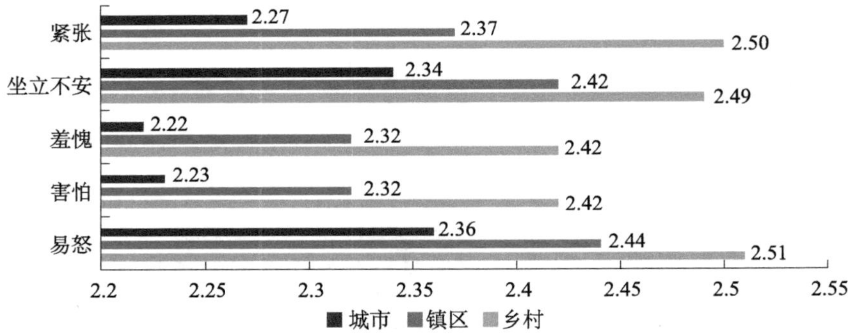

图 5.14　疫情期间城乡学生线上学习时的消极情绪体验

（四）贫困学生的线上学习情绪体验

媒体报道的“贫困户女孩无钱买手机上网课自杀”的新闻令社会各界震动，这究竟是少数极端案例，还是全新的线上教学模式诱发了群体心理问题，尤其是贫困学生的心理问题呢？为此，课题组在调查学生线上学习状况时，对参与线上教学的贫困学生的情绪体验进行了重点关注与测量。在积极情绪体验方面，贫困生“感兴趣”的情绪体验得分为3.60，“兴奋”的情绪体验得分为3.50，“自信的”情绪体验得分为3.54，“专注的”情绪体验得分为3.58，“充满热情”的情绪体验得分为3.54（图5.15）。整体来看，贫困学生的积极情绪体验得分较高，但是与非贫困学生相比，其得分均低于非贫困学生。

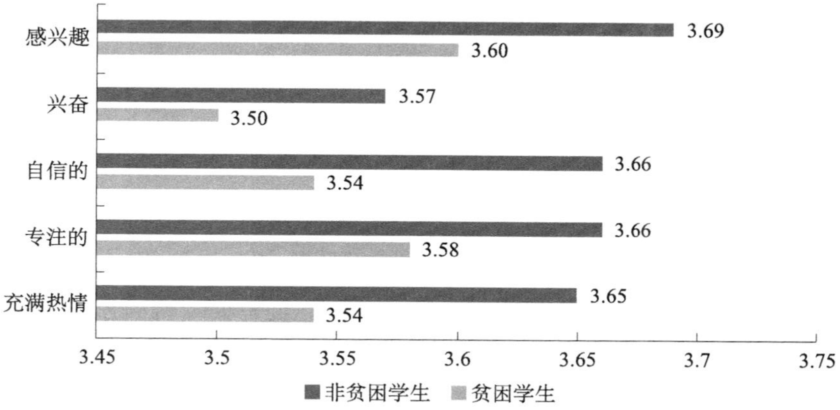

图5.15　疫情期间贫困学生与非贫困学生线上学习时的积极情绪体验

在消极情绪体验方面，贫困学生与非贫困学生线上学习时“易怒”的情绪体验得分分别是2.56、2.40；“紧张”的情绪体验得分分别是2.56、2.33；“坐立不安”的情绪体验得分分别是2.56、2.38；“害怕”的情绪体验得分分别是2.47、2.28；“羞愧”的情绪体验得分分别是2.47、2.28（图5.16）。整体来看，贫困学生比非贫困学生有更高的线上学习消极情绪。值得注意的是，中小学生不仅在家庭经济条件层面有差异，而且不同家庭经济条件学生群体在心理层面也存在一定差异，并反映在了线上学习的情绪体验之中。

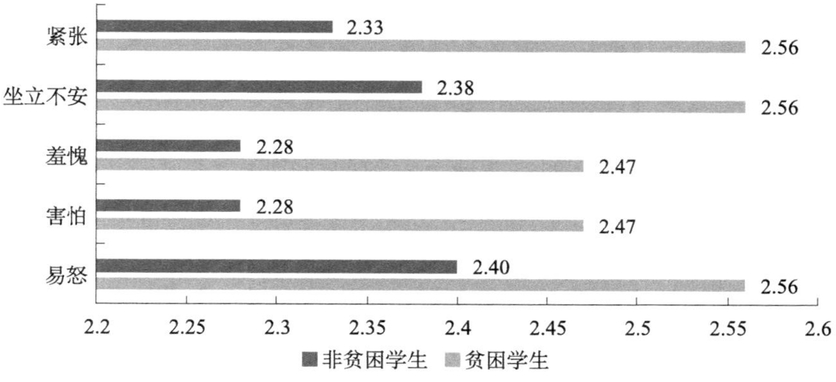

图5.16　疫情期间贫困学生与非贫困学生线上学习时的消极情绪体验

七、城乡中小学线上教学的问题与挑战

突如其来的疫情不仅威胁着中小学生的生命健康安全，也打乱了正常教学秩序，教学活动不得不面临空间转换、时间调整和教学资源重新分配的局面。大规模的线上教学对学生及其家庭都提出了更高的要求，尤其对乡村学生及其家庭而言，原有的数字设备、网络环境和家庭环境等并不足以支持其线上教学，从而直接影响着乡村学生的线上教学效果，且一些乡村家长的知识、能力和信息技术素养等的缺乏使其在帮助孩子学习时也可能出现“捉襟见肘”的境况。此外，本就偏向于智育的教学活动，因为教学模式的变化，更难以兼顾学生的心理健康和兴趣特长等，不利于学生的全面发展。

（一）疫情从多方面影响中小学生群体，学习是受波及的主要方面

1. 中小学生的学习、娱乐、消费、作息和心理等各个方面均受到疫情的影响

疫情期间，中小学生的活动空间受限，与外界的接触建立在“云交流”的基础上，难免对其生活和学习等各方面产生限制和影响。调查结果显示，整体来看，中小学生认为疫情对其学习、娱乐、消费、作息和心理影响“极大”的比例分别为 14.65%、10.75%、8.55%、7.78% 和 8.18%（表 5.23），即中小学生的学习、娱乐、消费、作息和心理等各个方面均受到疫情的影响，且对学习的影响最大。这些影响同时存在城乡差异。在学习方面，乡村中小学生受疫情影响的程度稍高于城市和镇区学生；在娱乐、消费和作息方面，城市中小学生受疫情影响的程度高于镇区和乡村学生；在心理影响方面，城市、镇区和乡村学生的受影响程度无明显差异。

表 5.23　疫情对中小学生的影响及城乡比较

类别		总计		城市		镇区		乡村	
		数量（人）	占比（%）	数量（人）	占比（%）	数量（人）	占比（%）	数量（人）	占比（%）
学习	总计	252 223	100	92 465	36.66	107 484	42.61	52 274	20.73
	没有影响	28 167	11.17	10 994	11.89	10 978	10.21	6 195	11.85
	影响较小	31 534	12.50	11 846	12.81	13 385	12.45	6 303	12.06
	影响一般	74 836	29.67	26 857	29.05	32 514	30.25	15 465	29.58
	影响较大	80 724	32.01	29 462	31.86	35 048	32.61	16 214	31.02
	影响极大	36 962	14.65	13 306	14.39	15 559	14.48	8 097	15.49

续表

类别		总计		城市		镇区		乡村	
		数量（人）	占比（%）	数量（人）	占比（%）	数量（人）	占比（%）	数量（人）	占比（%）
娱乐	总计	252 223	100	92 465	36.66	107 484	42.61	52 274	20.73
	没有影响	41 924	16.62	16 053	17.36	16 978	15.80	8 893	17.01
	影响较小	39 610	15.70	14 140	15.29	17 156	15.96	8 314	15.90
	影响一般	95 048	37.68	32 504	35.15	41 960	39.04	20 584	39.38
	影响较大	48 535	19.24	18 916	20.46	20 473	19.05	9 146	17.50
	影响极大	27 106	10.75	10 852	11.74	10 917	10.16	5 337	10.21
消费	总计	252 223	100	92 465	36.66	107 484	42.61	52 274	20.73
	没有影响	49 484	19.62	19 141	20.70	19 907	18.52	10 436	19.96
	影响较小	44 492	17.64	16 042	17.35	19 305	17.96	9 145	17.49
	影响一般	99 373	39.40	34 379	37.18	43 822	40.77	21 172	40.50
	影响较大	37 320	14.80	14 368	15.54	15 864	14.76	7 088	13.56
	影响极大	21 554	8.55	8 535	9.23	8 586	7.99	4 433	8.48
作息	总计	252 223	100	92 465	36.66	107 484	42.61	52 274	20.73
	没有影响	61 197	24.26	21 711	23.48	25 944	24.14	13 542	25.91
	影响较小	42 352	16.79	15 325	16.57	18 310	17.04	8 717	16.68
	影响一般	89 001	35.29	30 504	32.99	39 195	36.47	19 302	36.92
	影响较大	40 056	15.88	16 689	18.05	16 455	15.31	6 912	13.22
	影响极大	19 617	7.78	8 236	8.91	7 580	7.05	3 801	7.27
心理	总计	252 223	100	92 465	36.66	107 484	42.61	52 274	20.73
	没有影响	58 333	23.13	22 802	24.66	23 655	22.01	11 876	22.72
	影响较小	42 216	16.74	15 716	17.00	18 282	17.01	8 218	15.72
	影响一般	94 626	37.52	33 620	36.36	41 172	38.31	19 834	37.94
	影响较大	36 416	14.44	12 926	13.98	15 817	14.72	7 673	14.68
	影响极大	20 632	8.18	7 401	8.00	8 558	7.96	4 673	8.94

2. 个人行为是影响中小学生线上学习的最主要层面

调查结果显示，疫情期间，影响中小学生线上学习的层面是多元的，既受到家庭生活环境、网络环境的影响，也受到个人行为、外部噪声的制约。在此次调查中，有 43.33% 的中小学生认为个人行为是影响其线上学习最主要的方面。课题组通过对参与调查的学生进行进一步追踪与访谈，发现在个人行为对中小学生线上学习的影响方面，学生普遍认为这种影响往往是负面的。福建省宁德市蕉城区的一名初三学生说："在线上学习时，我总感觉注意力不能集中，一直想玩手机。虽然知道这样不对，但我就是控制不住自己。"河北省邢台市的高一学生说道："大家上课时都在用 QQ 聊天，我也乐于参与其中。"学习通常是教师教与学生学的双向互动过程，也需要学生有极强的自主性。然而，"在家上学"造成了教师与学生的空间分离，使得教师难以对学生的学习进行有效监管，而有些学生也不能够自觉地集中注意力（表 5.24）。

表 5.24　影响学生线上学习的主要层面

类别	总计		城市		镇区		乡村	
	数量（人）	占比（%）	数量（人）	占比（%）	数量（人）	占比（%）	数量（人）	占比（%）
个人行为	102 768	43.33	41 275	47.10	43 277	42.66	18 216	37.91
家庭生活环境	33 667	14.20	11 052	12.61	14 531	14.32	8 084	16.82
网络环境	63 009	26.57	22 808	26.03	26 968	26.58	13 233	27.54
外部噪声	37 705	15.90	12 500	14.26	16 682	16.44	8 523	17.74

（二）数字设备的挑战

在"停课不停学"教学工作开展的同时，诸如智能手机、笔记本 / 台式电脑等数字设备成为线上教学顺利开展与学生线上学习不可或缺的重要学习载体，疫情期间围绕线上教学引发的数字设备需求的新闻报道也不胜枚举。"孩子上网课没手机，爷爷拿出了多年积蓄""河南女孩没手机上网课服药自杀""因儿子上网课没手机，广东男子超市门口偷窃"等报道引人注目。线上教学活动使数字设备成为必需品，本次调查也发现，数字设备的挑战主要关涉数字设备普及与数字设备城乡差距两个方面。

一方面是我国家庭数字设备的普及性问题。首先，疫情期间的线上教学活动依赖于智能手机、平板电脑等数字设备。在本次调查中，尽管 93.73% 的中小学生拥有智能手机，但是未拥有智能手机的中小学生也占了 6.27%，没有智能手机的学生，既无法实现线上学习，也难以在疫情期间获取外部信息，甚至出现了因缺乏智能手机无法上课而导致学生自杀的社会现象。其次，与国际社会相比，我国家庭电脑的普及率相对不高。世界统计数据公司 Statista 的调查结果显示，在

2016年，有89.30%的美国家庭至少有一台家庭电脑。然而，我们对我国中小学生家庭电脑持有量的调查结果显示，我国中小学生家庭电脑持有率仅为43.03%，不足美国家庭拥有家庭电脑比重的一半。虽然关于儿童使用家用电脑的影响研究还较粗略和模糊，积极与消极的社会舆论同时存在，但是既往研究已发现一些积极影响的迹象，诸如玩特定的电脑游戏对特定的认知技能有直接的积极影响，而使用家用电脑对学习成绩也有轻度的积极影响。[①] 疫情期间的线上教学将我国长期存在的家庭数字设备普及率不高的问题逐渐显露出来。

另一方面是我国家庭数字设备的城乡差距问题。智能手机的家庭普及率已经超过了90%，城乡差距不大。但新的发现是，为了顺利实现线上学习，疫情期间有31.82%的中小学生家庭重新购置了智能手机。城乡比较的结果显示，乡村学生家庭的新手机购置率高于城市17.16个百分点。乡村学生家庭为应对线上教学而购置智能手机的行为，不仅反映了他们在疫情前数字设备的缺乏，更体现了他们为弥补智能设备的劣势而做出的额外经济投入。虽然当前我国中小学生的家庭电脑普及率不及美国家庭，但是城市学生家庭的电脑普及率却远高于乡村学生，仅29.82%的乡村学生家中拥有电脑，而这个比例在城市是52.84%。更进一步的调查发现，城市学生家庭在平板电脑、打印机、新教材方面的投入更大，购置率均高于镇区和乡村家庭。也就是说，尽管乡村家庭在尽力弥补其物质设备的不足，但城市家庭在更高配置设备上的投入又进一步拉大了城乡距离。对乡村学生及其家庭而言，数字鸿沟弥合的进程是一场不断追逐又不断被落下的马拉松。

（三）网络接入的挑战

美国商务部在阐释“数字鸿沟”时指出：“在所有的国家，总有一些人拥有社会提供的最好的信息技术，他们有强大的计算机、最好的电话服务、最快的网络服务，也受到了这方面最好的教育。另外一部分人，他们出于各种原因不能接入最新的或者最好的计算机、最可靠的电话服务或最快最方便的网络服务。这两部分人之间的差别，就是所谓的‘数字鸿沟’。处于这一鸿沟的不幸一边，就意味着他们很少有机遇参与到我们的以信息为基础的新经济当中，也很少有机遇参与到在线的教育、培训、购物、娱乐和交往当中。”[②] 不同群体之间网络接入的差异，不仅是信息的群体分化，更是机会和资源的分化。结合中国互联网络信息中

---

① Subrahmanyam K, Greenfield P, Krautc R, et al. The impact of computer use on children’s and adolescents’ development. Journal of Applied Developmental Psychology, 2001, 22（1）: 7—30.

② 曹荣湘：《数字鸿沟引论：信息不平等与数字机遇》，《马克思主义与现实》2001年第6期，第20—25页。

心（China Internet Network Information Center，CNNIC）历年发布的统计报告数据可以看到，尽管我国的互联网覆盖率在逐年上升，但各区域之间存在信息分化的态势。一般而言，我国信息最富有的地区是经济发达或城市化发展程度较高的地区，如北京、上海和广东；而信息最贫乏的地区是经济欠发达或城市化发展程度较低的地区，如甘肃、云南和贵州。同时城乡之间的信息分化现象也较明显。根据 2022 年 2 月发布的第 49 次《中国互联网络发展状况统计报告》，截至 2021 年 12 月，我国网民规模达 10.32 亿，互联网普及率为 73.0%。其中，农村网民规模为 2.84 亿，农村地区互联网普及率为 57.6%。① 由此可见，广大农村地区仍然存在大量的“非网民”信息贫困者。

疫情期间，平均每天长达数小时的线上学习活动，无论是语音形式的还是视频形式的，都需要大量的网络流量，因此家庭宽带网络和网络速度也是线上学习能否顺利进行的关键。而诸如“洛阳山村 13 岁女孩到村部‘借网’上网课”“陕西农村学生搭帐篷蹭信号上网课”“陕西山村学生上网课需爬上山顶”“学校上网课教学，农村学生家里没网，大冷天坐房外蹭网学习”等新闻报道又为疫情笼罩下的社会平添了一层暗影。弱势学生家庭的网络接入状况不仅影响其学习体验和学习效果，甚至严重威胁着他们的生命健康安全。课题组的调查结果显示，在参与线上教学的 237 149 名城乡中小学生中，有 9.91% 的中小学生家庭未安装宽带网络。其中，城市、镇区和乡村中小学生家庭未安装宽带网络的比例分别为 7.32%、10.53% 和 13.33%。究其原因，有 27.92% 的学生认为经济状况的制约是其家庭未办理宽带网络的主要原因，且因经济原因不办理宽带网络的乡村学生比例高于镇区和城市学生。换言之，在网络接入上，乡村学生家庭明显优势不足。乡村社会庞大的信息贫困群体，也是经济困难、社会地位较低的社会群体，这一群体的长期存在直接导致农村互联网普及率难以有较大的提升，城乡信息分化现象难以得到有效转变，庞大的城乡数字鸿沟可能会长期存在。

（四）网络环境的挑战

有足够带宽的互联网接入对信息社会的发展必不可少，教育领域也不例外。缺乏宽带连接正在妨碍互联网线上教育和其他方面的广泛使用，并逐渐成为许多国家政策制定者的关键考虑因素。尽管我国互联网覆盖率逐年递增，但疫情期间，教育领域首次大规模线上教学，全国学生同一时间大量集中地访问和使用教

① 江苏网信：《中国互联网络信息中心（CNNIC）发布第 49 次〈中国互联网络发展状况统计报告〉》，（2022-02-25），http://jswx.gov.cn/chuanbo/wangluo/202202/t20220225_2953112.shtml[2022-08-26]。

学平台，难免出现网络拥堵和卡顿的问题，对线上学习的顺利进行造成一定影响。这不仅是对平台的软硬件水平和技术保障力度的考验，更是对师生线上教学经验和技能的考验。我们的调查发现，网络卡顿是中小学生线上学习的重要制约因素，乡村学生线上学习网络不通畅，对其学习影响比城市学生更大。一方面，从覆盖面来看，有79.47%的学生线上学习时遭遇过网络卡顿问题，说明大多数学生的线上学习受到了网络环境的影响。另一方面，城乡学生的网络环境存在差异。“总是”遭遇网络卡顿的城市、镇区和乡村学生比例分别为3.41%、3.36%和3.62%，而“从不”遭遇卡顿的城市、镇区和乡村学生比例分别为7.27%、7.07%和6.89%，换言之，乡村学生的线上学习网络环境不如城市学生通畅。网络卡顿对城乡学生线上学习的影响也存在差异，对城市、镇区和乡村学生学习影响“非常大”的比例分别为8.02%、7.80%和8.26%，乡村学生受网络卡顿的影响程度大于城市、镇区学生。乡村弱势学生群体在此遭遇的不仅是线上教育起点的不公平，也是教育过程的不公平。

（五）家庭环境的挑战

疫情的不期而至打破了常规的教育教学模式，不仅地方学校的教学规划与准备不足，而且复杂、多样的家庭环境更为线上教学带来了挑战。在学校中，课桌椅的排列、教室的颜色、光线与各种装饰的协同布局将教室环境整合为一种“学习场”。在师生互动、生生交往的过程中，教室环境更是发挥着主动建构、渲染氛围的重要功能。就疫情期间的“在家”线上学习而言，家庭环境并不能实现教室环境的完美替代。通过对学生是否拥有独立课桌以及在何处学习的调查发现，有21.99%的中小学生在家中没有独立课桌椅，线上学习场所更是多样化，卧室、客厅、书房、床上都可能成为学生的线上学习场所。受家庭经济条件限制与父母工作影响，疫情期间有相当一部分学生甚至不能在家学习，工作厂房、经商店铺、门店柜台、山野田地成为学生接受线上教学的临时性场所。疫情造成了大部分经营性场所的关闭，但是依旧有一部分小店铺经营者不会关门，小作坊也仍旧在招工，面对孩子的“在家上学”境遇，这些家长不得不做出把孩子随时带在身边的选择。

此外，噪声也是学生线上学习面临的家庭环境挑战之一。一般认为，教室环境中的室内噪声和回响会对儿童的语言任务产生负面影响。[①] 但在家中，学生线

① Klatte M, Bergström K, Lachmann T. Does noise affect learning? A short review on noise effects on cognitive performance in children. Frontiers in Psychology, 2013（4）: 1—6.

上学习面临的家庭噪声更为频繁，对线上学习的影响也是多方面的。在调查中，有 30.22% 的中小学生认为接受线上教学时家庭环境相对嘈杂，通过进一步城乡比较发现，乡村学生所处的家庭环境比城市、镇区学生更为嘈杂。在家庭噪声的成因分析中，学生普遍认为其他家庭成员的家庭活动如做家务、看电视、玩手机等是影响其线上学习的重要原因，也有学生表示家中的兄弟姐妹在上网课时也会对自己的线上学习产生负面影响，导致自己注意力难以集中，线上学习效果不好。与指向教育教学功能的学校空间不同，作为生活与休息的家庭场所，家庭成员的人数、家庭成员的生活行为、家庭是否存在其他学习者、家庭成员能否自觉为学生提供“有准备”的学习环境等因素都制约着学生的线上学习效果。

（六）信息素养的挑战

进入 21 世纪，我国对实现教育信息化方面给予了极大的关注与投入，信息素养成为检验教育信息化进程的一个重要维度。疫情期间，教师、学生和家长的信息技术意识、使用数字设备的技能和效果均直接影响学生居家线上学习的效果。

1. 线上教学对教师信息素养的挑战

作为线上教学的主体之一，教师是否具备充分的信息素养和能力，是线上教学能否有效开展的关键。我国为提升教师的信息素养，在政策与标准的顶层设计、教师信息技术能力培训等方面投入了大量的财力和人力。当前，教师大多已具备基本的信息技术整合能力，信息素养也在逐步提升。但也有研究发现，我国农村教师的信息素养、装备使用状态总体仍处于中等水平，年龄和学历等因素制约着乡村教师的信息素养提升。① 年龄越大，教师的信息素养往往越低，较大年龄的教师往往囿于黑板和粉笔等传统教学手段，而在计算机使用、信息资料收集和整合使用等方面的学习能力有限，面对线上教学难免无所适从。教师信息素养与教师的学历存在正相关关系，对于学历层次较低的教师来说，其信息素养能力的局限也影响其线上教学。还有研究证明，教师的性别和任教学校的城乡分布与教师的信息素养也存在相关性。女教师的信息技术素养能力较高，城区学校教师信息技术素养能力更高。② 对信息素养能力较弱的中小学教师群体而言，线上教学是一个不小的挑战。

---

① 焦中明、温小勇：《欠发达地区农村教师信息素养与装备使用状态的实证分析——基于江西省 1143 名农村中小学教师的调查》，《远程教育杂志》2016 年第 6 期，第 86—94 页。

② 石兰月：《教师信息技术素养影响因素实证研究——基于河南、安徽、山西 3 省 14 县（市）的调查》，《河南社会科学》2017 年第 3 期，第 119—122 页。

2. 线上教学对家长信息素养的挑战

线上教学期间，教师的部分教育工作转移至家长，作为“教师”的家长，他们的信息意识、信息加工和整合能力是帮助孩子学习的重要助力。线上教学需要多方面的支持，家长除了要在硬件上保证孩子的线上学习需要外，还需要接受、熟悉和掌握线上学习方法，能够在孩子需要的时候点对点地解决技术操作问题，帮助孩子学习课程。学历较高和经济条件较高的家长往往具备更高的信息技术能力，在指导孩子线上学习时更加得心应手，能帮助孩子快速适应在线教学模式。相反，受教育程度较低和经济条件较差的家长往往信息素养能力也较欠缺，可能间接成为孩子线上学习的阻力。若家长不能熟练运用基本的信息工具，可能造成学生尤其是低年级的孩子的课程学习延误；匮乏的信息技术知识，也不能帮助孩子利用网络工具来获取和处理线上教学所需的知识信息；缺乏信息免疫能力，不能很好地抵御和消除有害信息，不利于安全网络环境的营造和正确信息伦理意识的培养，既限制了孩子信息素养的发展，也会对孩子的线上学习造成干扰。

3. 线上教学对学生信息素养的挑战

在大数据时代，一般的应用型人才已经难以适应时代发展的需求，创新型人才培养逐渐成为教育工作的核心。在此背景下，学生的信息素养成为个人素质的重要组成部分。但由于我国城乡经济发展失衡，城市和乡村在对中小学生进行信息素养培养的过程中存在较大差异，表现为乡村中小学生信息素养普遍低于城市中小学生。在很大程度上，这可归因于城乡中小学的硬件设施、师资力量和教育观念等的差距。乡村学校的硬件设备和计算机学科的师资本就缺乏，加之学生学习的好坏往往由成绩单决定，而信息技术课程的成绩并不被列入升学考试中，边缘化的课程地位逐渐淡化了信息技术课程的重要性，因此乡村学校对学生信息技术素养的培养力度有限。此外，家庭作为学生教育的重要场域，我们不能忽视家庭在学生信息技术素养教育中的作用。乡村学生的家庭教育，特别是信息素养方面的教育并不尽如人意，考试成绩之外的成就往往被看作“不务正业”。加之经济条件的局限，很多乡村孩子很难在信息技术课之外的时间接触到电脑、智能手机等电子产品，这也是乡村中小学生信息素养不占优势的重要原因。疫情期间的集中线上教学，就是对学生信息技术素养和能力的考验。我们的调查发现，在疫情前，城市、镇区和乡村学生没有线上学习经历的比例分别为 51.22%、61.59% 和 63.44%。由此可见，城市学生比乡村学生有更多的线上学习经历，而乡村学生线上教学经历的缺乏也影响着他们的线上学习质量。

（七）教育治理的挑战

不期而至的疫情让学生在家上学不再陌生，网络课堂、线上学习成为全国各地教师和学生另一种沟通方式。教学模式的转变不仅给学生带来新的体验，也对教师和家长提出了更高的要求。

1. 教学模式转换对教师能力提出了新挑战

疫情之前，线上教学也并非一种新的教学模式，只不过相对于传统课堂教学，其所占比重较低、规模较小，多应用于各种培训机构中，从学龄前儿童到中小学生、大学生，从考取证书到学位争夺，线上教学五花八门，包罗万象。但在疫情期间，线上教学获得了空前的发展，全国中小学生的教学活动均可能因疫情需要以线上教学方式开展，这对在职教师来说，不仅是一种全新的体验，更是一种巨大的挑战。

线上教学需要教师具备能熟练操作电脑、直播平台、办公软件等技术，还要熟悉选择的教学 App。对在职教师尤其是年龄较大的教师来说，适应这种新的教学方式并不是一件易事，线上教学期间不少教师要花数倍于平时的时间准备一节课才能勉强应对。在传统的课堂教学过程中，教室是教师的主场，在此场域中，教师可以挥洒自如。但在线上教学中，教师当着所有家长的面讲课，要接受所有家长的目光与“监督”，无疑会增加教师的压力。线上教学过程中，教师通过屏幕完成教学任务与目标，为了保证教学秩序与教学质量，课堂签到、点名与互动必不可少。然而部分学生或因电子设备不足、网络不稳定及不愿积极参与教师的线上互动而出现“潜水”的现象，让稀松平常的点名都无法完全保证，影响线上教学进度和秩序。再则，线上单一的教学方式，使得师生之间难以开展情感互动，针对性不足，影响了学生的学习积极性。教师面对电脑或手机讲课，无法直观掌握每一个学生的上课状态，不能及时发现学生的疑难困惑，且层次不同的学生对知识的吸收掌握情况也不同，教学效果深受影响。此外，线上教学也为教师检查和批改作业带来不便，无法有效监测学生的学习效果。线上教学考验着教师的课堂把控能力和育人智慧，要求教师不断创新教学形式，在摸索、磨合中适应新的教学形式，提高教学效率。

2. 教学空间转置对家长提出了新挑战

当传统的课堂教学迁移到线上、学校教育重任转移至家庭时，家长在子女陪伴与教育方式上也面临着一场“大考”。根据疫情发展，学校教育可能会在线实施，学生居家学习，家长发挥的功能也随之发生转变，要同时扮演子女一日三餐的厨师长、学习环境与时间的规划师、学习过程的督导者、海量信息筛选的信息员等多重角色，对家长的教育能力、信息素养等提出了新的挑战。在线上教学初期，教育责任的突然转移让家长仓促上阵，准备不足，没有意识到家庭在教育上应该主动做些什么，出现了措手不及、“赶鸭子上架”的现象。对小学低年级学生来说，除了课堂时间，其他的学习时间和任务安排，小到日常签到，大到作业检查与辅导，都需要家长的及时配合与帮助。而没了严肃的学校课堂氛围的感染，学生消极怠工、磨蹭拖拉等弊病逐渐显现，对家长的能力和耐心也提出了考验。此外，在应试教育影响下，部分家长重学习而轻亲子关系，对孩子百般付出，悉心辅导，照料生活，但孩子可能并不领情，亲子关系缺乏黏度，“母慈子孝”往往演变成“鸡飞狗跳”。尤其是在复工复产后，家庭教育问题又被翻新。对年龄较小或家庭智能设备不足的学生来说，甚至连打卡签到都成了问题。如果父母离家，老人看管孩子，父母可能无法及时配合教师，在学习辅导上更加力不从心，没了父母监督，自制力差的学生可能会沉迷手机游戏等娱乐项目，忽略了学习，其线上学习质量难有保障。

（八）全面教育的挑战

学校是以全人格教育和人的全面发展为宗旨的，所以学校除要开展知识类的学科教育之外，还要开展系列的文体活动、班团活动、社会活动等，通过综合性教育活动来培养学生的实践能力、创新精神和社会责任感，达成学生核心素养培育和人格全面发展的目的。然而，疫情背景下的线上教学被窄化为有限的知识学习。从教师教学来看，在学习内容上，单一的线上教学模式下，师生间的情感互动等处于缺场状态。在网络环境中，数字化信息成为教师教学资料和学生学习资料的主要来源，但一些资源系统性和连续性缺乏，知识结构被肢解，容易导致学生食而不化。在评价体系上，面对面教学模式的退场，使得教学活动对信息技术产生依赖，不能科学精准地识别学生的个性特征和学习基础，容易走向“唯分数”和“唯升学”等不科学的评价导向，难以构建多元的评价体系，教育中人的主体性和整体性很容易逐渐被侵蚀。从家庭教育看，尽管学校的教育设计也要求家长配合完成身体的、心理的、精神的、价值的等教育，但部分农村家长受功利主义文化价值观念的影响，较难配合学校全面落实教育计划特别是德育计划，使得线上教学无法发挥全面育人功能。农村年轻一代受教育程度和经济收入提高，其家庭地位和话语权也随之提高，乡土社会正在经历美国人类学家玛格丽特·米德（Margaret Mead）所说的由老年人主导的后象征型文化（post-figurative culture）向年轻人主导的前象征型文化（pre-figurative culture）的转变。

八、城乡中小学线上教学的未来发展

在疫情背景下，线上教学担负起了“不停学”“不停教”“居家学”“在家教”的使命，使人们对这种新的教学形态有了不同的认识。《混合式学习：用颠覆式创新推动教育革命》一书的作者迈克尔·霍恩（Michael B. Horn）和希瑟·斯特克（Heather Staker）说：“学校教育正处于永远改变世界学习方式的数字化转变之临界点上。如果在线学习尚未撼动你所在的学校，那么它很快就会来到。”[①]实际上，同其他一切新事物一样，面对在线学习，我们都会发出“在线学习的增长是一件好事吗？我们应该为了保护传统课堂而与之抗衡吗？”的疑问。[②]

21 世纪以来，我国互联网教育行业发展迅速，教育信息化“十三五”规划和《教育信息化 2.0 行动计划》全面推进“互联网＋”教学形态的理论与实践探索，信息技术正逐步推动传统教学改革。那么，线上教学在未来的基础教育中扮演怎样的角色？经过深度体验的学生对线上学习的态度如何？从现在出发，怎样才能到达理想的未来教育呢？

（一）线下线上混合式教育是未来教育的必然趋势

“互联网＋”在各行业的深入推进使社会逐步走向万物互联，网络带来教育的大变革已成为必然趋势。我国在极短时间内组织起全国中小学的线上教学活动，保障了学生“有学上”的基本需求，也有力地推动了信息技术在教育中的应用与发展。但“互联网＋”不等于简单的教学＋信息技术。互联网独有的技术和组织特点，可以提供丰富的学习资源，颠覆传统的交互体验，打破时空的限制，促进有意义的互联，因此网络对教学资源的获取、教学组织形式及学生学习方式等都将带来革命性的巨变。[③]

首先，技术的改进使得个性化学习成为可能。根据学习风格理论，如果教学方法能够与学生最擅长的学习风格相匹配，那么学习将取得最佳效果。也就是说，教师必须采用多元化的教学策略满足不同学习风格学生的需求，实行个性化教育。过去，大规模推行个性化学习的最大障碍是缺乏适合的方式，但随着教育技术的不断发展，越来越多的平台与线上教学产品可以实现多样化的内容呈现，

① 迈克尔·霍恩、希瑟·斯特克：《混合式学习：用颠覆式创新推动教育革命》，聂风华、徐铁英译，机械工业出版社 2015 年版，第 1 页。

② 迈克尔·霍恩、希瑟·斯特克：《混合式学习：用颠覆式创新推动教育革命》，聂风华、徐铁英译，机械工业出版社 2015 年版，第 5 页。

③ 刘云生：《论“互联网＋”下的教育大变革》，《教育发展研究》2015 年第 20 期，第 10—16 页。

能够满足视觉型、听觉型、触觉型、小组型、个人型、操作型等多种类型的学习需求。[①]

其次，线上学习可有效弥补单纯线下学习的缺点。课堂之外，教师可以将基础性知识的学习布置成任务，提供多样的线上资源或信息源；学生通过线上学习的方式进行自学或辅助学习。互联网海量的学习资源可自由选择、可回放等特点，让学生可以自由组构学习时空，提高学生的学习自主性，实现个性化学习；回到课堂，教师可以对学生进行启发性的、创新性的引导，把控整体学习进度，培养学生的学习技能和逻辑思维。

最后，对身为“网络原住民”的新一代学生来说，互联网是他们经验世界的重要组成部分，融合互联网的教育理念更加符合未来人才的培养需求，形式也更符合未来学生认知世界的习惯。本次调查结果也显示，在参与线上教学的 237 149 名中小学生中，有 20.07% 的学生明确表示愿意（含“比较愿意”和“非常愿意”）在疫情结束后继续通过网络教学学习，24.36% 的学生意愿一般但并不排斥线上学习，55.57% 的学生则明确表示不愿意（含“非常不愿意”和“不太愿意”）在疫情结束后继续进行线上学习，这个比例在城市、区镇、乡村群体内部相近。但值得一提的是，城市学生中愿意继续使用线上学习的学生占比为 21.21%，略高于镇区（19.48%）和乡村（19.21%）；而乡村学生中明确选择“非常不愿意”的学生占比为 19.57%，略高于镇区（18.28%）和城市（18.07%）（图 5.17）。由此看出，我国中小学生在一定程度上有进行线上学习的意愿，但未来

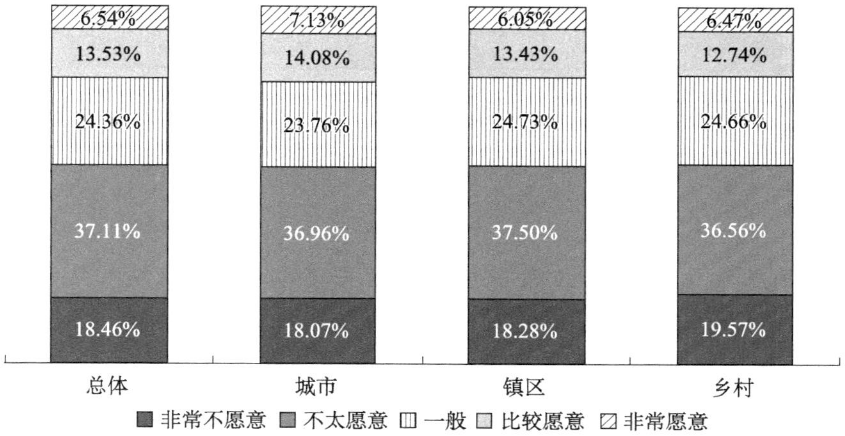

图 5.17　学生在疫情结束后继续通过网络教学学习的意愿

① 衷克定、刘洋：《基于学习风格理论的在线导学策略设计与实践》，《开放教育研究》2012 年第 3 期，第 83—89 页。

的线上教学活动必须更加深度融合网络特点，既符合教育规律又能激发学生的学习意愿，只有这样才能提供真正符合信息时代中小学生学习需求的教育。

当然，线下教学与线上教学具有彼此不可替代的地位。本次调查中，认为线上教学不太可能或根本不可能取代线下教学的“否定者”分别占 35.91%、11.40%，两者合计达 47.31%；认为线上教学比较可能或非常可能替代线下教学的“肯定者”仅占 15.54%、6.41%，两者合计为 21.95%，不足前者的一半；另外还有 30.74% 的“观望者”，认为目前还“说不清”。值得一提的是，有 50.74% 的城市学生认为线下教学不可被替代（含“不太可能”与“根本不可能”，下同），这个占比在镇区和乡村中分别为 46.52% 和 42.91%，并且更多乡村学生认为线上学习更有效率（图 5.18）。这表明，在线下教学质量不高的地区，基于网络的学习更能有效满足学生的学习需求，所以乡村和镇区学生对线上教学抱有更多期待，这也为未来镇区、乡村的线上教育的发展展现了更多可能性与发展空间。

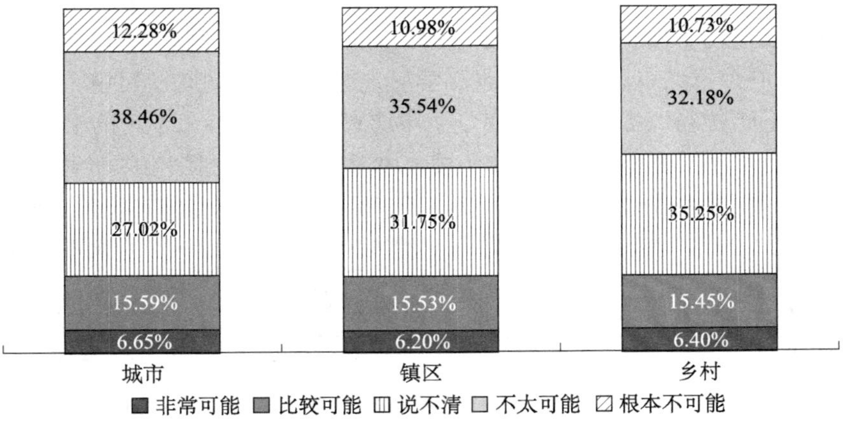

图 5.18　学生对线上教学取代线下教学可能性评判的城乡比较

总之，我们看到了中小学生对未来线上教学的信心，特别是乡村学生对参与线上教学的期待。另外，线上教学与线下教学都有彼此不可替代的优势，也有彼此可以互补的特点，在“互联万物”的信息时代，线上教学将成为未来教育不可或缺的形式，两者结合的混合式学习将成为未来教育的长期形态。

（二）线上学习优势初显，教育改革如箭在弦

疫情期间的全面“触网”加深了我国中小学生对线上学习的深度体验和认知，这些体验和认知是我们实施在线教学的优势所在，也为教育信息化 2.0 时代

的教学改革指明了方向。

1. 突破时空限制，提供丰富资源

基于互联网“互联万物”的独特属性，“互联网+”可能会催生出人类教育史上的第四次业态变革，即从班级授课制走向个性化菜单制。[①]学习是新知与经验生成有意义互联的过程，而互联网拥有海量的信息和庞大的信息关联，为学习知识的互联提供了更多原始素材。但知识的增加并不是学习的最终目的，而是“通过互联工具，用有限的知识和能力去解决泛在问题的综合能力”[②]。因此，在现代化教育的进程中，我们更加注重对学生学习能力和观念的培养，线上教育更加注重学生搜集信息、批判性理解、自主性构建知识的综合能力。这是信息化时代所需要的基本素养，只有通过线上学习才能逐步建立，也是传统教学所不具备的优势。

突破时空限制是线上学习的最大优点。长期以来，学习者主要在上课的时间在教室里听课，不能自由选择学习的时间和空间，而互联网却能帮助师生打破时空对教育的限制。借助互联网，学习者可以在任何地点，借助电脑、手机，通过直播和课堂录播视频等形式，在自己认为重要的任何地方暂停和重复观看。[③]也就是说，线上学习的过程就是学生相对自由地选择学习时间、地点，实现个性化学习的过程。调查结果也体现出了这种优势：有79.8%的学生感受到“可以回放”是线上学习的一种优势，通过对现场教学的回放，学生可以自由支配学习时间，也可以重复学习，并根据自己的学习情况有针对性地进行重点学习，在一定程度上等于把学习的主导权交还给了学生。认为“打破时空限制”是线上学习优点的学生比例为34.19%，而乡村的这一比例为25.24%，这些都充分展现了线上教学形式的巨大潜力。

拥有海量、多样化的学习资源是网络的另一大优点。在传统教学环境下，所有的学生在同一个课堂上按大体相同的步调学习，学习材料、知识素材高度一致。但借助网络和智能产品，每个学习者都能在互联网上找到自己感兴趣或需要的知识，任意选取、组合自己学习的内容，可以最大限度地满足学习者个性化的学习需求。[④]信息时代下，信息素养对学生的学习方式及效果乃至观念生成都十分重要，因此，在新一轮信息技术革命背景下，加强对学生信息素养和计算

---

① 刘云生：《论“互联网+”下的教育大变革》，《教育发展研究》2015年第20期，第10—16页。

② 刘云生：《论“互联网+”下的教育大变革》，《教育发展研究》2015年第20期，第10—16页。

③ 宋全会：《“互联网+教育”：价值、意义与应对策略》，《开封教育学院学报》2017年第5期，第173—174、177页。

④ 饶爱京、万昆、任友群：《优质均衡视角下县域基础教育信息化发展策略》，《中国电化教育》2019年第8期，第37—43页。

思维能力的培养越发重要，同时也对学习者提出了“信息意识与认知”“信息科学与知识”“信息应用与创新”“信息道德与法律”四个维度的挑战。[①]在本次调查中，有 31.71% 的学生体会到线上学习资源丰富的优点。但信息来源丰富，对学生的搜集信息、整合信息、批判性思考等方面的能力也提出了综合性要求，因此，网络世界丰富的资源不一定会给学生的线上学习带来帮助。再比较注重培养学生信息技术能力的区域差异，认为资源丰富的城市和镇区学生占比较高，分别为 33.27%、32.12%，乡村学生占比最低，只占 28.00%。同时，过于复杂的网络世界给学生的自我管理带来了挑战，城市、镇区和乡村分别有 47.28%、40.25%、30.43% 的学生认为“对自我约束力要求高”是线上教学的一个挑战（表 5.25）。因此，在今后的教育中，应当更加注重培养学生包含信息技能和自我管理能力在内的信息素养。

表 5.25　线上教学的优点与缺点

类别		总计（人）	占比（%）	城市		镇区		乡村	
				数量（人）	占比（%）	数量（人）	占比（%）	数量（人）	占比（%）
优点	学习效率高	30 360	12.80	11 245	12.83	12 283	12.11	6 832	14.22
	打破时空限制	81 071	34.19	34 950	39.88	33 993	33.50	12 128	25.24
	可以回放	189 370	79.85	68 638	78.32	83 379	82.18	37 353	77.73
	资源丰富	75 208	31.71	29 159	33.27	32 593	32.12	13 456	28.00
	课程质量高	36 548	15.41	13 395	15.28	15 704	15.48	7 449	15.50
	节省时间	35 775	15.09	15 226	17.37	14 034	13.83	6 475	13.47
	节省金钱	20 556	8.67	8 995	10.26	8 119	8.00	3 442	7.16
	没有优点	20 315	8.57	7 656	8.74	8 150	8.03	4 509	9.38
	其他	11 469	4.84	3 862	4.41	4 743	4.67	2 864	5.96
缺点	学习效率低	122 507	51.66	44 310	50.56	52 829	52.07	25 368	52.79
	对自我约束力要求高	96 895	40.86	41 431	47.28	40 840	40.25	14 624	30.43
	和老师沟通成本高	128 792	54.31	48 341	55.16	56 101	55.29	24 350	50.67

① 饶爱京、万昆、任友群：《优质均衡视角下县域基础教育信息化发展策略》，《中国电化教育》2019 年第 8 期，第 37—43 页。

续表

类别		总计（人）	占比（%）	城市		镇区		乡村	
				数量（人）	占比（%）	数量（人）	占比（%）	数量（人）	占比（%）
缺点	时间成本高	32 012	13.50	13 216	15.08	13 568	13.37	5 228	10.88
	网络影响因素大	91 587	38.62	35 366	40.36	38 978	38.42	17 243	35.88
	没有缺点	21 162	8.92	7 522	8.58	8 730	8.60	4 910	10.22
	其他	13 816	5.83	5 157	5.88	5 611	5.53	3 048	6.34

2. 教学效果差强人意，教育改革势在必行

理论上，互联网多元化的信息源和技术手段为改革教学模式创造了可能，一些以学生为中心的教学模式，如翻转课堂等需要借助多类型的教学资源、丰富的互动形式将学习的主动权交到学生手上，在合理的条件下，也会让教师的备课与教学活动更加有效率。但“互联网＋”教育不是简单地将教学场所搬到网络，它要求教育者更新理念，要求教师从“文化传授者”向“学习服务者”转变，教学组织形式从“知识讲解”向“思想引领”转变，有整合、有创新地重构课堂，其核心在于给予教育主体充分自由。因此，理论上网络既可以为新的教学形式创造可能，拓展师生交流渠道，也可以提高教学效率。

值得反思的是，由于教学理念和模式并未发生有效转变，一些“互联网＋”教育应当具备的优势在此次调查中并未凸显。从学习过程看，除了自我约束力，还有 54.31% 的学生感到“和老师沟通成本高”，有 38.62% 的学生认为网络对学习效果产生了不良影响（表 5.25）。从学习效率看，整体上有 11.24% 的学生认为线上学习效率更高，远远低于认为线下学习效率更高的比例值 62.16%（图 5.19）。仅 15.41% 学生认为线上学习的“课程质量高”，认为学习效率高的学生只占 12.80%，而 51.66% 的学生认为线上学习效率低（表 5.25）。大多数教师缺乏线上教学的相关经验与理论知识，是“赶鸭子上架”的状态，直接将传统课堂中讲授知识的方式照搬到网络平台上，教学内容仍由教师确定，未留给学生自由选择的空间，教学材料参差不齐，教学设计单一或不能与优质视频资源有机结合，或受限于平台操作，教学活动缺乏互动性，自然不能激发学生学习的自主性，导致学生学习效率低下。

“停课不停学”期间线上教学效果的不理想不应当使我们对未来信息化教学失去信心，相反，我们要以此为鉴，对当前的教学理念、模式、技巧、管理等方面进行多层次、多方面的系统反思，有针对性地展开积极尝试。因为“互联

网 +”教育变革这场“从质性到量态都发生深刻变化的大尺度变革”真实地到来了！

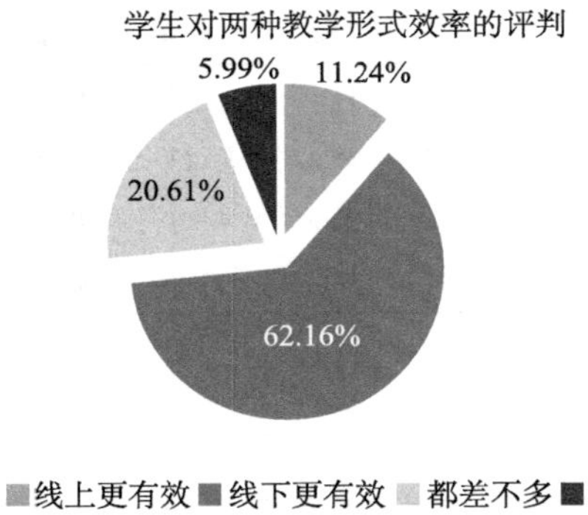

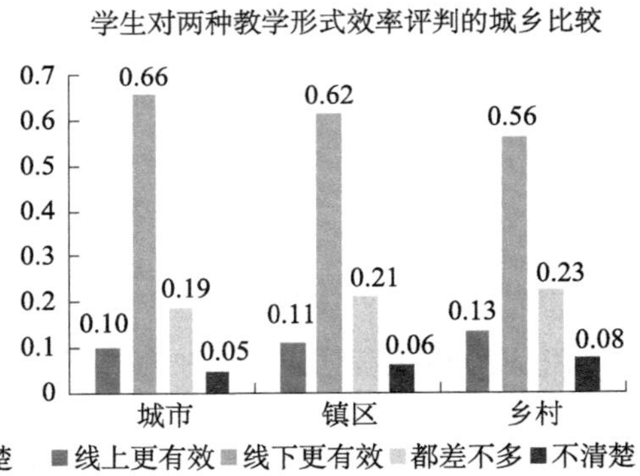

图 5.19 学生对两种教学形式效率评判情况及城乡比较

（三）跨越城乡三道数字鸿沟，用教育信息化促进教育公平发展

数字鸿沟会带来多方面的社会不公平，但随着社会信息化程度的加深，工具差异带来的“接入沟”或“设备鸿沟”和技术差异带来的“使用沟”或“技能鸿沟”只是第一道和第二道数字鸿沟，而知识获取及转化方式带来的“知识沟”或“智能鸿沟”是加剧社会不公平的第三道数字鸿沟。[①②] 虽然“十三五”及《教育信息化 2.0 行动计划》实施以来，城乡间教育信息化基础设施建设的差距在不断缩小，但如前所述，本次调查发现城乡学生不仅在电子设备、网络接入、网络情况等方面依然存在差异，而且在教师的课件设计与操作、线上教学管理、学生获取资源能力、线上沟通技能等方面也存在差距，结果便是乡村学生和贫困学生表现出更多的消极情绪，对线上学习的满意度也更低，摆在城乡之间的三道数字鸿沟不容忽视。

弥合城乡教育数字鸿沟的“解药”恰恰就在信息化本身。互联网本身具有高度的开放性、交互性以及资源的丰富性，其消解科层制与扁平化的设计成为重构教育公平的重要手段[③]。经过国家和各地方政府的努力，我国的基础教育学校在信

① 韦路、张明新：《第三道数字鸿沟：互联网上的知识沟》，《新闻与传播研究》2006 年第 4 期，第 43—53，95 页。

② 冯仰存、任友群：《教育信息化 2.0 时代的教育扶智：消除三层鸿沟 阻断贫困传递——〈教育信息化 2.0 行动计划〉解读之三》，《远程教育杂志》2018 年第 4 期，第 20—26 页。

③ 刘伟兵、李洋：《新数字鸿沟的教育不公平——互联网＋教育的冷思考》，《天水行政学院学报》2017 年第 6 期，第 112—116 页。

息基础设施、教学资源和软件工具等方面达到了基本配置水平，极大地缩小了城乡数字设备的数量差异，但这只是弥合城乡数字鸿沟的第一步。对于信息化时代的公民尤其是“网络原住民”来说，信息技术能力和信息素养将是立足社会的基本素养，也是打破贫困代际传递、实现个人螺旋式上升发展的必备素养，还是以教育扶经济之贫的重要元素。未来的教育必定高度重视对学生信息素养的综合培养，相应地，必须培养教师的信息素养，只有这样才能缩小城乡“技能鸿沟”的沟距和沟深，并且在智能时代全面到来时不至于被“第三道数字鸿沟”击倒。“优质均衡的县域基础教育信息化是均衡发展的基础教育信息化的高级阶段。”[①]以整体的视角规划县域内的教育发展，有利于优质资源的充分利用和社会效益的最大化，从而实现公平且有质量的教育和城乡教育的协同发展。同时，农村学校也应根据自身特色，积极探索在信息化环境下的教学理论、模式和方法，挖掘自身的独特价值，提升农村教育的质量。总之，要弥合城乡间数字鸿沟，必须着眼于信息技术与教育的深度融合，促进教育系统的结构性变革，从根本上实现真正的教育公平。

九、城乡中小学线上教学难题的破解思路

“停课不停学”期间，大规模线上教学活动为我国中小学生提供了“有学上”的基本保障，同时也触发了我们对当前我国教育信息化问题的反思，引发了我们对线上教学未来的思考。基于对教育现代化和有效教学的追求，针对疫情期间线上教学暴露的种种问题，本部分从教师专业学习的促进、线上线下结合的混合教学模式的探索、县域一体化教学管理模式的改革三方面提出建议，以求破解当前线上教学的难题。

（一）发展学生的自主学习能力，提升教师信息素养

学习是什么？学习是个体或群体理解、探索、发现自己所不知道的东西的过程，在这个过程中，“学什么不重要，重要的是发现了什么”；学习也是建构的过程，当新知与经验世界有关联时，学习者可以主动连接两者。因此，无论线上线下，都要处理好教学活动与学生学习行为的关系，力争达到“促进学生真正学习行为的发生、充分发展学生的主体性”的教育教学活动开展的根本目的。为此，教师应当将身份由抽象化知识的传授者转化成学生学习的辅导者或高级合作

① 饶爱京、万昆、任友群：《优质均衡视角下县域基础教育信息化发展策略》，《中国电化教育》2019 年第 8 期，第 37—43 页。

者，通过创设情境——此情境包含新知与学生经验世界的关联点——帮助或引导学生发现新知，使其主动完成知识构建，发展学习能力。只有培养和发展学生的学习能力，才能使他们在快速更迭的信息化时代里保持持续的动态学习，在即将到来的学习型社会中立身。

我国教师肩负着培养学习型人才、参与学习型社会建设的重任，因此应率先成为学习型人才，持续开展专业学习。这种学习应该是教师自我导向的、持续发生的、有自己独特性的，并与实践性知识、教师日常工作密切相关的。教师通过不断地学习，不断优化自己的知识结构、修正自己的教育理念、调整自己的教学策略，以顺应时代发展。① 因为教师的学习本质上是一种社会文化活动，其发生在实践共同体中，受到环境影响，也需要得到学习共同体的支持。除了打造积极创新、自发学习的学校教研团队外，还要加强资源丰富、专家指导、方式灵活的网络研修建设。但无论哪种方式，都应当避免强制教师学习，而应尊重教师自主性，允许教师根据自己的实践情况选择学习的内容和形式，激发其主动性；同时，充分发挥教师间的互助作用，促进共同体智慧生成，使教师实现从“被培训者”向“学习者”的转变。②

同时教育者应时刻谨记，单纯的知识传递无法实现育人的全面目标。现代化教育的根本目标是培养现代化的人，这要求我们对教育目的、内容、师资、技术做出持续性的反思与探索。现代化教育的目的是让青年一代在超越性规导下创造性地适应他们生活的时代。③ 另外，正如杜威所说：“我相信，需要接受教育的个人是社会性的存在，而社会便是许多个体的有机结合。如果我们去除儿童身上的社会因素，那便只剩下一个抽象物。”④ 因此，现代化教育应该追求实现每一个个体的全面发展。为了培养能适应将来、全面发展的个体，教育内容应具有基础性、全面性，同时能展示丰富与多元的现实世界，允许出现多样态的教育形式，鼓励学校挑选在地化的与时事性的素材为内容，开展有针对性的教育活动，如在地化校本课程的开发、疫情间期的危机教育等。这有助于学生认识和理解真实而复杂的世界，培养批判性思维，与真实的世界做动态连接。

---

① 陈向明：《从教师“专业发展”到教师“专业学习”》，《教育发展研究》2013 年第 8 期，第 1—7 页。

② 李宇峰：《基于网络教研共同体的同伴互助指导学习模式构建研究》，《中小学电教》2018 年第 12 期，第 12—15 页。

③ 邬志辉：《中国教育现代化新视野》，东北师范大学出版社 2001 年版，第 165 页。

④ 约翰·杜威：《我的教育信条：杜威论教育》，彭正梅译，上海人民出版社 2017 年版，第 3 页。

（二）推动“互联网＋”时代的混合式学习

社会风险的加剧与大数据时代的到来对学生在信息技术应用、复杂思维构建、未来教育适应等多方面提出了更高的要求。信息技术的简单使用已不再是限制线上教育发展的最大因素，如何培养学生、教师、教育管理者的信息素养才是依托网络创新教育发展的最大挑战。正如美国麻省理工学院社会和政治理论家诺姆·乔姆斯基（Noam Chomsky）所说：“技术基本上是中性的……如果你清楚要搜索的信息，那么互联网的价值不可估量……如果你有一个理解的框架，它将指引你排除许多其他信息，从而找到特定的内容，那么它就是个有价值的工具……要是没有一个相对清晰的框架来指引你的搜索，帮助你判断什么重要、什么不重要、什么可以搁置、什么应该追求、什么要去质疑、什么要去发展等等，你就不可能推进任何一次探究的过程。”[①]信息化时代对教师获取教学资源、组织教学模式、更新教学理念都提出了很高的要求，技术的使用也成为许多教师尝试创新的“拦路虎”。但这是时代发展的必然趋势，尤其是对于身为“网络原住民”的新生代学生来说，互联网或许并不是了不起的“技术”，而是他们经验世界中自然存在的一部分。只有教育内容和方式与学生的经验世界有了连接，才能更好地帮助学生获得全面的发展与成长。

为此，全面提升教师队伍的信息素养刻不容缓，教师学校和教育管理部门也应当积极探索新的教学组织方式。根据教学内容、学生与教师的角色分配、物理空间、网络资源设备等情况组建合格的教学团队，推动混合式学习发展。另外，我们应当看到疫情期间部分社会团体提供的网络课程包等产品为线上教学提供了有力的支持，未来，学校和教育管理部门也可直接向这些技术成熟、课程开发经验丰富的第三方和社会团体购买服务，并主导区域内的资源共享。总之，线上学习与线下课堂相结合的混合式教学具有提高教学效率、增加互动性、提供个性化教学等优势，是未来教育发展的必然趋势。为此，我们应当在实践中更加积极地尝试与探索。

（三）城乡一体化发展，同步消除城乡三道数字鸿沟

2017 年，国务院印发《新一代人工智能发展规划》，明确提出：在中小学阶段设置人工智能相关课程，逐步推广编程教育，鼓励社会力量参与寓教于乐的编程教学软件、游戏的开发和推广。为了响应国务院的号召，各省份纷纷出台相关

① 格雷厄姆·布朗-马丁：《重新想象学习：互联社会的学习变革》，徐晓红译，中国人民大学出版社 2016 年版，第 195—196 页。

政策、办法、通知大力推动人工智能教育。2018年，工业和信息化部发布的《关于推进网络扶贫的实施方案（2018—2020年）》提出要进一步聚焦深度贫困地区的网络基础设施建设与应用。教育部印发的《教育信息化2.0行动计划》提出要实施数字资源服务普及、网络学习空间覆盖等行动，推动学校教育信息化的快速发展。大数据时代的到来对学生在信息技术应用、复杂思维构建、未来教育适应等多方面提出了更高的要求。

然而，在部分城市学生享受到高质量的信息素养教育、即将拥抱智能时代时，乡村和边远地区的学生却面临着基础设置缺乏、优质信息资源短缺的困境。调查结果显示，当前我国数字设备普及率等依然呈现城乡分化的态势，在学生信息化技能的使用层面也存在较大的差异。为此，在推进城乡教育一体化的今天，基于教育信息化的城乡协同实践，综合国际与我国各地方的有效经验，需要进一步改进。

纵深融合，助推城乡线上教育一体化发展。县域义务教育一体化发展要追求教育资源的充分利用、综合社会效益的实现及教育质量提高下人的全面发展。[①] 为此，许多地区已开展了积极有效的尝试，如将优质线上教育资源融合到城乡教育一体化、均衡化发展的制度设计中。各地教育管理部门应当广泛积累经验，积极打造优质线上教育城乡融合机制，围绕城乡教育质量提升的核心，以城带乡，全面推进城乡线上教研、教学、学习一体化发展。坚持“设备鸿沟”“技能鸿沟”“智能鸿沟”同步消除，探索教育信息化在县域内三层次同步发展的机制。过去，区域或县域在试图解决数字鸿沟问题时，往往采用的是“先硬件配套，再应用提升”的先后策略，但随着信息化时代技术更迭速度的显著提高，这种实施路径已越来越不合时宜。[②] 必须尽可能缩小、填平不同层次数字鸿沟之间的时间差，在县域或区域内统筹布局，通过资源共享、共同培训、加强联动等方式，实现城乡三道数字鸿沟的同步消除。

---

① 张茂聪、刘信阳：《县域义务教育优质均衡发展：基于内发发展理论的构想》，《教育研究》2015年第12期，第67—72页。

② 饶爱京、万昆、任友群：《优质均衡视角下县域基础教育信息化发展策略》，《中国电化教育》2019年第8期，第37—43页。

第6章

我国农村义务教育师资供给侧改革研究

——基于我国教育统计数据的分析*

* 本章撰写人：秦玉友、高凯歌。王金涛、裴珊珊、李凤鸣、吴昊阳参与了文稿校对。作者单位：教育部人文社会科学重点研究基地东北师范大学中国农村教育发展研究院。

农村义务教育师资供给状况决定着教育需求的满足程度与教育质量，因此农村义务教育师资供给侧改革成为当前农村教育研究的重要课题。本研究基于教育部公开的教育统计数据，以来源供给、制度供给、要素供给三个层级的师资供给为分析框架，对义务教育阶段新增录用教师情况、师生比和师班比情况以及教师学历和教师年龄状况进行分析。

研究发现：

第一，高校毕业生数量准备充足但专业准备不足，农村新增教师人数多，尤其是新增录用非师范生人数逐年增多，但缺乏系统教育教学培养以及对农村实际的了解；

第二，农村师生比增大，城乡师资差距逐渐缩小，编制标准有所改进，但农村小学师班比较小，农村小规模学校和寄宿制学校的规模功能特征考虑不充分；

第三，从教师学历来看，城市教师的学历优于农村教师；第四，从教师年龄来看，农村学校教师老龄化现象严重，农村教师岗位吸引力不足，年轻教师和优秀教师的可达性有待提高。

根据以上发现，为了进一步加强农村师资队伍建设，本研究对师资供给侧改革提出了改进建议。

一、农村义务教育师资供给状况的研究背景

教师是第一教育资源，是教育事业发展的基础和根本保证。2013 年，《中共中央关于全面深化改革若干重大问题的决定》提出要深入推进管办评分离，扩大省级政府教育统筹权和学校办学自主权，完善学校内部治理结构。2016 年两会上，教育供给侧改革成为代表委员关注的一个焦点，推进教育供给侧改革成为教育热词。2018 年，教育部等五部门印发的《教师教育振兴行动计划（2018—2022 年）》提出以提升教师教育质量为核心，以加强教师教育体系建设为支撑，以教师教育供给侧结构性改革为动力，从源头上加强教师队伍建设。加大教育供给侧改革成为扩大优质教育资源供给的重要保障。

2020 年，我国义务教育阶段专任教师数量为 1029.49 万人（小学 643.42 万人，初中 386.07 万人）①，城市义务教育专任教师数量为 375.89 万人，农村义务教育专任教师数量为 653.60 万人，近 2/3 的义务教育专任教师在农村。② 体量庞大的农村义务教育师资供给为体量庞大的农村义务教育提供了人力资源基础，决定着农村义务教育师资需求的满足程度与教育质量。随着农村义务教育师资供给从“有没有”向“好不好”“合不合理”转变，农村义务教育师资供给侧改革日益成为迫切需要关注且具有重大意义的时代课题。

二、农村义务教育师资供给状况的研究回顾

从国际社会看，经济领域供给侧问题有着较长时间的理论与实践探索过程。从 1803 年萨伊（Jean-Baptiste Say）提出著名的“萨伊定律”开始，“供给侧”经济学派经历了两轮“否定之否定”的发展过程。③ 第一轮否定之否定的结果是产生供给学派，第二轮否定之否定的标志是采用供给管理。作为专业术语，“供给”和“供给侧”在经济学领域存在了较长时间，在教育学领域，教师供给问题也较早进入教师研究者视域。1931 年，《教育研究评论》（*Review of Educational Research*）杂志的第 1 卷第 2 期发表了《教师供给与需求》（*Teacher Supply and*

---

① 教育部：《2020 年全国教育事业发展统计公报》，（2021-08-27），http://www.moe.gov.cn/jyb_sjzl/sjzl_fztjgb/202108/t20210827_555004.html[2022-07-25]。

② 教育部发展规划司：《中国教育统计年鉴 2020》，中国统计出版社 2021 年版，第 138，156 页。

③ 贾康、苏京春：《探析“供给侧”经济学派所经历的两轮“否定之否定”——对“供给侧”学派的评价、学理启示及立足于中国的研讨展望》，《财政研究》2014 年第 8 期，第 2—16 页。

Demand）一文，分析了美国中小学教师供给过剩与供给不足的学段与学科，指出在小学教师整体过剩的同时，拥有两年学院培训的教师明显供给不足，最大的师资短缺在农村学校。[①]1979 年，剑桥大学出版社出版了安东尼·兹伯尔兹（Antoni Zabalze）等合著的《教师供给经济学》（*The Economics of Teacher Supply*）。该书对英国的教师供给、教师劳动力市场、教师工资和职业选择、教师流动与地区津贴等问题进行了理论探讨与计量分析，并提出政策建议。[②] 从国内看，我国正在深入推进供给侧改革。2015 年，习近平总书记在中央财经领导小组会议上提出“着力加强供给侧结构性改革”[③]，这是习近平总书记首次提出“供给侧改革”，“供给侧改革”成为经济领域和其他领域的热词。供给侧改革作为一个重要概念和研究问题的重要视角，在当前与未来我国教育理论研究与实践探索中具有重要地位。

2015 年后，从供给侧视角研究教育与教师的论文成果出现大幅增长，引起学者的持续高度关注。对教师供给侧相关研究的梳理发现，目前尚没有从供给侧视角研究农村义务教育师资的专门研究成果，但是一些成果从师资数量、师资结构、师资质量等维度不同程度地对农村义务教育师资供给状况给予了关注。对已有相关研究的系统梳理有利于生成教师供给侧改革的相关理论，为教师供给侧改革有效开展做准备。

（一）农村教师供给数量研究

关于农村教师供给数量的研究，主要从教师培养规模和教师总体数量展开。教师供给数量是衡量教师队伍的基础，从教师培养规模了解我国教师供给总量，从教师总体数量判断现有教师数量是否充足，能否达到编制标准。

1. 教师培养规模的研究

刘建银、黄淑柯基于学龄人口、在校生规模、生师比和教师自然减员等指标，结合小学教师变动趋势，通过预测发现 2010—2020 年我国小学教师的需求量有增加的趋势，但我国专科以上学历的小学教育、初等教育专业的师范生培养

① Eliassen R H, Anderson E W. Chapter I: Teacher supply and demand. Review of Educational Research, 1931, 1（2）: 69—72.

② 张小河、袁连生：《教育经济研究的新进展——〈教师供给经济学〉一书简介》,《教育与经济》1986 年第 1 期，第 47—48 页。

③ 中国共产党新闻网：《习近平主持召开中央财经领导小组第十一次会议》,（2015-11-10）, http://jhsjk.people.cn/article/27799893[2022-07-28]。

规模还远不能适应教育对教师的整体需求，总体缺口还较大。① 对国家横截面数据进行的研究发现，2019 年我国共有 66.42 万名本专科师范毕业生，其中本科学历的占 58.28%，专科学历的占 41.72%，在教师供给中，虽然本科学历比例高于专科学历，但是专科学历仍然占有很大比例，教师培养阶段专科层次师范生是我国师范生的重要组成部分。②

2. 教师总体数量的研究

我国教师数量经历了从供给不足到供大于求的过程。长期以来，我国中小学教师供给不足的直接表现是 2000 年前我国存在数量巨大的工资由国家与集体共同承担的民办教师和代课教师。20 世纪 50 年代后期，中央提出“两条腿走路”的方针，实行公办民助、民办公助和集体办学。为应对农村教育规模迅速扩大又没有相应师资储备的情况，民办教师大量出现。1977 年，我国中小学民办教师数量高达 491 万，达到历史最高峰。③20 世纪 70 年代末，国家开始对民办教师进行调整整顿，淘汰经培训仍不合格的民办教师，到 1986 年底，民办教师的认定工作结束。在对民办教师队伍进行整顿后，国家明确规定，任何地方不准以任何理由再招用民办教师。1993 年，我国中小学民办教师数量减少到 215.4 万人。在此期间，为满足教学需求，农村中小学大量补充非公办教师，这些教师一般被称为代课教师。根据相关研究，1986 年全国普通中小学有代课教师 36.82 万，1990 年有 55.24 万，到 1997 年达到 100.55 万。④ 民办教师、代课教师占农村地区特别是偏远农村地区教师队伍的比例很大。有研究发现，1986 年，云南省镇源县（民办教师专题研究项目定点县）的民办教师、代课教师人数占全县教师总数的 47.1%，1991 年为 43.4%，1995 年为 33.3%。⑤

目前，我国中小学教师数量充足，但存在超编性缺人现象。杜屏等对未来教师的需求预测研究发现，目前义务教育阶段学校教师的供给能基本满足需求，且农村义务教育阶段教师数量总量超标，供大于求。⑥ 余应鸿等的研究发现，乡村

① 刘建银、黄淑柯：《我国小学教师需求与培养规模的变动趋势分析》，《教育科学》2011 年第 2 期，第 39—44 页。

② 闫建璋、蔡馨宇：《新时代本科基准义务教育教师培养模式探析》，《现代教育管理》2021 年第 2 期，第 84—92 页。

③ 曹阿娣：《民办教师春秋》，北京燕山出版社 2013 年版，第 334 页。

④ 孟庆瑜：《近百万农村中小学代课教师面临抉择》，《瞭望新闻周刊》1998 年第 37 期，第 34—35 页。

⑤ 莫瑞芳、于萍：《民办教师现状问题思考及对策》，《云南师范大学学报（哲学社会科学版）》1998 年第 3 期，第 74—78 页。

⑥ 杜屏、谢瑶、张世娇等：《“十三五”期间我国城乡义务教育阶段教师需求预测》，《教育科学研究》2018 年第 1 期，第 32—37 页。

教师配置中存在总量超编与岗位缺人的难题，从师生比看，农村学校普遍师多生少，乡村不缺教师，而且超编现象突出，但存在优秀教师、中青年教师和音体美等学科教师结构性短缺等问题。[①] 尽管我国农村教师数量已经充足，但还是要关注农村小规模学校和寄宿制学校教师数量。赵丹的研究发现，农村小规模学校的教师数量短缺程度远高于县镇大规模学校。[②] 张宗倩和秦玉友、仰丙灿和徐金海的研究发现，小规模学校和寄宿制学校教师工作量大、工作负担重、压力大，但小规模学校和寄宿制学校师资消耗长期以来被忽视，目前农村教师编制的核定标准不符合教学实际需要。[③]

（二）农村教师供给结构研究

从总量上看，我国农村中小学教师数量充足，供大于求。但在教师总量充足的情况下还存在对增量的需求，说明农村学校面临教师超编和结构失衡的困难和挑战。关于教师结构的研究集中在结构失衡和优化结构两个部分。

1. 教师结构失衡的研究

关于教师结构失衡的研究主要是从农村义务教育阶段教师的学科结构、学历结构、性别结构和年龄结构等方面展开的。在学科结构研究中，朱德全等发现我国农村学校存在学科结构不合理，尤其是音体美和信息技术教师缺编严重，难以满足实际教育教学的需要。[④] 在学历结构研究中，蔡明兰和高政指出，农村义务教育阶段教师存在整体学历层次偏低、整体素质不高、教学质量低等问题，城乡教师学历存在差异。[⑤] 而姜俐冰等对宁夏的调查显示，宁夏乡村学校的非师范类

---

① 余应鸿、常宝宁：《乡村教师配置政策及其优化研究》，《教师教育研究》2020年第3期，第73—80页；段兆兵、朱家存：《城乡中小学教师编制的“双短缺”困局及纾困之策》，《教育科学》2019年第4期，第45—51页。

② 赵丹：《教育均衡视角下农村教师资源配置的现实困境及改革对策——小规模和大规模学校的对比研究》，《华中师范大学学报（人文社会科学版）》2016年第5期，第156—163页。

③ 张宗倩、秦玉友：《供需增量：县域教师编制的现实挑战与政策议题》，《中国教育学刊》2020年第8期，第71—76页；仰丙灿、徐金海：《农村学校布局调整对教师的影响与对策——以H市为例》，《教师教育研究》2014年第2期，第33—38页。

④ 朱德全、李鹏、宋乃庆：《中国义务教育均衡发展报告——基于〈教育规划纲要〉第三方评估的证据》，《华东师范大学学报（教育科学版）》2017年第1期，第63—77页。姚翔、刘亚荣：《优化乡村小规模学校师资队伍结构的路径分析》，《湖南师范大学教育科学学报》2017年第4期，第23—27页。冯文全、夏茂林：《四川省城乡义务教育师资配置问题与对策探讨》，《教育与经济》2009年第2期，第25—29页。

⑤ 蔡明兰、高政：《基础教育阶段城乡教师资源差距之审视》，《中国教育学刊》2010年第7期，第5—8页。周彬：《中国城乡教师均衡配置的实证分析》，《教育理论与实践》2009年第7期，第42—47页。

毕业生与两次以上学历教师占比偏高，县镇学校中毕业于重点大学、本科一次性学历的教师明显高于乡村学校。[①] 在性别结构研究中，杨睿等的研究发现中小学教师性别结构呈现女教师比例整体持续增长的趋势，这一趋势在我国农村地区表现更加复杂。[②] 在年龄结构研究中，范先佐等的调研发现农村中小学教师队伍的老龄化是一种普遍现象，并且学段越低，学校越偏远，教师老龄化的程度越严重。[③]

2. 优化教师结构的研究

农村义务教育阶段教师学科结构、学历结构、性别结构和年龄结构的失衡，需要调整教师培养结构和优化教师结构。关于调整教师培养结构，可通过培养全科教师解决农村义务教育学校缺乏音体美教师的问题。2012 年以来，我国出台了一系列全科教师培养政策，采取定向委托的方式，针对农村教育实际需要，扩大音体美等紧缺学科教师和农村小学全科教师培养规模，为乡村学校及教学点培养“一专多能”教师，优先满足老少边穷地区的教师补充需要。在全科教师培养模式的研究上，吴爽提出从物理环境、组织环境、互动环境和心理环境四个方面构建农村小学教师工作环境的实训课程体系。[④] 肖正德等提出培养具有乡村属性教学能力的农村小学全科教师，既体现“全科性”，又具有“农村性”。[⑤] 江净帆提出，要构建小学全科教师自身的“GSP”能力模型，即从通识能力、学科能力、专业能力三个维度培养小学全科教师。[⑥]

优化教师结构，解决农村师资结构性短缺问题，有利于提高教师素质。在关于如何优化学科结构和年龄结构的问题上，张鸿翼等提出建立农村教师长效引

① 姜俐冰、焦岩岩、王琦琪：《供给侧结构性改革视野下乡村教师队伍基本结构优化实证研究》，《宁夏大学学报（人文社会科学版）》2019 年第 5 期，第 163—171 页。

② 杨睿：《教师职业中的性别不平衡》，《华东师范大学学报（教育科学版）》2018 年第 1 期，第 155—158 页；武晓伟、郑新蓉：《我国农村中小学教师性别结构的女性化——基于河北、云南、贵州三省的调查分析》，《教师教育研究》2015 年第 3 期，第 86—92 页；何义田、赵梓如、牛德芳：《小学教师队伍性别失衡的校内破解之道》，《人民教育》2016 年第 13 期，第 22—24 页。

③ 范先佐、曾新、郭清扬：《义务教育均衡发展与农村中小学教师队伍建设》，《教育与经济》2013 年第 6 期，第 36—43，53 页；史静寰、延建林：《聚焦农村中小学教师关注农村基础教育的可持续发展》，《教育发展研究》2006 年第 1 期，第 8—13 页。

④ 吴爽：《农村小学全科教师培养的实训课程体系建构》，《教学与管理》2019 年第27期，第 64—66 页。

⑤ 肖正德、王振宇：《农村小学全科教师“乡村属性”教学能力：价值、结构及培养路径》，《中国教育学刊》2020 年第 12 期，第 64—69 页；邱芳婷、殷世东：《农村小学全科教师职前专业发展及其培养途径》，《现代教育管理》2021 年第 6 期，第 107—114 页。

⑥ 江净帆：《小学全科教师的价值诉求与能力特征》，《中国教育学刊》2016 年第4期，第 80—84 页。

进、补充机制和弹性退出机制，为农村学校补充高素质骨干教师和紧缺学科专任教师，优化农村教师队伍的年龄结构。[①]在关于如何优化教师学历结构的问题上，仲米领等提出了强化师资建设制度供给、完善教师教育培养体系、化解教师学历提升障碍的建议。[②]在关于如何优化教师知识结构的问题上，孙刚成和乔刚提出了构建新课程背景下的教师实训课程体系、加强对教师的教育理论的培训、培养教师教学反思的习惯、完善农远工程体系等建议。[③]

（三）农村教师供给质量研究

建设高质量农村教师队伍，需要能吸引、留住和发展农村教师，确保农村教师具备教育教学能力，尤其是农村教育教学能力。农村教师供给质量研究包括对师范生生源质量、全科教师培养效果和提高农村教师质量三方面的研究。

1. 师范生生源质量的研究

研究发现，我国师范生录取分数线偏低和教师职业吸引力低、学生从教意愿低。从师范生招生和生源质量情况看，胡艳、黄正平的研究发现，师范院校招生录取分数线低于同层次的综合性大学，受高等教育大众化的影响，优秀学生报考师范院校的较少，除免费师范生生源质量较好外，统招的本专科师范院校的生源质量普遍不高，尤其是师范专科院校，表现为学生基础不扎实、学习能力低。[④]教师职业吸引力和从教意愿的研究以定向师范生和公费师范生为研究对象，李静美、赵燕的研究发现，定向师范生和公费师范生政策确实吸引了优秀生源，其吸引力在于保障就业需要、减轻经济负担、契合职业期望、回避高考风险。[⑤]但受广阔职业前景、薪资待遇和优质生活条件等的影响，定向师范生和公费师范生长

① 张鸿翼、李森：《西部地区农村小学教师结构性缺编现状调查研究——基于川、渝、滇、黔等六省市区的实证分析》，《云南师范大学学报（哲学社会科学版）》2019 年第 3 期，第 100—109 页；肖正德：《农村教师队伍结构的失衡问题与优化策略》，《课程·教材·教法》2012 年第 4 期，第 104—108 页。

② 仲米领、秦玉友、于宝禄：《农村教师学历结构：功能议题、现实困境及优化路径》，《中国教育学刊》2021 年第 11 期，第 81—86 页。

③ 孙刚成、乔刚：《谈西部农村学校教师知识结构的失衡与优化》，《教育探索》2010 年第 2 期，第 112—114 页。

④ 胡艳：《当前我国师范专业招生问题及对策探讨》，《教师教育研究》2007 年第 3 期，第 29—33 页；黄正平：《小学教师培养：现状分析与发展趋势——以江苏省为例》，《教育学术月刊》2013 年第 6 期，第 40—43 页。

⑤ 李静美：《农村教师定向培养政策的生源吸引力——基于对湖南省的调查研究》，《高等教育研究》2019 年第 1 期，第 58—67 页；赵燕：《乡村定向师范生政策生源吸引力分析——基于社会交换理论的视角》，《教育学术月刊》2021 年第 1 期，第 64—70 页。

期在农村学校从教的意愿逐渐减弱，缺乏职业认同感，影响其教育教学能力。[①]

2. 全科教师培养效果的研究

在农村全科教师培养效果上，诸多调查研究的结果显示，小学全科教师存在实际教育教学水平不高的问题。蔡其勇等对已入职的小学全科教师的实证研究发现，小学全科教师培养过程中存在对职业理解与认识模糊、学科知识薄弱、教学设计与实施能力低等问题。[②]蒲淑萍的实证研究表明，全科师范生的报考动机与家庭经济状况、就业存在显著相关关系，全科教师需要承担多门学科教学任务，以此满足农村教育面临的开足开齐开好规定课程的需求，但实际上他们的音乐、美术等学科素养基础较为薄弱。[③]从师范生培养质量看，李中国认为高校师范生的培养普遍存在实践环节简化弱化、实践质量下滑等问题，表现为在培养内容上，存在学科本位、知识本位的路径依赖。[④]雷万鹏和黄旭中的实证研究发现，师范生的培养存在课程设置重理论轻实践、师范生实习机会欠缺的问题，师范毕业生不具备教育教学的胜任力。[⑤]

3. 提高农村教师质量的研究

提高教师质量是教育高质量发展的关键，提高农村教师质量需要改善农村教师待遇、提高人才培养质量和职后培训质量。在改善农村教师待遇上，赵明仁和谢爱磊提出提高特困地区乡村教师生活补贴水平，以及着力改善乡村教师生活环境等建议。[⑥]在人才培养上，周晔提出以基于乡村、面向乡村、服务乡村为价值导向，立足乡村教育发展需求，精准培养本土化乡村教师的建议。[⑦]在职后培训上，陈婷和谢升梅提出要完善经费投入机制，保证民族地区教师培养培训政策精

---

① 蒋蓉、李新、黄月胜等：《地方师范院校公费师范生乡村小学从教意愿调查》，《教育研究与实验》2019年第6期，第29—34页；朱燕菲、吴东照、王运来：《综合评价视域下地方乡村定向师范生培养的质量省思》，《中国教育学刊》2021年第12期，第85—90页。

② 蔡其勇、卢梦丽、袁涛等：《小学全科教师专业素养培养研究》，《课程·教材·教法》2020年第1期，第123—129页。

③ 蒲淑萍：《免费定向农村小学全科教师培养的调查研究》，《基础教育》2015年第3期，第98—104页。

④ 李中国：《教师培养供给侧的问题解析与破解路径》，《国家教育行政学院学报》2020年第1期，第64—69、88页。

⑤ 雷万鹏、黄旭中：《教师教育发展现状调查与政策启示——基于湖北省的实证调研》，《华中师范大学学报（人文社会科学版）》2017年第6期，第164—171页。

⑥ 赵明仁、谢爱磊：《国际视野中乡村教师队伍高质量发展的策略与启示》，《中国教育学刊》2021年第10期，第8—14页。

⑦ 周晔：《建设高质量的乡村教师队伍》，《教育发展研究》2021年第18期，第3页。

准落地，推动民族地区教师队伍建设与发展的建议。①

（四）研究不足与空间

通过梳理教师供给状况的相关研究，发现在研究内容上，教师供给侧改革研究主要集中在对教师供给数量、教师供给质量和教师供给结构的研究上，并对农村义务教育阶段教师供给问题进行了分析，另外还有部分学者关注教育供给中的政策、体制机制和政府治理，而从供给侧进行全面系统研究的较少。农村义务教育供给侧改革是相对于从需求侧解决农村教育问题而言的，旨在从供给角度实现师资配置均衡、解决供需矛盾、优化供给结构。准确把握教育供给侧改革，对义务教育高质量发展具有重大的理论意义与现实意义。

在研究方法上，学者或从实证研究角度分析教师供给中存在的问题，或从理论研究角度分析教师有效供给机制。多数实证研究以一个省份为样本，缺少全国性和跨区域的大样本数据。本研究通过国家宏观教育统计数据系统分析教师供给，为农村义务教育阶段师资供给侧改革提供了较为全面的数据分析。

综合以上分析，虽然相关研究从供给侧角度对教育与教师的研究做了大量工作，但依然存在研究样本范围小、缺乏对师资供给侧的系统分析等问题。基于此，本研究采用教育部公开的教育统计数据，对农村义务教育师资供给侧进行了实证研究，通过建立师资供给框架，分析农村义务教育阶段师资供给的变动趋势和差异，综合考察农村义务教育师资供给侧改革中的来源供给、制度供给以及要素供给。

三、农村义务教育师资供给政策的历史演进与主要取向

（一）农村义务教育师资供给政策的梳理

我国学者从教师培养、教师补充、教师供给等多个角度对改革开放以来的农村教师供给政策进行了细致划分。马永全将教师培养政策划分为恢复和补偿、法制化、改革、跨越式发展四个阶段，提出今后农村教育发展的目标是建设一支合格的、高素质的教师队伍。② 李霞和符淼把教师政策演进历程分为政策调整期、

① 陈婷、谢升梅：《我国民族地区教师队伍建设政策演进：回眸与展望》,《民族学刊》2021 年第 7 期，第 39—47 页。

② 马永全：《改革开放以来我国农村教师培养政策变迁及特征》,《河北师范大学学报（教育科学版）》2016 年第 2 期，第 94—98 页。

启动改革期、深化改革期和教育均衡发展四个阶段。[①] 李廷洲等将教师政策划分为五个阶段：恢复调整阶段、厚植基础阶段、内涵建设阶段、全面提升阶段和教师政策发展进入新时代。[②] 闫建璋和王换芳将教师教育政策划分为五个阶段：恢复师范教育、调整培养培训模式、重视教师专业发展、促进教育均衡发展、提升教师教育质量。[③] 张妍和曲铁华回溯建党以来的教师政策变迁，将其划分为萌芽阶段、探索阶段、发展阶段、提升阶段、优化阶段五个阶段，并提出未来要推进供给侧改革，培养本土化教师，促进教育公平发展。[④] 金志峰和吕武对改革开放以来农村教师补充政策进行了研究，认为我国农村教师补充经历了招收民办教师、师范院校毕业生分配、公开招考和专项计划补充三个阶段。[⑤]

本研究以改革开放为起始点对教师供给政策进行梳理，结合相关研究将教师供给政策划分为三个阶段：调整阶段（1978—1985 年）、改革阶段（1986—1999 年）和提质阶段（2000 年至今）。

1. 农村义务教育教师供给调整阶段（1978—1985 年）

我国教师供给政策在 1978—1985 年处于调整阶段，以满足农村教育教学发展对教师数量的需求，其间主要以招收民办教师来解决教师数量不足的问题。1978 年，《国务院批转教育部关于加强中小学教师队伍管理工作的意见的通知》指出，要加强对民办教师的管理。选用民办教师，要根据教育事业发展的实际需要，公办教师的自然减员，应由教育部门于当年如数从民办（代课）教师中选择补充。1979 年，教育部等部门《关于边境县（旗）、市中小学民办教师转公办教师的通知（摘录）》提出，经考核后合格的民办教师可转为公办教师，转为公办教师后，工资待遇和工龄的计算可以根据国务院现行有关工资政策直接办理定级手续，不再实行试用期。1980 年，中共中央、国务院《关于普及小学教育若干问题的决定》提出，根据各地情况，以直接向本人发放补助费的形式提高民办教师的补助费，以解决民办教师比重大、待遇低、队伍不稳定的问

① 李霞、符淼：《改革开放以来我国农村教师政策变迁与特征分析》，《教学与管理》2012 年第 12 期，第 41—43 页。

② 李廷洲、吴晶、王秋华：《改革开放 40 年我国教师政策的变迁历程、主要特征与发展前瞻——基于政策工具理论视角的文本计量研究》，《清华大学教育研究》2019 年第 1 期，第 103—110 页。

③ 闫建璋、王换芳：《改革开放 40 年我国教师教育政策变迁分析》，《教师教育研究》2018 年第 5 期，第 7—13 页。

④ 张妍、曲铁华：《中国共产党百年农村教师政策回眸与前瞻》，《现代教育管理》2021 年第 6 期，第 10—17 页。

⑤ 金志峰、吕武：《我国农村教师补充政策：变迁、困境及路径选择》，《学习与探索》2017 年第 9 期，第 57—62 页。

题。1981 年，为改善民办教师的生活待遇，《国务院转发教育部〈关于增加中小学民办教师补助费的办法〉》提出提高民办教师补助费。1983 年，《中共中央、国务院关于加强和改革农村学校教育若干问题的通知》提出对民办教师应逐步实行社队统筹工资制，有条件的地区还应建立民办教师的福利基金，解除他们的后顾之忧，根据国家财力物力的状况，每年安排一定的劳动指标，在考核合格的民办教师中，转一部分为公办教师。同年，《教育部关于中、小学教师队伍调整整顿和加强管理的意见》指出，对民办教师进行考核，经考核不合格，不能胜任教育教学工作的民办教师，一般应予以解聘。1984 年，《国务院关于筹措农村学校办学经费的通知》提出，农村中小学民办教师全部实行工资制，逐步做到不再区分公办、民办。

除增加农村教师数量、提高民办教师待遇外，还注重提升民办教师素质，鼓励民办教师在职学习。1980 年和 1982 年，教育部分别出台《中等师范学校教学计划试行草案》[①]《小学教师进修中等师范教学计划（试行草案）》，指出招收小学民办教师，要择优录取通过考试的民办教师。1983 年，教育部《关于加强小学在职教师进修工作的意见》指出，对于参加进修学校的民办教师，被纳入中师招生计划的，学习期满且经过严格考核后，择优转为公办教师。[②]

上述政策文件是为了充实教师数量，建设一支稳定、合格的教师队伍而提出的，这一阶段是以调整民办教师为主，在减小民办教师比例、解决民办教师编制、提高民办教师质量和改善民办教师待遇方面做了大量努力，肯定了民办教师在农村教育中做出的贡献。

2. 农村义务教育教师供给改革阶段（1986—1999 年）

1986 年，随着全面整顿民办教师行动的开展及《中华人民共和国义务教育法》的颁布，国家逐渐大力加强农村教师队伍建设，采取措施加强和发展师范教育，加速培养、培训师资，有计划地实现中小学教师教育资格合格率。1990 年，国家教育委员会《关于当前师范专科学校工作的几点意见》提出，要优先发展师范教育，办好师范教育是解决师资问题的根本途径，为农村初中培养合格教师是我国师范专科学校的主要任务。1991 年，国家教育委员会先后出台《关于进行培养专科程度小学教师试验工作的通知》《关于开展小学教师继续教育的意见》，指出要大力开展小学教师的继续教育，根据培养小学教师的实际需要，研究探索具有专科程度小学教师的培养规格和办学模式，稳定小学教师队伍建设。1993 年，

① 教育部：《中等师范学校教学计划试行草案》，1980 年 10 月 14 日。

② 教育部：《关于加强小学在职教师进修工作的意见》，1983 年 1 月 20 日。

《中华人民共和国教师法》提出，各级人民政府和有关部门应当办好师范教育，并采取措施，鼓励优秀青年进入各级师范学校学习。各级教师进修学校承担培训中小学教师的任务。1994 年，国家教育委员会发布《全国师范专科学校面向农村，深化改革座谈会纪要》，指出师范专科学校必须坚持为基础教育，特别是为农村基础教育服务的思想，尽可能多地培养基础教育所需要的合格师资。①1995 年，国家教育委员会师范教育司印发《关于试行“高等师范专科教育二、三年制教学方案”的通知》②《大学专科程度小学教师培养课程方案（试行）》③，指出要重视中小学教师队伍建设，为中小学校培养合格的教师。1996 年，《国家教委关于当前加强“民转公”工作的几点意见》④《关于师范教育改革和发展的若干意见》⑤的通知指出，有关部门做好“民转公”的具体组织实施工作，加快“民转公”步伐，妥善解决民办教师问题，同时针对民办教师数量较多的地区，师范院校应扩大招收民办教师的比例，保证民办教师工作的顺利进行。师范院校还要面向农村，深化教育改革，为农教科结合服务，促进农村教师队伍建设。1997 年，《国务院办公厅关于解决民办教师问题的通知》指出，逐年减少民办教师数量，力争到本世纪末基本解决民办教师问题。⑥同年，《国家教委关于组织实施“高等师范教育面向 21 世纪教学内容和课程体系改革计划”的通知》提出，提高师范教育专业化水平，培养适应 21 世纪社会和教育发展需要的新型师资。⑦1999 年，《人事部　国家发展计划委员会　教育部关于下达 1999—2000 年从合格民办教师中转公办教师专项指标的通知》提出，要全面落实“关、转、招、辞、退”五字方针，力争 2000 年基本解决本地区民办教师问题。⑧2000 年，民办教师人数大幅度减少，在小学专任教师中，民办教师有 27.72 万人，比 1999 年减少 21.94 万人，民办教师占教师总数的 4.73%。⑨

① 国家教委：《全国师范专科学校面向农村，深化改革座谈会纪要》，1994 年 1 月 14 日。

② 国家教委师范教育司：《关于试行“高等师范专科教育二、三年制教学方案”的通知》，1995 年 2 月 20 日。

③ 国家教委师范教育司：《大学专科程度小学教师培养课程方案（试行）》，1995 年 2 月 21 日。

④ 国家教委：《国家教委关于当前加强“民转公”工作的几点意见》，1996 年 5 月 16 日。

⑤ 国家教委：《关于师范教育改革和发展的若干意见》，1996 年 12 月 5 日。

⑥ 国务院办公厅：《国务院办公厅关于解决民办教师问题的通知》，1997 年 9 月 7 日。

⑦ 国家教委：《国家教委关于组织实施“高等师范教育面向 21 世纪教学内容和课程体系改革计划”的通知》，1997 年 10 月 29 日。

⑧ 人事部、国家计委、教育部：《人事部 国家发展计划委员会 教育部关于下达 1999—2000 年从合格民办教师中转公办教师专项指标的通知》，1999 年 9 月 8 日。

⑨ 教育部：《2000 年全国教育事业发展统计公报》，2001 年 6 月 1 日。

这一时期，随着农村义务教育学校教师数量的补充，教师的工资待遇成为亟待解决的问题。1987 年，《国务院关于提高中小学教师工资待遇的通知》指出，将中小学教师和幼儿园教师现行的工资标准提高 10%。1988 年，《国务院关于提高部分专业技术人员工资的通知》指出，要提高中小学班主任津贴标准，建立中小学教师超课时酬金制度。1990 年，《国家教育委员会办公厅关于认真解决民办教师工资拖欠问题的通知》要求有关地方政府必须关心解决民办教师工资拖欠问题，将所欠民办教师工资尽快还清，确保民办教师的工资及时足额发放到教师手中。1992 年，国家教育委员会等四部门《关于进一步改善和加强民办教师工作若干问题的意见》规定，通过调整整顿，逐步减少民办教师数量，提高教师总体素质，要保障民办教师获得劳动报酬的合法权益，提高民办教师的地位和工资福利待遇，逐步实现与公办教师同工同酬。1993 年，教师法对教师待遇做出规定，教师的平均工资水平不低于或者高于国家公务员的平均工资水平，对教师以及具有中专以上学历的毕业生到少数民族地区和边远贫困地区从事教育教学工作的，应当予以补贴；县、乡两级人民政府应当为农村中小学教师解决住房提供方便。1993 年，中共中央、国务院发布《中国教育改革和发展纲要》，指出要提高教师工作待遇，逐步使教师的工资水平与全民所有制企业同类人员大体持平，力争改善学校教职工住房条件，逐步做到民办教师与公办教师同工同酬。

这一时期的农村师资供给主要依靠大力发展师范教育和不断整顿民办教师，来建设一支数量充足、合格稳定的教师队伍，具体包括：大力发展师范教育，提高师范教育办学水平，面向农村教育，为农村中小学培养与培训合格教师；整顿民办教师，通过贯彻“关、转、招、辞、退”五字方针解决民办教师问题，将合格民办教师转为公办教师，提高教师待遇。这一时期我国农村中小学教师队伍建设得到明显加强，教师素质有了明显提高。

3. 农村义务教育教师供给提质阶段（2000 年至今）

2000 年之后，农村义务教育教师供给政策致力于努力提高农村中小学教师的综合素质。《教育部 2001 年工作要点》中提出，加强中西部地区教师的交流、合作，鼓励并引导在职教师由城市向县镇、农村、条件艰苦的边远地区流动任教……进一步改善教师的住房条件和医疗待遇，依法维护教师的合法权益。2002 年，《教育部关于加强专科以上学历小学教师培养工作的几点意见》中指出，到 2001 年，小学教师中达到专科以上学历者已占小学教师队伍的 27.4%，但我国专科以上学历小学教师的培养尚处于初级阶段，还要大力提高小学教师整体素质。2006 年，《教育部关于大力推进城镇教师支援农村教育工作的意见》中指出，推进城镇教师支援农村教育工作，是统筹城乡教育协调发展、优化教师资源配置、解决农村师资力量薄弱问题的重大举措。2010 年，《教育部关于贯彻落实科学发展观进一步推进义务教育均衡发展的意见》强调要健全城乡教师交流机制，推动校长和教师在城乡之间、校际之间的合理流动，鼓励优秀校长和骨干教师到农村学校和薄弱学校任职、任教，发挥示范、辐射和带动作用。2012 年，《国务院关于加强教师队伍建设的意见》提出，提高教师培养质量，严格实行教师资格制度，加强教师资源配置管理，逐步实行城乡统一的中小学教职工编制标准，促进教师资源合理配置。中小学教师队伍建设要以农村教师为重点，采取倾斜政策，切实增强农村教师职业吸引力，激励更多优秀人才到农村从教。2014 年，《教育部财政部人力资源和社会保障部关于推进县（区）域内义务教育学校校长教师交流轮岗的意见》提出，全面推进义务教育教师队伍“县管校聘”管理改革，打破教师交流轮岗的管理体制障碍。2018 年，《中共中央国务院关于全面深化新时代教师队伍建设改革的意见》，指出实行义务教育教师“县管校聘”，推进县域内义务教育学校教师、校长交流轮岗，实行教师聘期制、校长任期制管理，推动城镇优秀教师、校长向乡村学校、薄弱学校流动，实行学区（乡镇）内走教制度。

2003 年，团中央、教育部根据国务院常务会议、《国务院办公厅关于做好 2003 年普通高等学校毕业生就业工作通知》和 2003 年全国高校毕业生就业工作电视电话会议精神的要求，实施了大学生志愿服务西部计划，引导大学生到西部去、到基层去、到祖国和人民最需要的地方去建功立业，促进西部贫困地区教育、卫生、农技、扶贫等社会事业的发展。2005 年，中共中央办公厅、国务院办公厅印发《关于引导和鼓励高校毕业生面向基层就业的意见》，鼓励高校毕业生到农村工作，促进农村发展，并完善鼓励高校毕业生到西部地区和艰苦边远地区就业的优惠政策，对毕业后自愿到艰苦地区、艰苦行业工作，服务达到一定年限的学生，其在校期间的国家助学贷款本息由国家代为偿还。2006 年，中央组织部等部门联合印发《关于组织开展高校毕业生到农村基层从事支教、支农、支医和扶贫工作的通知》，鼓励高校毕业生到农村服务。2006 年，教育部等四部门联合启动实施“农村义务教育阶段学校教师特设岗位计划”（以下简称“特岗计划”），引导和鼓励高校毕业生从事农村教育工作，创新农村学校教师补充机制，逐步解决农村师资总量不足和结构不合理等问题，提高农村教师队伍的整体素质。2009 年，《教育部关于做好 2010 年“农村学校教育硕士师资培养计划”实施工作的通知》指出，从具有推荐免试硕士研究生资格的高校中，选拔部分优秀应届普通本科毕业生，录取为“硕师计划”研究生，到县镇及以下农村学校任教，服务期三年。2015 年，《国务院办公厅关于印发乡村教师支持计划（2015—2020 年）的通知》指出，拓展乡村教师补充渠道，为乡村学校持续输送大批优秀高校毕业生，采取切实措施加强老少边穷岛等边远贫困地区乡村教师队伍建设，明显缩小城乡师资水平差距，让每个乡村孩子都能接受公平、有质量的教育。2018 年，《国务院办公厅关于转发教育部等部门教育部直属师范大学师范生公费教育实施办法的通知》指出，公费师范生毕业后一般回生源所在省份中小学任教，并承诺从事中小学教育工作 6 年以上。到城镇学校工作的公费师范生，应到农村义务教育学校任教服务至少 1 年。国家鼓励公费师范生长期从教、终身从教。2021 年，教育部等九部门印发《中西部欠发达地区优秀教师定向培养计划》。提出从 2021 年起，教育部直属师范大学与地方师范院校采取定向方式，每年为 832 个脱贫县（原集中连片特困地区县、国家扶贫开发工作重点县）和中西部陆地边境县中小学校培养 1 万名左右师范生，从源头上改善中西部欠发达地区中小学教师队伍质量，培养造就大批优秀教师。

2001 年，《国务院关于基础教育改革与发展的决定》明确提出，农村义务教育实行在国务院领导下，由地方政府负责、分级管理、以县为主的管理体制。2002 年，《国务院办公厅关于完善农村义务教育管理体制的通知》要求农村中小学教职工工资要上收到县集中管理，依照省级政府核定的教职工编制与国家统一规定的工资标准，确保农村中小学教职工工资按时足额发放，不再发生新的拖欠。2005 年，《国务院关于深化农村义务教育经费保障机制改革的通知》提出，要巩固和完善农村中小学教师工资保障机制。2006 年，人事部、财政部印发《事业单位工作人员收入分配制度改革方案》，提出事业单位实行岗位绩效工资制度，岗位绩效工资由岗位工资、薪级工资、绩效工资和津贴补贴四部分组成，其中岗位工资和薪级工资为基本工资。2008 年，《教育部关于做好义务教育学校教师绩效考核工作的指导意见》发布，根据该文件内容，绩效工资分为基础性和奖励性两部分，绩效考核结果也要作为教师资格认定、岗位聘任、职务晋升、培养培训、表彰奖励等工作的重要依据。2012 年，《中共中央国务院关于加快发展现代农业进一步增强农村发展活力的若干意见》明确指出，设立专项资金，对在连片特困地区乡、村学校和教学点工作的教师给予生活补助。

这一时期农村教师供给政策文件的目的是推动农村教育发展，主要集中在三个方面：一是实行以县为主的义务教育管理体制，推动教育均衡而有质量地发展；二是推行城乡教师交流和绩效工资政策，提高农村教育教学质量和农村教师工资待遇，改善教师工作条件；三是鼓励大学生到西部、偏远地区和农村学校任教，并给予一定的补助，提高农村教师整体素质。这一时期农村教师供给政策体现出公平性，缩小了城乡教育发展差距，城乡优秀师资配置更加合理，农村教育得到更大发展。

（二）农村义务教育师资供给政策的几种取向

在不同历史时期，经济社会发展水平不同，国家教育战略重点与战略定位不同，师资供给政策也不同。20 世纪 60 年代开始实施重点校取向师资供给政策，而重点学校主要集中在城市，因此客观上造成城乡师资供给差异。1986 年，国家颁布义务教育法，以国家法律形式确定实施义务教育之后，有三种比较有代表性的师资供给政策曾经或正在影响我国义务教育师资供给实践。这些政策都以城乡义务教育师资供给差异或统一对待的政策取向对农村义务教育师资供给做出量化规定，为农村义务教育师资供给实践提供政策支持，深刻影响着农村义务教育师资供给实践。

1. 城乡二元师资供给政策

进入 20 世纪 80 年代中期，从中小学师资配置标准看，重点校取向师资供给政策转向城乡二元师资供给政策。1984 年，《教育部关于中等师范学校和全日制中小学教职工编制标准的意见》的附表“教职工编制标准参考表”中列出了教师编制标准：小学城镇每班教师 1.7 人、职工 0.5 人，农村每班教师 1.3 人、职工 0.1 人；初中城镇每班教师 2.5 人、职工 1.2 人，农村每班教师 2.5 人、职工 1.0 人。[①]这一师资供给政策执行的是城镇与农村二元的师资供给标准，师班比设定上也存在明显向城倾向，农村学校师资供给水平相对较低。

2. 城乡三元师资供给政策

进入 21 世纪，相关部门基于城乡二元师资供给政策出台了城乡三元师资供给政策。2001 年，中央编办、教育部、财政部《关于制定中小学教职工编制标准的意见》的附表“中小学教职工编制标准”列出了教师编制标准：小学城市、县镇、农村教职工与学生比分别为 1∶19、1∶21、1∶23；初中城市、县镇、农村教职工与学生比分别为 1∶13.5、1∶16、1∶18。[②]这一师资供给政策执行的是城市、县镇、农村三元的师资供给标准，仍具有向城倾向，并成为之后农村师生比长期小于县镇与城市的政策依据。

3. 城乡统一取向师资供给政策

党的十八大以来，相关部门积极推进师资供给政策改革，推进城乡师资供给标准走向统一。2014 年，中央编办、教育部、财政部颁布《关于统一城乡中小学教职工编制标准的通知》，将县镇和农村中小学教职工编制标准统一到城市标

① 教育部：《教育部关于中等师范学校和全日制中小学教职工编制标准的意见》，1984 年 12 月 27 日。

② 中央编办、教育部、财政部：《关于制定中小学教职工编制标准的意见》，2001 年 10 月 8 日。

准，初中、小学教职工与学生比分别为 1∶13.5、1∶19。[①] 这一教职工编制标准政策的出台标志着师资供给政策结束了城乡三元的义务教育师资供给。

四、数据来源及分析思路

（一）数据来源及说明

本部分采用 2001—2020 年的中国教育统计年鉴，构建农村义务教育师资三级供给框架，围绕来源供给、制度供给和要素供给展开研究。收集并整理普通本专科师范毕业生人数、义务教育和普通高中新增录用教师和新增录用师范生人数、义务教育阶段教师数量、学生数量、班级数量以及教师学历和教师年龄的原始数据，通过计算得到义务教育师生比、师班比数据。在探究农村义务教育师资供给要素状况时，即分析义务教育阶段教师学历和教师年龄状况时，以《中国教育统计年鉴（2020）》中的数据为依据。

（二）分析框架与思路

1. 分析框架

从供给发生过程看，个体进入学校从事教育教学工作，需要经历专业培养、资格认定、聘任、学校使用这一基本流程。各个国家或地区由于具体政策语境不同，农村义务教育师资各个层级供给的具体情况又会有所不同。结合我国当前农村义务教育管理制度、教师职业准入与管理制度，以及农村教师编制标准政策，本研究提出农村义务教育师资三级供给框架（图 6.1）：①高校：来源供给，即高校提供毕业生。在高校来源供给中，师范院校毕业生是主要来源，有意向选择教师职业的非师范院校毕业生是重要来源。②中央 / 省：制度供给，即国家制定教师资格标准，省相关部门组织考试并颁发教师资格证；国家制定教师编制标准

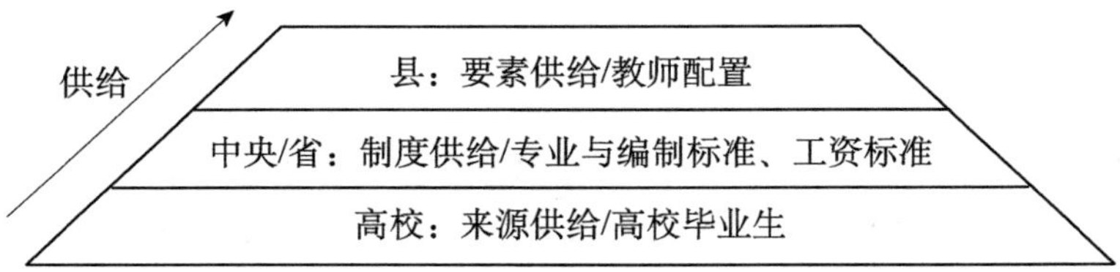

图 6.1　农村义务教育师资三级供给框架

① 中央编办、教育部、财政部：《关于统一城乡中小学教职工编制标准的通知》，2014 年 11 月 13 日。

以及以其他行业（公务员）工资收入为参照的教师工资标准。这些标准与证书为后续师资供给实践提供制度认可。③县：要素供给，即县通过公开招考方式在获得教师资格证的人员中选拔教师，向县域学校提供教师劳动力。

首先，每一层级的供给是相对独立的。从来源供给到制度供给再到要素供给，各个层级供给的边界都是非常清晰的，每个层级供给的任务都是非常明确的，每一层级的供给是相对独立的。

其次，前面层级供给的质量决定后面层级供给的质量。从师资供给的过程看，一名高校学生都要经过三级师资供给才能进入学校从事教育教学工作，每一层级的供给都是在前一层级供给的基础上完成的，前一层级供给的质量决定着后面层级供给的质量。

最后，对于需求端来说，农村义务教育师资供给具有无偿供给的特点。农村义务教育师资供给是基本公共教育服务，农村义务教育师资需求端不需要考虑购买问题。

2. 分析思路

农村义务教育师资供给状况决定着义务教育需求满足程度与义务教育质量，随着教育事业和社会各界对高质量教育诉求的不断提升，师资成为学校教育教学的关键指标。本研究基于来源供给、制度供给、要素供给三级供给框架对农村义务教育师资供给情况进行调查分析。首先，考察农村义务教育师资供给整体情况，分析每年新增录用教师情况，包括新增录用师范生和非师范生比例以及城乡新增录用师范生与非师范生情况；其次，梳理当前中小学阶段城乡师生比和师班比，分析农村义务教育阶段师资与教师编制标准是否存在差异；最后，分析城乡教师学历和教师年龄差异，即农村义务教育教师要素供给情况。

五、数据分析

长期以来特别是近年来，国家高度重视农村义务教育师资供给，农村义务教育师资来源供给不断增加，制度供给持续完善，要素供给逐渐合理。在不同层级的师资供给取得成效的同时，各级供给层面仍有一定改进空间。我们既要积极肯定农村义务教育师资供给成效，又要清晰认识农村义务教育师资供给的改进空间，这是农村义务教育师资供给侧改革的主要切入点。

（一）农村义务教育师资供给来源层面

随着高等教育的发展，具备教师资格的候选者数量不断增多。2003年，义务教育与普通高中新增教师中录用的毕业生为 28.47 万人；同年，普通本专科师范毕业生 34.70 万人，其中本科师范毕业生 15.86 万人。2007 年，义务教育与普通高中新增教师中录用的毕业生为 24.10 万人；同年，普通本专科师范毕业生 54.58 万人，其中普通本科师范毕业生 27.93 万人。2007—2017 年，仅普通本科师范毕业生数就超过义务教育与普通高中新增录用教师总数。近年来，高校毕业生中的普通本专科师范毕业生数量持续超过录用教师数量。2020 年，义务教育与普通高中新增教师中录用的毕业生达 49.88 万人；同年，普通本专科师范毕业生 72.16 万人，其中普通本科师范毕业生 42.36 万人。随着教师资格证制度的实施，非师范院校毕业生选择教师职业的人数达到一定规模。以 2020 年为例，义务教育阶段新增教师中录用的毕业生为 40.95 万，其中新增录用师范毕业生 24.99 万人，非师范毕业生 15.96 万人。从全国中小学师资需求看，师范院校毕业生数量准备充分，而且还有相当数量非师范院校毕业生准备加入教师队伍，义务教育师资来源供给充分（图 6.2）。[①]

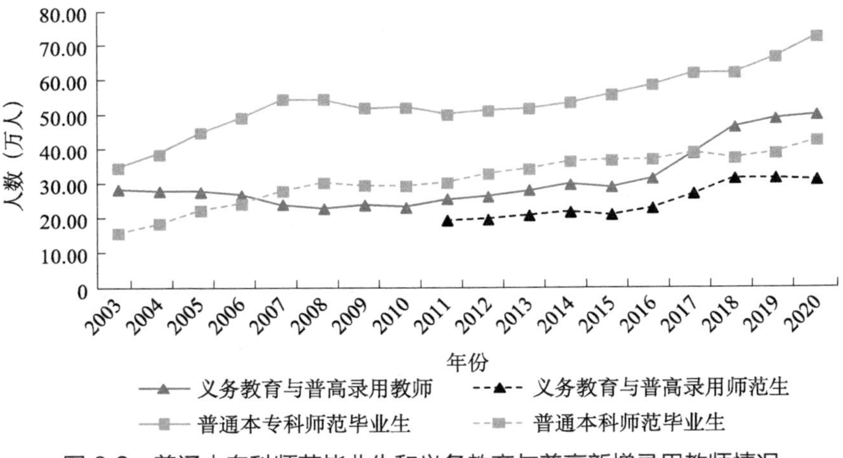

图 6.2　普通本专科师范毕业生和义务教育与普高新增录用教师情况

1. 义务教育城乡新增教师人数与差异

义务教育阶段，农村新增录用教师人数始终在城市新增录用教师人数之上。其中初中阶段，城市新增录用教师人数呈降—增—降—增的波动变化趋势，2003 年城市新增录用教师人数为 2.34 万人，而后开始下降，2010 年新增录用教师人

① 本章出现的"农村"="镇区＋乡村"，与"城市"（即"城区"）对应。从2011年起，《中国教育统计年鉴》采用新的城乡划分标准，将原来的城市、县镇、农村调整为城区、镇区、乡村。

数为 1.45 万人，2014 年增加至 2.63 万人后开始下降，2015 年为 2.53 万人，之后开始增加，2020 年为 5.66 万人。农村新增录用教师人数呈降—增—降—增—降—增的波动变化趋势，2003—2005 年农村新增录用教师人数分别为 8.57 万人、7.97 万人、7.98 万人，而后开始下降，2008 年新增录用教师人数为 6.56 万人，2009 年增加至 7.32 万人后开始下降，2012 年为 5.45 万人，增加至 2014 年的 5.60 万人后下降至 2015 年的 5.07 万人，之后开始增加，2020 年为 9.84 万人。

小学阶段，城市新增录用教师人数呈降—增的波动变化趋势，2003 年城市新增录用教师人数为 1.95 万人，而后开始下降，2006 年新增录用教师人数为 1.68 万人，随后大幅度增加，2020 年为 9.35 万人。农村新增录用教师人数呈降—增—降—增—降—增—降的波动变化趋势，2003 年农村新增录用教师人数为 7.90 万人，随后变化为降—增—降，2005—2007 年新增录用教师人数分别为 7.38 万人、7.51 万人、7.34 万人，而后开始增加，2014 年新增录用教师人数为 12.11 万人，2015 年下降至 11.84 万人后开始增加，2018 年为 18.10 万人，2020 年降低至 16.09 万人（图 6.3）。总体上看，国家对农村教师供给力度很大。

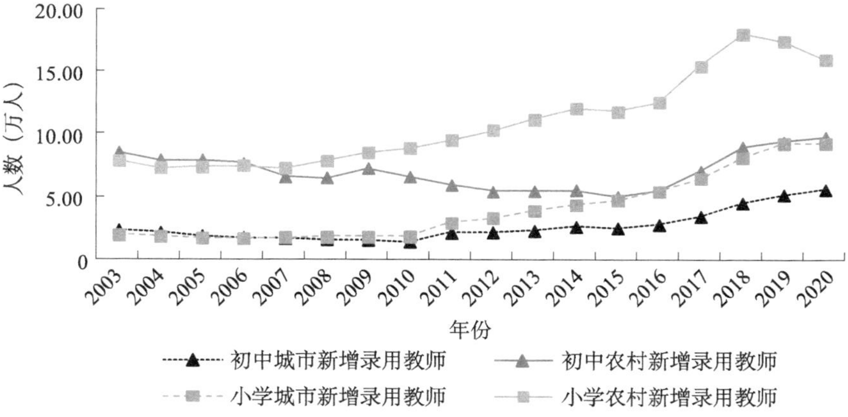

图 6.3　城乡义务教育新增录用教师情况

2. 义务教育城乡新增录用非师范生人数与差异

义务教育阶段，从每年新增师范生和非师范生的数量与新增教师总数的比例看，新增师范生与新增教师的比例呈降—增—降的波动趋势，2011 年为 74.09%，而后开始下降，2015 年为 71.14%，2016 年略微增加，新增师范生与新增教师的比例为 71.71%，其后开始下降，2020 年为 61.03%；新增非师范生与新增教师的比例呈现出与新增师范生与新增教师比例相反的增—降—增的波动趋势，2011 年为 25.91%，之后开始上升，2015 年为 28.86%，而后开始下降，2016 年为 28.29%，之后开始上升，2020 年为 38.97%（图 6.4）。从中可以看出，义务教育阶段每年新增教师以师范生为主，但是每年新增师范生和非师范生人数差距逐渐缩小，说明教师资格制度实施之后，为有从教意愿的非师范生从事教师职业增加了机会。

从城乡来看，农村新增录用非师范生比例始终高于城市新增录用非师范生比例。在初中阶段，城市新增录用非师范生的比例呈上升趋势，2011 年为 16.75%，2020 年为 35.23%；农村新增录用非师范生比例呈增—降—增—降—增的波动趋势，2011 年为 26.01%，而后开始增长，2013 年为 28.07%，之后连续三年呈降—增—降的变化趋势，2014—2016 年分别为 27.66%、28.05%、26.60%，其后开始上升，2020 年为 39.28%。在小学阶段，城市新增录用非师范生的比例整体呈上升趋势，2012 年略微下降。其中 2011 年为 19.62%，2012 年为 19.61%，2020 年为 37.38%；农村新增录用非师范生的比例呈增—降—增的波动趋势，2011 年为 29.82%，而后开始上升，2014 年为 32.79%，之后开始下降，2016 年为 31.48%，其后又开始上升，2020 年为 41.03%（图 6.5）。总体来看，义务教育阶段城乡新增录用非师范生的比例均在提高，教师资格制度实施以来，国家不断扩大教师补充渠道，尤其是农村教师补充渠道，非师范学校毕业生大量涌入农村学校从事教育教学工作，有利于解决农村教师结构不合理、吸引力弱的问题。

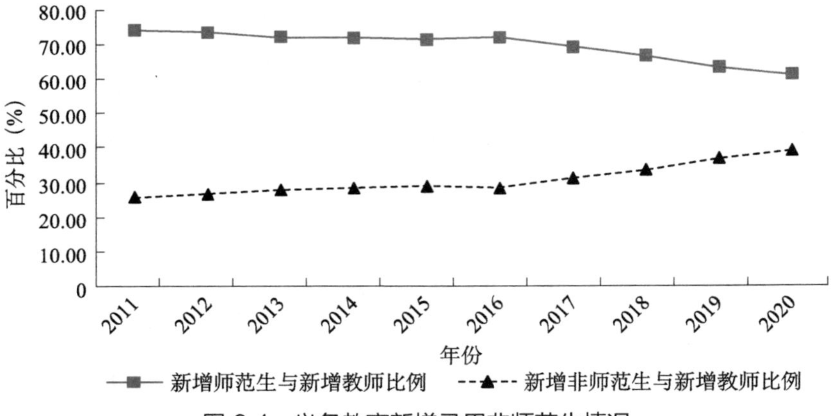

图 6.4　义务教育新增录用非师范生情况

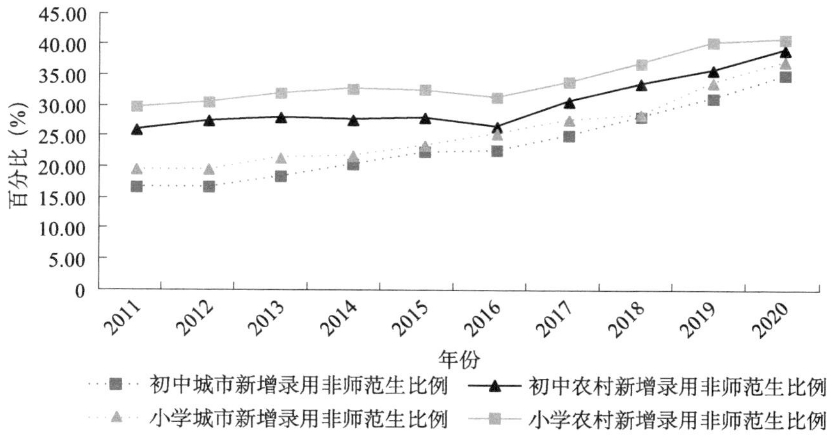

图 6.5　义务教育城乡新增录用非师范生情况

（二）农村义务教师师资供给制度层面

1. 师生比的现状与差异

小学阶段，城市和农村呈现出相同的波动变化趋势。2001 年城市、农村的师生比为 1∶19.21、1∶22.07，随后城市、农村的师生比差距不断缩小，2006 年农村师生比超过城市，分别为 1∶19.14、1∶19.36，之后农村师生比始终大于城市，且城市和农村的变化幅度相似。2020 年，城市、农村的师生比分别为 1∶21.92、1∶17.75（图 6.6）。2006 年之后，农村师生比高于城市，说明现阶段我国大力支持农村教师供给。

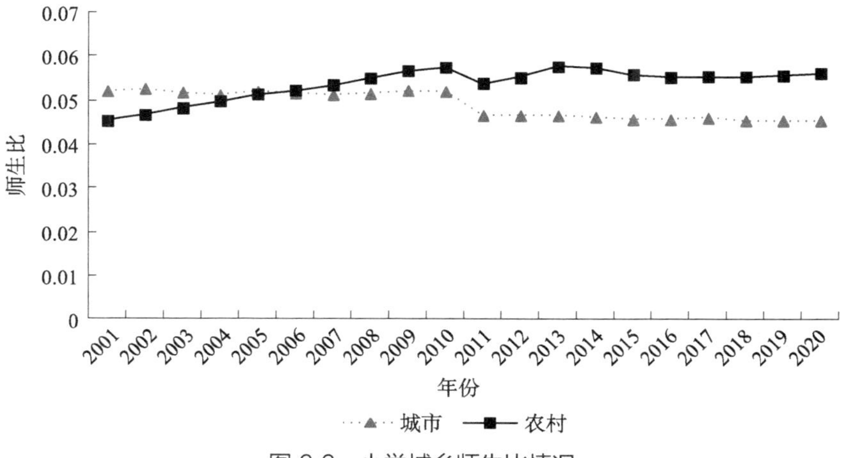

图 6.6　小学城乡师生比情况

初中阶段，2001 年城市、农村的师生比为 1∶16.67、1∶19.84，此时城市的师生比大于农村。随后差距不断缩小，2010 年农村师生比超过城市，分别为 1∶14.97、1∶15.00，此后初中师生比保持在农村大于城市的趋势中，且差距变化幅度不断在缩小（图 6.7）。2020 年城市和农村初中师生比分别是 1∶13.04、1∶12.54，说明初中阶段城乡教师总量充足。

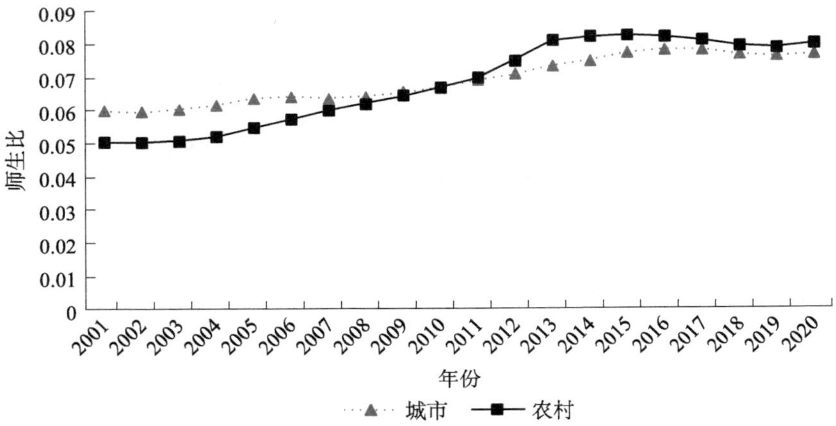

图 6.7　初中城乡师生比情况

2. 师班比的现状与差异

小学阶段，农村师班比始终低于城市。城市师班比呈增—降—增—降的波动变化趋势，农村师班比呈增—降—增—降—增的波动变化趋势。城市小学师班比的最大值为 2009 年的 2.48∶1，农村小学师班比的最大值为 2010 年的 2.09∶1。2001 年，城市、农村的师班比分别为 2.19∶1、1.49∶1。随后城乡师班比间的差距出现增—降—增—降的波动变化趋势，2020 年，城市和农村的师班比差距最小，分别为 2.01∶1、1.93∶1（图 6.8）。城乡小学师班比存在差距，为了满足教育教学的实际需要，农村小学教师的工作量更大。

初中阶段，城市师班比呈先上升后下降的变化趋势，农村师班比呈增—降—增的变化趋势。城市师班比的最大值为 2016 年的 3.65∶1，农村师班比的最大值为 2014 年的 3.97∶1。2001 年城市、农村的师班比为 3.02∶1、2.87∶1，2006 年城市、农村师班比分别为 3.23∶1、3.25∶1，农村师班比超过城市，且之后终保持农村师班比大于城市的趋势。2020 年，城市和农村师班比分别为 3.52∶1、3.64∶1（图 6.9）。城乡初中师班比较为接近，说明城乡初中教师供给较为均衡。

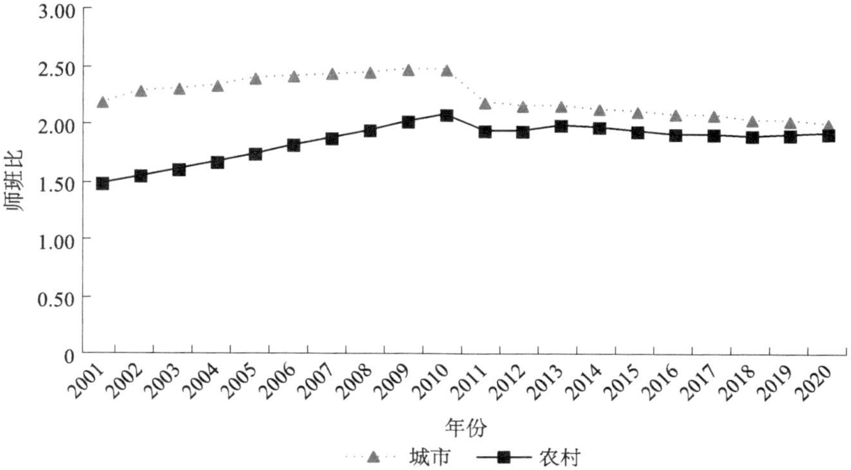

图 6.8　小学城乡师班比情况

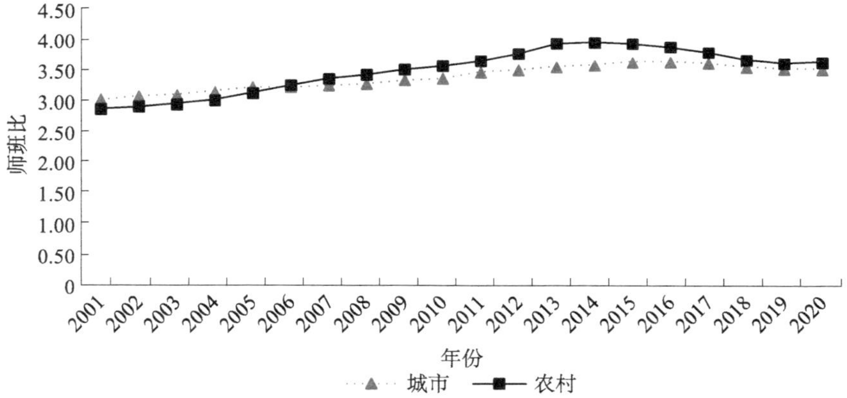

图 6.9　初中城乡师班比情况

（三）农村义务教育师资供给要素层面

1. 教师的学历现状与差异

小学阶段，从教师学历看，城市研究生学历的教师人数大于农村，其中城市的研究生学历教师人数为 7.99 万人，农村的研究生学历教师为 2.27 万人。农村本科及以下学历教师人数大于城市。其中城市本科学历教师人数为 173.55 万人，农村本科学历教师人数为 240.82 万人；城市专科及以下学历教师人数为 48.39 万人，农村专科及以下学历教师人数为 170.39 万人。从各学历教师人数的占比看（图 6.10），研究生与本科学历的教师数占城市和农村教师人数的比例为城市大于农村，城市本科及以上学历的教师占比为 78.95%，农村本科及以上学历的教师占比为 58.79%。专科及以下学历教师数占城市和农村教师人数的比例为农村大于城市，农村专科及以下学历的教师占比为 41.21%，城市专科及以下学历的教师比例为 21.04%（表 6.1）。在城市，小学阶段教师学历以本科为主；在农村，小学阶段教师学历以本科和专科为主。整体来看，小学阶段城市教师学历高于农村教师学历，城市地区教师的薪资待遇、工作环境和社会地位优于农村，高学历教师的选择更多，也更愿意选择到城市任教，而农村优秀教师的可达性偏低。

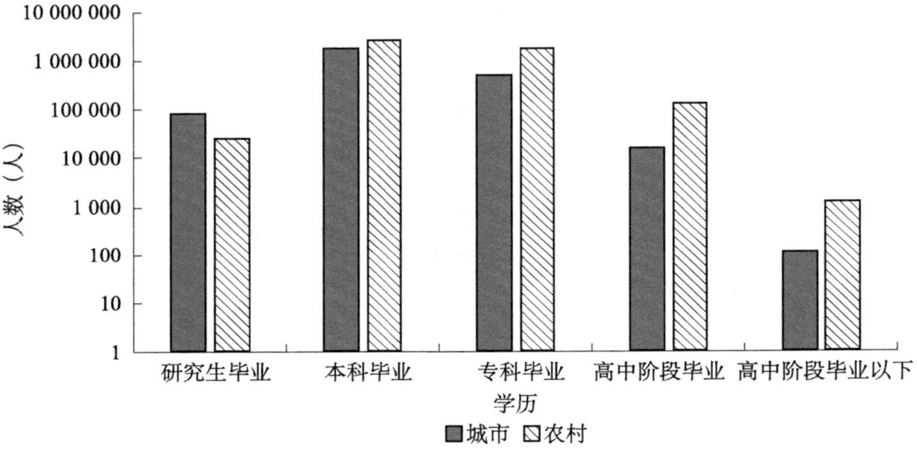

图 6.10　小学城乡教师学历情况

表 6.1　小学城乡教师学历情况　　单位：%

类别	研究生学历	本科学历	专科学历	高中学历	高中学历以下
城市	3.47	75.48	20.39	0.65	0.00
农村	0.55	58.24	38.28	2.90	0.03

初中阶段，从城乡人数上看，表现出与小学阶段相同的样态。研究生学历教师人数为城市大于农村，其中城市研究生学历教师 11.52 万人，农村研究生学历教师 3.83 万人。本科及以下学历教师为农村大于城市，其中城市本科学历教师 125.31 万人，农村本科学历教师 201.25 万人；城市专科及以下学历教师 9.12 万人，农村专科及以下学历教师 35.04 万人。从各学历教师人数占城乡教师人数的比例看（图 6.11），城市和农村教师学历均以本科为主，研究生学历与本科学历的教师比例为城市大于农村，城市本科及以上学历的教师比例为 93.75%，农

村本科及以上学历的教师比例为 85.40%。专科及以下学历教师比例为农村大于城市，城市专科及以下学历的教师比例为 6.25%，农村专科及以下学历的教师比例为 14.60%（表 6.2）。由此可以看出，初中阶段教师的学历为“城高乡低”的样态。

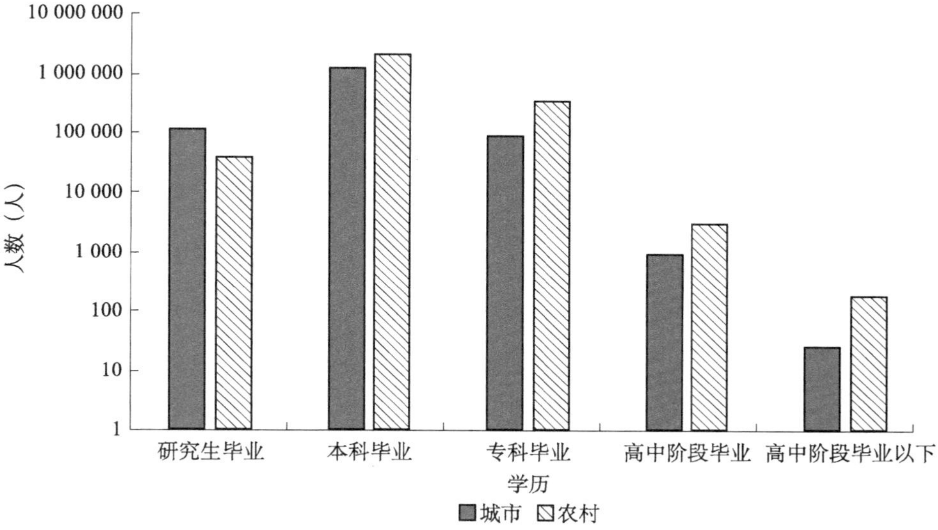

图 6.11　初中城乡教师学历情况

表 6.2　初中城乡教师学历情况　　单位：%

类别	研究生学历	本科学历	专科学历	高中学历	高中学历以下
城市	7.89	85.86	6.19	0.06	0.00
农村	1.59	83.81	14.46	0.13	0.01

2. 教师的年龄分布现状与差异

小学阶段，各个年龄段的教师人数均为农村大于城市，这主要是受农村教师总量高于城市教师总量的影响。在 34 岁及以下的年轻教师中，城市教师人数为 94.53 万人，农村教师人数为 158.20 万人；35～49 岁的中年教师中，城市教师人数为 107.38 万人，农村教师人数为 180.98 万人；50 岁及以上的年长教师中，城市教师人数为 28.02 万人，农村教师人数为 74.30 万人。从各年龄段教师人数占城市和农村教师人数的比例看（图 6.12），49 岁及以下年龄段教师比例城市大于农村，50 岁及以上年龄段教师均是农村教师比例高于城市教师比例。具体来看，在 34 岁及以下的年轻教师中，城市教师比例为 41.11%，农村教师比例为

38.26%；在 35～49 岁的中年教师中，城市教师比例为 46.70%，农村教师比例为 43.77%；在 50 岁及以上的年长教师中，城市教师比例为 12.19%，农村教师比例为 17.97%（表 6.3）。小学阶段城乡教师以中青年教师居多。整体来看，农村小学教师年龄结构较为合理，但是与城市相比，农村教师的老龄化较为严重，尤其是艰苦偏远地区的小规模学校教师。

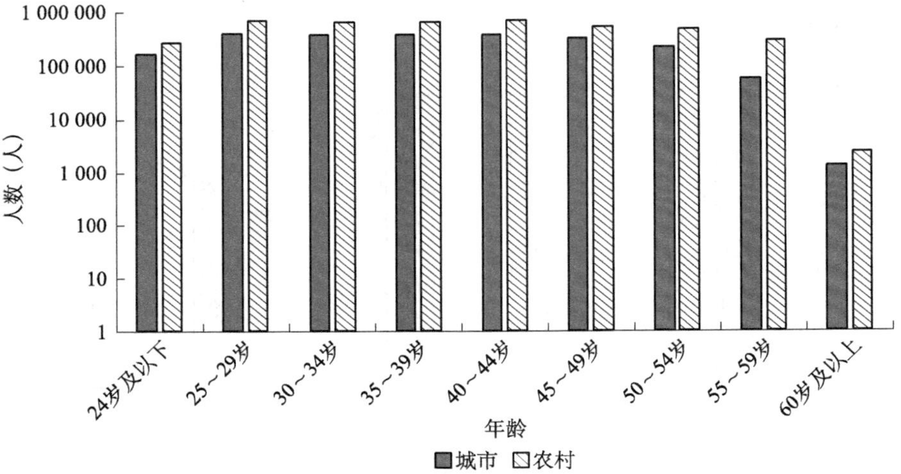

图 6.12　小学城乡教师年龄分布情况

表 6.3　小学城乡教师年龄分布情况　　单位：%

类别	24 岁及以下	25～29 岁	30～34 岁	35～39 岁	40～44 岁	45～49 岁	50～54 岁	55～59 岁	60 岁及以上
城市	7.08	17.32	16.71	16.29	16.77	13.64	9.69	2.44	0.06
农村	6.54	16.14	15.58	15.32	16.01	12.44	10.99	6.92	0.06

初中阶段，从城乡教师总量看，各年龄段教师人数均为农村大于城市。在 34 岁及以下的年轻教师中，城市教师人数为 47.85 万人，农村教师人数为 78.64 万人；35～49 岁的城市中年教师人数为 70.58 万人，农村教师人数为 116.90 万人；50 岁及以上的年长教师中，城市教师人数为 27.52 万人，农村教师人数为 44.59 万人（图 6.13）。通过计算城市和农村内部各年龄段教师人数所占比例发现，29 岁及以下、40～49 岁和 55～59 岁年龄段教师占比为农村大于城市，30～39 岁、50～54 岁和 60 岁及以上年龄段教师占比为城市大于农村。在 34 岁及以下的年轻教师中，城市教师比例为 32.79%，农村教师比例为 32.74%；在 35～49 岁的中

年教师中，城市教师比例为 48.36%，农村教师比例为 48.68%；在 50 岁及以上的年长教师中，城市教师比例为 18.85%，农村教师比例为 18.57%（表 6.4）。相比于农村小学特别是农村小规模学校教师的老龄化问题，农村初中教师的年龄分布较为合理，初中阶段的城乡教师年龄结构较为均衡。

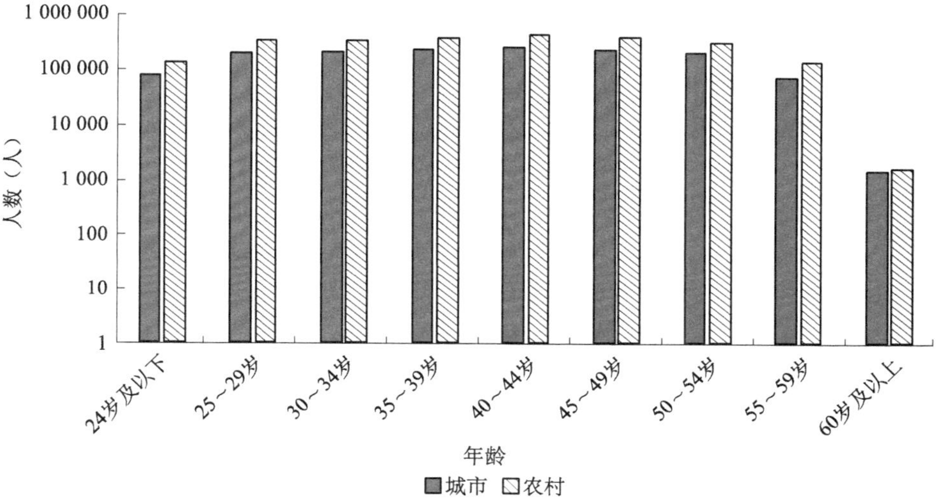

图 6.13　初中城乡教师年龄分布情况

表 6.4　初中城乡教师年龄分布情况　　单位：%

类别	24 岁及以下	25～29 岁	30～34 岁	35～39 岁	40～44 岁	45～49 岁	50～54 岁	55～59 岁	60 岁及以上
城市	5.34	13.45	14.00	15.56	17.04	15.76	13.72	5.03	0.10
农村	5.53	13.69	13.52	14.89	17.64	16.15	12.72	5.78	0.07

六、研究发现与对策建议

（一）研究发现

1. 农村新增教师比例大，但缺乏对农村实际的了解

为加强偏远地区薄弱学校的师资配置，我国农村新增教师逐年增多，调研发现，多地在教师初次分配时，优先将新教师分配到农村学校任教，给予年轻教师充分的锻炼机会，而未考虑到年轻教师不具有丰富的教育教学经验和不了解农村义务教育学校教学实际等专业准备不充分的情况。一方面，年轻教师最明显的劣势是缺乏教育教学经验，主要表现在教学和管理方面。在教学上，年轻教师较欠

缺教学设计与教学组织能力，教学方法也较单一；在管理上，班级管理方式把握不准，在“严”与“松”之间摇摆不定。另一方面，目前教师培养中的教学实践假设是教师教一门学科，而实际上一定比例的农村教师所学专业与所教科目不匹配，且教授两门及以上学科的现象比较普遍，尤其是在农村小规模学校，一个教师甚至要负责一个班级或年级的全部学科。而且，大部分农村学校存在小规模班级，部分学校存在复式教学，而目前师范院校的毕业生缺乏全科教学、小班化教学、复式教学等方面的知识学习与技能训练。

2. 农村新增录用非师范生人数逐年增多，但缺乏系统教育教学培养

2018 年，《中共中央国务院关于全面深化新时代教师队伍建设改革的意见》提出，要“完善教师资格考试政策，逐步将修习教师教育课程、参加教育教学实践作为认定教育教学能力、取得教师资格的必备条件”。2020 年，教育部在《对十三届全国人大三次会议第 9488 号建议的答复》中提出将逐步完善教师资格制度政策，鼓励有条件的非师范生修习教师教育课程、参加教育教学实践，不断提升非师范生的教育教学能力和专业知识素养，让更多高素质、专业化的优秀人才进入教师队伍，为我国教育事业发展做出新的更大的贡献。[①] 教师资格制度的出台使得更多的非师范生加入教育事业中。目前，我国每年新增录用的非师范生人数逐渐增多，农村学校每年新增录用非师范生人数始终在城市之上，但是对于非师范院校的毕业生来说，尽管他们取得了教师资格证，但并未接受过系统的教师教育知识与相应的技能训练。首先，非师范生没有系统学习教师岗位所需要的教育学、心理学的理论知识，只是在教师资格考试中有所接触，在专业知识理论和技能上与师范生相比有所欠缺；其次，非师范生缺少教育教学的实习经历，在授课与教学能力、班级管理和教研能力方面没有得到充分锻炼；最后，非师范生自主发展意识不强，缺少对农村教育经验的了解，缺乏提高农村教育教学质量的意识和动力。

3. 农村师生比增加，城乡师资差距逐渐缩小

从一般意义看，师生比代表着师资投入水平与师资充裕程度。长期以来，城乡义务教育师资供给是以师生比为量化指标进行师资配置。2014 年，国家统一了城乡中小学教师编制标准，为生均师资相等意义上的师资供给公平提供了政策支持。国家统一城乡中小学教师编制标准是教师编制政策发展史上的一个重要进展，具有历史性的意义。2020 年，我国义务教育阶段农村师生

① 教育部：《对十三届全国人大三次会议第9488号建议的答复》,（2020-11-26），http://www.moe.gov.cn/jyb_xxgk/xxgk_jyta/jyta_jiaoshisi/202101/t20210128_511501.html[2022-11-16]。

比高于城市。小学阶段农村师生比高于国家规定的师生比要求，城市师生比小于教师编制标准规定的师生比要求。随着适龄儿童的减少和城市的虹吸效应，我国农村学生逐渐减少，导致农村小学教师已经超编。调研发现，农村小学教师结构性超编问题严重，农村小学难以补充优秀教师和年轻教师，学校弱势更加明显，学校教育教学质量无法得到保障。初中阶段城市和农村师生比均高于国家规定的师生比要求，城乡教师数量配置均衡，表明国家在优化初中阶段城乡教师资源配置、建设高质量教师队伍方面做了很大努力。

4. 农村小学师班比较低，农村小规模学校、寄宿制学校的功能特征考虑不足

师班比是衡量每个班级所分配的教师数量的指标。师班比越高，说明教师供给越充足。在初中阶段，农村师班比与城市师班比相近，且 2006 年之后，农村师班比高于城市，城乡教育发展较为均衡。虽然农村小学师班比与城市相比，差距在逐渐缩小，但是仍低于城市。农村小学师班比低，意味着教师将在教育教学和日常管理中投入更多精力，从而工作负担更重。农村小学还存在小规模学校和寄宿制学校，即使城乡实行统一的教师编制标准，在在校生数量相等的情况下，农村地区教师的工作量会更大。《乡村教师支持计划（2015—2020 年）》提出，乡村中小学教职工编制按照城市标准统一核定，其中村小学、教学点编制按照生师比和班师比相结合的方式核定。但是，这些政策没有给出量化的村小、教学点师资供给规定，在执行中难以落实。

专栏 1　补足教师队伍建设“短板”

作为办学最重要的资源——教师，已成为乡村小规模学校最突出的“短板”，成为制约乡村小规模学校发展的“瓶颈”。我们要切实抓住关键，扭住“牛鼻子”，补足“短板”。

补足思想上的“短板”。乡村小规模学校教师身处农村边远地区，远离县城和集镇，心理落差较大，在职业理想和追求上也有落差。特别是青年教师，对职业的认同感和荣誉感上存有误区。因此，教育主管部门要弘扬正能量，积极开展宣传引导，树立典型和榜样，发挥激励作用；要开展心理辅导工作，帮助他们逐步增强职业荣誉感和责任感，把理想和追求建立在教书育人上，建立在教学实践和探索上，建立在爱学生、在平凡岗位建功立业上，让教师在教学过程中体验幸福人生。

补足政策上的“短板”。近年来，国家层面相继出台乡村学校教师队伍建设及小规模学校建设等系列政策文件，宏观上引导和加强乡村小规模学校教师队伍建设，在一定范围和程度上起到了积极作用。但是，针对乡村小规模学校教师队伍建设的地方实施细则仍然缺位，相关政策关照和倾斜力度不够、不大、不力，导致乡村小规模学校吸引力仍然不强。因此，要在政策层面持续发力，创新体制机制，围绕小规模学校教师编制、职称、岗位设置、荣誉、退休等方面出台相关政策，把政策机制作为最好的礼物献给乡村小规模学校教师。在教师编制上，要把师生比与班师比相结合，落实编制，实行最低编制控制。要摸清人数、确保底数、优化结构，让每一所学校焕发生机活力，成为乡村区域文化教育的示范引领中心和辐射中心。在教师职称评聘上，要予以政策倾斜和照顾，从体制上为乡村小规模学校教师"松绑"，让他们安心从教。特别是在乡村小规模学校长期从教、身体亚健康的教师，我们要制定和落实提前退休和退出的政策机制，或实施乡村教师岗位年限奖励机制。

补足数量上的"短板"。乡村小规模学校学生人数不足，但"麻雀虽小五脏俱全"。教师在班级设置、课程设置、课时数量、生活住宿等方面都要操心，导致教师的工作量超常、压力超大、身体健康状况较差，直接影响教育教学质量。为此，要针对乡村小规模学校的实际情况，制定适当、科学的教师编制，并切实贯彻落实好，确保学校正常运转，确保农村孩子共享优质教育资源。要定期或不定期开展普查性政府督导，督促乡村小规模学校教师队伍建设，切实把优质学校建在群众的家门口。

补足待遇上的"短板"。客观上讲，教师待遇问题是制约乡村小规模学校发展的"瓶颈"。乡村小规模学校教师生存生活条件更为艰苦，在住房、交通、婚恋、健康、人际交往等方面，客观上存在一定的障碍和问题，亟须得到各级组织和部门的重视和帮助。乡镇要统筹教师周转房建设，满足基层教师生活需求。要创造条件，想方设法解决教师交通问题，为教师上下班和出行提供便利。要提高乡村小规模学校教师的生活津补贴、绩效工资，实行财政统筹机制；切实改善教师办公环境和条件，加大优秀教师、骨干教师和名师的评模表彰力度，切实做到待遇留人、事业留人、感情留人。

资料来源：毕朝晖：《补足教师队伍建设"短板"》，《中国教师报》2020 年 11 月 17 日第 12 版，引用时有删减。

5. 城市教师学历优于农村，农村优秀教师的吸引力有待提高

2012 年，《中共中央国务院关于加快发展现代农业进一步增强农村发展活力的若干意见》提出，设立专项资金，对在连片特困地区乡、村学校和教学点工

作的教师给予生活补助。根据 2013 年中央一号文件要求，教育部、财政部积极落实乡村教师生活补助政策。2015 年，国务院办公厅印发《乡村教师支持计划（2015—2020 年）》，重申全面落实集中连片特困地区乡村教师生活补助政策，并把支持范围扩大到全国乡村教师（包括全国乡中心区、村庄学校教师）。国家先后实施了多项农村教师供给补偿政策，提高了农村教师收入水平及社会地位。乡村师资供给的补偿制度基本建立，极大地改善了乡村学校教师“下不去”“留不住”“教不好”的局面。但是，农村地区特别是艰苦偏远地区的教师尤其是优秀教师供给的可达性仍然有待提高。乡村教师生活补助政策解决了教师因为在偏远学校任教产生的直接经济成本，但多数地区尚未设置有力度的激励措施来有效吸引优秀教师到农村学校任教，优秀师资供给的可达性仍然有待提高。2018 年，孙春兰在《求是》上发表的文章在谈到农村和贫困地区教育时提到，“农村和贫困地区教育薄弱的原因，主要是缺教师特别是优秀教师”[①]。

6. 农村学校教师老龄化现象严重，农村教师岗位吸引力不足

调查发现，地处偏远、交通不便、教职工宿舍缺乏的农村学校普遍存在教师老龄化、教师“下不去”的问题，这些学校师资供给的可达性有待提高。与城市相比，农村学校环境艰苦，资源缺乏，教师老龄化现象严重的原因有两个：一方面，一部分年轻教师特别是优秀的青年教师将农村学校当作职业发展的跳板、个人评职称的条件，在农村学校有了教学经历之后转到城市教学，来改善生活质量和薪资水平；另一方面，农村教师外流严重，尤其是年轻教师外流严重，而年龄偏大教师的工作创新性不强，知识结构老化，信息化教学应用能力欠缺，整体教育教学缺乏活力。在这样的工作环境中，年轻教师的个人能力无法得到锻炼与提升，因此也不愿留在农村学校教学。

（二）对策建议

通过教师增量改革促进教师存量调整，实现农村师资最优配置，提升农村学校教育教学水平和质量，对农村教育高质量发展具有重要意义。以供给侧为切入点，系统分析农村义务教育阶段师资供给现状，找准农村义务教育阶段师资来源供给、制度供给和要素供给改革的侧重点，不断明确农村义务教育师资供给侧改革的政策议题。

① 孙春兰：《深入学习贯彻习近平总书记关于教育的重要论述奋力开创新时代教育工作新局面》，《求是》2018 年第 19 期，第 3—5 页。

1. 推进师范教育改革，培养具有乡土情怀的高质量师范生

2020 年，义务教育阶段新增教师中毕业生达 40.95 万，其中本专科师范毕业生占 61.03%，其中在农村新增录用教师中，具有本专科学历的师范毕业生是主体。为了提高农村师资配置，需要从来源供给上推进师范教育改革。第一，加强高校师范生培养质量，创新和完善师范生培养体系。注重师范生的教育学、心理学知识学习与教学技能训练，加强对师范生在一定经济发展阶段、特定社会发展水平、具体教育情境下运用教育学知识的能力训练，提高师范生教学实践能力，为师范生进入农村学校做好基本的能力准备。第二，在师范生对农村文化和环境陌生的情况下，师范生的培养应该充分考虑农村义务教育学校教学实践。调研发现，到农村任教的师范生由于不了解农村特有的环境和条件，难以在农村学校特别是乡村小规模学校和寄宿制学校安心任教。因此，在教师教育课程教学中，要加强师范生在全科教学、复式教学、小班教学知识学习与能力等方面的训练，重视对师范生的乡土化教育，尤其是要面向定向培养和全科培养的师范生开设乡土课程，让其具备必要的到农村学校任教的知识准备和能力准备。

专栏 2　全科教师供给离不开制度保障

近日，据《人民日报》报道，随着全科教师到岗，豫西山区小学更富朝气和活力，全科教师的专业素养、教学能力也获得了高度认可，有力推动了城乡教育均衡和学生全面发展。这在一定程度上证明了全科教师培养的必要性和重要性。

2012 年以来，随着“免费定向培养农村小学全科教师”政策举措的实施，江苏、广西等地区开始尝试实施这一政策，乃至在北京、上海、深圳等城市也有学校推行了“全科教师”及“全科教学”。很显然，这一政策已经得到了相应县区学校和社会的普遍欢迎与有力施行，更使得全科教师的培养和使用受到了广泛关注。

不过，分学科的培养模式仍然是当前我国小学教育的主流。绝大多数地区的小学教师仍是独立承担每门学科教学的任务。小学阶段包括品德、语文、数学、科学、体育和艺术等学科，虽然具有明显的学科差异，但过度分化的科目和知识学习容易束缚儿童的思维发展和创造力培养。毕竟小学是儿童心智发展和习惯养成的关键阶段，不需要教授太多专深的学科知识，更需要的是基于生活实际激发儿童学习的兴趣和信心，进而为独立而个性化的发展打下宽广基础。再加上信息化、智能化时代对小学教育的需求和定位发生明

显变化，诸多因素的影响使得人们对小学教师的专业素养提出了更高要求。

然而，从学校师资配置的现实状况来看，各学科任课教师尤其是体音美学科还存在较大缺口。面对师资不足的困境，有些地方的教师通常需要增教几门其他课程，再加上教师的学科知识与能力要求越来越细分，家长对儿童体能、艺术素养发展有着多样需求，许多学科的优秀师资特别是体音美等学科的专任教师更加紧缺。

当前我国小学全科教师培养工作尚处于初始阶段，无论从全科教师的职前培养还是职后的专业发展，尚缺乏成熟可靠的支持与保障体系。解决问题的关键还在于优化师资供给模式，科学探索全科教师制度以缓解师资配置困境，促进儿童全面可持续成长。因此，探索和发展全科教师制度，首先应结合小学教育的特点，完善教师评价制度。小学教育的广度和深度因学段差异而有所侧重，但不论是分科教师还是“小综合”或“大综合”的全科教师，背后都指向儿童发展的综合素养和全局视野，共同承担着促进每个孩子健康成长、办好人民满意教育的重任。因此，根据儿童认知发展规律和小学教育特点，适当增加对教师多学科复合教学能力和知识整合能力的考察，才能更好地满足儿童发展需求和适应小学教师队伍建设要求。

其次，合理把握全科教师培养规律，完善相关保障制度。一方面，相关高校应在继承我国教育传统基础上积极主动借鉴国际小学全科教师培养经验，持续优化全科教师人才培养方案。主动通过改进教育教学及人才培养方式，全面提升全科教师人才培养质量，增强小学教师专业竞争力和职业吸引力。另一方面，结合地方城乡、校际差异和发展实际优化教师供给机制，使全科教师不仅能够胜任国家规定的学科要求，还能满足地方教育发展需要。例如，发达地区教师资源相对充足，对学科教学要求较高，要有更加扎实的学科功底；在一般或欠发达地区，学校教师资源相对不足，对开足开齐课程抱有更多诉求，更需要注重教师的通识能力和综合素养。

资料来源：陈武林：《全科教师供给离不开制度保障》，《中国教育报》2020年12月2日第2版。

2. 完善职前培养培训制度，提升非师范生教育能力

在新入职高校毕业生中，从绝对数量看，2020年义务教育阶段新增教师中，非师范生占38.97%。在农村中小学实地调查过程中，校长普遍反映没有接受过师范专业培养的毕业生的教学效果较差。针对非师范生专业素质能力不足的现状，第一，应加强非师范院校义务教育师资培养规范化，重视非师范院校毕业生

特别是地方非师范院校毕业生在农村学校任教的知识学习和能力训练，设置系统学习的教师教育课程，提供高质量的教师教育学习机会，为未来有做教师志愿的学生创造学习条件，第二，应完善非师范生职前培训制度，立足农村教育教学实际，挖掘本土化的课程培训资源，提高非师范生培训质量，增强非师范生教育教学技能，使其能教学、会教学、教得好。

3. 研制体现积极差异的教师编制标准，补齐农村短缺学科教师

在学生数量一定的情况下，国家通过确定师生比来决定供给教师的数量。目前，教师编制标准已实现城乡统一，且政策文件提出要同时考虑班级数量与学生数量配置教师。第一，要从生均简单公平走向体现积极差异的公平，即在国家统一城乡中小学教师编制的基础上，考虑城乡学龄人口密度，研制体现城乡积极差异的以师生比“农村 > 县镇 > 城市”的定量规定为核心内容的中小学教师编制标准。具体可分两步走：第一步，可以先出台城镇和乡村有别的教师编制标准，乡村师生比大于城镇，具体师生比可根据城镇和乡村班级数量与学生数量测算。第二步，可以出台城市、县镇和乡村有别的教师编制标准，如乡村大于县镇，县镇大于城市，具体师生比可根据城市、县镇和乡村班级数量与学生数量测算。第二，在国家要求开足开齐开好课程的情况下，在农村学校音体美学科教师供给不足的现状下，农村义务教育师资供给要坚持紧缺学科优先的原则。另外，要严格把控农村教师招聘质量，特别是定向招生、全科培养的教师质量，根据农村学校实际需求分配素质高、有能力的教师，促进城乡义务教育优质均衡发展。

4. 充分考虑农村学校规模功能特征，科学测算教师工作量

我国农村地区存在大量小规模学校，从师生比看，教师数量充足，但从师班比看，农村小学师班比较低，为了满足农村小规模学校的实际教学需求，不得不增加教师工作量来保证教育教学活动顺利开展，这必然会加大教师的工作负担。县域师资供给应体现底线配置原则与公平分配原则。体现底线配置原则，从学校层面看，考虑到安全问题，学校应该设立一个教师数量底线。2017 年，中国台湾地区规定，在 50 人以下的学校，除校长和行政人员外，至少要有 3 名教师。[①]考虑到大陆的教育状况，农村小规模学校除校长外，每个学校至少要有 2 名专任教师。体现公平分配原则，要纠正简单地按照学生数量配置教师的做法，县域内可按照校际师均教学工作量均等原则进行师资供给。县教育行政部门要有效整合不同教师供给渠道，把正式在编在岗教师与特岗计划、购买服务、银龄讲学计划、公益组织支教教师等一起纳入教师要素供给管理，规范并有效管理不同供给

① 中国台湾地区管理机构：《偏远地区学校教育发展条例》，2017 年 11 月 21 日。

渠道的要素供给存量。县要素供给需要做好两方面的工作：一方面，根据学校层面、班级层面与学生层面产生的教师工作量，科学测算不同学校工作量；另一方面，根据县域内校际正式在编在岗教师师均教学工作量均等原则，进行县域校际师资要素供给。购买服务、银龄讲学计划、公益组织支教教师等其他来源教师的工作量应根据实际情况商定，不能简单地与正式在编在岗教师相同。但是，一旦商定具体工作量后，没有特殊情况，这些来源的教师也必须保质保量按时完成工作。

5. 建立与完善师资要素供给体制，促进城乡教师合理流动

在县域教师供给体制上，建立与完善教师归属于系统（县教育系统）、服务于学校、统筹于县域的义务教育师资要素供给体制，促进农村义务教育师资要素合理流动。第一，在核定教师编制的基础上，结合在校生数和班级数的变化，促进城乡教师合理流动，改变农村教师学科结构不合理、年龄不均衡、学历偏低的现状，破解农村教师队伍建设过程中的结构性矛盾，解决农村小规模学校师资不足的问题。第二，针对农村学校对优秀教师吸引力低的情况，县师资要素供给应充分考虑城乡教师的均衡性，统筹配置城乡教师，促进县域内教育资源共享和教育优势互补。但在城乡教师流动中不要走进“掐尖式招考”和“末位制淘汰”的误区，即农村优秀教师向城，城市末位教师下乡。第三，考虑到校际差异，为提高艰苦偏远学校、薄弱学校师资供给的可达性，县相关部门要全面实施基于教师到农村任教的额外经济支出与时间花费的生活待遇补偿，实施农村教师发展机会平等的保障机制，实施基于学校工作教学条件与所在地艰苦偏远程度的激励措施，实施基于教师实际教学工作量的跨校绩效工资分配制度，建立起额外经济支出补偿 + 发展机会平等对待 + 工作条件差异激励 + 实际工作绩效计算的教师工资待遇制度，从而真正建立起县域教师劳动力流动补偿激励机制。最终，在区域内形成一个教师岗位吸引力基本相同的教师要素供给市场，形成一个不同学校间没有流动利益障碍的开放师资要素供给市场。

第7章 农村教师职业吸引力的影响因素及提升研究

——基于全国10省份抽样调查数据的实证分析*

* 本章撰写人：凡勇昆、高凯妮、潘霆、朱雅琪。王荷蕊、吴芮、杨锦丹、张晶晶参与了数据的统计和分析。凡勇昆对全章内容进行了统稿校对。作者单位：教育部人文社会科学重点研究基地东北师范大学中国农村教育发展研究院。

教师是农村教育发展的核心力量，摸清农村教师职业吸引力情况及影响因素是实现“下得去，留得住、教得好”目标的逻辑前提。在“让教师成为令人羡慕的职业”成为政策重心，教师职业吸引力研究持续升温，农村学校教师“下不去、留不住、教不好”问题依然严峻的背景下，本研究聚焦“哪些因素显著影响农村教师职业吸引力”的核心问题，开展实地抽样调查，并获取了全国东、中、西部地区的福建、广东、山东、河南、湖南、江西、甘肃、贵州、宁夏、陕西10省份33 557位教师的数据信息。本研究将职业吸引力界定为通过各种因素不同形式的显现和表达，让该职业有着较高的整体声誉，促使人们产生从事意愿并为之努力进取，从而获得积极体验的一种力量。在此基础上，本研究根据农村教师系列政策、农村教师现实状况以及核心问题，建构农村教师职业吸引力指标体系，其中职业吸引力指标包括职业外部显现和主观吸引；影响因素指标包括职业提供、个人特质和空间社会特质三类。

在对相关数据进行描述分析及影响因素回归分析的基础上，得出以下研究结论：第一，农村教师职业吸引力整体上不强，却也没有想象中的那么弱；第二，分层效应明显，农村教师职业对越弱势的群体吸引力越强；第三，工资满意度、教学氛围、学校文化、身体健康和家长支持度成为影响农村教师职业吸引力的主要因素。

本研究坚持循证干预的理念，提出以下具有针对性的对策建议：第一，创造性地提高工资待遇，让农村教师有切实获得感，要策略性地提高教师待遇，要把层次感做足做细，要设计有条件获得的激励机制，让激励成为理所应当；第二，有针对性地改善学校微环境，让农村教师有舒心的教学氛围；第三，关怀农村教师个人生活，探索健康和婚姻的人文保障制度；第四，加强家校紧密合作，减少农村教师的后顾之忧；第五，对合格和高素质农村教师双向发力，促进农村教师队伍扩量提质。

教育要发展，关键看教师。如何倡导全社会尊师重教，“让教师成为令人羡慕”“全社会尊重”的职业，增强教师职业吸引力，成为落实立德树人根本任务、促进教育深化改革的核心。在教育城镇化的进程中，农村[①]学生的向城性流动源于城乡教育质量的差距，而城乡学校对优秀教师吸引力的差异又使这一差距进一步拉大，农村教师成为国家“补短板、兜底线”的目标群体。教育政策研究要反映人民群众最真实的教育需求与教育建议，必须依赖于翔实可靠的数据与证据，以及对这些反应客观教育现实的数据的处理与分析。[②]然而，目前人们对农村教师职业吸引力的认识多处于经验感知上，对农村教师队伍水平受什么因素影响的认识还比较模糊，很少看到基于大数据统计分析上的实证研究证据。如今，中国农村教师职业吸引力现实状况到底什么样？哪些因素会显著影响吸引力？政策设计上如何提高吸引力？本研究拟对以上这些问题进行追问，并结合相关的实证数据和信息进行回答。

一、农村教师职业吸引力的研究背景、问题提出与概念界定

（一）研究背景

1.“让教师成为令人羡慕的职业”成为政策重心

前些年，鉴于农村地区校舍破旧和办学条件落后的事实，教育发展更多地倾向于资金投入和硬件设施建设，教师问题并没有得到足够的重视。随着农村学校标准化建设的完成以及全面改薄计划的实施，农村教育政策的重心从硬件转向了软件，教师发展政策成为关注的焦点。2012 年，《教育部 中央编办 国家发展改革委 财政部 人力资源社会保障部关于大力推进农村义务教育教师队伍建设的意见》发布，提出发展农村义务教育，办好农村学校，关键在教师。各地要把农村义务教育教师队伍建设作为一项重大而紧迫的战略任务，该意见还初步确认了农村义务教育教师补充、专业发展、轮岗交流、待遇、表彰鼓励等基础性举措。

① 国家于2011年对教育统计口径进行调整，用“城区、镇区、乡村”代替原有的“城市、县镇、农村”，从统计意义上避免了乡级归属混乱的问题。传统农村是区域概念，既可与城市相对，也可与城镇相对，故有“大农村”和“小农村”之分，前者包括县城，后者是除县城以外的其他地区，本研究的农村指县城及以下区域，乡村的范围比农村小，指除城区、镇区以外的其他区域。

② 范国睿：《坚持以人民为中心的教育政策研究》，《华东师范大学学报（教育科学版）》2018年第2期，第 179—180 页。

2015 年印发的《乡村教师支持计划（2015—2020 年）》是一个划时代的政策设计，针对乡村教师的薄弱环节，该计划从乡村教师思想政治素质和师德水平、补充渠道、生活待遇、编制标准、职称（职务）评聘、流动、能力素质、荣誉制度 8 个方面提出对策，力争做到精准施策、激发活力。2018 年发布的《国务院办公厅关于进一步调整优化结构提高教育经费使用效益的意见》指出，一些地方经费使用仍存在“重硬件轻软件、重支出轻绩效”的问题，并提出将教师队伍建设作为教育投入重点予以优先保障。“百年大计，教育为本。教育大计，教师为本”①，面向未来，提高教师的地位和待遇，增强教师职业吸引力，将会在促进农村教育发展中起到更加关键的作用。

2. 教师职业吸引力研究持续升温

什么因素会对教师职业吸引力产生显著性影响？有研究认为是制度和环境，因此设计相关的制度以及改善环境是吸引人才从事教师职业的重要途径。例如，米勒（Müller）等指出，工作特点、工作条件和环境、职业形象对教师积极性的影响，并对任务、领导能力、奖励、专业发展和社会系统等各种激励诱因系统指标做了重点论述。②也有研究从个人因素出发，论证了个体发展、待遇需求等方面对职业感受程度的不同影响。例如，李志刚、李海涛的调查发现，当下大学生首先看重的是工作中“晋升发展的机会”，更关心施展才干及培训的机会，其次才是收入状况和住房等福利待遇。③艾德（Eide）等认为，工资是吸引和留住教师的一个主要决定因素，美国之所以难以吸引优秀人才当教师，主要是因为教师年均工资远远低于其他热门行业，提高教师工资可以吸引更优秀人才进入教师行业。④当然，更多是综合性的研究假设和发现，既包括外部的环境和制度，也与个人的待遇、发展紧密相关。英国从提高教师教育准入标准、教师公众形象、教师待遇（包括工资、津贴等）等方面来提高教师职业的吸引力。⑤以上研究为进

① 新华社：《习近平同北京师范大学师生代表座谈时的讲话》，（2014-09-10），https://www.rmzxb.com.cn/sy/ttxg/2014/09/10/374557_1.shtml[2022-07-26]。

② Müller K, Alliata R, Benninghoff F. Attracting and retaining teachers: A question of motivation. Educational Management Administration & Leadership, 2009, 37（6）: 574—599.

③ 李志刚、李海涛：《自主决策下的理性就业观——2006 届毕业生就业意向调查》，《中国大学生就业》2005 年第 24 期，第 44 页。

④ Eide E, Golderhaber D, Brewer D. The teacher labour market and teacher quality. Oxford Review of Economic Policy, 2004, 20（2）: 230—243.

⑤ 沈高超：《英国：教师职业越来越具吸引力》，《中国社会报》2008 年 1 月 18 日第 3 版；王璐：《提升职业吸引力、提高职前教育质量——英国教师教育改革最新趋势》，《比较教育研究》2012 年第 8 期，第 20—24 页。

一步研究职业吸引力提供了坚实的思想和现实基础，但其中针对农村教师群体的研究，较大样本的实证研究更是缺乏，如何根据实际生活和工作样态有针对性地设计相关课题，是未来研究的一个重要方向。

3. 农村学校教师“下不去、留不住、教不好”问题依然严峻

受城乡教育发展不平衡的影响，农村教师队伍出现了较多问题。一些地区农村教师在实际教学中不得不承担超出标准的工作量。农村教师职业吸引力低，向城和跨职业流动比较频繁，再加上老龄化、学历偏低、高级职称比例低、紧缺学科教师少等问题，造成农村教师群体整体素质偏低的现实。中国农村教育发展研究院在《乡村教师支持计划（2015—2020 年）》颁布前后开展的实证调查证实了“总体上农村教师职业目前还缺少吸引力”[①]的结论。乡村校长普遍反映，“工资提高了，可能也没人来我们这，学校只有少数年轻老师，大部分是退休后返聘、即将退休的老师，从周边学校调来的老师也是即将退休的，难再有新面孔出现了”。笔者每年多次到农村学校调研，最大的感受是：学校硬件越来越好了，空间越来越大了，然而学生却越来越少，教师越来越老，教学氛围越来越差。这与城市学校有着较强烈的反差。

（二）问题提出

发展农村教育，教师是关键，党和国家在数量补充、质量提升、活力激发等方面采取了一系列措施，致力把农村教师队伍建设摆在优先发展战略地位。然而，受城乡发展不均衡、交通条件不便、工资待遇较低等因素的影响，农村教师职业吸引力不强仍然是一个基本事实。以 2017 年为例，全国小学阶段的生师比为 16.98∶1，其中城区、镇区和乡村分别为 18.56∶1、17.84∶1、14.47∶1；全国小学阶段的师班比为 2.22∶1，其中城区、镇区和乡村分别为 2.44∶1、2.39∶1、1.89∶1。[②]从生师比看，农村的师资配备较充足，但从农村学校的实际看，这或许是一个假象，从更能反映真实状况的师班比看，农村教师的严重短缺就显而易见了，乡村更是如此。这至少说明了一个基本事实：农村学校缺教师，农村教师职业吸引力不强。在这样的背景下，“哪些因素显著影响农村教育职业吸引力”就成为本研究讨论的核心问题，而“农村教师职业吸引力的现状如何”“如何设计政策提升农村教师职业吸引力”这两个问题是与其相关的两个衍生性问题。

---

① 邬志辉：《如何提高乡村教师职业吸引力》，《光明日报》2014 年 9 月 2 日第 11 版。

② 教育部：《2017 年教育统计数据》，（2018-08-08），http://www.moe.gov.cn/jyb_sjzl/moe_560/jytjsj_2017/qg/[2022-07-26]。

围绕核心研究问题，本研究假设：农村教师职业吸引力不强；职业提供显著影响农村教师职业吸引力；个人特质显著影响农村教师职业吸引力；空间社会特质显著影响农村教师职业吸引力；职业提供对农村教师职业吸引力影响最大。

（三）概念界定

在深入思考职业吸引力内涵时，康德（Kant）的判断力批判给了笔者思考的灵感，我尝试对以往的定义进行修正。在康德的三大批判里，纯粹理性批判指向自然因果的现象界，实践理性批判指向意志自由的本体界，联系两个截然不同的领域需要一个中介，以此达到理性与感性、普遍必然与感性个体、必然与自由、认识与伦理实现沟通的结果，这就是判断力批判即美学思想要解决的任务。审美判断力只涉及对象的某种形式，这些形式因为与人们主体的某些心理功能相符合，所以能使人们从主观情感上感到某种合目的性的愉悦，但并没有也不浮现任何目的，是一种无目的的目的性，因此成为形式的合目的性或主观合目的性。[①]也就是说，审美对象与主观情感结合构成审美判断力的两大因素，缺一不可。李泽厚继承了康德的思想，他认为审美对象的出现是需要人在欣赏时的一定条件的，人的主观情感、意识与对象结合起来，达到主客观在情感思想上的统一，才能产生美。[②]职业吸引力属于判断力批判的范畴，因此也应该包括主客观两个方面的结合，即职业的外部显现和人本身的主观吸引，这才构成了职业吸引力的本质。所谓职业吸引力是指通过各种因素不同形式的显现和表达，让该职业有着较高的整体声誉，促使人们产生从事意愿并为之努力进取，从而获得积极体验的一种力量。很明显，这里的外部显现（职业声誉）与主观吸引（从事意愿、努力进取和积极体验）构成职业吸引力的两部分。

职业吸引力具有以下特点：其一，职业吸引力分为四个内在的基本要素，分别是职业声誉、从事意愿、努力进取、积极体验，体现了从外部感知到态度、行动以及体验的较为完整的流程，基本符合职业吸引力发生的现实逻辑。其二，职业吸引力重在基于职业声誉的个体意愿，影响因素重在对“职业本身何以至此”的条件分析，它们是“是什么”和“什么条件来影响”的关系，如果研究表明大学教师职业吸引力强，那么就意味着人们有较强烈的意愿从事这个职业，至于职业包含的福利待遇、工作环境、社会地位等条件，则是人们对之感兴趣和努力获得的影响因素。其三，职业吸引力意味着人们从事该职业意愿的程度，程度有强

---

① 李泽厚：《批判哲学的批判——康德述评（修订本）》，人民出版社1984年版，第370—371页。

② 李泽厚：《美学四讲》，天津社会科学院出版社2001年版，第61页。

弱的区分，指标采用连续变量来表达较合适。其四，职业吸引力包括职业内外部人员两个群体，他们对吸引力的感受有相似之处，但在过程和机理上有较大不同，本研究只针对在岗在职人员。

二、农村教师职业吸引力指标体系设计与数据说明

（一）指标体系设计

近些年，中国农村教育发展研究院早已把农村教师列入常规研究主题，关于职业吸引力，也有着较为丰富的学术资源和研究经验。2014 年，研究院自主设计了“农村教师职业吸引力指标体系”[①]，对教师职业吸引力的影响因素指标进行了较为科学的确认，基于较大样本的抽样调查，研究并呈现了不同区域农村教师职业吸引力的基本样态。本研究根据乡村教师系列政策、乡村教师现实状况以及“哪些因素显著影响农村教育职业吸引力”这一核心问题，对指标体系进行了一定程度的变动，最终确认的指标情况如表 7.1 所示。

“职业吸引力”指标包括职业外部显现（社会地位）和主观吸引（从事意愿、努力进取、积极体验和自豪感）。影响因素指标包括三类：职业提供、个人特质和空间社会特质。职业提供包括薪酬福利（工资满意度、周转房、保险与公积金）、专业发展（教师培训）、发展空间（职称晋升）、教学和行政负担（教学压力、行政事务）、学校工作环境（办学条件、学校文化、教学氛围）；个人特质包括先赋特质（性别）、自致特质（入职方式、毕业院校、教龄、婚姻、身体健康）；空间社会特质包括工作对象（生源质量、家长支持度）、学校周边环境（公共服务）、家庭关涉（家校距离、支持家庭度、父母经济资本）。

表 7.1　农村教师职业吸引力指标体系

一级指标	二级指标	三级指标	指标说明
A. 职业吸引力	A1. 外部显现	A1—1 社会地位	连续变量
	A2. 主观吸引	A2—1 从事意愿	连续变量
		A2—2 努力进取	连续变量
		A2—3 积极体验	连续变量
		A2—4 自豪感	连续变量

① 志辉、秦玉友：《中国农村教育发展报告 2013—2014》，北京师范大学出版社 2015 年版，第 269 页。

续表

一级指标	二级指标	三级指标	指标说明
B. 职业提供	B1. 薪酬福利	B1—1 工资满意度	连续变量
		B1—2 周转房	连续变量
		B1—3 保险与公积金	无保险（参照组）和有保险
	B2. 专业发展	B2—1 教师培训	参加过（参照组）和没参加过
	B3. 发展空间	B3—1 职称晋升	连续变量
	B4. 教学和行政负担	B4—1 教学压力	连续变量，已调整为正向变量
		B4—2 行政事务	连续变量，已调整为正向变量
	B5. 学校工作环境	B5—1 办学条件	连续变量
		B5—2 学校文化	连续变量
		B5—3 教学氛围	连续变量
C. 个人特质	C1. 先赋特质	C1—1 性别	女（参照组）和男
	C2. 自致特质	C2—1 入职方式	自主选择（参照组）和国家主导
		C2—2 毕业院校	中师中专及以下（参照组），普通本科和大专，“985”或“211”高校
		C2—3 教龄	连续变量
		C2—4 婚姻	离异或丧偶（参照组），已婚，未婚
		C2—5 身体健康	连续变量
D. 空间社会特质	D1. 工作对象	D1—1 生源质量	连续变量
		D1—2 家长支持度	连续变量
	D2. 学校周边环境	D2—1 公共服务	连续变量
	D3. 家庭关涉	D3—1 家校距离	连续变量
		D3—2 支持家庭度	连续变量
		D3—3父母经济资本	连续变量

在行为及社会科学领域中，分量表的信度指标值至少要在 0.60 以上，若低于 0.50，则分量表的信度指标欠佳，此时分量表应重新修改题项内容并增列题项，或是将此分量表去除。[①]“职业吸引力”分量表包括社会地位、从事意愿、努

① 吴明隆：《问卷统计分析实务——SPSS 操作与应用》，重庆大学出版社 2010 年版，第 248 页。

力进取、积极体验、自豪感5个指标的6个题目，α系数[①]为0.839，表明分量表的内部一致性很高，信度很理想。“职业提供”分量表包括薪酬福利、专业发展、发展空间、教学和行政负担、学校工作环境5个指标的9个题目，α系数为0.603，表明分量表的内部一致性较高，信度尚可。“空间社会特质”分量表包括工作对象、学校周边环境、家庭关涉3个指标的4个题目，α系数为0.676，表明分量表的内部一致性较高，信度尚可。“个人特质”分量表的题目多为分类变量，并非标准的利克特量表，不适合进行信度分析，在此省略。因此，笔者认为量表的信度较高，适合开展进一步的统计分析。

（二）数据说明

本研究的样本包括10个省份20个区县33 557位教师的数据，其中东部有福建、广东和山东，中部有河南、湖南和江西，西部有甘肃、贵州、宁夏和陕西。每个省份由10人构成的调研小组负责开展为期1周的实地调研。问卷调查对象覆盖县城内义务教育阶段的全部专任教师。共回收有效问卷33 557份，其中东部有效问卷占39.52%，中部占29.23%，西部占31.25%；初中教师占35.45%，小学教师占64.55%；男性教师占37.25%，女性教师占62.75%；县城教师35.61%，镇区教师占27.94%，乡村教师占36.45%；已婚教师占86.45%，未婚教师占10.34%，离异或丧偶教师占3.21%。在访谈调查上，调研组分别在省（自治区）教育厅、县教育局以及每个县至少20所学校开展座谈，覆盖县城、镇区、乡和村四个层级，每个层级涵盖“高、中、低”三级发展水平。

三、农村教师职业吸引力的基本状况与影响因素的回归分析

（一）基本状况

根据表7.2所示数据进行计算，发现农村教师职业吸引力整体上基本处于合格线，指数[②]数值达到65.25%。国际社会较少有专门针对吸引力指数的计算，不过这个数据与国际上较为权威的社会声望指数的数值基本一致。美国小学和中学教师的职业声望分别是60%和63%。[③]本研究中，通过社会地位表达的农村教师职业声望指数为52.40%。职业吸引力包括社会地位、从事意愿（教师和子女）、

① Cronbach's α系数属于内部一致性信度的一种，α系数越大，代表量表的内部一致性越佳。

② 职业吸引力指数计算方式：6个指标的平均数 ÷5×100%。

③ 戴维·波普诺：《社会学（第十版）》，李强等译，中国人民大学出版社1999年版，第245—246页。

努力进取、积极体验、自豪感共计 5 个指标。自豪感和教师的从事意愿排在前两位，而让子女从事教师职业的意愿和教师的社会地位排位靠后。有意思的是，教师让子女从事教师职业的意愿只有 57.2%，要比教师本人的从事意愿低 13 个百分点。很多教师认为，“自己当老师已没法改变了，如果孩子成绩好，就别受这份苦了，还是要选择轻松一些、待遇也要好一些的工作，教师太累了”。这意味着教师职业在教师眼里并没有那么吸引人，他们希望子女通过改变职业获得向高层阶层流动的机会。

表 7.2　农村教师职业吸引力的基本状况分布

指标		*n*	*M*	*SD*
职业吸引力指标	社会地位	33 557	2.62	0.98
	从事意愿（教师）	33 557	3.51	1.32
	从事意愿（子女）	33 557	2.86	1.27
	努力进取	33 557	3.42	1.01
	积极体验	33 557	3.48	0.95
	自豪感	33 557	3.63	1.07
	职业吸引力	33 557	3.26	0.83
入职方式	国家主导	21 135	3.21	0.84
	自主选择	12 422	3.33	0.81
毕业院校	“985”或“211”高校	630	3.06	0.79
	普通本科和大专	17 975	3.20	0.83
	中师中专及以下	14 952	3.33	0.84
所在区域	县城	11 950	3.07	0.84
	镇	9377	3.26	0.81
	乡	3298	3.36	0.80
	村（屯）	8 932	3.46	0.81
所教学段	初中	11 895	3.11	0.83
	小学	21 662	3.34	0.82
性别	男	12 500	3.20	0.88
	女	21 057	3.29	0.80
婚姻	已婚	29 011	3.26	0.84
	未婚	3471	3.23	0.79
	离异或丧偶	1075	3.33	0.86

具体来看，农村教师职业对不同区域、所教学段、性别、婚姻、入职方式、毕业院校教师的吸引力状况如下。

在不同区域和所教学段上，县城教师职业吸引力低于乡村教师职业吸引力，初中教师职业吸引力低于小学教师职业吸引力。教师职业吸引力的均值从小到大依次为县城、镇、乡、村（屯），县城和村（屯）教师职业吸引力差异最大，吸引力指数分别为 61.45% 和 69.24%，后者要高出前者近 8 个百分点，乡教师职业吸引力指数为 68.63%，仍然高于县城教师职业吸引力指数。LSD 多重比较结果显示，4 个层级之间均存在显著差异。初中教师职业吸引力低于小学教师职业吸引力，吸引力指数分别为 62.13% 和 66.76%，t 值为 24.57，两者之间存在显著差异。

在性别和婚姻上，农村教师职业对男性教师的吸引力低于女性教师，对已婚教师的吸引力低于离异或丧偶教师。农村教师职业对女性教师与男性教师的吸引力指数分别为 65.77% 和 64.02%，t 值为 9.105，两者之间存在显著差异。农村教师职业对已婚教师、未婚教师、离异或丧偶教师的吸引力指数分别为 65.12%、64.62% 和 66.68%，前两项分别与后者有显著差异。这说明未婚的教师更容易流动，而离异或丧偶的教师则对教师岗位更加依赖一些，毕竟这是他们生活的重要依靠。值得一提的是，未婚和离异或丧偶教师占教师总数的 13.55%，尽管比例不高，却是在生活中应给予帮助的重点，若处理不当或不作为，就可能倒逼教师流动到其他地区或行业，甚至造成更严重的后果。

在入职方式和毕业院校上，农村教师职业对以国家主导方式入职的教师的吸引力低于以自主选择方式入职的教师，对高层次高校毕业教师吸引力较弱。为了分析的便利，本研究把题目的答案进行了合并，入职方式总共分为国家主导和自主选择两类。国家主导的方式包括国家分配、定向就业、国家计划（如“三支一扶”）三个选项，自主选择的方式包括自主择业（含特岗）、学校 / 基层推荐（如代课或民办教师）、民间计划（如支教）三个选项。两者的教师职业吸引力指数分别为 64.22% 和 66.64%，以自主选择方式入职的教师认为农村教师职位更有吸引力，t 检验结果显示两者存在显著差异，t 值为 12.978。农村教师职业对毕业院校为“985”或“211”高校的教师吸引力较弱，其次是普通本科和大专，对中师中专及以下的教师吸引力最强，三者的吸引力指数分别为 60.19%、64.08% 和 66.52%，三者之间均存在显著差异。这说明对毕业院校层次越高的教师，农村教师岗位越没有吸引力，反之则越有吸引力。

（二）影响因素的回归分析

根据回归标准化残差直方图判断，效标变量的样本观察值基本符合钟形曲线的正态分布基本假定。共线性诊断结果显示，方差膨胀因子（variance inflation factor，VIF）基本小于 10，容差基本大于 0.10，而且各自变量间的相关系数均不大于 0.7，证明多元共线问题不明显，数据可以进行多元线性回归模型分析。

进入回归方程的样本观测值为 28 693 人。从模型汇总来看，R^2 的数值为 0.476，表明 22 个变量对“职业吸引力”效标变量的预测力总共为 47.60%，解释量较高，模型拟合度较好，总体显著性为 0.000，模型在整体上是显著的。经过多个变量依次进入模型，得到最终的回归方程。标准化的回归方程式如下

农村教师职业吸引力 =0.37× 工资满意度 +0.18× 教学氛围 +…+0.02× 公共服务 –0.01×“985”或“211”高校 & 中师中专及以下 –0.01× 父母经济资本

回归分析结果（表 7.3）显示，教师职业吸引力的状况受到三类因素不同程度的影响。

一是学校所呈现的“职业提供”。除教师培训指标外，该类因素的的其余指标均有显著性影响。其中，工资满意度、教学氛围、学校文化、行政事务 4 个指标对职业吸引力具有较强的显著性影响，说明随着这些指标程度的增强，教师职业吸引力也随之增强。工资满意度的标准化系数达到了 0.37，位居所有指标之首。由此可见，在众多因素之中，教师待遇仍然是职业吸引力程度的决定性因素。教学氛围和学校文化都与学校环境有关，是与教师日常工作和生活紧密相连的因素，也有显著性影响。行政事务越轻松职业吸引力越强，也是一个值得注意的关联现象。不少教师都不胜行政事务之扰，“真的太不容易了，一学期最累的不是教学，因为根本就没有时间教学，全部都在迎接各类检查，好累啊。我们只想安安心心地教课，怎么就这么难”。本研究的这个发现为“减轻中小学教师负担，进一步营造教育教学良好环境”[①]的政策倡议提供了数据支撑。与教学氛围和学校文化的软环境相比，办学条件的数据特征与人们的认知经验有些不一致，它虽不是教师考虑的优先因素，但回归分析结果显示，办学条件越好，吸引力反而越弱，尽管它的标准化系数并不高。鉴于县城的办学条件一般较好而乡村较差的事实，这也间接印证了前面“县城低于乡村”的结论。

二是教师自身具有的“个人特质”。除教龄指标外，该类因素的的其余指标

① 新华社：《中共中央办公厅 国务院办公厅印发〈关于减轻中小学教师负担进一步营造教育教学良好环境的若干意见〉》，（2019-12-15），http://www.gov.cn/zhengce/2019-12/15/content_5461432.htm[2022-07-26]。

均有显著性影响，其中身体健康、性别和入职方式成为影响力较大的三个指标。这说明教师的身体越健康，对农村教师职业越青睐；相比男教师，女教师更加认可农村教师职业；以自主选择方式入职的教师比以国家主导方式入职的教师更认可农村教师职业。教龄体现了一位教师的教学经验丰富度，但它对职业吸引力无显著影响。此外，毕业院校的层次与职业吸引力成反比，中师中专及以下院校毕业的教师更认可农村教师职业，而大专及以上的高层次院校毕业生对农村教师职业的选择倾向较弱。在婚姻方面，教师职业对离异或丧偶者更加有吸引力，而对已婚教师吸引力较弱。

三是学校之外环境构成的“社会空间特质”。该类因素中所有投入到回归模型的指标均显著，家长支持度、生源质量、支持家庭度三个指标尤为明显，位居前三位，说明家长和生源质量也是教师考虑职业吸引力的最重要因素，随着这些指标程度的增强，职业吸引力也随之增强。学校周边公共服务的优劣也对职业吸引力有显著性影响。此外，父母经济资本对职业吸引力有显著负向影响，即父母的经济收入越高，家庭经济条件越好，农村教师职业的吸引力越弱。

表 7.3　职业吸引力影响因素逐步多元回归分析结果

模型	标准化系数	*t*	共线性统计量	
			容差	VIF
工资满意度	0.37	81.78*	0.80	1.25
教学氛围	0.18	36.97*	0.71	1.40
家长支持度	0.16	32.00*	0.69	1.44
身体健康	0.11	25.65*	0.84	1.19
学校文化	0.11	22.70*	0.70	1.43
行政事务	0.06	13.87*	0.78	1.28
生源质量	0.05	10.96*	0.70	1.43
支持家庭度	0.04	8.18*	0.78	1.28
国家主导 & 自主选择	0.04	9.73*	0.82	1.22
男 & 女	–0.04	–9.05*	0.88	1.14
职称晋升	0.03	5.90*	0.79	1.26
普通本科和大专 & 中师中专及以下	–0.03	–5.46*	0.65	1.54
办学条件	–0.03	–6.24*	0.96	1.04
教学压力	0.03	5.38*	0.73	1.37

续表

模型	标准化系数	*t*	共线性统计量	
			容差	VIF
未婚 & 离异或丧偶	–0.03	–4.39*	0.50	1.99
有保险 & 无保险	–0.02	–4.01*	0.93	1.07
周转房	0.02	5.47*	0.92	1.09
家校距离	0.02	5.02*	0.97	1.03
已婚 & 离异或丧偶	0.02	2.90*	0.60	1.68
公共服务	0.02	4.81*	0.67	1.49
“985”或“211”高校 & 中师中专及以下	–0.01	–3.28*	0.94	1.07
父母经济资本	–0.01	–3.39*	0.92	1.09

注：N=28 693，*p<0.05，下同

（三）主要结论

1. 农村教师职业吸引力整体上不强，却也没有想象中的那么弱

之前在人们的印象里，农村教师职业尤其是乡村教师职业并不是很有诱惑力，处于职业选择的次要劳动力市场，吸引力非常有限。一些媒体和研究积极献计献策，目的就是希望在政策支持下吸引优秀人才进入教师职业。然而，本研究的数据结果证实，目前农村教师职业的吸引力并没有想象中的那么弱，吸引力指数超过了 60%，达到了及格线要求，乡村教师的吸引力指数甚至更高，接近 70%。这说明农村教师职业至少对一部分人还是有吸引力的，“下不去、留不住”问题得到了不少改善。

2. 分层效应明显，农村教师职业对越弱势的群体吸引力越强

农村教师职业吸引力有着较为明显的社会分层效应，从数据显示结果看，农村教师职业对在乡村任教教师、无保险教师、离婚或丧偶教师、女性教师、毕业院校为中师中专及以下教师、家校距离远的教师、以自主选择方式入职特别是民办教师的吸引力相对更强；父母家庭条件越差，孩子入职农村教师的意愿越强。这至少说明两点：其一，有一部分群体对农村教师职业感兴趣。数量可能不算多却非常重要，要保护这些人的初心和大志，他们才是振兴农村教育的中流砥柱。从长远看，要通过职业因子测试等多种方式选择对教师职业感兴趣的人从事教师

职业，要帮助或引导教师发现从教乐趣。[①] 我们要保护那些甘于奉献、真正愿意投入农村教育事业的人。其二，这部分人多是弱势群体。农村教师职业不是没有吸引力，关键看对象是谁，它对学历高、素质高的优秀人才吸引力虽然有限，但对各种条件相对弱势的群体来说可能是一个较为理想的选择，他们在农村教师这一岗位上也能获得较高的满足感。

3. 工资满意度、教学氛围、学校文化、身体健康和家长支持度成为影响农村教师职业吸引力的主要因素

从结构方程的标准化系数上看，职业提供、个人特质和空间社会特质三类因素对职业吸引力均有显著性影响，但其中职业提供的影响力较大，个人特质的影响力稍弱一些。工资满意度、教学氛围、学校文化、身体健康和家长支持度这五个指标是所有指标中影响力较大的，标准化系数全部超过了 0.1，其余指标的系数均在 0.1 以下。前三项指标均与教育本身的体制机制建设有着紧密联系，因此它们也成为影响职业吸引力的核心要素，而身体健康和家长支持度则与家庭、政府以及所处的自然和社会环境相关，这也为后续的政策设计和修正提供了更有针对性的证据。从回归模型的结果看，是否接受培训和教龄长短与职业吸引力的关系不大，它们并不是敏感指标。

四、循证干预：基于职业提供、个人特质和空间社会特质的突破提升

基于研究结论，笔者认为要坚持循证干预的理念，即教育政策的实施必须基于严格的科学证据，将专业智慧与最有效的经验证据整合起来进行决策。2018 年发布的《国务院办公厅关于进一步调整优化结构提高教育经费使用效益的意见》提出，“不提脱离实际难以实现的目标，不作脱离财力难以兑现的承诺，不搞‘寅吃卯粮’的工程，合理引导社会预期”，这体现了国家政策对循证教育干预理念的尊重。由于影响因素复杂多样，很难通过单一快捷的方式提高教师队伍，要使用综合改革的思路引领发展，制定具有针对性的倾斜政策，才能有效提升农村教师职业吸引力，达到农村教师队伍量足质优的目标。

（一）创造性地提高工资待遇，让农村教师有切实获得感

2020 年，中央一号文件重申了落实中小学教师平均工资收入水平不低于或

① 秦玉友：《师资建设是农村教育质量全面提升的战略重点》，《教育发展研究》2015 年第 19 期，第 3 页。

高于当地公务员平均工资收入水平的政策。[①] 时任部长陈宝生也强调"跪着的老师，教不出站着的学生"，要解决义务教育教师工资待遇问题，更好发挥绩效工资激励导向作用。[②] 从职业吸引力不强及其与工资待遇的关系看，提高工资待遇仍不容回避。社会功能论认为，奖励（包括金钱和荣誉）是根据位置的重要性与适合人员的稀缺性给予的，但这种评价方式低估了某些社会部分的工作绩效，像妇女的家庭劳动。[③] 很显然，相比于工作量而言，农村教师的工作付出也被低估了。在市场经济宏观环境下，提高待遇是超越了泛道德主义之下对教师积极性的调动，仅从师德维度对农村学校教师工作提出过高要求，反而会影响农村学校教师岗位的吸引力。然而，工资待遇牵一发而动全身，要做到既不会衍生不良连锁反应，又能让农村教师有切实的获得感，就必须针对制度设计提出更高要求。一些教师也反映，"光说提高工资，拿啥提高啊""重点是工资待遇≠工资卡收入"。笔者认为，与提高幅度、补贴对象等"花多少钱"相比，"怎么花钱"才是问题的关键。

其一，要策略性提高教师待遇。基于县级财政不均衡不充分的特征，很多地方很难大幅度提升工资基数，但不这么做又很难吸引人才进入教师行业，最终陷入恶性循环。笔者认为有必要把工资待遇的概念适当放宽一些，策略性地增加教师的获得感。例如，教师是否可以在本市内免费乘坐公交车、轨道交通和参观政府投资主办的公园、博物场馆？除了一纸荣誉证书外，能否给那些长期从教、甘于奉献的教师提供较客观的物质奖励？在健康保险、子女入学、父母赡养、生活环境等方面是否可以再多一些精细化、人性化的设计？这些都是提高待遇的可能办法，也能最大限度地增加社会尊师重教的氛围。

其二，要把层次感做足做细。不同层级和区域情况各异，要做到因地制宜，充分体现教师倾斜政策的初衷。以乡村教师补贴为例，多数地区是根据县城、乡镇和村（屯）大致划分 2~3 个分档，简单易行却略显简单粗暴。这样的结果可能导致乡村教师对激励的感受性降低，最后的结果就是谁都不满意，激励效果不明显。那么，在设计层次性时，除了单纯考虑空间位置外，还应考虑自然和社会环境、生活条件、工作量、家校距离等因素，在每一个不同等级的教师

① 中共中央、国务院：《中共中央国务院关于抓好"三农"领域重点工作确保如期实现全面小康的意见》，（2020-02-05），http://www.gov.cn/zhengce/2020-02/05/content_5474884.htm[2022-07-26]。

② 腾讯网：《主政教育部 5 年，陈宝生都说了哪些金句》，（2021-08-03），https://new.qq.com/omn/20210803/20210803A0D1C200.html[2022-07-26]。

③ 理查德·谢弗：《社会学与生活（第 11 版）》，赵旭东等译，世界图书出版公司 2014 年版，第 284 页。

岗位上设置有吸引力的津贴，实行分级化、常态化管理。工作开展细致，让真正为农村付出的人得到实惠，实现“越往基层、越是艰苦、能力越强，地位待遇就越高”的目的。

其三，要设计有条件获得的激励机制。作为政策供给者，政府输出了利益，作为政策获益人的教师也要给予反馈，或能力出众，或深入偏远特困地区（特别是高知和年轻人），或师德高尚，或长期坚守，至少要有一个方面的付出才能获益，无论在什么位置，这是基本的义务。杜绝供养“闲杂人等”，杜绝只求回报、不想付出的。制定制度的目的当然不在于为难人，而是激发他们的权利－责任意识，促使他们对工作怀有更高的积极性和责任感。[①] 只有这样，才能激发所有人的积极性，引导各层次和各类型教师的有序流动，同时促使教师做好本职工作。以往，农村学校经常陷入这样的悖论：教师素质不高会影响教育质量，而一旦通过多种途径提高了教师素质，这些教师就流动到了更高层次的地区和学校。有条件获得机制能够有效解决这个悖论，学校不怕优秀教师的可能流动，只要坚持有条件获得的激励机制，只要有足够的激励，仍然会吸引那些愿意到这个岗位的教师。这实质上体现了公平的自由主义倾向，能者多劳，多劳多得，能够最大限度地发挥制度本身的机制力量。

其四，要让激励成为理所应当。提高工资待遇并不是普惠性的施舍和怜悯，而是针对个人付出给予的理所应当的补偿，让农村教师活得有职业尊严。要有完善的监督机制，通过制度设计让素质优良的、深入偏远特困地区的（特别是高知和年轻人）、师德高尚的、扎根乡村农村教师受到应有的尊重。优秀就是优秀，不管是什么形式、身在何处，一定要让优秀教师成为受人尊重的典范，不让踏实工作的人吃亏。同时要让那些无能无德的搭便车者、借政策之机沽名钓誉者无利可图，乃至退出教师行业。有乡村校长反映：“学校生源少了，但教师仍不够用，一部分老师拿钱不干活，申请去管理后勤，反正自身利益不受损，何不轻松一些呢，甚至他们还嘲笑那些埋头一线的任课教师。”这种劣币驱逐良币的“逆淘汰”现象是我们不愿看到的，应该在制度设计上予以消除。

（二）有针对性地改善学校微环境，让农村教师有舒心的教学氛围

教学氛围、学校文化、行政事务和教学压力这四个指标对农村教师职业吸引力具有较强的显著性影响。如果学校领导者期望提高教职工的士气与工作效率，

① 邬志辉等：《中国农村教育：政策与发展 1978—2018》，社会科学文献出版社 2018 年版，第 323 页。

就要竭尽全力地强化自身所在学校的组织文化和氛围。[①] 因此，在教学氛围与学校文化上，学校领导者要积极建设关系融通的学校风气，凝聚全体师生的智慧和力量，形成学校发展合力；要注重民主参与而非强硬专断，注重更好的教学和管理效能而非刻意追风的假改革和伪创新，注重对优秀教师的赞许和认可而非疏远和嫉妒。在行政事务与教学压力上，严控下的隐忍和情绪化的宣泄对解决问题无益，关键是制度设计和落实。各地行政部门要尽快尽力制定贯彻中共中央办公厅、国务院办公厅印发的《关于减轻中小学教师负担进一步营造教育教学良好环境的若干意见》的实施细则，围绕督查检查评比考核事项、社会事务进校园、精简相关报表填写工作、抽调借用中小学教师事宜，尽快严格落实政策要求，切实减少对教师的干扰，把教学时间还给教师。要切实减轻教师的教学负担，根据地方特点设置科学合理的教学工作量底线标准，建立教学工作量预警机制；建立教学工作量奖励制度，让那些牺牲休息时间超额付出的教师获得必要补偿；在教育局层面统筹成立一定存量的流动教师，对因严重缺编、培训、产假、退休等情况形成的教师空缺给予及时补充。

（三）关怀农村教师个人生活，探索健康和婚姻的人文保障制度

虽然农村教师的职业吸引力较低，但是仍有许多农村教师坚守岗位，为人师表，忍受了很多无奈，付出了很多辛劳。调研中，我们甚至发现有一位在教学点因生活条件艰苦而无菜可吃的教师，学生家长不时地送来一些青菜帮助他勉强度日。与城市教师相比，农村教师所处的生活环境差是不争的事实。因此，我们不仅需要提高农村教师的工作待遇，还要对他们进行必要的人文关怀，给予足够的尊重和保护。在身体健康上，一些教师反映："农村条件艰苦，但我身体还行，否则不敢待在农村。"教师是一种集脑力劳动和体力劳动于一体的职业。由于教师固有的职业特点，常年坚持在教学第一线的教师容易出现一些职业病，尤其容易在咽喉、肺等部位发生病变，这给教师的工作和生活带来精神和心理的双重压力。政府要提供必要的卫生和医疗保障，严格落实固定时期内较高标准的体检制度，针对咽炎、肩周炎等教师职业病，建立绿色通道并给予福利保障，免除教师在身体健康上的担忧。在婚姻生活上，农村学校"剩男剩女"现象也极其普遍，已经威胁到年轻教师的稳定和发展。"农村教学环境、条件都比较有限，想要引进教师和留住年轻教师非常困难，毕竟个人婚姻问题不能得以解决也很难安心。"

---

① Petra E. Snowden，Richard A. Gorton：《学校领导与管理：重要概念、个案研究与模拟练习（第六版）》，李敏、杨全印译，华东师范大学出版社 2008 年版，第 198 页。

可试行鼓励乡村学校夫妻教师同校或同区域的制度；建立离异或丧偶教师家庭的帮扶制度；开展不同区域和学校之间的年轻人联谊活动，为未婚青年的交往搭建沟通平台。

（四）加强家校紧密合作，减少农村教师的后顾之忧

家长支持度和生源质量是空间社会特质中影响较为显著的两个因素，分别涉及家长对待学校的态度以及生源的优劣。家长有着最无私、最快乐、最可持续、最丰富、最和谐的基本特点[①]，作为与家庭空间息息相关的维度，加强家校的紧密合作应该成为政策的着力点。家长有依法履行家庭教育的职责，教育孩子是父母或者其他监护人的法定义务，其主体责任不容推卸，但参与家校合作的积极性有待提高。然而，农村大量家长外出务工，加之受教育水平普遍较低，主动参与家校合作的意愿低是不可回避的事实。“有些家长真可以，生了不想养，还责怪老师为什么不替他养。”“乡村小学这边好多家长不把老师当回事，平时找不到人，一旦孩子出现‘铅笔不见了’之类的小意外就横加指责，极不尊重。”因此，有必要出台相关法律以及相关的配套制度，对家长参与学校教育的事宜提出强制性要求，对违反规定的家长进行必要的惩罚。此外，学校要设计出家长高效参与的机制。“办教育就是办家长”，学校教育应该采取办法凝聚家长，形成学校管理的合力，这也是现代教育治理的题中之义。要充分挖掘家长的可利用和潜在资源，这既是对教育资源开发的创新举措，也能让家长在参与过程中获得尊重，提高更多家长参与的积极性；要积极设计有意义的家校活动，如共读一本书、共栽一棵树等，让师生和家长从中受益；要在家校教育职责上建立边界意识，通过制度设计大致约定家长参与学校的程度，把握好平衡度，既不因次数频繁而使家长产生反感情绪，也不会导致家校关系过于松散。

（五）对合格和高素质农村教师双向发力，促进农村教师队伍扩量提质

数据证明，农村教师职业对重点大学毕业生的吸引力要显著低于中师中专毕业生，这就在一定程度上表明农村教师的教学水平会相对较低。与一般的资源和政策投入相比，作为更有能力首尾一贯地提高学生成绩的教师质量，可能是学校教育最重要的因素，尽管可量化的特征并不能完全解释效率的差异。[②] 怎么办？

---

① 张志勇：《家长教育：学校教育资源的富矿》，《中国教育报》2012 年 1 月 8 日第 3 版。

② 埃里克·哈努谢克，卢德格尔·沃斯曼因：《国家的知识资本——教育与经济增长》，银温泉等译，中信出版集团 2017 年版，第 174—180 页。

至少要在两个方面发力：其一，要将有意愿从事农村教师职业的合格人员顺利补充进来。农村缺教师是不争的事实，因此要积极拓展农村教师补充渠道，应届毕业生、免费师范生、特岗计划、定向培养、退休的特级教师和高级教师、支教教师等均可在选拔范围。然而，这些人员一定要满足中小学教师入职的基本底线要求。对做出一定贡献的教师，可以适当提高待遇给予鼓励，以吸引更加优秀的师资，但是否进入编制要慎重，否则后期教师队伍的整体质量很难保障。其二，要建立吸引优秀人才进入农村学校的选拔机制。农村学校要发展，不能仅靠“老”“弱”“病”“残”“差”，哪怕这些人很愿意留守乡村，乡村的希望要靠有较高水平的教师做支撑。农村学校要想吸引优秀教师任教，就必须运用市场手段，增加农村教师职位的报酬和其他利益，以吸引优秀人才自愿自主地选择到农村任教。[①] 可以尝试一些创新性的办法，如坚持“以岗定补，在岗享受，离岗取消”的补充原则，对特别艰苦的村小和教学点设置特殊岗位，给予高待遇，实现“特岗”真正落实在岗位而不是在教师自身，要让成为农村教师变为个人选择；免费师范生等人员的服务年限要适当缩短，不宜超过 5 年，服务期之后允许自由流动，要消除年轻人的后顾之忧；使城乡实现同一职称教师素质相当，可以在福利待遇上对农村教师给予一定倾斜，但在职称评定上要慎重，否则就容易导致职称泛滥和贬值，出现教师为了获得高一级职称而选择投机性流动行为。当然，以上两个方向的发力有一个基本前提，即一定要对这些享受高待遇的教师实施严格的检查考核制度，高回报一定要对应高付出，否则激励措施的效力就无从谈起。

① 邬志辉：《实现优秀教师“下乡”的三种途径》,《中国教育报》2015 年 2 月 11 日第 1 版。

第8章 学生学业自我效能与家庭教育投入的城乡差异及其影响机制研究

——基于贵州省四、八年级学生的调查数据*

* 本章撰写人：王海英，崔榕婷。

学生的学业表现不仅受其认知能力和学校教育的影响，而且与其非认知能力和家庭教育投入息息相关。作为一种重要的非认知能力，学业自我效能不仅会直接促进学生学业成绩的提升，而且会激发学生的学习信心，缓解考试焦虑，最大限度地降低青少年辍学风险。本章通过实证调查，聚焦城乡学生的学业自我效能与家庭教育投入的差异状况，并在当前越来越重视家庭教育的背景下，探讨城乡家庭教育投入各要素对学生学业自我效能的影响程度与机制。

研究发现：①学生学业自我效能整体处于中等水平，但城乡学生的学业自我效能水平差异显著，呈现市区和县城一致、乡镇和村屯一致的两极化态势。②在家庭教育投入方面，整体状况一般，城乡差异依旧显著。在家庭物质与文化资源、参加课外辅导班、家长教育参与三个方面，城市都呈现出较强的优越性，县城趋向于城市，而乡镇和村屯家庭教育投入水平明显偏低。③家庭教育投入、学业自我效能在县城、乡镇、村屯存在年级差异，相比于八年级，四年级学生参与课外辅导班的机会和家长参与程度更高，学业自我效能水平更高；但在市区，家庭教育投入、学业自我效能水平不存在年级差异。④家庭教育投入对学生学业自我效能具有显著的预测作用，且具有跨城乡的等同性。其中，家长教育参与的预测作用最大，家庭物质与文化资源其次，参加兴趣辅导班的预测值较小，而参加课外辅导班对学生学业自我效能没有预测作用。⑤在家庭教育投入影响学生学业自我效能的路径分析中，家长教育参与和参加兴趣辅导班在家庭物质与文化资源影响学生学业自我效能过程中的中介作用显著，即在解释家庭物质与文化资源和学业自我效能之间的关系中的中介作用较大。且相比于拓展性经济投入——参加课外兴趣班，家长直接参与子女的学业生活所发挥的中介效应更大。基于此，提出相关建议，旨在进一步关注并提升学生的学业自我效能，改变家长教育观念，营造良好的家庭教育生态环境。

一、文献回顾与研究问题

21 世纪知识技术不断更迭，就业市场对人才的需求发生了巨大转变，传统的标准化测试分数已经难以全面衡量劳动者的素质和能力，个体的非认知能力对其成功的作用不亚于认知技能。作为一种非认知能力，学生的学业自我效能在其学业表现中发挥着重要作用，很多研究结果显示，学生的学业自我效能和相关动机直接影响其学业成就[①]，也可通过运用学习策略、延长任务时间、提升自主学习能力或积极的情绪调控策略来间接影响学业成绩[②]。同时，学业自我效能可以最大限度地降低青少年辍学的风险，缩小性别、种族和民族间的辍学差距。[③]家长参与、学校教师与同伴关系都会不同程度地影响学生的学业自我效能。美国的《科尔曼报告》（Coleman Report）和英国的《普洛登报告》（Plowden Report）较早地指出相比学校教育的重要性，家庭背景的差异是造成学生学业成绩不同的根源，由此引发了大众对学校教育效能和公立教育公平的思考和探讨。[④]根据卢卡斯（Lucas）的有效维持不平等理论，当基本教育得以普及时，城乡和学校之间的教育机会差距缩小，教育质量之间的差距被放大，家庭之间开始围绕教育效果展开竞争。我国的教育实践主要围绕教师和学生两大主体展开，在这个倡导全民教育的时代背景下，家长的教育参与和投入具备任何教育形式无法替代的优势。家庭教育投入对教育产出结果有显著的正效应，父母参与子女的学习和生活对小学生学业成绩的影响更大，而家长的教育期望对初中生的学业成就的影响更为显著。[⑤]对于学生的学业自我效能而言，家庭的经济状况、所处的社区环境及家庭结构、父母的受教育程度及自我效能水平、家庭教育方式与家长的教育参与都会潜移默化地影

---

① 王振宏：《初中学生学业自我效能与学业成就关系研究》,《心理发展与教育》1999 年第 1 期，第 40—44 页。

② 陈四光、余仙平、朱荣等：《初中学生情绪调控策略与学业自我效能感、学习成绩关系的研究》,《教育学术月刊》2015 年第 10 期，第 53—57 页；Honicke T, Broadbent J. The influence of academic self-efficacy on academic performance: A systematic review. Educational Research Review, 2016, 17: 63—84.

③ 赵红英、黄鹤龄：《论自我效能感对大学生心理健康的影响及对策》,《中国成人教育》2010 年第 5 期，第 47—48 页。

④ 胡咏梅、元静：《学校投入与家庭投入哪个更重要？——回应由〈科尔曼报告〉引起的关于学校与家庭作用之争》,《华东师范大学学报（教育科学版）》2021 年第 1 期，第 1—25 页。

⑤ 胡咏梅、元静：《学校投入与家庭投入哪个更重要？——回应由〈科尔曼报告〉引起的关于学校与家庭作用之争》,《华东师范大学学报（教育科学版）》2021 年第 1 期，第 1—25 页。

响子女自我效能的发展。[①] 因此，基于直接影响学生的学习动机及成就的学业自我效能变量，立足家庭视角，探究家庭教育投入对学生学业自我效能的影响机制是必要的。

（一）文献回顾

1. 家庭教育投入的相关研究

家庭资源对子女的教育影响来源于两方面：一是运用经济和文化资源获得更好的教育资源，如重点学校的入学资格和课外辅导等市场服务，为子女的学习提供经济基础；二是家长通过参与行为直接提升孩子的自我效能，培养孩子良好的学习品质。[②] 早期人力资本理论只将货币性支出作为家庭教育投资，之后又将父母的时间、情感和精力等纳入教育投资的范畴中。家长一般会通过对子女教育的资金输出和时间、精力投入来实现家庭资本的代际传递。

（1）家庭物质与文化资源对学生的影响

研究显示，家庭社会经济地位与准入学儿童的交流习惯、认知模式等呈显著正相关，家庭社会经济地位较高的孩子的语言模式、沟通技巧和认知风格更契合学校的教育习惯，并且家庭社会经济地位对于越小的孩子影响力越强。[③] 在中上阶层家庭中，随着子女年龄的增长，父母往往会寄予子女更高的结果期望，而父母较高的教育期望会激励子女追求更高的学术目标，因此家庭社会经济地位成为子女学业表现的预测因素之一。[④] 家庭社会经济地位还是青少年问题行为的预测

① 王春梅：《家庭背景、自我效能与学业态度的关系研究——以中外合作办学项目学生为样本的实证调查》，《高教探索》2012 年第 6 期，第 77—81 页；肖磊峰、刘坚：《家庭社会经济地位对学生学业成就的影响——父母参与和学业自我效能感的中介作用分析》，《教育科学研究》2017 年第 12 期，第 61—66 页；Wang M T, Sheikh-Khalil S. Does parental involvement matter for student achievement and mental health in high school? Child Development, 2014, 85（2）: 610—625.

② 李忠路、邱泽奇：《家庭背景如何影响儿童学业成就？——义务教育阶段家庭社会经济地位影响差异分析》，《社会学研究》2016 年第 4 期，第 121—144、244—245 页。

③ 夏小英：《家庭社会经济地位与儿童入学准备的关系：家长参与的中介作用》，《当代教育论坛》2020 年第 5 期，第 64—73 页；Piccolo L D R, Arteche A X, Fonseca R P, et al. Influence of family socioeconomic status on IQ, language, memory and executive functions of Brazilian children. Psicologia: Reflexão e Crítica, 2016, 29（1）, DOI：10.1186/s41155-016-0016-x.

④ 刘保中、张月云、李建新：《社会经济地位、文化观念与家庭教育期望》，《青年研究》2014 年第 6 期，第 46—55，92 页；李玲、袁圣兰：《家庭教育中家长主体参与和子女学业成绩之间的关系探究——基于链式中介效应分析》，《中国电化教育》2019 年第 7 期，第 107—114 页。

因素之一，较好的家庭背景与较低水平的反社会行为相关。[①]

（2）课外辅导对学生的影响

课外辅导的出现本身伴随着质疑，故关于课外辅导的成效一直是研究者关注的焦点。课外辅导在东亚国家如韩国、日本和中国等国广泛流行，东亚裔美国学生会为了充实自我而参与商业学术能力评估测试（Scholastic Assessment Test，SAT）考试准备课程，并从这些商业补习中受益匪浅。[②]研究显示，在控制一些变量后，参加课外辅导能够提升中小学生的数学成绩。[③]还有研究考虑到了补习的科目数量，认为如果单独补习数学或英语，确实能提升这两个科目的学习水平，这与韩国家庭选择私人辅导来提升数学、英语成绩的结论相符，但如果和其他科目一起补习则没有明显效果，单独补习语文，短期内成绩提升不明显，这或许也有学科性质差别的影响。[④]德国的实验证明了课外辅导对学生自主学习能力没有显著影响，参加辅导不能有效提升学生的数学成绩，长期参加甚至会扼制学生的创造性思维，但是课外辅导却有利于那些有着强烈的学习动机且学业表现优异的学生。[⑤]

（3）家长教育参与对学生的影响

家长教育参与不仅会影响学生的学业表现等认知能力，同时也是非认知能力构建的基础性条件。研究显示，父母教育参与会通过非认知能力的间接作用影响子女的学业表现，同时家长的参与行为还会缩小学生因家庭条件、自身学习能力迥异造成的差距，在儿童早期这种作用更显著。[⑥]从儿童期开始，家长参与度越

---

① 刘广增、张大均、朱政光等：《家庭社会经济地位对青少年问题行为的影响：父母情感温暖和公正世界信念的链式中介作用》，《心理发展与教育》2020 年第 2 期，第 240—248 页。

② Byun S Y, Park H. The academic success of east Asian American youth: The role of shadow education. Sociol Educ, 2012, 85（1）: 40—60.

③ 薛海平：《从学校教育到影子教育：教育竞争与社会再生产》，《北京大学教育评论》2015 年第 3 期，第 47—69、188—189 页。

④ 王晓磊：《提升还是抑制：课程补习科目参与数量对学习成绩的影响——基于倾向得分匹配的考察》，《兰州学刊》2020 年第 9 期，第 84—103 页；Park H, Byun S Y, Kim K K. Parental involvement and students' cognitive outcomes in Korea: Focusing on private tutoring. Sociology of Education, 2011, 84（1）: 3—22.

⑤ Otto B, Müller C. Effects of institutional tutoring on self-regulated learning and math performance. Psychologie in Erziehung und Unterricht, 2015, 62（4）: 285—302; Han S, Suh H. The effects of shadow education on high school students' creative thinking and academic achievement in mathematics: The case of the republic of Korea. Educational Studies, 2020, 4: 1—20.

⑥ 吴弦：《父母教育卷入对小学生学习成绩的影响：成长型思维的中介作用》，《当代教育论坛》2021 年第 2 期，第 75—88 页。

高，越能增加儿童与父母的亲密性，越有利于学前儿童的发展[①]，父母教育参与还会通过儿童自我效能的中介作用间接影响儿童的适应性。[②] 家长教育参与对学生认知发展起预测作用，具体表现为家长的教育意识和期望、督促孩子学习任务的完成和积极与教师保持联系均有利于提升初中生的学业成绩，如果家长主动参与孩子的学校教育，会对初三学生的学业发展有很大益处。[③] 随着学生年级的升高，父母对孩子的直接参与反而越少越好，相比城镇学生，农村学生的反应更为敏感，说明父母参与会对农村孩子的学业产生显著的抑制效果，他们更需要父母的情感支持，而非学习方面的直接干涉，所以对于高年级学生，父母需要给予他们适当的情感关注，减少心理控制，这样更有利于改善亲子关系和减少学生的消极情绪。[④]

2. 家庭教育投入对学业自我效能的影响研究

（1）家庭教育投入对学业自我效能的直接效应

家庭社会经济地位是子女学业表现和自我效能的直接预测因素。实证研究结果表明，家庭社会经济地位越高的家庭，父母在子女的教育和生活中参与和陪伴的频率及活跃性越高，孩子的学业自我效能越高。[⑤] 家庭的文化环境及氛围会影响孩子的学习态度，研究显示，母亲的文化程度对学生的学习内生动机有直接影响，学生自身的学习态度会影响其自我效能的变化。[⑥] 家庭经济地位越高，提供给子女的教育支持与学业关注越多，正向的家庭影响会激励学生坚定信念、努力学习。

父母教育参与会培养孩子的个人属性，如积极的学习态度、责任感，这些属

---

① 张晋、刘云艳、胡天强：《家长参与和学前儿童发展关系的元分析》，《学前教育研究》2019年第8期，第35—51页。

② 陈淑梅、张琬、李燕：《父母参与对儿童学校适应的影响研究：教师支持和儿童自我效能感的多重中介效应》，《中国特殊教育》2020年第12期，第75、76—82页。

③ 黄亮：《家长参与学校教育对初中学生认知能力表现影响的实证研究——基于中国教育追踪调查基线数据的分析》，《教育科学研究》2016年第12期，第53—59页。

④ 徐鑫锫、邓赐平、刘明：《父母学业参与和高中生消极情绪的关系：亲子关系的中介作用以及父母心理控制的调节作用》，《心理科学》2020年第6期，第1341—1347页。

⑤ 肖磊峰、刘坚：《家庭社会经济地位对学生学业成就的影响——父母参与和学业自我效能感的中介作用分析》，《教育科学研究》2017年第12期，第61—66页；刘保中、张月云、李建新：《家庭社会经济地位与青少年教育期望：父母参与的中介作用》，《北京大学教育评论》2015年第3期，第158—176、192页。

⑥ 王春梅：《家庭背景、自我效能与学业态度的关系研究——以中外合作办学项目学生为样本的实证调查》，《高教探索》2012年第6期，第77—81页。

性与学生的自我效能及学业成绩直接相关。[①] 研究显示，父亲的教育期望预示着孩子被描述为高自我效能的可能性，而母亲的教育期望作为一个保护因素，作用是防止他们的孩子进入最不利的情况，如非常低的自我效能。[②] 父母的教育参与和高水平支持是影响学生学业自我效能和学习成绩的重要因素。[③] 父母自我效能水平高的青少年在学习活动以及家庭和同伴互动中表现出更高的组织能力、灵活性和满足感。[④]

此外，课外辅导作为家庭教育的有效补充，对学生的自我效能和学习态度等也会产生直接影响。课外补习的趣味性和个性化，可以让学生获得在正式教育系统中不曾体验过的自信心和满足感，有利于学生享受到被尊重、被重视的人生体验，经过辅导取得的进步有益于学生恢复适当水平的自信、好奇心和学习兴趣。[⑤] 但是，课外辅导帮助学生提前预习课堂内容，容易影响学生在课堂上的学习兴趣、态度、表现和对教师教学模式、风格的感知。同时，课外辅导占据了学生的休闲时间，增加了其学业压力，不利于学生的健康发展和家庭和谐。[⑥]

（2）家庭教育投入对学业自我效能的间接效应

家庭社会经济地位不仅是学业自我效能的直接预测因素，而且会通过家长教育参与的中介作用对学业自我效能发挥间接影响。家庭社会经济地位和家庭教育活动被视为父母参与和沟通策略的有效性预测因素，较多参与家庭教育活动的父母更关心孩子的童年和学校生活，更踊跃参与学校服务活动，通过教师关注孩子的学校表现，对教育工作的评价更高。[⑦] 不同家庭文化资本的差异性，使得家庭社会经济地位对家长参与的影响具有异质性，家庭之间由于文化水平和氛围不同

---

① Hoover-Dempsey K V, Battiato A C, Walker J M T, et al. Parental involvement in homework. Educational Psychologist, 2001, 36: 195—209.

② Lv B, Zhou H, Liu C, et al. The relationship between parental involvement and children’s self-efficacy profiles: A person-centered approach. Journal of Child and Family Studies, 2018, 27（11）: 3730—3741.

③ Choi N, Chang M, Kim S, et al. A structural model of parent involvement with demographic and academic variables. Psychology in the Schools, 2015, 52（2）: 154—167.

④ Steca P, Bassi M, Caprara G V. Parents’ self-efficacy beliefs and their children’s psychosocial adaptation during adolescence. Journal of Youth & Adolescence, 2011, 40（3）: 320—331.

⑤ 孟新霞：《浅谈小学课外辅导》,《首都师范大学学报（社会科学版）》2009 年第 S4 期，第 105—107 页。

⑥ 彭湃：《“影子教育”：国外关于课外补习的研究与启示》,《外国中小学教育》2007 年第 9 期，第 44—48 页。

⑦ Murray E, Mcfarland-Piazza L, Harrison L J. Changing patterns of parent–teacher communication and parent involvement from preschool to school. Early Child Development and Care, 2015, 185（7）: 1031—1052.

形成了独特的教养风格和处事态度，文化资本少的家庭缺乏与教育工作者沟通的经验和自信，在学校教育参与方面处于劣势。① 父母的学校参与行为似乎对处境更不利的青年（即来自低社会经济地位家庭的青年、学习基础较差的青年）特别有利，而父母的学术社会化似乎更有利于家庭条件优越、学习表现良好的青年的学术成功。② 有研究证实了家庭社会经济地位对青少年的学习兴趣、学习信念等品质有显著的预测作用，其中家长参与行为在这一影响过程中起完全中介作用。③

家庭对学生发展的影响不仅表现在资本输出和家长参与等直接支持层面，依托家庭优势资本而获得的课外补习机会在一定程度上弥补了家长参与行为的缺失。有研究基于威斯康星模型，发现家长的教育期望和学生的自我期望在家庭社会经济地位影响学生课外辅导机会的过程中发挥中介作用。④ 也有研究显示，家庭社会经济地位必须通过课外辅导的中介作用才能影响学生的教育获得，学校教育和课外辅导都会影响学生的教育机会获得。⑤ 家庭收入水平、监护人所受的教育水平和学生的学习期望等与学生是否有能力、有意愿参加课外辅导班的关系显著相关，父母参与学生学习的情况也部分解释了家庭经济状况对学生课外辅导参与的影响，同时家长参与也激活了家庭社会经济背景优势，家庭经济水平高的学生更踊跃地寻求课外辅导。⑥ 家庭资本会影响学生参与课外辅导班的选择，家庭社会资本和经济资本丰富的家长多让子女参与学科类辅导班，而注重文化素养的家庭则多让子女参加兴趣类辅导班，同时家庭经济文化条件对兴趣培养类辅导班的参与影响更大。⑦

环境会影响个体的成就动机，家庭物质与文化资源不仅体现了家庭的财富积

① 李晓晗、郑磊：《家庭社会经济地位对父母参与的影响及作用机制——基于CEPS数据的研究》，《教育经济评论》2017 年第 1 期，第 86—104 页。

② Benner A D, Boyle A E, Sadler S. Parental involvement and adolescents' educational success: The roles of prior achievement and socioeconomic status. Journal of Youth and Adolescence, 2016, 45（6）: 1053—1064.

③ 罗海风、刘坚、周达：《家长参与在家庭社会经济地位和高中生学习品质之间的中介作用——师生关系的调节作用》，《心理发展与教育》2021 年第 2 期，第 199—210 页。

④ 李佳丽、胡咏梅、范文凤：《家庭背景、影子教育和学生学业成绩——基于Wisconsin模型的经验研究》，《教育经济评论》2016 年第 1 期，第 70—89 页。

⑤ 薛海平：《家庭资本与教育获得：基于影子教育中介效应分析》，《教育与经济》2018 年第 4 期，第 69—78 页。

⑥ 张薇、马克·贝磊、李红兰：《影子教育的影响因素及其政策意义——以重庆市为例》，《教育科学研究》2017 年第 6 期，第 56—62 页；高翔、薛海平：《家庭背景、家长参与和初中生影子教育参与——来自 CEPS2015 数据的实证研究》，《教育学术月刊》2020 年第 9 期，第 3—11、71 页。

⑦ 乐志强、杜育红：《家庭背景对学生课外辅导行为选择的影响研究》，《教育发展研究》2018 年第 10 期，第 7—14 页。

累，也揭示了家庭的文化底蕴，它为学生学业成就和社会发展提供了经济资本和文化资本。近年来，课外辅导浪潮席卷世界各国教育市场，进一步成为家庭经济资本在校外培训市场代际传递的桥梁。课外辅导对学业成就的影响是学界的热点话题，但忽略了学生的主观感受，是否会因参与课外辅导而导致学业自我效能的变化，相关内容缺乏经验数据的验证。除此之外，家长教育参与作为社会资本的代表，削弱了家庭经济文化背景对学生发展的影响，进一步发挥家长参与学生学业和教育变革的协同作用，有助于家校闭环关系的形成。所以，本研究通过家庭物质与文化资源、课外辅导和家长教育参与来衡量家庭教育投入状况，以期更加具体地揭示家庭教育投入各因素对学生学业自我效能的影响及路径。

（二）相关概念界定

1. 学业自我效能

自我效能是美国心理学家班杜拉（Bandura）于 1977 年首次提出的，强调人作为行为主体具有的能动性和意向性。[①] 在社会认知理论的基本框架下，班杜拉将人的能动性置于自我定向和行为决策的核心位置，人的能动性表现之一在于通过自我反思为其生活构建意义和联系，其中效能信念会影响人们对生活事件的控制和决定，构成了人的能动性的基础。在班杜拉的理论基础上，斯塔科维奇（Stankovic）和鲁森斯（Rusens）提出，“自我效能是指个体对自己能力的一种确切的信念（或自信心），这种能力使自己在某个背景下为成功地完成某项特定任务，能够调动起必须的动机、认知资源与一系列行动”[②]。学业自我效能是自我效能在学业领域的延伸和体现，班杜拉在提出自我效能期望时区分了结果期望和效能期望，其中效能期望在教育领域即学业自我效能，是个体通过组织、执行措施，对达到理想中的学业水平和教育绩效的能力的判断。国内有学者认为，学业自我效能是个体对自身成功完成学业任务所具有的能力的判断与信心，由学习能力自我效能感和学习行为自我效能感构成[③]，是对控制自己学习行为和学习成绩能力的一种主观判断[④]。

纵观国内外学者对学业自我效能的解释，结合学生的学业任务，本研究将学

① 转引自高申春：《人性辉煌之路——班杜拉的社会学习理论》，湖北教育出版社1999版，第35页。

② 弗雷德·鲁森斯：《组织行为学》，王垒、姚翔、童佳瑾译，人民邮电出版社2003年版，第40页。

③ 王小新、苗晶磊：《大学生学业自我效能感、自尊与学习倦怠关系研究》，《东北师大学报（哲学社会科学版）》2012 年第 1 期，第 192—196 页。

④ 黄忆春、张燕燕：《学业自我效能感与学业成就：关系、作用机制与影响因素》，《外国中小学教育》2009 年第 12 期，第 51—54 页。

业自我效能定义为学生对自身完成学业任务和学习能力的判断及预期，体现为学生对阅读、数学和学习整体能力的自我判断与认知。

2. 家庭教育投入

家庭教育投入或称家庭教育投资，在人力资本投资理论的框架内，通常被理解为家庭花在子女身上的教育费用。但从广义上理解，家庭教育投入是一个包含多重面向的概念，既包括教育支出、物质投入等货币性投入，也包括教育观念、抚养时间与精力付出等非货币性投入。研究表明，家庭社会经济地位、文化环境、家长参与、教育期望、教养方式和父母自我效能水平等会不同程度地影响学生的学业自我效能。家庭背景变量与父母为增加子女的人力资本投入的时间和物品数量有关，父母的受教育程度、收入和时间投入会显著影响子女的能力、教育成就甚至是未来的收入。① 家庭教育投入涉及家长支持的不同方面，包括家庭的基本生活条件如有利于儿童心智发育的住所、提供的智力材料及刺激认知发展的训练等，这些物质投资和育儿实践有助于孩子的学业和社会成功。② 有研究者认为家庭教育投入包含教育期望、教育支出和教育参与三方面的内容。③ 还有研究者通过家长对孩子教育活动的经济投入和时间投入来度量家长对孩子教育的关注和投入。综合以上文献，本研究将家庭教育投入分为家庭物质与文化资源、参加课外辅导班与家长教育参与三个方面。

1）家庭物质与文化资源，代表了家长为儿童提供的学习场所、文化环境和生活条件，与家长的社会经济地位紧密相关，用父母的受教育程度与家庭的资源拥有物来衡量。

2）参加课外辅导班，是家长为儿童寻求的校外教育支持，国内学者将课外补习理解为学生在主流教育之外所参加的培优补差的活动。④ 这种活动是市场经济主导下的教育服务行为，由专门培训机构提供的课外服务和家教等组织形式构成，既是文化资本的投入，也是一种经济投入。本研究中的课外辅导班包括旨在培养学生的才艺素质和兴趣特长的兴趣辅导班和旨在提升学生学业成绩和认知能

① Leibowitz A. Parental inputs and children's achievement. The Journal of Human Resources, 1977, 12（2）: 242—251.

② Conger R D, Donnellan M B. An interactionist perspective on the socioeconomic context of human development. Annual Review of Psychology, 2007（58）: 175—199.

③ 刘保中：《我国城乡家庭教育投入状况的比较研究——基于CFPS（2014）数据的实证分析》,《中国青年研究》2017年第12期，第45—52页。

④ 彭湃：《“影子教育”：国外关于课外补习的研究与启示》,《外国中小学教育》2007年第9期，第44—48页。

力的学科辅导班两种类型。

3）家长教育参与，除了家庭教育投入中的经济资本和文化资本会对学生的发展产生影响外，家长参与作为一种社会资本也会显著影响学生的学业表现。家庭教育的时间投入是削弱家庭经济背景对学生教育获得和成就影响的关键，对时间投入的研究更多基于科尔曼社会资本理论中的家长参与。科尔曼认为，父母与子女之间的关系以父母向子女传达价值观的形式产生社会资本，家庭的社会资本有助于儿童更好地适应学生生活的价值观。① 科尔曼关注社会资本在孩子教育过程中发挥的重要作用，在区分了内外部社会资本的基础上提出了家长参与这一具体概念，家长参与不仅包括家庭内部教育，还包括家长参与学校教育②，体现了家长对子女的教育关注及时间和精力的投入。结合我国家长教育参与的话语权和实际情况，本研究中的家长教育参与主要指父母投入时间精力积极与子女沟通讨论、关注孩子的日常学习状况、监督作业完成、了解子女的在校表现，并积极参与孩子的学习活动。

（三）研究问题

（1）城乡学生的家庭教育投入因素和学业自我效能是否有显著差异?

通过描述分析，了解城乡学生的家庭教育投入和学业自我效能状况，依据市区、县城、乡镇和村屯四级行政区域划分进行方差分析，研究不同行政区域下学生的家庭物质与文化资源、参加课外辅导班、家长教育参与情况以及学业自我效能是否存在显著差异。

（2）家庭教育投入是否会影响学生的学业自我效能? 这些变量对学生学业自我效能的解释力有多大? 这些变量是如何影响学生学业自我效能的?

学生的学业自我效能会受到来自家庭、学校等外界因素的影响，本研究以家庭为视角，研究家庭教育投入对学生学业自我效能的影响，选择家庭物质与文化资源、参加课外辅导班与家长教育参与作为自变量，利用 SPSS24.0 软件，通过多元线性回归分析验证这些因素是否会影响学生的学业自我效能。通过 R^2 衡量家庭物质与文化资源、参加课外辅导班与家长教育参与对学生学业自我效能的解释力大小，通过标准化回归系数衡量统计检验的显著性变量的影响力程度。同时，利用 AMOS24.0 软件构建结构方程模型，探究家庭物质与文化资源、参加课

① Sothy E. Cambodian early adolescents' academic achievement. The Journal of Early Adolescence, 2013, 33（3）: 378—403.

② 李佳丽：《家长参与和代际闭合对初中生认知能力的影响——基于科尔曼社会资本理论的分析》，《教育发展研究》2017 年第 Z2 期，第 6—14 页。

外辅导班和家长教育参与对学生学业自我效能的路径机制。

二、研究工具与统计方法

（一）研究工具的信效度检验

1. 学业自我效能量表

（1）学业自我效能量表的探索性因素分析

学业自我效能量表主要参照国际数学与科学趋势研究（Trends in International Mathematics and Science Study，TIMSS）学生问卷进行修订。从数学自我效能、学习自我效能和阅读自我效能三个维度选择了 13 道题目进行探索性因素分析，结果显示，KMO 值为 0.905，表明学业自我效能量表适合进行因素分析；Bartlett 球形检验显著性为 0.000，说明题项之间具有相关。因素分析结果如表 8.1 所示，所有题项皆达选题标准，因素分析共选取出三个因子，与量表原设计维度相符，所有题项累积解释方差为 57.438%。

表 8.1　学业自我效能量表的因素分析结果

题项	数学自我效能	学习自我效能	阅读自我效能
1. 我喜欢学习数学	0.629		
2. 我喜欢阅读数学方面的书籍	0.648		
3. 与数学有关的事我学得很快	0.755		
4. 我很会解决数学难题	0.742		
5. 老师说我的数学能力很好	0.731		
6. 我能按时完成作业		0.804	
7. 我能专心学习		0.744	
8. 我能记住课上讲过的内容和课本上的内容		0.691	
9. 我能达到老师对我的期望		0.576	
10. 我在语文学习方面通常表现较好			0.680
11. 如果一本书很有趣，不管它多难读，我还是要读			0.769
12. 阅读时我觉得很享受			0.688
13. 读完一本书后，我能够复述大概情节			0.623
特征值	5.011	1.480	0.976
解释方差（%）	21.661	18.152	17.624
累积解释方差（%）	21.661	39.813	57.438

（2）学业自我效能量表的内部一致性信度检验

信度衡量的是潜在结构的一组指标在多大程度上暂时一致，量表的信度越大，其测量的标准误差越小。信度问题实质是测量的一致性问题，分为内在信度和外在信度，内部一致性信度常用克龙巴赫系数（Cronbach's α）测量，适用于态度等量表，根据海尔（Hair）等的建议，对内部一致性信度的相关判断标准为：①各题项之间的相关系数要大于 0.3。②修正后的项与总计相关（corrected item-total correlation，CITC）要大于 0.5。③探索性研究中，要求 Cronbach's α 系数大于 0.6，成熟量表中，要求 Cronbach's α 系数大于 0.7。①

由探索性因素结果分析可知，学业自我效能量表一共 13 道题，分为数学自我效能、学习自我效能和阅读自我效能三个分量表。如表 8.2 所示，数学自我效能分量表的 Cronbach's α 系数为 0.793，五个题项之间两两相关系数均大于 0.3，CITC 分别为 0.555、0.551、0.597、0.593 和 0.567，均大于 0.5。如表 8.3 所示，学习自我效能分量表的 Cronbach's α 系数为 0.803，五个题项之间两两相关系数均大于 0.3，CITC 分别为 0.547、0.676、0.677 和 0.572，均大于 0.5。如表 8.4 所示，阅读自我效能分量表的 Cronbach's α 系数为 0.706，五个题项之间两两相关系数均大于 0.3，CITC 分别为 0.468、0.519、0.528 和 0.454，均在 0.5 左右。综上所述，学业自我效能量表具有良好的内部一致性信度。

表 8.2　数学自我效能分量表内部一致性信度摘要表

	题项相关					内部一致性信度	
	1	2	3	4	5	CITC	Cronbach's α 系数
1	1					0.555	
2	0.438	1				0.551	
3	0.444	0.467	1			0.597	0.793
4	0.411	0.404	0.456	1		0.593	
5	0.399	0.374	0.431	0.522	1	0.567	

注：序号 1、2、3、4、5 代表题项，下同

① Jr Hair J F, Black W C, Babin B J, et al. Multivariate Data Analysis（7th Edition）. London: Pearson, 2009.

表 8.3　学习自我效能分量表内部一致性信度摘要表

	题项相关				内部一致性信度	
	1	2	3	4	CITC	Cronbach's α 系数
1	1				0.547	0.803
2	0.553	1			0.676	
3	0.466	0.587	1		0.677	
4	0.357	0.490	0.575	1	0.572	

表 8.4　阅读自我效能分量表内部一致性信度摘要表

	题项相关				内部一致性信度	
	1	2	3	4	CITC	Cronbach's α 系数
1	1				0.468	0.706
2	0.415	1			0.519	
3	0.360	0.424	1		0.528	
4	0.305	0.337	0.408	1	0.454	

（3）学业自我效能量表的效度检验

从学业自我效能量表来看，各个潜变量对应题目的标准化因子载荷均大于0.5，表明各个潜变量对应的题目具有一定的代表性。各个潜变量的平均方差提取量（average variance extracted，AVE）均大于0.36，组合信度（composite reliability，CR）大于0.7，说明各个维度具有良好的收敛效度。另外，区别效度中对角线AVE的平方根均大于其同行和同列的皮尔逊相关系数，各个潜变量之间具有一定的相关性，且彼此之间又有一定的区分度，所以学业自我效能量表的区分度良好（表8.5）。

表 8.5　学业自我效能量表收敛效度与区别效度摘要表

路径			收敛效度			区别效能			
			估计值	AVE	CR	维度	数学效能	阅读效能	学习效能
数学 1	<—	数学效能	0.633	0.436	0.755	数学效能	0.660		
数学 4	<—	数学效能	0.630			阅读效能	0.400	0.615	

续表

路径			收敛效度			区别效能			
			估计值	AVE	CR	维度	数学效能	阅读效能	学习效能
数学 5	<—	数学效能	0.686			学习效能	0.566	0.559	0.716
数学 7	<—	数学效能	0.689						
数学 8	<—	数学效能	0.659						
阅读 1	<—	阅读效能	0.579	0.378	0.708				
阅读 2	<—	阅读效能	0.654						
阅读 6	<—	阅读效能	0.663						
阅读 8	<—	阅读效能	0.557						
效能 12	<—	学习效能	0.630	0.513	0.807				
效能 13	<—	学习效能	0.775						
效能 14	<—	学习效能	0.783						
效能 15	<—	学习效能	0.664						

2. 家长教育参与量表

（1）家长教育参与量表的内部一致性信度

家长教育参与量表反映家长对学生的学业参与情况，如表 8.6 所示，本研究的 Cronbach's α 系数为 0.685，题项之间两两相关系数均在 0.3 左右，CITC 分别为 0.465、0.512、0.488 和 0.409，基本在基准值 0.5 左右，所以家长教育参与量表内部一致性信度可以接受。

表 8.6　家长教育参与量表内部一致性信度摘要表

	题项相关				内部一致性信度	
	1	2	3	4	CITC	Cronbach's α 系数
1	1				0.465	0.685
2	0.425	1			0.512	
3	0.323	0.418	1		0.488	
4	0.303	0.288	0.352	1	0.409	

（2）家长教育参与量表的效度检验

在家长参与量表中，前三题各个潜变量对应题目的标准化因子载荷均大于

0.5，第四题的标准化因子载荷不足 0.5，但也超过 0.4 的最低标准，表明各个潜变量对应的题目具有一定的代表性。潜变量的 AVE 为 0.346，维度对题目的平均解释能力可以接受，CR 大于 0.6，说明聚敛效度可以接受（表 8.7）。由于家长参与量表只有一个维度，题项较少，故不进行区别效度检验。

表 8.7　家长参与量表收敛效度摘要表

路径			收敛效度		
			估计值	AVE	CR
参与 1	<---	家长教育参与	0.602	0.346	0.674
参与 2	<---	家长教育参与	0.706		
参与 3	<---	家长教育参与	0.572		
参与 4	<---	家长教育参与	0.443		

3. 家庭物质与文化资源问卷

依据凯泽（Kaiser）的标准，KMO 值越趋近于 1，说明因子分析的效果越好，0.8～0.9 适合，大于 0.9 非常适合。在家庭物质与文化资源指数的因素分析中，KMO 值为 0.84，在 0.8～0.9，表明样本量充足，该题项适合执行因素分析。Bartlett 球形检验为 6947.016，自由度为 91，显著性为 0.000，表明总体的相关矩阵间有共同因子存在，适合进行因素分析。在确定保留用于解释和进一步使用的因子数量时，海尔建议结合概念性基础和经验性证据，以保证经验标准与确定因子数量的理论基础相平衡，实际研究中一般选取特征值大于 1 的因子，本研究共提取出 4 个因素，其特征值分别为 3.986、1.372、1.186 和 1.047，四个因素累积解释变异量达到了 53.581%，高于最低值 50%，表明这一变量具有较好的结构效度。如表 8.8 所示，将旋转后的成分矩阵提取出的四个因素分别命名为制度化文化资本、客观化文化资本、学习环境设置和家庭物质资源拥有量，各题项因子载荷均大于 0.5，各因子与对应变量关系较为密切。家庭物质与文化资源的不同维度既体现了家庭为学生提供教育资源的经济实力，也展现了家庭是否创设了有利于学生求知的文化氛围，在洛罗（Lareau）看来，家庭中丰富的图书等资源增加了子女认知发展的机会，这种认知刺激有利于激发学生的学习兴趣，从而提高其认知能力。[①] 根据以往文献，本研究将所有题项加总代表家庭物质与文化资源指数，分数越高，说明家庭物质与文化资源越多。

① Lareau A. Social class differences in family-school relationships: The importance of cultural capital. Sociology of Education, 1987, 60（2）: 73—85.

表 8.8　家庭物质与文化资源问卷的因素分析结果

题项和统计量	制度化文化资本	客观化文化资本	学习环境设置	家庭物质资源拥有量
1. 你父亲的文化程度是?	0.863			
2. 你母亲的文化程度是?	0.849			
3. 你家里大约有多少本书?		0.751		
4. 你家长每年大约给你购买多少本新的课外读物?		0.707		
5. 你阅读过的课外读物大约有多少本?		0.569		
6. 你有自己的书桌吗?			0.691	
7. 你有自己的书架或书柜吗?			0.566	
8. 你有自己独立的房间吗?			0.763	
9. 你家里有洗衣机吗?				0.748
10. 你家里有电视机吗?				0.671
11. 你家里有浴室吗?				0.494
12. 你家里有移动网络连接（无线或网线）吗?				0.494
13. 你家是否拥有轿车、货车或卡车?				0.582
14. 你家有多少台电脑（包括台式电脑、笔记本电脑、平板电脑，不包括游戏机及智能手机）?				0.595
特征值	1.372	3.986	1.186	1.047
解释方差（%）	12.628	19.227	11.754	9.972
累积解释方差（%）	12.628	31.855	43.609	53.581

4. 参加课外辅导班问卷

对学生参加课外兴趣班和学科辅导班的情况，主要通过调查问卷来掌握。由于学生参加课外辅导班的个数问题属于显变量，故不需进行信效度检验。

（二）样本情况

本研究选择贵州省 X 市、Y 县和 Z 县作为调研地点，包括市区、县城、乡镇和村屯四级行政区域，随机选择市区学校 4 所、县城学校 7 所、乡镇学校 14 所、乡村学校 10 所，以四、八年级学生为样本，以了解城乡学生的基本信息、学业自我效能状况及家庭教育投入状况（表 8.9）。收集数据后，首先对问卷进行编码，为每一所学校、每一位学生和每一道题目赋予唯一的值与之相对应，然后将收集到的数据导入 Excel、SPSS24.0 等软件中进行清洗，将由被试漏答、误答或录入者录入数据时发生错误等导致的异常值作为缺失值处理，通过 SPSS 热卡插补处理缺失值，最终保留有效数据 2473 份。整体来看，样本数据在各类别的数量分布较为均衡，不同类别数据中最大样本组和最小样本组比值保持在 4 以内，故对不同组别的差异分析具有统计意义。

表 8.9　调研样本分布表

类别	具体类别	n	百分比（%）	有效百分比（%）	累计百分比（%）
地区	Y 县	996	40.27	40.27	40.27
	Z 县	1083	43.79	43.79	84.06
	X 市	394	15.94	15.94	100.00
年级	四年级	1289	52.12	52.12	52.12
	八年级	1184	47.88	47.88	100.00
性别	男	1183	47.84	47.84	47.84
	女	1290	52.16	52.16	100.0
区域	市区	394	15.93	15.93	15.93
	县城	856	34.61	34.61	50.54
	乡镇	900	36.39	36.39	86.93
	村屯	323	13.07	13.07	100.00
市区	四年级	193	48.98	48.98	48.98
	八年级	201	51.02	51.02	100.0
县城	四年级	402	46.96	46.96	46.96
	八年级	454	53.04	53.04	100.00
乡镇	四年级	371	41.22	41.22	41.22
	八年级	529	58.78	58.78	100.00
村屯	四年级	323	100.00	100.00	100.00

（三）统计方法

1. 描述统计和方差分析

首先进行描述分析，统计变量的基本情况，对类别变量进行频数分析，查看各组别频数差异情况，对连续变量还要统计其最值、平均值和标准差等，量表题项通过描述统计检验其是否符合常态，反向题进行反向处理。其次进行各变量的差异分析，探究家庭物质与文化资源、课外辅导获得情况、家长教育参与和学业自我效能在不同地区、性别和年级之间是否存在显著差异。

2. 多元线性模型

通过拟合优度 R^2 来检验回归方程对样本观测值的拟合程度，F 检验对模型中解释变量与非解释变量之间是否存在线性关系进行显著性检验，从而验证家庭教育投入诸变量对学业自我效能是否有显著影响。

3. 结构方程模型

选择结构方程模型验证家庭教育投入对学业自我效能的影响主要出于以下考虑：①结构方程模型可以同时处理测量模型与分析问题，不仅可以估计测量过程中的误差，还可以评估测量的信效度。②适用于大样本分析。③结构方程模型包含因子分析、路径分析等一系列多元统计分析方法，既可以分析可观测变量之间的关系，又可以分析潜变量的作用。①

三、学生学业效能与家庭教育投入状况和城乡差异

（一）学生学业效能与城乡差异分析

1. 学生学业自我效能基本状况及年级差异

在学业自我效能测量中，如表 8.10 所示，所有题项的最大值为 5，最小值为 1，无异常值出现。均值在 3～5，说明学生在数学、阅读和学习等方面的自我效能感中等偏高，极差与标准差的比值均在 5 以内，说明数据较为分散，所有题目均具有一定的鉴别力。各题项偏度的绝对值均小于 1，峰度的绝对值均小于 1，说明学业自我效能量表各题项数据均符合单变量正态检验。

表 8.10　学业自我效能量表正态检验摘要表

题项	MAX	MIN	M	*SD*	bs	bk
1. 我喜欢学习数学	5	1	3.99	1.14	–0.87	–0.08
2. 我喜欢阅读数学方面的书籍	5	1	3.26	1.24	–0.09	–0.88
3. 与数学有关的事我学得很快	5	1	3.37	1.21	–0.21	–0.82
4. 我很会解决数学难题	5	1	3.18	1.19	–0.07	–0.75
5. 老师说我的数学能力很好	5	1	3.05	1.17	–0.04	–0.66
6. 我在语文学习方面通常表现较好	5	1	3.44	1.06	–0.21	–0.34

① 程开明：《结构方程模型的特点及应用》，《统计与决策》2006 年第 10 期，第 22—25 页。

续表

题项	MAX	MIN	M	*SD*	bs	bk
7. 如果一本书很有趣，不管它多难读，我还是要读	5	1	3.86	1.14	–0.68	–0.42
8. 阅读时我觉得很享受	5	1	3.84	1.18	–0.72	–0.33
9. 读完一本书后，我能够复述大概情节	5	1	3.69	1.12	–0.05	–0.42
10. 我能按时完成作业	5	1	4.19	1.02	–1.15	0.69
11. 我能专心学习	5	1	3.98	1.04	–0.78	–0.01
12. 我能记住课上讲过的内容和课本上的内容	5	1	3.76	1.05	–0.38	–0.57
13. 我能达到老师对我的期望	5	1	3.54	1.07	–0.22	–0.56

如表 8.11 所示，四年级学生的学业自我效能均值为 48.11，八年级的均值是 46.08，说明四年级学生的学业自我效能水平高于八年级学生的学业自我效能水平。对不同年级学生学业自我效能进行检验，结果如表 8.12 所示，F 值为 1.494，伴随概率为 0.222，说明在 1% 的显著性水平上不同年级学生的学业自我效能方差相等；t 值为 5.612，p 值小于 0.01，说明在 1% 的显著性水平下不同年级学生学业自我效能存在显著性差异。

表 8.11　不同年级学生学业自我效能描述分析

年级	*n*	*M*	*SD*	*SEM*
四年级	1289	48.11	9.03	0.25
八年级	1184	46.08	8.89	0.26

表 8.12　不同年级学生学业自我效能的独立样本 *t* 检验

莱文方差等同性检验			平均值等同性 *t* 检验				
	F	*p*	*t*	*df*	*p*	*AD*	*SD*
假定等方差	1.494	0.222	5.612	2471	0.000	2.025	0.361
不假定等方差			5.616	2459.369	0.000	2.025	0.361

2. 学生学业自我效能的城乡差异

分区域看，如表 8.13 所示，市区和县城学生的学业自我效能较高，均值分别为 50.24 和 49.24；乡镇和村屯学生学业自我效能较低，分别为 44.53 和 45.07。从方差分析结果看，F 值为 66.684，伴随概率小于 0.001，说明在 0.1% 的显著性水平下所拟合的多重线性回归方程具有统计学意义。如表 8.14 所示，多重比较结果中，除了市区与县城、乡镇和村屯对应的 p 值大于 0.05 外，其余各行政地区间的 p 值均小于 0.05，说明在 5% 的显著性水平下市区与乡镇、村屯之间，县城与乡镇、村屯之间学生的学业自我效能均存在显著性差异，而市区与县城、乡镇和村屯之间学生的学业自我效能差异并不显著。这表明在学生学业自我效能方面，市区和县城、乡镇和村屯两两之间呈现了一致性。

表 8.13　不同地区学生学业自我效能的描述统计

类别	*n*	*M*	*SD*	Min	Max
市区	394	50.24	8.51	17	65
县城	856	49.24	8.66	13	65
乡镇	900	44.53	8.80	16	65
村屯	323	45.07	8.61	23	65
总计	2473	47.14	9.02	13	65

表 8.14　不同地区学生学业自我效能的多重比较

类别	具体类别	*AD*	*SE*	*p*	95% 置信区间	
					下限	上限
市区	县城	1.008	0.528	0.057	–0.03	2.04
	乡镇	5.714*	0.524	0.000	4.69	6.74
	村屯	5.172*	0.651	0.000	3.89	6.45
县城	市区	–1.008	0.528	0.057	–2.04	0.03
	乡镇	4.706*	0.414	0.000	3.89	5.52
	村屯	4.165*	0.567	0.000	3.05	5.28
乡镇	市区	–5.714*	0.524	0.000	–6.74	–4.69
	县城	–4.706*	0.414	0.000	–5.52	–3.89
	村屯	–0.541	0.563	0.336	–1.65	0.56
村屯	市区	–5.172*	0.651	0.000	–6.45	–3.89
	县城	–4.165*	0.567	0.000	–5.28	–3.05
	乡镇	0.541	0.563	0.336	–0.56	1.65

进一步分析，探究来自不同层级地区学生的学业自我效能的年级差异是否显著。如表 8.15 所示，对市区学生的 t 检验结果显示，p 值为 $0.309>0.05$，说明市区不同年级学生的学业自我效能不存在显著差异。县城学生的 t 检验结果显示，t

值为 4.187，p=0.000<0.001，说明在 0.1% 的显著性水平下县城学生的学业自我效能的年级差异显著。乡镇学生的 t 检验结果显示，p 值为 0.000，说明乡镇不同年级学生的学业自我效能存在显著性差异。

表 8.15　不同地区学生学业自我效能年级差异检验

类别		莱文方差等同性检验		平均值等同性 t 检验				
		F	p	t	df	p（双尾）	AD	SD
市区	假定等方差	5.625	0.018	1.018	392	0.309	0.857	2.559
	不假定方差			1.015	377.331	0.873	0.860	2.564
县城	假定等方差	0.252	0.616	4.187	854	0.000	2.458	0.587
	不假定方差			4.197	848.340	0.000	2.458	0.586
乡镇	假定等方差	3.676	0.056	6.571	898	0.000	3.826	0.582
	不假定方差			6.494	761.860	0.000	3.826	0.589

（二）家庭教育投入状况与城乡差异分析

1. 家庭物质与文化资源状况及城乡差异分析

如表 8.16 所示，从调研样本的家庭物质与文化资源拥有情况看，物质资源要好于文化资源。大部分家庭能配备齐全电视、洗衣机、洗澡间、电脑、移动网络和汽车等，大多数学生拥有自己的书桌、书架和房间，虽然质量和价格可能有较大差异，但这表明随着我国经济发展水平的提高，人们的生活质量都得到了很大改善，家庭的物质条件基本能满足学生的需求。但从调研样本父母的受教育程度来看，父母学历集中在小学和初中阶段，并且母亲的受教育程度要略低于父亲的受教育程度。家庭藏书量基本在 11～25 本，每年书籍的购买量在 10 本以内，书籍阅读量在 11～25 本，故家庭藏书量和学生的阅读量仍有相当大的拓展空间。

表 8.16　家庭物质与文化资源描述分析

题项	Max	Min	M	SD
1. 父亲的文化程度	8	1	2.85	1.86
2. 母亲的文化程度	8	1	2.70	1.84
3. 家庭的藏书量	6	1	3.57	1.49
4. 家庭书籍的购买量	6	1	2.33	1.00
5. 家庭书籍的阅读量	6	1	3.27	1.35

续表

题项	Max	Min	*M*	*SD*
6. 是否有自己的书桌	2	1	1.77	0.42
7. 是否有自己的书柜或书架	2	1	1.56	0.50
8. 是否有自己的房间	2	1	1.83	0.38
9. 家里是否有洗衣机	2	1	1.96	0.20
10. 家里是否有电视机	2	1	1.94	0.24
11. 家里是否有浴室	4	1	2.33	0.67
12. 家里是否有移动网络	2	1	1.81	0.39
13. 家里有多少台电脑	4	1	1.98	1.04
14. 家里是否有轿车、货车或卡车	3	1	1.84	0.71

如表 8.17 所示，从家庭物质与文化资源的方差分析结果看，p 值小于 0.001，说明在 0.1% 的显著性水平下所拟合的多重线性回归方程具有统计学意义。如表 8.18 所示，多重比较结果显示，城乡不同层级的比较对应的 p 值均小于 0.05，说明在 5% 的显著性水平下来自市区、县城、乡镇和村屯不同层级的学生的家庭物质与文化资源拥有情况存在显著性差异。从各层级地区家庭物质与文化资源指数的均值看，呈现从市区、县城、乡镇到村屯依次降低的趋势。

表 8.17　不同地区家庭物质与文化资源方差分析

类别	*SS*	*df*	*MS*	*F*	*p*
组间	48 704.599	3	16 234.866	520.587	0.000
组内	76 997.432	2469	31.186		
总计	125 702.032	2472			

表 8.18　不同地区学生家庭物质与文化资源多重比较

类别		*AD*	*SE*	*p*	95% 置信区间	
					下限	上限
市区	县城	7.341*	0.340	0.000	6.67	8.01
	乡镇	11.988*	0.337	0.000	11.33	12.65
	村屯	13.543*	0.419	0.000	12.72	14.36

续表

类别		AD	SE	p	95% 置信区间	
					下限	上限
县城	市区	–7.341*	0.340	0.000	–8.01	–6.67
	乡镇	4.647*	0.267	0.000	4.12	5.17
	村屯	6.202*	0.365	0.000	5.49	6.92
乡镇	市区	–11.988*	0.337	0.000	–12.65	–11.33
	县城	–4.647*	0.267	0.000	–5.17	–4.12
	村屯	1.555*	0.362	0.000	0.84	2.27
村屯	市区	–13.543*	0.419	0.000	–14.36	–12.72
	县城	–6.202*	0.365	0.000	–6.92	–5.49
	乡镇	–1.555*	0.362	0.000	–2.27	–0.84

2. 学生参加课外辅导班状况与城乡差异分析

如图 8.1 所示，学生兴趣辅导班的参与率为 63.57%，学生参加 1 个、2 个和 3 个兴趣辅导班的情况居多，分别占 24.67%、17.39% 和 10.63%。如图 8.2 所示，学生学科辅导班的参与率为 41.45%，其中 16.42% 的学生参加过 1 个学科辅导班，9.30% 的学生参加过 2 个学科辅导班，9.02% 的学生参加过 3 个辅导班，6.71% 的学生参加过 3 个以上的学科辅导班。随着参与辅导班的数量递增，参与学生的比例也相应减少，整体来看，样本学生兴趣辅导班的参与率高于学科辅导班的参与率。

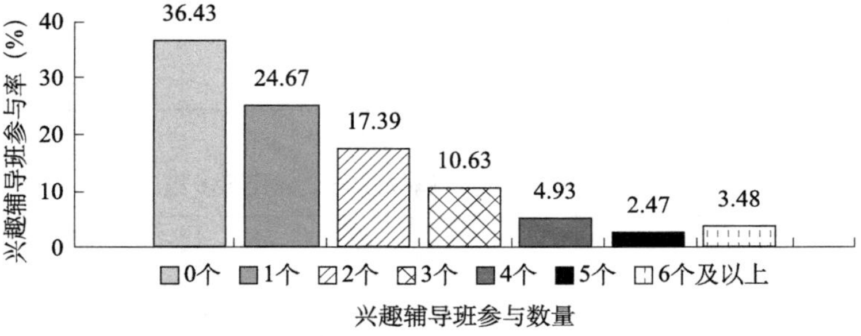

图 8.1　学生参与兴趣辅导班频率图

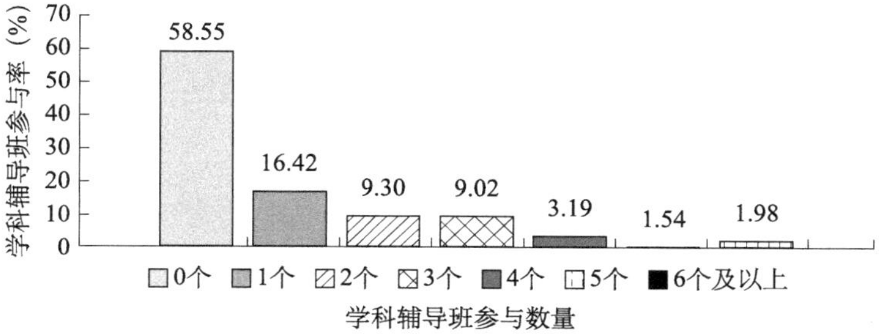

图 8.2　学生参与学科辅导班频率图

如表 8.19 所示，从来自不同层级地区学生参与课外辅导班的卡方检验结果看，显著性均小于 0.001，说明在 0.1% 的显著性水平下市区、县城、乡镇和村屯学生参与课外辅导班的机会存在显著性差异。如表 8.20 所示，市区、县城、乡镇和村屯学生兴趣辅导班的参与率分别为 85.53%、63.55%、53.67% 和 64.40%，学科辅导班的参与率分别为 81.47%、43.22%、24.56% 和 34.98%，所以学生课外辅导班的参与率从大到小依次为市区、县城、村屯、乡镇。其中，市区学生兴趣辅导班和学科辅导班的参与情况均显著高于其他层级学生的参与率，说明市区家庭支持子女参与课外辅导的意愿和能力更强。

表 8.19　不同地区学生参与课外辅导班的卡方检验结果（N=2473）

类别		数值	*df*	渐进显著性（双侧）
兴趣辅导班	皮尔逊卡方	224.798[a]	18	0.000
	似然比（L）	214.573	18	0.000
学科辅导班	皮尔逊卡方	478.839[a]	18	0.000
	似然比（L）	455.433	18	0.000

注：a. 0 个单元格（0.0%）的期望计数小于 5，下同

表 8.20　不同层级地区学生参加课外辅导班的交叉表　　单位：人

类别	数量	市区	县城	乡镇	村屯	总计
参加兴趣辅导班	0 个	57	312	417	115	901
	1 个	86	217	213	94	610
	2 个	77	163	137	53	430
	3 个	71	93	73	26	263
	4 个	46	36	26	14	122

续表

类别	数量	市区	县城	乡镇	村屯	总计
参加兴趣辅导班	5 个	21	18	17	5	61
	6 个及以上	36	17	17	16	86
	总计	394	856	900	323	2473
参加学科辅导班	0 个	73	486	679	210	1448
	1 个	86	181	101	38	406
	2 个	71	80	53	26	230
	3 个	80	74	42	27	223
	4 个	47	16	10	6	79
	5 个	18	7	7	6	38
	6 个及以上	19	12	8	10	49
	总计	394	856	900	323	2473

如表 8.21 所示，从不同年级学生参加辅导班的结果看，显著性均小于 0.01，说明在 1% 的显著性水平下不同年级学生参加课外辅导班的机会存在显著性差异。如表 8.22 所示，八年级学生未参加兴趣辅导班的比例为 42.48%，要高于四年级未参加兴趣辅导班的比例（30.88%），四年级参加 1 个、2 个、3 个、4 个、5 个和 6 个及以上兴趣辅导班的比例分别为 25.76%、17.61%、10.63%、6.67%、3.26% 和 5.20%，参加相同个数兴趣辅导班的八年级学生分别有 23.48%、17.15%、10.64%、3.04%、1.60% 和 1.60%，整体来看，四年级学生参与兴趣辅导班的比例高于八年级学生。四年级学生未参加学科辅导班的人数少于八年级学生，参加不同个数学科辅导班的比例普遍高于八年级学生，所以四年级学生学科辅导班的整体参与率高于八年级学生的参与率。

表 8.21　不同年级学生参与辅导班的卡方检验（N=2473）

类别		数值	df	渐进显著性（双侧）
兴趣辅导班	皮尔逊卡方	70.440[a]	6	0.000
	似然比（L）	72.781	6	0.000
学科辅导班	皮尔逊卡方	20.026[a]	6	0.003
	似然比（L）	20.278	6	0.002

表 8.22　不同年级学生参与辅导班的描述分析

兴趣辅导班个数	年级		总计	学科辅导班个数	年级		总计
	四年级	八年级			四年级	八年级	
0	398	503	901	0	716	732	1448
1 个	332	278	610	1 个	235	171	406
2 个	227	203	430	2 个	129	101	230
3 个	137	126	263	3 个	117	106	223
4 个	86	36	122	4 个	35	44	79
5 个	42	19	61	5 个	27	11	38
6 个及以上	67	19	86	6 个及以上	30	19	49
总计	1289	1184	2473	总计	1289	1184	2473

分析不同层级地区学生参加兴趣辅导班的年级差异是否显著，结果显示，市区、县城及乡镇学生不同年级间学生的参加率均存在显著差异。但关于学科辅导班，市区和县城四年级和八年级学生的参加情况均不存在显著差异，乡镇的四、八年级学生参加学科辅导班的情况存在显著差异（表 8.23）。

表 8.23　不同地区学生参加辅导班的卡方检验

类别			数值	*df*	渐进显著性（双侧）
兴趣辅导班	市区	皮尔逊卡方	73.475[a]	6	0.000
		似然比（L）	79.182	6	0.000
	县城	皮尔逊卡方	24.628[a]	6	0.000
		似然比（L）	24.812	6	0.000
	乡镇	皮尔逊卡方	17.691[a]	6	0.007
		似然比（L）	17.496	6	0.008
学科辅导班	市区	皮尔逊卡方	7.024[a]	6	0.319
		似然比（L）	7.047	6	0.317
	县城	皮尔逊卡方	11.503[a]	6	0.074
		似然比（L）	11.691	6	0.069
	乡镇	皮尔逊卡方	18.775[a]	6	0.005
		似然比（L）	21.128	6	0.002

3. 家长教育参与状况与城乡差异分析

在家长教育参与测量中，如表 8.24 所示，所有题项的最大值均为 4，最小值均为 1，无异常值出现。均值在 2～4，说明家长教育参与程度一般，极差与标准差的比值普遍在 3 以内，说明数据较为分散，题目具有一定的鉴别力。各题项的偏度和峰度均在标准范围内，说明家长教育参与量表各个题项的数据均符合单变量正态分布。

表 8.24　家长教育参与量表正态检验摘要表

题项	Max	Min	*M*	*SD*	bs	bk
1. 父母询问我在学校学的东西	4	1	2.73	1.02	–0.47	–0.87
2. 父母和我讨论我的学校作业	4	1	2.64	1.10	–0.26	–1.26
3. 父母监督我按时完成作业	4	1	2.85	1.17	–0.49	–1.26
4. 父母关心我在学校的学业表现	4	1	3.17	0.96	–0.89	–0.31

如表 8.25 所示，不同层级地区的家长教育参与有所不同，市区家长教育参与偏高，乡镇家长教育参与低。如表 8.26 所示，不同层级地区家长教育参与的方差分析结果显示 $p<0.001$，说明在 0.1% 的显著性水平下所拟合的多重线性回归方程具有统计学意义。如表 8.27 所示，多重比较结果中各 p 值均小于 0.05，说明在 5% 的显著性水平下市区、县城、乡镇和村屯之间学生的家长教育参与存在显著性差异，并且市区家长教育参与最高，其次是县城、村屯，乡镇家长教育参与最低。

表 8.25　不同层级地区家长教育参与的描述统计

类别	*n*	*M*	*SD*	Min	Max
市区	394	13.01	2.68	4	16
县城	856	11.62	2.95	4	16
乡镇	900	10.60	3.05	4	16
村屯	323	11.00	2.90	4	16
总计	2473	11.39	3.05	4	16

表 8.26　不同层级地区家长教育参与的方差分析结果

类别	*SS*	*df*	*MS*	*F*	*p*
组间	1691.308	3	563.769	65.26	0.000
组内	21 329.135	2469	8.639		
总计	23 020.443	2472			

表 8.27　不同层级地区家长教育参与多重比较

类别		*AD*	*SE*	*p*	95% 置信区间	
					下限	上限
市区	县城	1.392*	0.179	0.000	1.04	1.74
	乡镇	2.410*	0.178	0.000	2.06	2.76
	村屯	2.016*	0.221	0.000	1.58	2.45
县城	市区	−1.392*	0.179	0.000	−1.74	−1.04
	乡镇	1.018*	0.140	0.000	0.74	1.29
	村屯	0.623*	0.192	0.001	0.25	1.00
乡镇	市区	−2.410*	0.178	0.000	−2.76	−2.06
	县城	−1.018*	0.140	0.000	−1.29	−0.74
	村屯	−0.395*	0.191	0.039	−0.77	−0.02
村屯	市区	−2.016*	0.221	0.000	−2.45	−1.58
	县城	−0.623*	0.192	0.001	−1.00	−0.25
	乡镇	0.395*	0.191	0.039	0.02	0.77

从表 8.27 和表 8.29 中可知 F 值为 16.364，伴随概率为 0.000，说明在 0.1% 的显著性水平下四年级和八年级学生的家长教育参与度方差不等。（t 检验结果位于第二行）t 值为 5.191，p 值小于 0.01，说明在 1% 的显著性水平下不同年级家长教育参与存在显著性差异，四年级学生家长教育参与程度略高于八年级家长教育参与程度。

表 8.28　不同年级家长教育参与描述分析

年级	*n*	*M*	*SD*	*SE*
四年级	1289	11.70	2.90	0.08
八年级	1184	11.06	3.18	0.09

表 8.29　不同年级家长教育参与独立样本 t 检验

	莱文方差等同性检验		平均值等同性 t 检验				
	F	*p*	*t*	*df*	*p*	平均值差值	*SE*
假定等方差	16.364	0.000	5.212	2471	0.000	0.637	0.122
不假定等方差			5.191	2394.273	0.000	0.637	0.123

如表 8.30 所示，进一步分析市区、县城和乡镇学生的家长教育参与度的年级差异。市区四、八年级学生分别为 193 人和 201 人，独立样本 t 检验的 p 值为 0.867>0.01，说明市区不同年级学生的家长教育参与度差异不显著。四年级和八年级学生中来自县城的分别有 402 和 454 人，p 值小于 0.01，说明县城不同年级学生的家长教育参与度存在显著差异。乡镇地区四年级和八年级学生分别为 371 人和 529 人，t 值为 4.088，p 值小于 0.001，说明乡镇不同年级学生的家长教育参与度存在显著差异。

表 8.30　不同地区家长教育参与度的年级差异检验

类别		莱文方差等同性检验		平均值等同性 t 检验				
		F	p	t	df	p	AD	SD
市区	假定等方差	3.990	0.046	–0.167	392	0.867	–0.045	0.270
	不假定等方差			–0.168	389.623	0.867	–0.045	0.270
县城	假定等方差	11.763	0.001	5.395	854	0.000	1.072	0.199
	不假定等方差			5.436	853.995	0.000	1.072	0.197
乡镇	假定等方差	2.206	0.138	4.088	898	0.000	0.837	0.205
	不假定等方差			4.118	816.392	0.000	0.837	0.203

四、家庭教育投入对学生学业自我效能的影响

（一）家庭教育投入是否影响学生学业自我效能?

本研究采用多元线性回归分析探究家庭物质与文化资源、参加课外辅导班、家长教育参与对学生的学业自我效能的预测作用，分别将家庭物质与文化资源和家长教育参与变量的题目分值加总，课外辅导班以是否参与作为二分变量，三者同时作为自变量，学业自我效能将所有维度内题项分值加总作为因变量带入回归模型。回归分析结果如下。

德宾 – 沃森（Durbin-Watson，D-W）检验系数可以判断样本是否存在自我相关，当 D-W 值大于 2.5 或小于 1.5 时，样本具有自我相关；而当 D-W 值在 2 左右时，样本不具有自我相关，可以进行多元线性回归模型的建构。本研究中的 D-W 值为 1.819，在 2 左右，所以样本不具有自我相关，可以进行多元线性回归

模型的建构。自变量之间的多重共线性会对最终模型产生重大影响，VIF 是判定自变量是否存在多重共线性的重要指标，当 VIF<3 时，变量间不存在共线性问题。本研究中的 VIF 值均小于 3，说明变量之间不存在共线性问题。R^2 表示自变量解释的因变量变化原因的百分比，一般在 0～1，数值越大，表示因变量被自变量解释的程度越大。本研究中的 R^2 为 16.4%，说明家庭物质与文化资源、参加课外辅导班、家长教育参与三个变量可以解释学生学业自我效能变化的 16.4%。

显著性检验包括模型整体的显著性和自变量对因变量影响的显著性，通过 F 分布确定比率是否为零来判定模型整体的显著性。关于统计的显著性检验，p 值小于 0.01，说明回归模型整体是显著的。通过基于概率估计的非标准化回归系数，可以判断自变量对因变量是否具有显著影响，系数的符号表示关系是正还是负，系数的值代表自变量每变化一个单位因变量的变化。通过标准化回归系数可以进行不同自变量对因变量贡献度大小的比较，回归系数越大的自变量对预测值的贡献越大，回归系数是自变量与因变量关系中的相对影响和重要性的指标。三个自变量的显著性均小于 0.01，说明家庭物质与文化资源、参加课外辅导班、家长教育参与均对学生的学业自我效能具有显著的预测作用。家庭物质与文化资源的标准化回归系数为 0.233，说明家庭物质与文化资源指数越高的学生，家庭提供的物质与文化资源更丰富，学生的学业自我效能更高。家长教育参与的标准化回归系数最高为 0.258，说明相比其他自变量，家长教育参与在学生的学业自我效能变化中影响更大。目前国内很多研究仍以统计显著性来衡量研究的重要性，1000 个或更多观测值的大样本使得统计显著性检验过于敏感，通常表明几乎任何关系都具有统计显著性。面对如此大的样本，研究人员必须确保符合实际意义的标准及统计意义。[①] 本研究的样本量为 2473，样本量较大，统计上容易显著，所以报告适当的效应量弥补零假设检验的不足是必要的。在回归分析中，常用方差比效应量作为相应的效应量指标。根据 Cohen 经验法则，多元回归分析 R^2 之小、中、大的效应量分别为 0.02、0.013 和 0.26。[②] 学生参加兴趣辅导班和学科辅导班的 R^2 分别为 0.163 和 0.138，说明学生是否参加课外辅导班同其学业自我效能具有中等程度的相关。学生是否参加兴趣辅导班为虚拟变量，一般只看非标准化系数，非标准化系数为 1.028，表明参加兴趣辅导班在一定程度上能显著提升学生的学业自我效能。学生参加学科辅导班的非标准化回归系数为 –0.366，即参

① Hair Jr J F, Black W C, Babin B J, et al. Multivariate Data Analysis（7th Edition）. London: Pearson, 2009.

② 陈正昌：《SPSS 与统计分析》，教育科学出版社 2015 年版，第 468 页。

加学科辅导班占用了学生更多的课外时间，从而对学生的学业自我效能造成负向影响（表 8.31）。

表 8.31　线性回归结果表

变量	未标准化系数		标准化系数	t	p	共线性统计		R^2	样本独立
	B	SE	β			容差	VIF		D-W 检验
常量	28.602	0.891		32.109	0.000			0.164	1.819
家庭物质与文化资源	0.295	0.027	0.233	11.077	0.000	0.763	1.310		
家长教育参与	0.761	0.057	0.258	13.337	0.000	0.907	1.103		
参加兴趣辅导班	1.028	0.375	0.055	2.745	0.000	0.848	1.179		
参加学科辅导班	–0.366	0.380	–0.020	–0.964	0.000	0.782	1.279		

差异分析结果显示，不同层级地区学生的学业自我效能及其影响因素均存在显著差异。为了考察影响学生学业自我效能的家庭因素是否具有跨群组（不同层级地区）的通用性，以识别不同层级地区学生的家庭教育投入对其学业自我效能产出机制是否具有差异性。多群组比较结果显示，结构系数模型中 p 值为 0.423，大于 0.05，所以不同群组家庭教育投入对学业自我效能的影响没有显著差异，即家庭教育投入对学生学业自我效能的影响具有跨城乡的等同性。

（二）家庭教育投入如何影响学生学业自我效能？

多元回归分析初步验证了代表家庭教育投入的家庭物质与文化资源、参加课外辅导班、家长教育参与三个变量均对学业自我效能具有显著影响，但是通过多元回归无法同时分析各自变量之间的内在联系及其对预测变量影响的具体路径，其所有变量均不含有测量误差的假定，为了更好地处理测量误差和进一步探究各自变量之间的相关关系及对因变量的具体影响，引入结构方程模型。结构方程模型试图解释多变量之间的相互关系，是因子分析和多元回归分析技术的独特组合，结构方程模型与其他多变量技术最明显的区别在于，结构方程模型不仅能够通过指定统计程序使用的结构模型，同时进行一系列独立但相互依存的多元回归方程的估计，还具有将潜变量纳入分析的能力，若测验信度很高，则使用显变量和潜变量分析结果很接近，若测验的信度不是很高（如通常能接受的 0.7 左右），则使用显变量分析会存在低估效应，[①] 所以结构方程模型具有如下特点：①多重相关依赖关系的估计；②在这些多重关系中能够表示未观察到的概念并在估计过程中解释测量误差；③定义一个模型可以解释整个关系集。[②] 巴伦（Baron）和肯尼（Kenny）认为，中介效应存在的前提是两个变量之间存在相关关系。[③] 因此，建构结构方程模型之前先分析各变量之间的相关关系，之后通过两组结构方程模型检验家长教育参与和参加课外辅导班在家庭物质与文化资源影响学生学业自我效能中的链式中介作用，探究家庭物质与文化资源、参加课外辅导班、家长教育参与影响学业自我效能的具体路径。

1. 家庭物质与文化资源、参加课外辅导班、家长教育参与和学业自我效能的相关关系

如表 8.32 所示，家庭物质与文化资源和家长教育参与、是否参与课外辅导班均呈显著正相关，相关系数均在 0.3 左右。家长教育参与、是否参加课外辅导班和学业自我效能之间均在 1% 的显著性水平上呈正相关。各变量之间的相关性为后续中介效应的检验奠定了理论基础。

表 8.32　各变量间的相关分析

变量	*M*	*SD*	1	2	3	4	5
1. 家庭物质与文化资源	31.750	7.131	1.000				
2. 家长教育参与	11.390	3.052	0.290**	1.000			
3. 学业自我效能	47.140	9.018	0.316**	0.331**	1.000		
4. 是否参加兴趣辅导班	0.640	0.481	0.301**	0.173**	0.163**	1.000	
5. 是否参加学科辅导班	0.420	0.494	0.407**	0.174**	0.138**	0.338**	1.000

注：**p<0.01，下同

① 温忠麟、叶宝娟：《中介效应分析：方法和模型发展》，《心理科学进展》2014 年第 5 期，第 731—745 页。

② Jr Hair J F, Black W C, Babin B J, et al. Multivariate Data Analysis（7th Edition）. London: Pearson, 2009.

③ Baron R M, Kenny D A. The moderator-mediator variable distinction in social psychological research: Conceptual, strategic, and statistical considerations.Journal of Personality and Social Psychology, 1986, 51（6）: 1173—1182.

2. 家长教育参与和参加课外辅导班的中介效应检验

本研究已经证明了家庭物质与文化资源、参加课外辅导班、家长教育参与均对学生的学业自我效能具有显著影响，且各变量之间具有一定的相关关系。基于对已有文献的梳理，本研究证明了家庭物质与文化资源、参加课外辅导班、家长教育参与能够直接影响学业自我效能，同时家长教育参与和参加课外辅导班在家庭物质与文化资源影响学生的学业自我效能的过程中起链式中介作用。所以，为进一步探究各变量之间的内在关系，本研究通过中介分析的方法，采用结构方程模型对家庭物质与文化资源和学业自我效能之间的直接效应和间接效应进行检验。结构方程模型中，最先广泛使用的中介效应检验是巴伦（Baron）和肯尼（Kenny）推广的因果步骤法，这种方法需要估计模型中的每条路径，然后通过观察是否满足某些统计标准，来确定变量是否起中介作用，此种方法简单但受到多方质疑，相比其他方法统计功效最小。为了弥补巴伦和肯尼的因果步骤法无法量化间接效应的缺陷，本研究采用 Bootstrapping 抽样方法来探究家长教育参与和参加课外辅导班的中介效应。

根据吴艳、温忠麟提出的中介效应检验流程，本研究以家庭物质与文化资源为自变量，学业自我效能为因变量检验构建无中介模型，结果显示，家庭物质与文化资源正向影响学生的学业自我效能（β 为 0.03，$p<0.001$）。再加入家长教育参与和参加课外辅导班作为中介变量检验其中介效应，由于学生参加课外辅导班的类型不同，所以分为两个模型进行检验，以家庭物质与文化资源（外生显变量）为预测变量，家长教育参与（内生潜变量）和参加兴趣辅导班（内生显变量）为中介变量，学业自我效能（内生潜变量）为因变量，纳入结构方程模型中。根据吴艳、温忠麟提出的题目打包策略将学业自我效能的 13 个题目打包成三个指标，有效地修正了模型的拟合指数，估计更加稳定。[①] 修正后的 RMSEA 为 0.036<0.08，SRMR 为 0.023<0.08，AGFI 为 0.983，CFI 为 0.983，IFI 为 0.983，TLI 为 0.973，各项指标均在理想范围内，所以模型整体适配良好。从回归分析的结果看，如表 8.33 所示，家庭物质与文化资源能够显著预测家长教育参与（β 为 0.029，$p<0.001$）、是否参加兴趣辅导班（β 为 0.018，$p<0.001$）和学业自我效能（β 为 0.091，$p<0.001$）。家长教育参与能够显著预测学生是否参加兴趣辅导班（β 为 0.097，$p<0.001$）和学业自我效能（β 为 1.688，$p<0.001$）。学生是否参加兴趣辅导班能够显著预测其学业自我效能（β 为 0.233，$p<0.001$）。模型中各路径的

① 吴艳、温忠麟：《结构方程建模中的题目打包策略》，《心理科学进展》2011 年第 12 期，第 1859—1867 页。

标准化回归系数如图 8.3 所示。

如表 8.34 所示，按照 Bootstrap 中介检验，抽样 5000 次的结果显示，家长教育参与和参加兴趣辅导班在家庭物质与文化资源影响学业自我效能过程中的中介作用显著，中介效应占总效应的比例为 37.93%[0.011/（0.011+0.018）=0.3793]，说明家庭物质与文化资源对学业自我效能的影响有 37.93% 是通过家长教育参与和课外辅导班起作用的。第一条路径“家庭物质与文化资源—家长教育参与—学业自我效能”的中介效应为 0.01，置信区间不包含 0，说明家长教育参与的中介效应显著。第二条路径“家庭物质与文化资源—是否参加兴趣辅导班—学业自我效能”的置信区间为 0.001～0.002，不包含 0，说明是否参加兴趣辅导班在家庭物质与文化资源影响学业自我效能的过程中的中介效应显著。第三条路径“家庭物质与文化资源—家长教育参与—是否参加兴趣辅导班—学业自我效能”的置信区间不包含 0，说明家长教育参与和参加兴趣辅导班的链式中介作用显著。第四条路径“家庭物质与文化资源—家长教育参与—是否参加兴趣辅导班”的置信区间也不包含 0，说明家长教育参与在家庭物质与文化资源对学生是否参加兴趣辅导班过程中的中介作用显著。将家长教育参与和是否参加兴趣辅导班作为中介变量的路径进行比较，结果显著，说明两者的中介效应存在差异，路径一以家长教育参与为中介变量的效应值为 0.01，以是否参加兴趣辅导班为中介的路径二的效应值为 0.001，说明家长教育参与在解释家庭物质与文化资源和学业自我效能之间的因果关系中的中介作用较大。

表 8.33　各变量回归分析

变量	方程 1（因变量：家长参与）				方程 2（因变量：兴趣辅导班）				方程 3（因变量：学业自我效能）			
	B	*Boot SE*	*t*	*Bootstrap* 95% 置信区间	*B*	*Boot SE*	*t*	*Bootstrap* 95% 置信区间	*B*	*Boot SE*	*t*	*Bootstrap* 95% 置信区间
家庭物质与文化资源	0.029	0.002	13.463***	[0.026, 0.032]	0.018	0.001	12.400***	[0.015, 0.020]	0.091	0.010	9.411***	[0.076, 0.105]
家长教育参与					0.097	0.021	4.730***	[0.064, 0.127]	1.688	0.155	10.923***	[1.421, 2.017]
兴趣辅导班									0.233	0.130	1.788***	[0.035, 0.473]

***$p < 0.001$，下同

表 8.34 中介效应分析

路径	效应值	Bootstrap *SE*	偏差校正 95% 置信区间		百分位 95% 置信区间	
			下限	上限	下限	上限
int1	0.010	0.001	0.008	0.012	0.008	0.012
int2	0.001	0.001	0.001	0.002	0.001	0.002
int3	0.001	0.001	0.001	0.001	0.001	0.001
Int4	0.003	0.001	0.002	0.004	0.002	0.004
总间接效应	0.011	0.001	0.009	0.013	0.009	0.013
diff_int1_2	0.009	0.001	0.007	0.011	0.002	0.004

注：int1=x1 ×x2；int2=x3×x4；int3=x1×x5×x4；int4=x1×x5，diff_int1_2=int1−int2，总间接效应 =int1+int2+int3+int4，余同

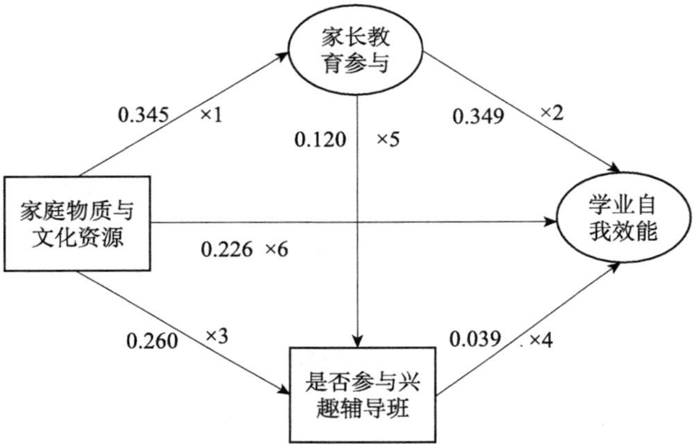

图 8.3 以家长教育参与和兴趣辅导班为中介的标准化路径图

如表 8.35 所示，以家庭物质与文化资源为自变量、家长教育参与和参加学科辅导班为中介变量、学业自我效能为因变量建构的结构方程模型的整体拟合程度良好（RMSEA 为 0.037，SRMR 为 0.024，CFI 为 0.982，AGFI 为 0.982，TLI 为 0.972）。在以是否参加学科辅导班为中介变量及以家长教育参与和是否参加课外辅导班为中介变量的 Bootstrap 检验中，其偏差校正的置信区间均为 –0.001~0.001，均包含 0，所以，以是否参加学科辅导班为中介的中介效应和以家长教育参与及是否参加学科辅导班为中介的链式中介效应均不显著。

表 8.35　中介效应分析

路径	效应值	Bootstrap *SE*	偏差校正 95% 置信区间		百分位 95% 置信区间	
			下限	上限	下限	上限
int1	0.010	0.001	0.008	0.012	0.008	0.012
int2	−0.001	0.001	−0.001	0.001	−0.001	0.001
int3	−0.001	0.001	−0.001	0.001	−0.001	0.001
总间接效应	0.009	0.001	0.008	0.012	0.008	0.012

五、结论与建议

本研究通过对调查数据的分析，研究了家庭教育投入与学生学业自我效能的现状与城乡差异，并对家庭教育投入影响学生学业自我效能的作用路径进行了探讨。基本结论如下：第一，学生的学业自我效能整体处于中等水平，且城乡差异显著，呈现出市区和县城一致、乡镇和村屯一致的两极化态势。第二，在家庭教育投入方面，整体状况一般，城乡差异依旧显著。在家庭物质与文化资源、参加课外辅导班、家长教育参与三个方面，市区都呈现出较强的优越性，县城趋向于市区，而乡镇和村屯则处于明显的弱势之中。第三，家庭教育投入对学生学业自我效能具有显著的预测作用，其中家长教育参与对学生学业自我效能的预测作用最大，家庭物质与文化资源其次，参加兴趣辅导班对学业自我效能也有预测作用，但预测值较小，而参加课外辅导班对学生学业自我效能没有预测作用。第四，在家庭教育投入影响学生学业自我效能的路径分析中，家长教育参与和参加兴趣辅导班在家庭物质与文化资源影响学生学业自我效能过程中的中介作用显著，即在解释家庭物质与文化资源和学业自我效能之间的因果关系中的中介作用较大。

基于以上研究结论，本研究提出如下政策建议。

1. 急需关注学生的学业自我效能等非认知能力发展，乡村学生仍是被关注的重点

学业成就成为人们普遍重视的焦点，与此密切相关的学生认知能力的开发也得到了应有的关注。但如果一个孩子缺乏学习的兴趣和效能，不愿意进行有意义的发现学习，自然也不会获得理想的发展。当控制了学生的认知能力、家庭背景和学校教育等因素后，非认知能力成为学生学业成就变异的重要解释来

源。青少年的非认知能力是其重要的生产力，对其学业成就存在显著影响。[①] 但当前对学生的非认知能力的测量与关注还不够，以本研究的学生学业自我效能为例，学生的学业自我效能水平处于中等水平，市区和县城学生相对较高，乡镇和村屯学生相对较低，城乡差异明显。来自社会经济地位较高家庭的子女，基于家庭的教养方式和社会化经验顺应所在阶层的文化惯习，会乐观自信地看待自己的学业水平和能力，认为自己能够取得预期的学业成功或社会成功，其学业自我效能更高；而乡村学生在与自信、自我效能相关的非认知能力发展方面，仍是弱势群体。在当前关注乡村振兴的背景下，继续提高乡村教育质量，丰富和改善乡村儿童发展的教育资源与环境，还需全方位的政策努力。

2. 在家庭经济资本与物质环境不断提高的背景下，提倡家庭关注文化资源建设

新中国成立 70 多年来，特别是改革开放以来，我国城乡居民收入大幅增长，居民消费水平明显提升，生活质量显著改善，从温饱不足迈向全面小康，城乡居民生活发生了翻天覆地的变化。国家统计局公布了全国居民人均消费支出具体构成，2021 年人均教育文化娱乐消费支出为 2599 元，占人均消费支出的 10.8%。[②] 总体而言，城镇和农村居民文化消费量与其收入均呈显著正相关，居民文化消费占其收入的比重仍然较低，居民消费转型升级仍有较大空间，且农村居民在文化消费总量和自主消费量等方面明显低于城镇居民。[③] 随着社会和家庭对教育的日益关注，家庭教育投资在人均可支配支出中的比例逐渐攀升，高收入家庭为子女的物质生活和教育费用提供了保障，优渥的学习环境、更好的教育机会成为子女实现向上跃迁的跳板。就本研究的调查数据而言，整体上家庭的物质资源拥有物较多，学生基本有自己的书桌、书架等，但在年购买和阅读图书的数量、年均旅游次数、父母的受教育文化程度等文化资本方面，农村家庭与城市家庭的差距还较明显。家庭濡化是一种较为隐蔽的文化资本传承方式，随着教育竞争的下沉，县域内的教育分化越发严重，父母的文化教育程度、对子女的教育投资态度及动机、教育期望和父母自身的阅读习惯和兴趣爱好等制度化文化资本存在较大分

① 刘中华：《非认知能力对学业成就的影响——基于中国青少年数据的研究》，《劳动经济研究》2018 年第 6 期，第 69—94 页。

② 国家统计局：《中华人民共和国 2021 年国民经济和社会发展统计公报》，（2022-02-28），http://www.stats.gov.cn/tjsj/zxfb/202202/t20220227_1827960.html。

③ 张敏：《我国城乡居民文化消费比较研究——基于虚拟解释变量模型应用和消费升级视角》，《调研世界》2017 年第 12 期，第 33—36 页。

野。[①]家庭对教育的经济投入在子女的未来发展过程中所发挥的作用具有前瞻性、奠基性，但家庭经济资本并非完全独立地作用于子女的教育成就。家庭的文化氛围也会潜移默化地影响子女的发展，家长的生活态度、品性习惯和审美情趣会通过家庭生活传递并内化于子女，并影响子女的学校适应力和社会交往能力。因此，在家庭教育影响学生发展的投入与支出中，还需大力加强农村家庭文化环境与文化资本的建设，以为农村学生的文化成就发展奠定基础。

3. 改变家长教育观念，增加家长教育培训，提高农村家长对学生教育的参与度

科尔曼指出，在人力资本的再生产中，社会资本扮演了重要的中介角色，他认为在教育中发挥中介作用的社会资本表现为一种结构上的“社会闭合”，具体区分为“父母参与”和“代际闭合”两种形式，子代从父母和教师身上获取的关注和支持，有利于子代学习和生活信息的交流和传递，以及监督、鼓励和促进他们更加有效地学习。[②]从某种程度上说，家庭社会资本以更加灵活而广泛的形式在家庭资本影响学生学业表现和自我效能的过程中发挥作用。囿于家庭经济等客观因素和家长参与意愿等主观原因，我国家长的教育参与度形势不容乐观，城乡家长教育参与度存在明显差异，其中市区家长的教育参与度最高，县城、乡镇和村屯家长的教育参与度较低。从家庭内部来看，发生在特定社会和文化背景下的家长参与行为具有异质性，不同阶层的家长由于自身家庭资本的积累不同，形成了各群体教育参与的选择、动机和结果的差别。从家庭外部来看，家庭和学校拥有不同的文化惯习和话语体系，两个不同教育系统的衔接问题进一步抑制了农村家长的教育参与动机和行为，而城市家庭由于与学校系统拥有相近的教育价值观，会更加积极主动地参与学校的教育事务。

学生的学业自我效能和人格发展离不开家庭教育的支持，相比家庭的物质基础和家庭教育功能的转移，浓郁的情感关怀、良好的亲子陪伴和紧密的亲子关系的建立更有利于子女自信心的形成和人格的健康发展。特别对于农村家庭而言，关心子女的学业状况、积极参与孩子的教育、与子女保持频繁的交流与陪伴、投入更多的教育参与等比物质投入更有意义。学校等教育主体应该通过积极宣传、加强培训等多种渠道，更新家长的教育观念，尤其是农村地区的家长，以使他们有意识、有能力参与到子女的教育过程中，与学校教育形成合力，共同促进农村

---

① 刘腾龙：《家庭文化资本、“影子教育”与文化再生产——基于县城儿童和村庄儿童对照的视角》，《当代青年研究》2021 年第 4 期，第 53—59 页。

② 转引自赵延东、洪岩壁：《社会资本与教育获得——网络资源与社会闭合的视角》，《社会学研究》2012 年第 5 期，第 47—69、243—244 页。

儿童的全面高质量发展。

4．杜绝校外学科类培训，增加休闲娱乐时间，将学生从学习的时间压力中解放出来

基于教育文凭在劳动力市场的信号释放作用及“Z 时代”大众消费观念的转变，加之“别的孩子都在补课”“不能让孩子输在起跑线上”等思维模式，课外兴趣培训成为家庭教育投资的一项重要内容。它可能是父母由于忙碌而缺乏对儿童陪伴的一种心理补偿，也可能是一种打着“为儿童”旗号的消费来为儿童成长创造更好的环境，还有可能是为了融入某一阶层群体而对儿童消费文化的遵循。① 但校外培训对学生学业表现及心理发展的影响至今没有形成统一的认识。适度补习可以提高儿童的非认知能力，但过度补习可能会降低儿童的非认知能力，且会显著提高儿童的抑郁情绪。② 参与课外补习并不能助力处境不利学生在学业竞争中取得优势，突破社会阶层再生产的藩篱，而应更多依赖其学习的内在动机、自我教育期望及有效的学习策略。③ 兴趣类课外补习在家庭社会经济地位对学生非认知能力影响过程中起到了部分中介效应，而学术类课外补习并没有显著的中介效应④，甚至会反向影响学生学业自我效能的增强。2021 年 7 月，中共中央办公厅、国务院办公厅印发《关于进一步减轻义务教育阶段学生作业负担和校外培训负担的意见》，明确提出要减轻义务教育阶段学生作业负担和校外培训辅导，坚决压减学科类校外培训，从而有效缓解家长的焦虑情绪。这一政策的目的是让教育回归本真，将偏离教育规律的大车轮重新扭转到正确的道路上来，但如何积极响应并践行该意见提出的各项要求，满足学生的多元化教育需求，让家长们主动跳出盲目攀比的怪圈，理性看待课外辅导对子女的学业发展和心理健康的作用，尊重青少年的成长规律，认同素质教育的发展理念，加强家庭教育的“元治理”，身体力行阻止急功近利的教育投资不良心态的滋长，还有待深入研究。

---

① 林晓珊：《“购买希望”：城镇家庭中的儿童教育消费》，《社会学研究》2018 年第 4 期，第 163—190 页。

② 兑浩建、李晓曼：《课外补习与儿童人力资本——基于中国家庭追踪调查（CFPS）的实证分析》，《基础教育》2021 年第 1 期，第 59—72 页。

③ 张静宇：《中学生影子教育获得的影响因素分析——基于家校互动、公共教育支出的视角》，《教育观察》2021 年第 35 期，第 112—114 页。

④ 方晨晨：《家庭背景、课外补习与学生非认知能力的关系研究——基于中国教育追踪调查数据的经验证据》，《当代教育论坛》2018 年第 4 期，第 39—46 页。

第 9 章

我国县域内中小学生数学成就的差异研究

——基于分位数回归分析*

* 本章撰写人：霍明、杨少华。作者单位：教育部人文社会科学重点研究基地东北师范大学中国农村教育发展研究院。

实现义务教育优质均衡发展是城乡教育一体化发展的重要追求，同样也是保证教育公平的重要手段。众所周知，教育质量均衡、教育结果公平是评估义务教育能否实现均衡发展的关键指标，而且，学生学业成就是教育结果的主要指标。另外，数学在自然科学、工程技术、经济类科学的应用，以及在高新技术中的应用，都在不断深化和拓展。除此之外，数学是发展人的思维的重要学科，也是目前基础教育阶段学生学习的主要科目之一。

笔者于 2020 年 11 月进行了实地调研，在调研中利用 TIMSS 数学部分的试题以及针对学生、数学教师及样本校校长的调查问卷，对 G 省 Z 市（县级市）和 L 县两地 1545 名四年级学生和 1238 名八年级学生进行了数学水平测试，同时收集了样本学生、数学教师及校长的相关信息。在完成数据清洗后，我们利用描述性、相关性及分位数回归模型等统计分析方法，对学生与学校层面的影响因素对学生数学成绩条件分布的第 10、25、50、75 及 90 分位数上的效应表现进行了分析。研究结论如下：①四年级和八年级学生的数学成绩存在显著的地区差异及性别差异，具体表现为城镇学校学生的数学表现优于农村学校学生，四年级男生的数学表现整体优于女生，而八年级学生有相反的表现。②四年级和八年级学生的数学成绩影响因素存在学段与成就条件分布解释效应差异。在此基础上，本研究对政府、学校及家长三方提出了改进建议：首先，政府应该关注学生数学学业成就存在地区与校际差异的现实状况；其次，教师作为学校场域中对学生学习产生影响的重要人物，应该反思并改进数学教学内容、方法、材料，创新教学方式，提高数学课堂吸引力；最后，家庭是学生成长的摇篮，家长是孩子的第一任教师，应主动转变教育理念，与学校形成家校教育合力。

一、数学成就研究进展

在我国，基础教育阶段的学业成绩对获得继续教育的机会起着至关重要的作用[①]，并影响着学生未来素质及全面能力的发展等。而在众多学科中，数学具有举足轻重的地位：第一，数学是人类思想和逻辑的基本组成部分，通过数学学习，儿童可以更好地构建逻辑推理及严谨思维的能力。[②]第二，数学知识在帮助学生理解其他科目如科学、社会、音乐、美术等时，起着至关重要的作用。第三，早期数学能力对学生后期收入存在显著性的影响。[③]有研究显示，在劳动力市场中，员工收入的差异有相当大的比例可以由最初的数学能力决定。[④⑤]第四，处于大数据、人工智能变革的年代，能否提升儿童的数学能力，也成为世界各国能否构建适应时代要求的高水平科研队伍的关键。从我国推行“强基计划”来看，加强我国在基础学科的人才培养，为重大科技攻关项目培育基础人才，国内许多高校与学术专家也通过开展各种项目与计划着力培养数学人才。[⑥]

但是，一方面，我国城乡学生学业成绩存在差距是不可忽视的现实。众多基于区域性数据的研究表明，义务教育阶段学生的数学成就存在较大差异[⑦⑧⑨]；另一方面，已有关于学生学业成绩的研究基本止步于对学生成绩均值、优秀率和及格率的简单描述，部分研究以学生的成绩均值作为自变量进行影响因素分析，没

① Li Z, Qiu Z. How does family background affect children's educational achievement? Evidence from Contemporary China. The Journal of Chinese Sociology, 2018, 5（1）: 1—21.

② 郑毓信：《“数学与思维”之深思》，《数学教育学报》2015 年第 1 期，第 1—5 页。

③ Rendall M, Rendall A. Math matters: Student ability, college majors, and wage inequality. Society for Economic Dynamics Annual Meeting, Seoul, Korea, 2013.

④ Joensen J S, Nielsen H S. Is there a causal effect of high school math on labor market outcomes? Journal of Human Resources, 2009, 44（1）: 171—198.

⑤ Rendall A, Rendall M. Math matters: Education choices and wage inequality. Working Paper, No. 160, Department of Economics, University of Zurich, 2014.

⑥ 胡玉萍、张李盈、田喜峰等：《基于大学数学教学的创新人才培养方案》，《高教学刊》2018 年第 13 期，第 25—27 页。

⑦ 付钰、綦春霞：《不同水平学生数学学业成绩表现及其影响因素——基于八年级学生大规模区域监测数据》，《教育测量与评价》2020 年第 8 期，第 28—33、41 页。

⑧ 黄伟：《对初中生数学成绩两极分化现象的探究》，《教育探索》2007 年第 7 期，第 38—39 页。

⑨ 李学娟：《浅析农村小学数学两极分化的原因及对策》，《课程教育研究》2019 年第 45 期，第 147—148 页。

有考虑影响因素对不同学业水平学生的效应变化。

因此，为避免仅关注学生数学成就均值分布而忽略其他量级的数学成就造成研究结果的偏差，本研究采用分位数回归分析的方法，探究影响因素对样本学生在特定数学成就分位数上估计的预测强度变化，从而对样本学生的数学表现及影响因素效应进行精细化分析，进而为中小学进行个性化数学教学提供改革依据。

二、学业成绩因素相关研究进展

（一）学生学业成绩影响因素研究回顾

国内外关于学生成绩影响因素的研究基本从涉及影响因素的维度和数量进行类型划分，本研究将通过不同的维度，整体把握学业成绩影响因素研究的进展。

1. 学生个体层面

（1）性别差异

学习的性别差异向来是教育界关注的重点内容。相关研究提出，男女之间因为存在大脑发育、激素水平及青春期发育等生理差异，在思维逻辑、认知方式等方面均有不同表现。[①] 因此，在基于数学成绩的差异性研究中，性别是影响学生成绩的因素之一。例如，有研究者利用美国国际学生评估项目（The Program for International Student Assessment，PISA）2000—2003 年的数学评估进行了整体和不同维度成绩的性别比较，结果显示，男性数学成绩整体高于女性，且男性在空间和形状等方面表现出更大的优势。[②]

（2）学生个体的自我效能与动机差异

从学生个人角度来看，学校和家庭属于外部影响因素，学生对外部因素的认识与感知会强化学校和家庭对其学业成绩的效应。作为主体因素的一个方面，自我效能感是指个体应对或处理内外环境事件的效验或有效性，该理论由班杜拉于 1977 年提出。自我效能感通过思维过程发挥主体作用，通常伴有动机的因素或过程参与其中。一般来说，个体的动机越强，自我效能感水平越高，而自我效能感水平越高，越有利于任务的完成。[③]例如，李炳煌分析了农村初中生学习动机、学习态度与学业成绩的关系，指出学生内部动机与学习态度对提高农村初中生的

① 赵毅：《初中阶段数学学习的性别差异研究》，四川师范大学硕士学位论文，2013 年。

② Liu O L, Wilson M. Gender differences in large-scale math assessments: PISA trend 2000 and 2003. Applied Measurement in Education, 2009, 22（2）: 164—184.

③ Bandura A. Self-efficacy: Toward a unifying theory of behavioral change. Psychological review, 1977, 84（2）: 191—215.

学业成绩很重要[①]，其他研究还发现学业自我效能感对学业成绩的贡献最大[②]。郭筱琳、罗良对四到六年级学生的研究发现，学业自我效能感对学业成绩有显著正向预测作用，且自我效能感水平牵制了教育期望是否在父母教育卷入与学业成绩间起调节作用。[③] 易芳等发现，包括个人因素与社会因素在内的六个因素中，动机和自我效能感与学业成绩的相关度最高。[④] 张丹慧等发现，学业成绩与学生感知的教师支持具有显著正相关关系，进一步对以往涉及学生内部因素对学业成绩的影响的研究文献进行梳理，发现心理认知与情绪状态大多作为中介变量或调解变量起作用。[⑤] 这在以数学成绩为分析对象的研究中极为常见，例如，张婕等分析了乡镇小学生数学焦虑与数学成绩的关系，发现数学效能感显著正向预测数学成绩，在数学焦虑对数学成绩的预测中发挥部分中介作用。张佳佳等指出，儿童感知到的教师支持、数学自我效能感与数学成绩两两之间均呈正相关关系，且数学自我效能感在学生感知到的教师支持与数学成绩之间发挥着部分中介作用。[⑥]

2. 家庭层面

社会阶层理论与文化资本理论认为，家庭社会经济地位及文化资本的多少会影响其子女未来的社会地位及取得的教育成就。广义的家庭社会经济地位包括父母的受教育程度、父母的职业、家庭收入、家庭文化资本、居住地及家庭结构因素等。[⑦] 一般来说，家庭社会经济地位越高，文化资本越多，可以为子女提供的资源就越多，其子女的学业表现就越好。科尔曼等研究了美国不同族裔的教育机会均等问题，于 1966 年发布了《科尔曼报告》，指出与学校资源投入相比，学生

---

① 李炳煌：《农村初中生学习动机、学习态度与学业成绩的相关研究》，《湖南科技大学学报（社会科学版）》2012 年第 4 期，第 146—149 页。

② Akomolafe M J, Ogunmakin A O, Fasooto G M. The role of academic self-efficacy, academic motivation and academic self-concept in predicting secondary school students' academic performance. Journal of Educational and Social Research, 2013, 3（2）: 335—342.

③ 郭筱琳、周寰、窦刚等：《父母教育卷入与小学生学业成绩的关系——教育期望和学业自我效能感的共同调节作用》，《北京师范大学学报（社会科学版）》2017 年第 2 期，第 45—53 页。

④ 易芳、郭雅洁、俞宗火等：《中小学生学业成绩主要影响因素的元分析》，《心理学探新》2017 年第 2 期，第 140—148 页。

⑤ 张丹慧、符定梦、刘红云等：《学生感知教师自主支持对学生学业成绩的影响：自主心理需要、内部动机的中介作用》，《教师教育研究》2018 年第 1 期，第 79—86 页。

⑥ 张佳佳、官冬晓、赵晓萌等：《小学儿童感知到的教师支持、数学自我效能感与数学成就的联系：有调节的中介模型》，《第二十一届全国心理学学术会议摘要集》，2018 年。

⑦ 赵红霞：《家庭社会经济地位（SES）对学业成绩的影响》，兰州大学出版社 2015 年出版，第 11 页。

的学业成绩更多受到家庭背景因素的影响。[①] 综上，学生的家庭背景是学业成绩影响因素研究不可忽视的重要部分。国内外针对家庭层面因素对学生学业成绩的影响研究基本可以分为两大类：一类是研究单个家庭因素对学生学业成绩的影响；另一类是探讨家庭层面多个因素对学生学业成绩的影响。通过对众多研究进行分析，笔者发现家庭层面对学生学业成绩产生影响的因素主要包括家庭社会经济地位、父母的教育参与、亲子关系、父母的教育期望等。

首先，家庭社会经济地位与学生的学业成绩存在密切关系，对学生学业成绩具有显著预测作用。[②③] 刘宝存和康云菲基于 PISA 2018 的测试成绩分析了中国与新加坡、日本和芬兰四个国家学校与学生背景对学业成绩的影响，研究发现，家庭社会经济文化地位指数每提高一个单位，芬兰学生各科成绩提高超过 30 分，新加坡学生成绩提高 25 分左右，而日本与中国学生平均提高 10 分左右。[④]

另外，关于家庭社会经济地位的具体指标对学业成绩的影响研究发现，第一，父母的受教育程度对学生学业成绩的影响很大。[⑤] 吕蕾等的研究发现，每增加一个单位的父母受教育水平，将会使学生自评成绩为较好的发生比显著提高 46.89%，而与父亲的受教育程度相比，母亲的受教育程度对孩子的学业成绩影响更大。[⑥] 第二，家庭收入也会对学生的学业成绩产生直接或间接的影响。[⑦] 里尔登（Reardon）通过对比高收入家庭和低收入家庭孩子的学业成绩发现，20 世纪 50~70 年代，基于父母收入的学业成绩差距不断扩大。[⑧] 第三，父母职业同样对

---

① Coleman J S, Campbell E, Hobson C, et al. The Coleman Report. Equality of Educational Opportunity, 1966: 1—32.

② Sirin S R. Socioeconomic status and academic achievement: A meta-analytic review of research. Review of Educational Research, 2005, 75（3）: 417—453.

③ 武丽丽、张大均、程刚等：《家庭社会经济地位对小学生学业成绩的影响：心理素质全局因子的中介作用》,《西南大学学报（自然科学版）》2018 年第 6 期，第 56—62 页。

④ 刘宝存、康云菲：《学校背景与学生背景对学生学业表现的影响：中国四省市与 PISA 2018 高分国家的比较分析》,《全球教育展望》2021 年第 3 期，第 44—62 页。

⑤ 魏雨欣：《家庭背景因素对学生成绩的影响研究》,《智库时代》2020 年第 2 期，第 253—254 页。

⑥ Soharwardi M A, Fatima A, Nazir R, et al. Impact of Parental Socioeconomic Status on Academic Performance of Students: A Case Study of Bahawalpur, Pakistan. Journal of Economics and Economic Education Research, 2020, 21（2）: 1—8.

⑦ Egalite A J. How family background influences student achievement: Can schools narrow the gap? Education Next, 2016, 16（2）: 70—78.

⑧ Reardon S F. The widening academic achievement gap between the rich and the poor: New evidence and possible explanations. In G. J. Duncan, & R. J. Murnane (Eds.), Wither Opportunity? Rising Inequality, Schools, and Children's Life Chances . New York：Russell Sage Foundation：91—116.

学生学业成绩有着显著作用。研究发现，来自父母具有稳定职业家庭的学生的学业表现比父母没有稳定职业的学生的学业表现要好。①

其次，家庭学习资源和文化资本对学生学业成绩的影响也不容忽视。哈努谢克（Hanushek）和卢克（Luque）在研究中发现，以书籍数量、是否拥有计算器、电脑、书桌、字典学习辅助工具等变量对学生学业成绩有着显著性影响。②同样，奇米莱夫斯基（Chmielewski）的研究发现，家庭藏书量对学生学业成绩存在显著影响，且随着数字设备的广泛使用，拥有的实体书籍数量不仅能反映家庭的经济资本，还能反映家庭的文化资本。③有研究表明，家庭的文化资本对学生学业成绩的直接影响要比家庭经济资本的直接影响大得多④⑤。

再次，父母的教育参与对学生学业成绩的作用也不容忽视。其中，父母的家庭教育参与包括在家中实施的任何强化孩子学习的活动，如监督与检查家庭作业及开展丰富的教育活动。⑥有研究表明，父母的教育参与和孩子的学业成绩呈显著正相关。⑦另有一项研究指出，父母的教育参与，如与孩子讨论关于学校学习的事情、监督与检查孩子写作业、参加学校组织的活动等对学生的学业成绩具有正向作用。⑧唐丽娟、袁正发现，家长监督与检查作业对学生的学业成绩有显著的正向影响，且作用大于家庭经济条件对学业成绩的影响。⑨

① Mussie T, Samuel T, Tedros M, et al. Retraction notice to "The correlation between parental socioeconomic status (SES) and children's academic achievement: The case of Eritrea". Children and Youth Services Review, 2020, 116: 105242.

② Hanushek E A, Luque J A. Efficiency and equity in schools around the world. Economics of education Review, 2003, 22 (5): 481—502.

③ Chmielewski A K. The global increase in the socioeconomic achievement gap, 1964 to 2015. American Sociological Review, 2019, 84 (3): 517—544.

④ Mark G N, Cresswell J, Ainley J. Explaining socioeconomic inequalities in student achievement: The role of home and school factors. Educational Research and Evaluation, 2006, 12 (2): 105—128.

⑤ Cheng S T, Kaplowitz S A. Family economic status, cultural capital, and academic achievement: The case of Taiwan. International Journal of Educational Development, 2016, 49: 271—278.

⑥ Benner A D, Boyle A E, Sadler S. Parental involvement and adolescents' educational success: The roles of prior achievement and socioeconomic status. Journal of Youth and Adolescence, 2016, 45 (6): 1053—1064.

⑦ Lee J S, Bowen N K. Parent involvement, cultural capital, and the achievement gap among elementary school children. American Educational Research Journal, 2006, 43 (2): 193—218.

⑧ Pong S, Hao L, Gardner E. The roles of parenting styles and social capital in the school performance of immigrant Asian and Hispanic adolescents. Social Science Quarterly, 2005, 86 (4): 928—950.

⑨ 唐丽娟、袁正：《家庭条件与孩子学业成绩关系的实证》，《财经科学》2019年第5期，第91—103页。

最后，亲子关系是家庭环境中的主要亲密关系，属于父母参与教育的直接环境。已有研究非常重视亲子关系在家庭因素对学业成绩产生影响过程中的调节作用[①]，比如母子关系越融洽，母亲参与子女教育的程度越深，子女的学习成绩就越高。

3. 学校层面

学校是除家庭以外与学生联系最为紧密的场域，学校内有形或无形的资源影响着学生的学习与生活。兰格尔（Rangel）和莱拉斯（Lleras）通过研究发现，虽然家庭社会经济因素显著影响学生学业成绩，但学校构成和学校资源解释了多达一半的家庭背景影响。[②]基于此，本研究将从学校资源、学校氛围、学校的社会经济地位及教师质量对学生学业成绩的影响的角度追溯已有研究。

以往的研究中，学校资源和学生学业成绩之间的关系存在争议，研究没有得到一致的结果。[③]一部分研究认为学生的学业成绩与学校资源之间的相关性比较弱[④][⑤]，而另有部分基于教育生产函数理论考察学生学业成绩差异的研究发现，学校资源不仅能够直接影响学生的学业成绩，而且能够间接地“补足”由家庭背景差异导致的学业成绩差距[⑥][⑦]。除此之外，图书资源、现代化电教辅助设备以及师资力量也是影响学生学业成绩的重要学校资源。

另外，大量研究发现，积极的学校氛围提高了学生的在校参与度，使学生取得了更高的学业成绩。[⑧]学校欺凌行为是学校纪律氛围的重要反映，罗曼（Roman）、泰勒（Taylor）对拉丁美洲学校的研究发现，遭受过欺凌的学生的学

① 李佳哲、胡咏梅：《家长学习参与和中小学生学业成绩的关系研究——基于亲子关系和学习自信心的有中介的调节模型分析》，《华东师范大学学报（教育科学版）》2021 年第 7 期，第 72—83 页。

② Rangel C, Lleras C. Educational inequality in Colombia: family background, school quality and student achievement in Cartagena. International Studies in Sociology of Education, 2010, 20（4）: 291—317.

③ 侯玉娜、沈爱祥：《学校资源对上海基础教育质量与公平的影响——基于国际学生评估项目（PISA 2009）数据的实证研究》，《教育学术月刊》2014 年第 9 期，第 38—45 页。

④ Hanushek E A, Welch F. Handbook of the Economics of Education（Volume 2）. Amsterdam: North-Holland, 2006: 865—908 .

⑤ 李斌、张文静、辛涛：《学校教育资源对科学素养成绩影响的跨文化比较——以中国香港、日本、芬兰和美国学生 PISA 成绩为例》，《湖南师范大学社会科学学报》2010 年第 6 期，第 91—96 页。

⑥ 胡咏梅、卢珂：《教育资源投入对学生学业成绩的影响力评价——基于西部地区基础教育发展项目的研究》，《教育学报》2010 年第 6 期，第 67—76 页。

⑦ 何孟姐、杨涛、辛涛：《心态 × 资源：影响小学流动和留守儿童学业成就的关键——基于全国 8590 名四年级小学生的“学业韧性”调研及启示》，《中小学管理》2016 年第 11 期，第 27—31 页。

⑧ 张平平、胡咏梅：《家庭处境不利学生如何实现学业成绩的逆袭：学校在其中的作用》，《教育经济评论》2019 年第 2 期，第 3—25 页。

业成绩明显低于没有遭受欺凌的学生。[①]

教师是影响学生学业成绩的关键因素之一。[②] 哈努谢克更是从经济学角度基于成绩的提高对个人收入以及对整个经济的未来影响，说明了教师质量对学生的重要性。[③] 目前，从教师层面来看，教师质量在相关研究中是一个复合指标，在大部分研究中通常以教师学历、职称、教龄、大学专业、教师资格等变量表示。[④⑤] 雷万鹏、马红梅的研究发现，在语文、数学、英语三科中，数学教师的教学质量对学生成绩的影响最大；而从学校层面来看，考察教师资源对学生学业成绩的影响时，除教师质量外，教师数量也非常重要，教育本身有其内在规律，教师质量要以相应的教师数量作为保障。[⑥]

（二）已有研究的不足与本研究走向

综上所述，已有研究普遍发现学生个人因素影响其学业成绩，而学生外部的影响因素同样重要，并且学生学业成绩的影响因素具有层次性结构，通常可划分为学生层面、家庭层面与学校层面，这对进一步的研究具有启发意义。

但是，已有研究的局限和不足同样需要我们重视。一方面，国内专门针对中小学生数学学业成绩影响因素的研究较少，更多是从中小学学业成绩的整体研究中了解数学学业成绩的现状，而且基本是对原始成绩数据的分析，且多以成绩均值或优秀率与及格率来描述成绩现状。另一方面，已有的学业成绩影响因素研究基本采用回归分析与多层线性模型作为研究方法。首先，回归分析没有关注各影响因素之间的层次关系，很可能对数据层次结构的分析出现偏差；其次，多层线性模型虽然能够将学业成绩影响因素进行分层分析，但两种研究方法得出的结果均是影响因素自变量与成绩均值因变量之间的关系，在成绩数据出现极端分数的情况下，其研究结果的解释力度下降，缺乏代表性。

---

① Roman C G, Taylor C J. A multilevel assessment of school climate, bullying victimization, and physical activity. Journal of School Health, 2013, 83（6）: 400—407.

② 洪松舟：《中小学教师人力资本特征对学生学业成绩的影响：基于20年实证文献的分析》,《全球教育展望》2021 年第 2 期，第 80—94 页。

③ Hanushek E A. The economic value of higher teacher quality. Economics of Education Review, 2011, 30（3）: 466—479.

④ 薛海平、王蓉：《教育生产函数与义务教育公平》,《教育研究》2010 年第 1 期，第 9—17 页。

⑤ 白胜南、韩继伟、李灿辉：《教师变量对学生数学成绩影响的研究》,《教师教育研究》2019 年第 3 期，第 70—76、85 页。

⑥ 雷万鹏、马红梅：《基于学生成绩的教师教学质量及其经济价值》,《华东师范大学学报（教育科学版）》2022 年第 3 期，第 89—98 页。

因此，本研究将采用分位数回归分析方法，在不同分位数水平对学生的数学成绩进行精细化分析，并找出不同数学水平学生成绩影响因素，以此为实现根据学生特点实施有针对性的教学实践提供理论依据。

三、研究方法与计量模型

（一）抽样方法与样本来源

本研究采用两阶段分层整群抽样设计，首先从贵州省 L 县和 Z 市（县级市）的学校列表中随机抽取若干学校作为初级抽样单位，然后从每所学校的四年级或（及）八年级随机抽取两个班级，并对班级中的全体学生实施数学测试。除收集四年级与八年级学生的数学能力测试数据外，还对调研班级的数学教师及调研学校的校长进行了问卷调查。本次调研共抽取了 1545 名四年级学生及 1238 名八年级学生。在删除无效数据后，四年级有效样本量为 1537 人，八年级有效样本量为 1237 人。

（二）测量工具

1. 国际数学与科学趋势研究

TIMSS 是由国际教育成就评价协会组织的一项国际比较教育研究项目，主要通过测试卷与问卷了解不同国家和地区学生数学与科学学业成绩的发展趋势，并对学生学业成绩背景进行调查[①]，通过对数十个国家和地区的比较，了解不同的教育环境、教育方法、实务及制度对学习数学科目及科学科目的影响。

2. 学生、教师与校长问卷

除数据测试外，相关调研工具还包括学生问卷、数学教师问卷以及校长问卷。学生问卷主要收集人口学变量和相关学业成绩影响因素变量的数据；数学教师问卷主要收集数学教师的人口学变量和数学教学情况的数据；校长问卷的调查对象是样本学校的校长，主要调查样本学校的基本情况以及与数学教学相关的学校层面的情况。

（三）变量与测量

TIMSS 的数据是多层次结构的，其中学生被嵌套在教室里，教室被嵌套在学

① 马洁：《东亚四年级学生数学学业成绩测试结果与影响因素分析——基于对TIMSS 2015国际性大数据调查的分析》，《外国中小学教育》2018 年第 10 期，第 22—34 页。

校里。因此，出现了包括学生、教室与学校的三个递进层次，本研究从样本学校取样 1～2 个班级，后续处理数据时对教室层面的教师数据等进行了整合，发现教室间的差异较小，分解教室和学校的影响的可能性不大，因此，将教室和学校合并为学校层面的因素。本研究亦呈现了研究的概念结构模型，见图 9.1，该模型是一个两级多层次概念结构，揭示了学生的数学成绩直接受到学生层面和学校层面因素的影响，同时也呈现了本研究的重点。

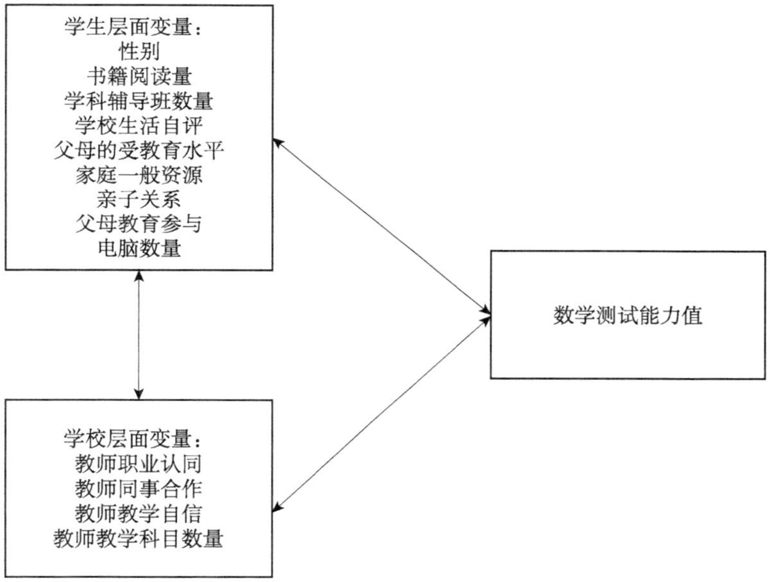

图 9.1　概念结构模型

下面将详细阐述本研究概念模型中的各变量的定义与测量。

1. 数学测试能力值

本研究使用 R 语言数据处理软件，根据项目反应理论，利用学生数学测验的原始数据估算出学生的数学测试能力值，以学生数学学业能力值代替数学原始成绩作为因变量进行进一步的分析与研究。

项目反应理论采用非线性模型，对被试能力的估计不会因为测试题目的改变而改变，而且题目的难易度的估计不因被试的不同而不同。因此，可理解为如果被试参与的测试不同，样本间的原始成绩是不可以进行直接比较的，但根据原始成绩估算的能力值可以进行直接比较。本研究使用数学学业能力值作为因变量进行数据分析，更能反映学生数学学习的真实表现，分析结果更具可信度。

2. 学生层面变量

1）性别。在学生问卷中设立性别选项，了解学生在 TIMSS 测试中的性别差异，探究学生的数学成绩是否随性别的不同而呈现出差异。

2）书籍阅读量。对学生在课外时间的书籍阅读量进行调查，要求学生根据自身的实际情况进行填写。通过对书籍阅读量的调查，可以了解学生课外知识学习对其数学学业成绩的影响。

3）学科辅导班数量。了解学生在课外是否参加相关的辅导班以及参加辅导班的数量，据此大致了解学生在课外学习的基本情况，同时关注的课外辅导班对学生数学学业成绩的影响。

4）学习态度。学习态度会影响学生的学习效果，本研究从学生对数学学习的态度出发，考察四年级与八年级学生数学学习态度的现状，进而分析学生的数学学习态度随数学成就分布量级的变化而发生的变化。学习态度量表由 9 个题项组成，分别如下：①我喜欢学习数学；②我希望我不用学数学；③学好数学是重要的；④我喜欢阅读数学方面的书籍；⑤与数学有关的事我学得很快；⑥我的数学就是不好；⑦我很会解决数学难题；⑧老师说我的数学能力很好；⑨和其他科目比起来，我觉得数学比较难。题项采用五点计分，从 1～5 分别代表“非常不符合”“比较不符合”“一般”“比较符合”“非常符合”。

3. 学生家庭背景变量

本研究对学生家庭背景变量的选择与已往仅从父母的收入、受教育和职业情况看家庭社会经济地位不同，考虑到大规模的数据采集通常来自学生，而学生对父母的收入并不完全了解，所以报告的数据可能不可靠，但通过学生了解家中的物质资源会比较直观，因此，本研究向学生调查其家庭物质资源。除此之外，无形的家庭一般资源也是调查重点，包括父母的受教育水平、亲子关系、父母的教育参与，有形与无形的家庭资源可以反映出家庭的社会经济状况。

1）父母的受教育水平。在学生问卷中，把父母的受教育水平分为研究生、本科、大专、中专 / 中师、高中、初中、小学及以下和不清楚 8 个选项，来探究学生数学测试能力值是否受父母的受教育水平的影响。

2）家庭一般资源。了解学生家庭中各项资源的基本情况，问卷主要从家庭中是否有洗衣机、电视机、书桌、书架、独立空间和移动网络等方面来了解学生家庭的一般资源的基本情况。学生根据自身的家庭实际对选项做出“有”或“没有”的选择，“有”计 1 分，“没有”计 0 分，所有题项的总分构成学生家庭教育资源的得分。另外，电脑数量同样为学生家庭的教育资源。

3）亲子关系。主要考察学生与其父母之间关系的亲密程度，学生根据自身的实际情况分别对问卷中的相关题目进行选择。亲子关系量表由 7 个题项组成，分别如下：①我的父母期望我将来能考上大学；②我心情不好或不开心时，我的父母总能觉察到，我觉得我父母非常爱我；③遇到问题或做与我相关的决策时，我父母能平等地听取我的意见；④我父母经常打骂我；⑤我父母根本不关心我；⑥我心情不好或者不开心时会和父母倾诉；⑦学习遇到困难时，我经常找父母帮助我。采用利克特五点计分，从“非常不符合”到“非常符合”依次计 1～5 分，分值越高，表明亲子关系越好。

4）父母的教育参与。在问卷中设置“父母询问我在学校学习的东西”“和我讨论家庭作业”“监督我按时完成作业”“关心我的学业表现”四个题项，来调查父母对学生学习的参与情况及其与学生数学成绩的关系。采用利克特四点计分，1～4 分别代表“每天或几乎每天”“一星期 1～2 次”“一个月 1～2 次”“没有或几乎没有”。

4. 学校层面变量

学校层面的数据来自数学教师问卷调查，主要包括如下变量。

1）职业认同。该变量考察教师职业认同水平对学生数学成绩的影响，以及对数学成绩不同的学生的影响，探究其在学生整体数学表现上的效应趋势。职业认同量表由 6 个题项组成，分别如下：①我乐于以教师为业；②身为本校的教师，我感到满意；③我觉得我的工作充满意义；④我对我的工作充满热忱；⑤我以自己的工作为荣；⑥只要可以，我打算一直当老师。采用利克特五点计分，1～5 分别代表“非常不符合”到“非常符合”。

2）同事合作。该变量考察教师之间的合作情况，属于学校层面教师变量，在后期的数据分析中，通过此变量，我们将发现教师间的合作对四、八年级学生数学表现的效应估计情况。同事合作量表由 7 个题项组成，分别如下：①讨论如何教某个知识点；②协同合作，一起规划和准备教材；③分享自己教学经验的心得；④观摩其他班级以学习更多的教学方法；⑤合作尝试创新的构想；⑥小组合作，一起落实课程；⑦与其他年级教师合作，确保教学的连贯性。采用利克特五点计分，1～5 分别代表“非常不符合”到“非常符合”。

3）教学自信。本研究通过调查数学教师的数学教学自信，分析其对样本学生数学表现的影响以及随学生数学表现量级变化的效应变化。教学自信量表由 9 个题项组成，分别如下：①激励学生学数学；②向学生示范不同的解题策略；③给成绩较好的学生具有挑战性的作业；④调整自己的教学以引起学生的兴趣；⑤帮助学生领会学习数学的价值；⑥评价学生对数学的理解程度；⑦协助有学习困难的学生进步；⑧让数学与学生生活相关；⑨发展学生的高层次思考技能。采用利克特四点计分，1～4 分别代表“非常高”“高”“中”“低”。

（四）计量模型

分位数回归模型是对量值的顺序统计，对离群值有相对较低的敏感度，可被视为平均模型最小二乘估计的扩展[①]，能够提供更有效和准确的参数估计，以此发现分布中不同点上效应关系的差异，即可以估计多个条件分位数函数的模型集合[②]。本研究采用由科恩克（Koenker）和巴塞特（Basset）于 1978 年提出的分位数回归模型，对四、八年级学生在校数学学业成就进行分位数回归分析，以了解各预测变量随学生数学测试能力值的量级变化而产生的动态效应变化。[③]

如图 9.2 所示，学生的数学成绩符合正态分布。具体来看，与标准正态分布相比，四年级和八年级学生的数学测试能力值分布在两端的数据量相对较多，而异常值通过分位数回归分析能够获得更加准确地分析结果。

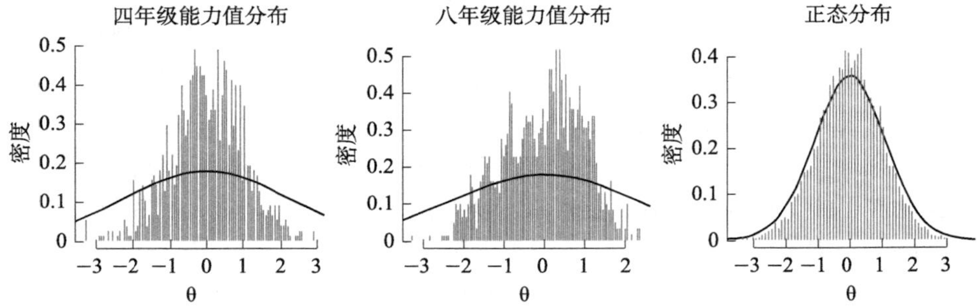

图 9.2　四年级与八年级学生数学测试能力值核密度

分位数回归模型将条件分位数指定为自变量的线性函数，针对学业成绩的某分位数而言，其公式如下：

① Chen F, Chalhoub-Deville M. Principles of quantile regression and an application. Language Testing, 2014, 31（1）: 63—87.

② Costanzo A, Desimoni M. Beyond the mean estimate: A quantile regression analysis of inequalities in educational outcomes using INVALSI survey data. Large-scale Assessments in Education, 2017, 5（1）: 1—25.

③ Koenker R, Hallock K F. Quantile regression. Journal of Economic Perspectives, 2001, 15（4）: 143—156.

$$Y_i = X_i \beta_\tau + C_{\theta i}$$

$$X_i \beta_\tau = (quantile)_\tau (Y_i \mid X_i)$$

其中，X_i 指外生变量；Y_i 指因变量，即本研究中某位学生的数学测试能力值 β_τ 是参数；$(quantile)_\tau(Y_i|X_i)$ 是指给定 X 下，学生数学测试能力值 Y_i 在第 τ 分位的条件分位函数，且 $\tau\epsilon$（0，1）。对于第 τ 分位数，写入模型的常用方法是

$$Min \sum_{\beta \epsilon R^k} \rho_\tau (Y_i - X_i \beta_\tau)$$

其中，ρ_τ（$Y_i-X_i\beta_\tau$）是检验函数，如果 $\varepsilon \geqslant 0$，则 ρ_τ（$Y_i-X_i\beta_\tau$）$=\tau\epsilon$；如果 $\varepsilon<0$，则 ρ_τ（$Y_i-X_i\beta_\tau$）=（$\tau-1$）ϵ。普通最小二乘法（ordinary least squares，OLS）回归估计量的计算基于最小化残差平方，分位数回归估计量的计算也基于一种非对称的绝对值残差最小化，即最小绝对偏差（least absolute deviations，LAD）估计式。在本研究中，将分位数回归的分位（τ）设定为 10%、25%、50%、75% 和 90%，共计 5 个分量。

四、研究结果

（一）四年级与八年级学生数学学业成就现状

本研究变量的描述统计结果见表 9.1 和表 9.2。

表 9.1　变量描述统计 1

变量	类别	四年级		八年级	
		人数（人）	比例（%）	人数（人）	比例（%）
性别	女	543	44.80	689	55.70
	男	669	55.20	548	44.30
父亲的受教育水平	不清楚	732	47.63	236	19.08
	小学	188	12.23	263	21.26
	初中	253	16.46	442	35.73
	高中	166	10.80	100	8.08
	中专 / 中师	35	2.28	24	1.94
	大专	72	4.68	68	5.50
	本科	60	3.90	93	7.52
	研究生	31	2.02	11	0.89

续表

变量		类别	四年级		八年级	
			人数（人）	比例（%）	人数（人）	比例（%）
母亲的受教育水平		不清楚	732	47.36	322	26.03
		小学	217	14.05	370	29.91
		初中	220	14.18	309	24.98
		高中	165	10.67	66	5.34
		中专 / 中师	37	2.34	31	2.51
		大专	70	4.42	62	5.01
		本科	76	4.94	72	5.82
		研究生	32	2.02	5	0.40
家庭资源	是否有洗衣机	否	72	4.68	56	4.53
		是	1465	95.32	1181	95.47
	是否有电视机	否	128	8.33	56	4.53
		是	1409	91.67	1181	95.47
	是否有书桌	否	366	23.81	260	21.02
		是	1171	76.19	977	78.98
	是否有书架	否	698	45.41	528	42.68
		是	839	54.59	709	57.32
	是否有自己独立的房间	否	346	22.51	127	10.27
		是	1191	77.49	1110	89.73
	是否有网络	无网络	322	20.95	185	14.96
		有网络	1215	79.05	1052	85.04
	有多少台电脑	没有	624	40.60	605	48.91
		1 台	451	29.34	367	29.67
		2 台	239	15.55	141	11.40
		超过 2 台	223	14.51	124	10.02
三年内参加的学科辅导班		0	894	58.17	768	62.09
		1 个	263	17.11	179	14.47
		2 个	142	9.24	103	8.33
		3 个	137	8.91	111	8.97
		4 个	38	2.47	47	3.80

续表

变量	类别	四年级		八年级	
		人数（人）	比例（%）	人数（人）	比例（%）
三年内参加的学科辅导班	5 个	26	1.69	12	0.97
	6 个或超过 6 个	37	2.41	17	1.37
阅读过的课外读物数量	0 本	135	8.78	29	2.34
	1～10 本	593	38.58	350	28.29
	11～25 本	338	21.99	282	22.80
	26～100 本	236	15.35	336	27.16
	101～200 本	136	8.85	134	10.83
	200 本以上	99	6.44	106	8.57

表 9.2　变量描述统计 2

变量		四年级		八年级	
		M	*SD*	*M*	*SD*
自变量	学习态度	3.10	0.53	3.48	0.78
	亲子关系	3.24	0.57	3.02	0.57
	父母教育参与	2.91	0.73	2.77	0.79
	教师职业认同	4.71	0.37	4.96	0.15
	教师教学自信	3.36	0.42	3.51	0.29
	教师同事合作	4.48	0.44	4.8	0.25
因变量	数学测试能力值	–0.002	0.97	–0.03	0.98

1. 学生数学学业成就分布现状

如图 9.3 和图 9.4 所示，在所有参与四年级调研的学校中，L 县农村学校学生数学成绩的中位数最低，而 Z 市城镇学校学生数学成绩的中位数最高，这表明学生的数学成绩存在校际差异。从学校整体的学业成就分布来看，Z 市学生的数学成绩表现整体优于 L 县学生，由此可以看出，学生数学学业成就存在地区间差异。

另外，在参与八年级调研的学校中，城镇学校学生的成绩显著高于农村学校学生。

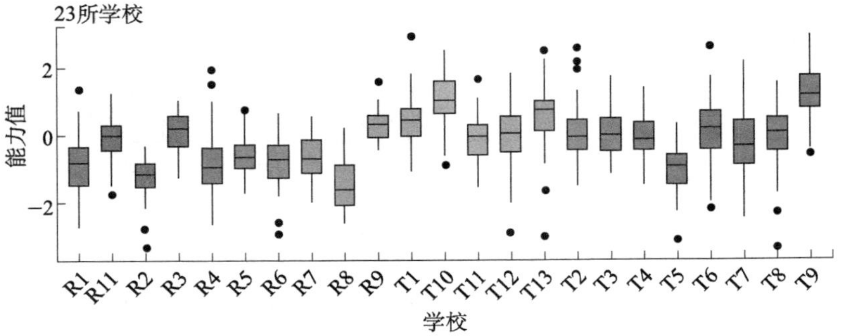

图 9.3 四年学生级数学能力值分布箱型

注：基于研究伦理，本研究将以数字编号代替学校真实名称，其中以“R”开头数字为农村学校，以“T”开头数字代表城镇学校，下同

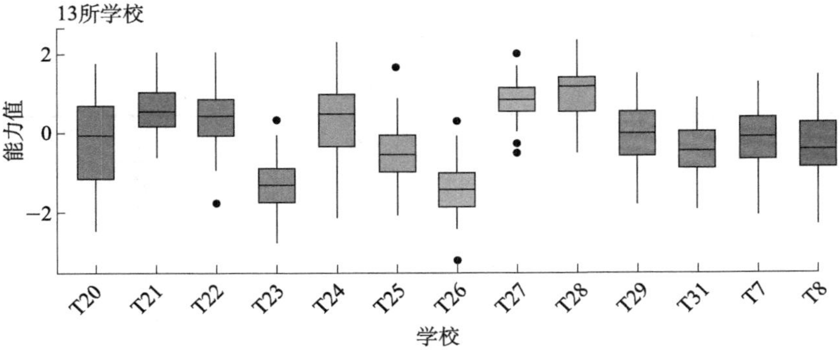

图 9.4 八年级学生数学能力值分布箱型

2. 学生数学学业成就与各解释变量的关系

相关分析结果表明，四年级学生的数学成绩与主要影响因素均显著相关（$p<0.05$），且研究所列样本影响因素与数学测试能力值相关系数均大于 0。除此之外，所有样本因素的性别差异均不显著。除性别之外，八年级学生的数学成就与其他变量均显著相关（$p<0.05$），性别与数学测试能力值的相关系数为 –0.02，相关不显著。

（二）分位数回归模型的结果

1. 男女生数学学业成就分位数条件分布情况

如表 9.3 所示，四年级男生与女生的数学学业能力值的分布呈“两端小，中间大”的态势，即数学能力值位于能力值分布的 25%、50%、75% 的学生较多

（男生占 36.49%，女生占 28.69%），而位于数学能力值分布的 10% 与 90% 的学生较少。但从性别角度对学生数学能力值差异进行分析，发现男生的数学能力值分布在 90% 及以上的人数比例高于女生，而从男生与女生数学成就的整体分布来看，男生的数学表现优于女生。

如表 9.4 所示，女生数学成就分布在上尾（即整体数学表现前 25%）的人数占比最大，整体来看，女生的数学表现要优于男生，这与四年级学生的学业成就性别分布不同，但八年级成绩分布在下尾（即整体数学表现后 25%）的女生人数占比要多于男生（男生 τ10% 为 4.45%，女生 τ10% 为 5.58%），基本可以说明，与男生相比，初中阶段女生数学成绩处于两端（即数学表现前后 25%）的人数相对较多，似乎说明初中女生间的数学学业成就差异较大。

表 9.3　四年级分性别数学成就条件分布及所占比例

类别		τ_10%	τ_25%	τ_50%	τ_75%	τ_90%
男生	数学能力值	−1.31	−0.66	0.002	0.70	1.21
	人数（人）	87	129	216	216	129
	比例（%）	5.67	8.39	14.05	14.05	8.39
女生	数学能力值	−1.17	−0.58	−0.04	0.59	1.10
	人数	69	101	170	170	102
	比例（%）	4.49	6.57	11.06	11.06	6.64

表 9.4　八年级分性别数学成就条件分布及所占比例

类别		τ_10%	τ_25%	τ_50%	τ_75%	τ_90%
男生	数学能力值	−1.43	−0.79	0.15	0.75	1.23
	人数（人）	55	82	137	137	89
	比例（%）	4.45	6.63	11.08	11.08	7.19
女生	数学能力值	−1.40	−0.74	0.04	0.68	1.14
	人数（人）	69	104	172	172	103
	比例（%）	5.58	8.41	13.90	13.90	8.33

2. 解释变量在全体学生样本数学成就量级分布的效应估计

为全面了解相关解释变量随学生数学表现量级变化的效应变化情况，本研究采用分位数回归模型检测了学生数学测试能力值在 5 个分位点上的影响因素效应变化，使用 R 语言软件对学生与学校层面相关解释变量进行了效应估计，并对分位数回归与 OLS 回归结果进行了比较，结果如表 9.5 与表 9.6 所示。

表 9.5 显示了四年级学生数学能力值的分位数回归与 OLS 回归结果。对于学生家庭背景层面的解释因素，OLS 回归分析结果显示，父亲受教育水平、父母教育参与对学生学业成就没有显著性影响。而在分位数回归的结果中，除数学成绩 10% 量级上父亲受教育水平的影响不显著外，在其余量级上父母受教育水平对学业水平都呈现出显著性影响，且对位于 50% 分位数的学生的影响最大。这表明，中等数学能力水平的学生从父母受教育水平中获得更多影响，即父母的受教育水平越高，其更有可能取得更高成就。家庭一般资源、父母教育参与、电脑数量和学生参加的学科辅导班数量对 25% 分位上无显著影响，而对处于其他分位的学生的数学能力值有显著影响，其中，电脑数量与书籍阅读量随着学生数学成就从 10% 至 90% 量级的变化，其影响不断提高，即电脑数量的增加会使数学表现好的学生获取更高的成就，而学生参加学科辅导班的数量对低分段学生的数学表现会造成更大的影响。整体而言，学生家庭背景因素对数学成绩处于中间位置的学生的影响更为重要；对于学校变量来说，教师教授科目数对所有分数段的学生均呈现出显著的负面影响，这意味着教师教授科目越多，学生越难以获得较高的数学成绩，这一点对于对成绩处于高分段学生体现更为明显。最后教师在教学过程中的同事合作对所有学生的数学学业成就具有显著的正向效应，这表明，教师在教学过程加强同事之间的良性合作对提高学生的数学学业成就非常重要。此外，职业认同对低数学学业成就学生的影响不显著（$\beta\tau$=0.1 为 0.23），而对处于其他量级的学生则具有显著影响；教师的教学自信对低分段学生具有显著的正向效应（$\beta\tau$=0.1 为 0.73***），这说明低分段学生会从具有高教学自信的教师那里获得更大的帮助。

表 9.5　四年级数学学业成就分位数回顾参数估计表

变量	$\beta\tau$=0.1	$\beta\tau$=0.25	$\beta\tau$=0.5	$\beta\tau$=0.75	$\beta\tau$=0.9	βOLS
父亲受教育水平	0.07	0.09***	0.12***	0.01***	0.09***	–0.01
母亲受教育水平	0.11***	0.11***	0.14***	0.12***	0.12***	0.03*
家庭资源	1.36***	1.18***	1.32***	1.40***	1.21***	0.40***
亲子关系	0.18	0.12	0.23***	0.20***	0.25***	–0.08*
父母教育参与	0.22***	0.17***	0.25***	0.21***	0.24***	0.05
电脑数量	0.17***	0.14***	0.26***	0.28***	0.35***	0.05*
书籍阅读量	0.18***	0.23***	0.29***	0.28***	0.28***	0.11***

续表

变量	$\beta\tau$=0.1	$\beta\tau$=0.25	$\beta\tau$=0.5	$\beta\tau$=0.75	$\beta\tau$=0.9	βOLS
学科辅导班数	–0.10**	–0.03	0.06*	0.12***	0.16***	–0.05**
教师教授科目数	–0.28	–0.28***	–0.34***	–0.32***	–0.34***	–0.16***
职业认同	0.23	0.41***	0.53***	0.48***	0.56***	–0.04
同事合作	0.49***	0.60***	0.90***	0.89***	0.93***	0.15
教学自信	0.73***	0.60***	0.66***	0.68***	0.62***	0.27**

注：* 表示 $p<0.05$，** 表示 $p<0.01$，*** 表示 $p<0.001$

表 9.6 显示了八年级学生数学能力值的分位数回归与 OLS 回归的结果。同样，从家庭层面来看，父亲的受教育水平对学生数学能力值的各量级均有显著效应，且对处于低分数段的学生的影响更显著（父亲受教育水平 $\beta\tau$=0.1 为 0.17***，母亲受教育水平 $\beta\tau$=0.1 为 0.12**），高分段学生受到家长受教育水平的影响要小于低分段学生，这一点与四年级学生的结果不同。与四年级学生结果相同的是，八年级学生的家庭一般资源对其数学学业成就的影响也表现出对中等分数段学生影响更大的结果。除此之外，亲子关系和家长教育参与对数学成绩没有显著性影响，这与四年级的结果不同，原因可能是调研学校学生大部分处于寄宿状态，直接导致他们缺少家长的陪伴及父母教育参与的不足。此外，书籍阅读量也对八年级学生的数学成绩有显著性影响，尤其是对低分段学生的效应量更大（$\beta\tau$=0.1 为 0.33***，$\beta\tau$=0.25 为 0.26***），而参加学科辅导班数与数学成绩的关系并不显著。从学校层面来看，教师的教授科目数对学生数学成绩同样具有显著性负向影响，而且数学成就优秀的学生更容易受到教师教授科目数的负面影响。教师的职业认同与同事合作对数学成绩处于高分段学生的影响更为明显。

图 9.5 和图 9.6 呈现了各解释变量随因变量的分位数变化而表现出的解释力度变化。

表 9.6　八年级数学学业成就分位数回归参数估计表

变量	$\beta\tau$=0.1	$\beta\tau$=0.25	$\beta\tau$=0.5	$\beta\tau$=0.75	$\beta\tau$=0.9	βOLS
父亲受教育水平	0.17***	0.13***	0.07***	0.13***	0.13***	0.13***
母亲受教育水平	0.12**	0.13***	0.04	0.08***	0.02	0.08***
家庭资源	0.88***	1.24***	1.34***	1.00***	0.85***	1.07***
亲子关系	0.03	–0.06	–0.02	0.11*	0.08	0.01
父母教育参与	0.09	0.07	0.02	–0.06	–0.01	0.02

续表

变量	βτ=0.1	βτ=0.25	βτ=0.5	βτ=0.75	βτ=0.9	βOLS
电脑数量	0.20***	0.17***	0.19	0.14*	0.17**	0.16***
书籍阅读量	0.33***	0.26***	0.24***	0.16***	0.15***	0.23***
学科辅导班数	–0.01	0.002	–0.03	0.02	–0.0001	0.01
教师教授科目数	–0.23***	–0.30***	–0.38***	–0.44***	–0.41***	–0.33***
职业认同	0.53***	0.96***	1.46***	1.36***	1.60***	1.21***
同事合作	0.80*	0.79**	0.37	0.73***	0.56**	0.59***
教学自信	–0.76***	–0.86***	–0.48**	–0.64**	–0.51**	–0.57***

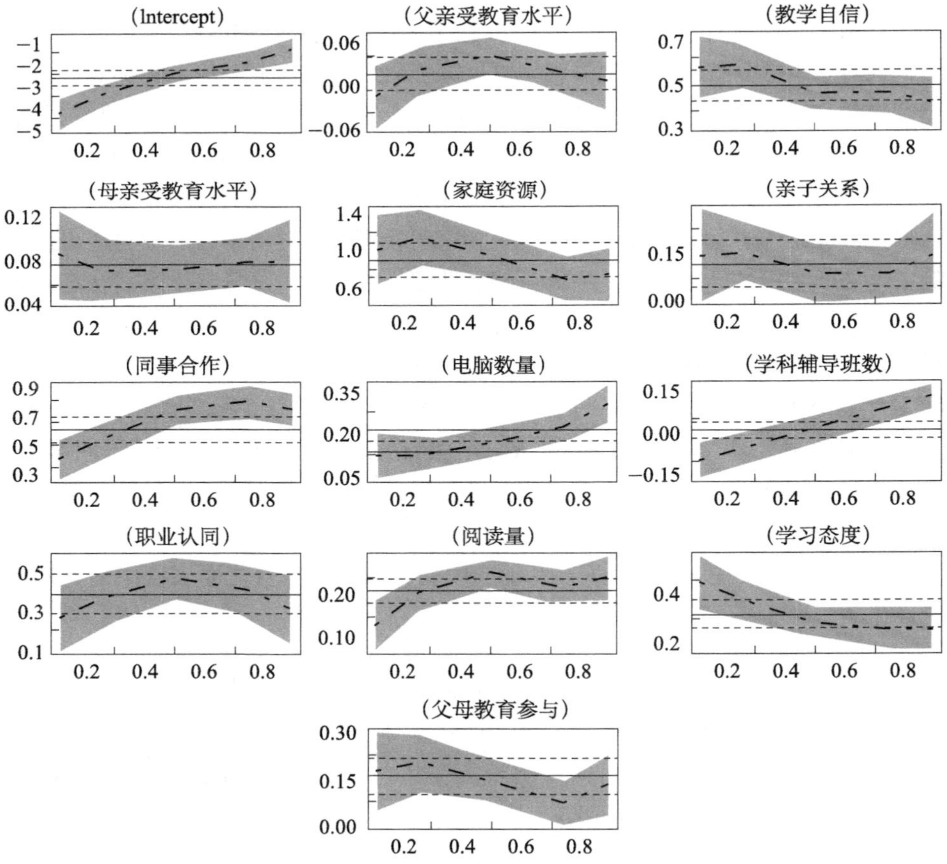

图 9.5　四年级解释变量分位数回归置信区间

注：横轴为学生数学成绩分位数水平分布，纵轴为各解释变量的效应量，Intercept 为误差，下同

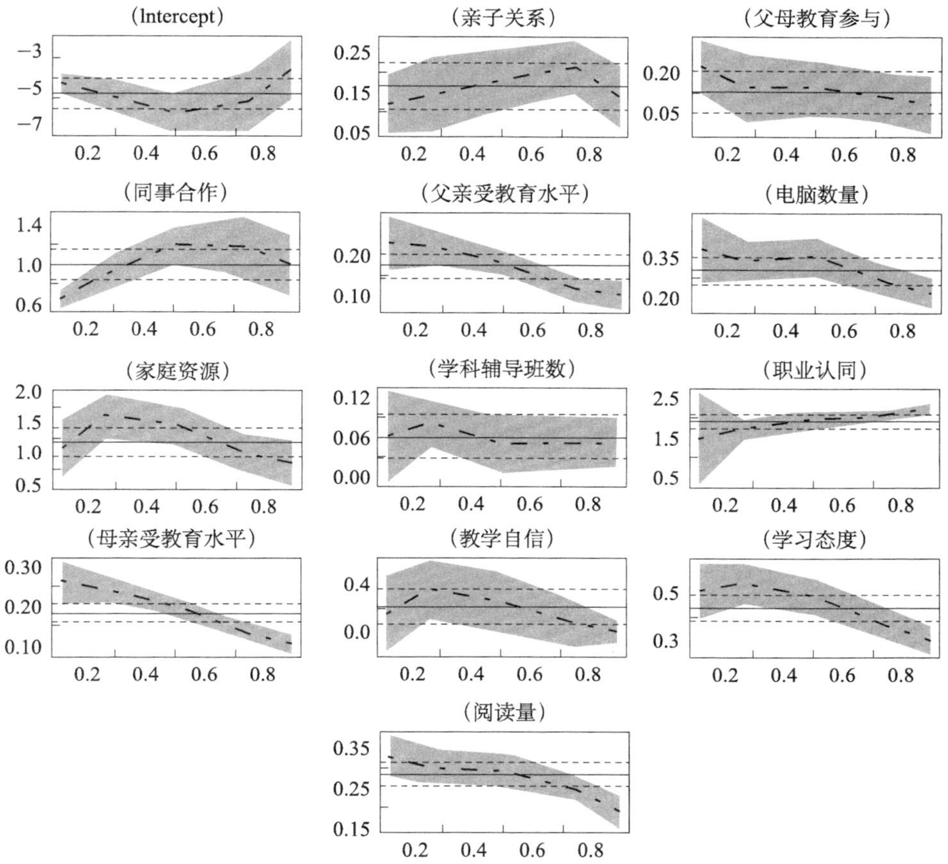

图 9.6　八年级解释变量分位数回归置信区间

五、结论与建议

本研究的 OLS 回归和分位数回归模型结果均显示，学生个人、家庭背景以及教师的相关解释变量均会影响学生的数学学业成就。值得注意的是，分位数回归提供了很多 OLS 回归无法提供的数据细节，具体体现在同一解释变量在学生数学能力值分布的不同量级上的解释程度不同。

（一）研究结论

1. 数学学业成就存在显著差异

数学学业成就存在学生、地区与学校差异。首先，学生间的数学学业成就差异不仅体现在性别上，而且同一性别学生的数学成绩差异同样显著。四年级男生的数学成绩要整体优于女生，而八年级学生则相反。另外，八年级女生的数学成绩分布于两端的人数比例较大，从侧面可以证明，同一性别学生的成就差异仍然存在。其次，数学成绩存在显著的地区与学校间差异。具体表现为，县镇学校学生数学成绩高于农村学校学生，地级市学生数学成绩高于县城学生成绩。

2. 影响因素存在学段与数学成就条件分布的解释效应差异

本研究发现，学生数学学业成就影响因素的解释效应随学生数学能力值条件分布变化而发生变化。一方面，本研究所选取的影响因素对不同学段学生的效应不同，如父亲受教育水平对四年级低分段学生的影响并不显著，而对八年级低分段学生却具有显著影响，这意味着父亲受教育水平对低年龄段孩子的影响并不显著，其对孩子学业成就的作用机制从高年龄段开始凸显，但对于八年级学生来说，父亲受教育水平对低分段学生的数学成绩的影响更大。另外，学生参加的学科辅导班数对其数学成绩有显著性影响，对于八年级学生来讲，随着数学成就分位点的递进，学科辅导班数对其数学成绩的影响降低，这意味着参加学科辅导对低学业水平学生的影响更加显著。另一方面，本研究涉及的影响因素在同年段数学成就不同分位点的解释效应存在差异，如与数学表现较好及较差的学生相比，表现中等的学生更能从家庭背景中受益，即家庭背景对数学成绩处于中间学生的边际效应最大。

（二）研究建议

根据研究结果，本研究从以下三方面提出改善学生数学学业成就的政策建议。

首先，政府应该关注学生数学学业成就存在地区与校际差异的现实状况。一方面，对数学学业成就表现较差的地区与学校进行定责、定点帮扶，将任务具体到相关责任主体，实现管理部门分工明确，问责主体具体清晰；另一方面，对表现不佳学校的调研发现，一些学校存在师资质量不高、财政资金不足及生源质量较差的问题，因此相关政府部门应该对此类学校在财政投入、师资培训等方面进行倾斜式帮扶，如通过组织城镇学校与乡村学校建立帮扶或合作关系，完善城镇与乡村教师双向流动机制，改善师资不均衡的情况，并加强学校领导班子建设，培养学校校长的自主发展意识，并提供经验和技术支持，同时强调多部门联动，共同帮助家庭经济困难学生。

其次，教师作为学校场域中对学生学习产生影响的重要人物，应该反思并改进数学教学内容、方法、材料，创新教学方式，提高数学课堂吸引力，如可以导入可以与数学知识建立联系的生活情境，来丰富课堂内容，激发学生学习数学的兴趣。同时，教师应该重视与同事之间的合作，精研课程，小组备课，共同提高学校数学教学水平，树立终身学习意识，追求成为研究型教师。

最后，家庭是学生成长的摇篮，家长是孩子的第一任教师，家长应主动转变教育理念，充分理解对孩子的教育不仅是学校的责任，加强与孩子的有效沟通，与孩子建立和谐的亲密关系，主动有效参与孩子的学习。同时，家长应注重家庭文化资本的积累，为孩子的学习营造良好的氛围，培养孩子良好的学习习惯。另外，家长应加强家校合作，主动与教师沟通和了解孩子的学习情况。

经典个案报告

随着城镇化进程的不断推进，县域中小学校呈现出乡弱、镇宿、城挤的宏观格局。所谓“乡弱”，一方面表现为乡村学校规模小，另一方面表现为乡村学校教学质量不高。由于乡村小规模学校既缺乏规模效益，又很难提高质量，因此许多地方大规模地撤并乡村小规模学校。以教学点为例，2020年时全国有小学教学点17.81万个，到2010年时仅剩6.69万个。尽管到2020年时小学教学点数又增加到9.03万个，但这并不完全意味着原有教学点的恢复，相反，在很大程度上原来具有一定规模的村小或乡镇中心小学因学生的流失而沦落为教学点。既然全国各地还保留着一定数量的乡村小规模学校，那么如何把这些村小办成“小而美”“小而优”的“温馨村小”成为全国小规模学校普遍关心的问题。

世界发达国家的经验证明，小规模学校并不必然是“差学校”的代名词。恰恰相反，美国田纳西州进行的小班教学随机对照试验证明，小班教学质量更好！吉林省农安县的“温馨村小”探索也证明了小规模学校同样可以办好！2020年农安县有各级各类学校达335所，其中村小246所，占全县学校总数的73%，是全国为数不多的拥有大量乡村小规模学校的县。然而，农安人秉持“在家门口为老百姓办小而美小而优的好学校”之理念，自主探索出了一条本土化的“温馨村小”创建之路。他们开创的公用经费、取暖费核算标准、教师岗位配备、教师评聘、安排校车、免费午餐、单身特岗教师找对象、教师培训、教研活动、学校管理十项温馨村小倾斜政策，温馨校园、班级、关怀、课程、课堂、菜园、食堂、宿舍八维温馨村小要素，以及42个评价点，使乡村小学焕发了新的发展活力，也得到了教育部领导的高度赞赏和积极评价。

农安经验给我们的启示是：无论遇到什么样的困难，干事的人总能想到办法，不想干事的人总能找到理由。农安村小回归了教育的自然和本真，抓住了教育的“根”和“魂”，这既是一次有意义的自我提升，更是一次有价值的信心积累。我们相信，在乡村振兴的大背景下，乡村小规模学校不仅大有可为，而且还会成为城市学生羡慕和向往的地方，因为在日本已经出现了城市学生到山村去学习的“山村留学”景象，我们国家的乡村研学旅行也在如火如荼地进行着，未来的乡村小规模学校一定会更加美好，我们相信并期待这一天早日到来！

第10章

小而美的“温馨村小”

——农安县百姓家门口好学校的改革发展研究*

* 本章撰写人：秦玉友、仲米领、于宝禄、李睿泓。作者单位：教育部人文社会科学重点研究基地东北师范大学中国农村教育发展研究院。

乡村振兴离不开乡村教育的振兴。为振兴乡村教育，提升县域农村义务教育质量，办老百姓方便且满意的教育，应以县域农村小规模学校（以下简称“村小”）为突破口。做好、做优村小是进一步提升县域义务教育办学底线标准，托举教育公平底线的基础性工程，亦是提振农村教育改革和发展信心的重要着力点。2018 年，《国务院办公厅关于全面加强乡村小规模学校和乡镇寄宿制学校建设的指导意见》出台，使得村小的发展成为重要的政策议题，村小的发展水平成为衡量县域义务教育均衡发展的重要刻度，村小的改革与发展成为县域义务教育改革与发展的重要内容。

全国各地针对村小仍将长存的事实和发展面临的短板，开展了针对县域内村小改革发展的本土化探索。其中，吉林省农安县“温馨村小”改革悄然开始，为老百姓呈现了小而美的家门口的好学校，勾勒了一幅县域农村教育自主化、本土化的改革发展图景，贡献了村小发展的农安方案。首先，形成共识，追求具有乡土气息的本土化高质量学校；其次，明确重点，创建一批影响力较强的县级示范校、一批有温度的乡级标准校、一批回归乡土的校级“升温校”；最后，确定工作思路和方法，推行十项“输血补钙”政策，创建 8 个温馨要素、42 个评价点，实施“8 + 42”运行模式。在实践中，注重提高温馨校园“硬实力”，改善校园文化“软实力”，提升师生幸福指数。通过注重班级、课堂与课程建设，多点发力助推育人成效，丰富农村学生的课余生活。“温馨村小”本着乡土化、校本化、温馨化的办学内涵，以及回归自然、回归本真的创建理念，取得了丰硕的成果。

农安县“温馨村小”的创建，给农村教育发展带来了深刻的启发。农村教育发展应在结合本地区实际情况的基础上，科学合理研判农村教育发展趋势，寻求重要突破点。注重规范化建设、制度化运营及常态化改革和维持，充分利用农村社会环境和自然环境的育人资源，挖掘农村社区环境育人潜力，把优势向特色转化，把特色作为农村教育内涵发展的底色，逐步树立农村教育发展的自觉和自信。

一、农安县教育发展概况[①]

（一）这块土地叫农安

吉林省农安县位于松辽平原，全县面积共计 5400 平方公里[②]，是吉林省耕地面积最大的县。全县辖 22 个乡镇、377 个行政村。[③] 截至 2022 年，全县人口 120 万，其中农业人口 90 万，2020 年第七次人口普查数据显示，常住人口 867 274 人，占长春市人口的比重由 2010 年的 11.74% 下降至 9.57%[④]，是长春市乃至吉林省人口数量最多的县[⑤]。

农安县依托自然地理优势，在社会经济建设中探索出了自身特有的模式且成效卓著。2020 年全县地区生产总值实现 292.3 亿元，比上年增长 1.9%，三大产业结构比为 47.3∶12.1∶40.6。[⑥]2020 年，城乡常住居民人均可支配收入分别达到 29 841 元和 16 445 元，“十三五”期间年均增长 6.8% 和 7.3%。[⑦]

农安县距省会长春市区 60 公里，处于长春 1 小时经济圈内，与东北地区四大国际机场之一的长春龙嘉国际机场相距 90 公里。县内各级公路共计 5492.813 公里，其中，村道 3793.606 公里、乡道 847.614 公里、县道 493.528 公里、省道 137.766 公里、国道 132.299 公里、高速公路 88 公里，22 个乡镇及 377 个建制村全部通水泥路、沥青路。[⑧]

---

① 本部分 2020 年的数据为农安县官网公布的数据。

② 农安县农村科技信息 12396 综合服务平台 . http://www.nongan12396.cn/[2021-12-19]。

③ 农安县人民政府办公室：《地理位置》，（2022-02-25），http://www.nongan.gov.cn/zjna/zrgk/dlwz/ http://www.nongan.gov.cn/zjna/jcss/gl/[2022-11-15]。

④ 长春市第七次全国人口普查领导小组办公室：《长春市第七次全国人口普查公报（第二号）》，（2021-06-02），http://tjj.changchun.gov.cn/tjgb/202106/t20210602_2830528.html[2021-12-19]。

⑤《吉林省各县市区人口数量排行榜》，http://www.tcmap.com.cn/list/jilinshenggexianshiqurenkoushuliangpaixingbang.html[2021-12-19]。

⑥ 农安县统计局：《关于2020年全县国民经济和社会发展的统计公报》，（2021-06-22），http://www.nongan.gov.cn/zw/sjfb/202106/t20210622_2840255.html[2021-12-19]。

⑦ 李林峰：《农安县人民政府2020年政府工作报告》，（2021-09-01），http://www.nongan.gov.cn/zw/zfgzbg/202109/t20210901_2894775.html[2021-12-19]。

⑧ 农安县人民政府办公室：《公路》，（2022-02-25），http://www.nongan.gov.cn/zjna/jcss/gl/[2022-07-26]。

（二）这块土地上的教育

1. 农安县教育概况

农安县高度重视教育发展。在消除文盲率方面，2020 年第七次人口普查数据显示，全县文盲率由 2010 年第六次全国人口普查的 2.33% 下降到 1.55%，下降了 0.78 个百分点。①

办学条件不断优化，全县 70 万平方米的校舍实现砖瓦房全覆盖，楼房比例为 28%。全县各级各类学校装配计算机总量 6000 台，信息技术教育得以全面开展。②

在学校数量方面，截至 2021 年末，全县共有 7 所高级中学、39 所初级中学、5 所完全中学、283 所小学、40 所幼儿园和 1 所特殊教育学校。③ 全县有 2 所省级科技教育示范校，4 所省级艺术教育特色校及 15 所市级一类一级学校。④

在教师数量方面，截至 2020 年末，全县共有教职工 11 281 人。⑤ 其中省级骨干教师 15 名，市级骨干教师 90 名，县级专家型教师 36 名，明星教师 130 名，骨干教师 756 名。⑥

在学生数量方面，截至 2020 年末，全县在校生 105 403 人，其中高级中学 13 667 人，初级中学 28 452 人，完全中学 8631 人，小学 48 798 人，幼儿园 4914 人，特殊教育 252 人。⑦ 高中阶段每年为国家输送大学生 6600 多人。⑧ 但是，随着近几年学龄人口的流出，农安县教育面临"生源不足"的风险。

2. 农安县村小概貌

截至 2020 年 10 月，农安县各级各类学校有 335 所，其中村小 246 所，占全

---

① 农安县第七次全国人口普查领导小组办公室：《农安县第七次全国人口普查公报（第四号）——人口受教育情况》,（2021-06-22）, http://www.nongan.gov.cn/zw/sjfb/202106/t20210622_2840267.html[2021-12-19]。

② 农安县教育局：《农安县教育投入情况》，访谈时由教育局相关人员提供，2020 年 10 月 15 日。

③ 农安县人民政府办公室：《地理位置》,（2022-02-25）, http://www.nongan.gov.cn/zjna/zrgk/dlwz/http://www.nongan.gov.cn/zjna/jcss/gl/[2022-11-15]。

④ 农安县教育局：《农安县教育学校概况》，访谈时由教育局相关人员提供，2020 年 10 月 15 日。

⑤ 农安县统计局：《关于 2020 年全县国民经济和社会发展的统计公报》,（2021-06-22）, http://www.nongan.gov.cn/zw/sjfb/202106/t20210622_2840255.html[2021-12-19]。

⑥ 农安县教育局：《农安县教育教师队伍概况》，访谈时由教育局相关人员提供，2020 年 10 月 15 日。

⑦ 农安县统计局：《关于 2020 年全县国民经济和社会发展的统计公报》,（2021-06-22）, http://www.nongan.gov.cn/zw/sjfb/202106/t20210622_2840255.html[2021-12-19]。

⑧ 农安县教育局：《农安县教育学校概况》，访谈时由教育局相关人员提供，2020 年 10 月 15 日。

县学校总数的 73.43%。全县教师数量为 9212 名，其中村小教师为 2040 名，占全县教师数量的 22.15%；全县在读学生数量为 81 901 名，其中村小学生数量为 7378 名，占全县在读学生数量的 9.01%[①]，村小分布呈现出点多、线长、面广的特征。

作为农民家门口的学校，村小的发展遭遇前所未有的挑战。一方面，村小正面临逐步消失的危机。据统计，在开始试点运行“温馨村小”之前，仅 2010—2014年，全县有 104 所村小由于在学人数过少、教育教学活动难以为继而消失，平均每 17.5 天就消失一所村小。大量村小的消失，不仅影响了乡村孩子的就近上学，给其家庭带来了较大的经济压力，而且使乡村原有的教育文化生态面临断代危机，影响到乡村振兴战略的落实，重建农民家门口的村小迫在眉睫。

另一方面，2014 年之前，农安县村小整体办学质量堪忧。受历史、地理、经济等多方面因素的制约，村小普遍存在基础设施差、师资力量弱、教学质量低的突出问题，农民对家门口的学校不满意，一度千方百计把孩子送到乡镇中心校或县城学校就读，导致出现“村小学生挤中心校、中心校学生向县城流动”的“乡村弱、城镇挤”的尴尬局面。为了打破这一僵局，需要通过一系列乡土化、本地化的“输血补钙”政策，提高村小办学条件，让所有的村小教师“下得去、留得住、教得好”，从根本上缓解农村学生向中心校、县城学校集聚的情况，增强当地居民对农安县教育的信任。

针对农安县村小面临的现实困境，农安县群策群力，自 2014 年开始试点运行“温馨村小”，逐步形成了低成本、可实践、可推广的村小发展经验。农安县也真正地找到了适合本地生长、百姓家门口好学校的操作性路径。

二、农安县“温馨村小”缘何被激活

在城镇化和农村学校布局调整的背景下，农安县农村小学面临着一系列现实困境。人们对高质量教育的需求，促使农村学生进城求学，导致县城义务教育资源面临前所未有的压力。在这种情况下，农安县政府统筹规划、系统整合县域教育资源，以教育公平和城乡均衡发展为主线，进行了农村小学生存之道的本土化探索。农安“温馨村小”在这种社会背景和机遇下应运而生，并扎根农安大地，这既是一系列现实条件和机遇造成的，亦是农安县教育工作者主动担责、敢于开

① 农安县教育局：《农安县县城学校及村小概况》，访谈时由教育局相关人员提供，2020 年 10 月 15 日。

拓、勇于作为的结果。

（一）现实困境：城镇化挑战县域村小健康有序发展

随着城镇化进程的不断推进，人才流向城镇，而在教育领域，教育城镇化呈现异化样态，优质教育资源过分集中于县城（在有些地区还包括个别发达的镇），县域其他学校发展水平相对落后。农村父母为了让子女接受更高质量的教育不得不涌入县城，这就出现了教育吸引型城镇化。[①] 农安县每年都有部分农村家长把孩子送到县城或者乡镇中心小学，导致村小生源逐步萎缩，部分村小从完全小学变成不完全小学，面临被撤并甚至消失的危机。而且，不少农村小规模学校设施设备老旧，没有配备科学实验室，即使一些村小配置了相关设备，也难以达标。农村学校的教育资源使用效率低，部分消耗性实验材料补充不及时，学校的发展面临较多限制性条件。

随着农村生源的流失，农村学校失去活力，农安村小面临着教师"招不来、留不住、教不好"的现实困境，教师队伍老龄化及自然减员、新生力量补充不足成为突出问题。教育大计，教师为本，缺乏充足的师资队伍和能力素养高的农村教师，使得农村百姓对自家村门口的小学产生失望。

农村"空心化"带来的是村小"空壳化"。农村小学作为农村社会的一部分，发挥着乡土文化传承和乡愁记忆载体的重要作用，亦是农村文化的中转站。农村小学的衰落使得农村社会面临功能不全的窘况，扰乱了村庄的正常运转。

（二）外部诉求：人民对家门口学校的现实诉求

在城镇化和农村学校布局调整的背景下，村小作为农民家门口的学校，其发展遭遇了前所未有的挑战，这与办人民满意的高质量教育的现实诉求不相符。

村小的衰落甚至是消失使得农村学生的上学距离更长，面临着精力的消耗和交通安全问题，同时加大了家长的经济支出压力。因此，部分村民以村庄为单位向农安县政府和县教育局反映，要求复建农村小学。其中，连三坑小学是复建的典型案例。根据我们的实地调研，农安县黄鱼圈乡连三坑村下辖 4 个自然屯，人口共 1560 人。村小学校舍破旧，教学质量不高，学生纷纷到中心校就读，2010 年，因为学生外流严重，村小学不复存在。2013 年，很多家长向农安县教育局反映，希望恢复村小，以减轻家庭负担，让孩子少走 50 分钟上学路。2014 年 8

① 秦玉友：《教育城镇化的异化样态反思及积极建设思路》，《教育发展研究》2017 年第 6 期，第 1—7 页。

月，在老百姓的强烈要求下，学校逐步开始复建。

（三）主动作为：当地政府重视县域义务教育均衡发展

农安县委、县政府高瞻远瞩，为实现教育强县，提高本县劳动力水平，提升人口素质，优先发展教育。县政府要求教育相关部门坚持以科学发展观为指导，全面贯彻《国家中长期教育改革和发展规划纲要（2010—2020 年）》及省市教育工作会议精神，重点推进义务教育均衡发展，为实现城乡义务教育一体化，聚焦县域教育均衡、质量、公平三大主题。不断完善义务教育管理体制机制，坚持“用制度管人，以机制理事”的工作策略，以期实现各级各类学校办学质量整体提升，教育总体实力全面加强，教育环境明显优化，最终实现教育事业又好又快发展。

农村优质教育资源不足与广大人民群众日益增长的教育需求之间的矛盾日益突出，成为农安县义务教育均衡发展面临的关键性问题，“村小向何处去”也成为县委、县政府不得不回答的问题。为此，农安县委、县政府算了三笔“账”。

三笔“账”①

第一笔账——家长的经济账。据测算，村小距离中心小学远近不同，如果按照到 30 里以外的学校就读计算，平均每个月交通费 200～300 元，加上日常伙食费等支出，家长每年将额外增加 4750—5950 元开销，相当于一年的农业收入。

第二笔账——学生的发展账。学生如果走读，校车一天往返两到三次，有些孩子早上 5 点多就要起来，需要“披星戴月”去上学。如果住校，学生的自理和学习能力都相对较弱，缺少父母和家人关爱，他们的身心健康成长必然受影响。

第三笔账——政府的经济账。如果 246 所村小、7378 名学生都舍弃家门口的村小，而挤到乡镇或县城学校去上学，现有的乡镇中心小学将无法容纳如此规模的学生，一方面会造成村小校舍大量闲置，另一方面政府又要进行额外投资，扩建中心小学，包括校舍、宿舍、食堂及其他基础设置的建设，预计整个投资规模约 1.8 个亿。

① 资料来源：《办好农民家门口的学校——主题教育案例》，农安县教育局提供，2020 年 7 月 12 日。

三笔“账”表明，村小必须办，而且必须办好，必须以超常规、更长远的思路提升办学质量。如果占比超过七成的村小的教育质量和效益无法改善，创建全县公平、优质的教育也无从谈起，义务教育城乡一体化更无从谈起。

农安县委、县政府高度重视这一难题，成立由县政府牵头，包括教育局在内的专项调研组，对村小进行了为期 2 个月的深度调研，针对难点问题反复研判，多方征求意见，最后确立了建设优质“温馨村小”的战略规划。

三、农安县“温馨村小”建设的基本内涵

农安确立“温馨村小”改革的战略规划，不止是一种县域教育的统筹规划，也是一种本土化、自主化的农村教育探索。其具体内涵如下。

（一）“温馨村小”的 8 要素

1. 创建温馨校园

“芳草鲜美，落英缤纷”，陶渊明忽逢桃花林时的感叹用在苇子沟小学的校园美景上也是恰如其分。曾经校舍破败、设施老化、生源萎缩的村小如今焕然一新，甚至实现了春日看花、秋日吃果的美好愿景。这一幕是农安县创建“温馨村小”后最直观的变化。

学校标准化建设是促进义务教育均衡发展的重要举措，是实现义务教育公平的前提要求。学校基础设施建设不仅事关师生学校生活的满意度，更关系到师生的人身安全。因此，欲创建“温馨村小”，强化村小基础设施建设是前提。农安县提出了创建“温馨村小”的 8 个要素，其中温馨校园建设是第一位。为给学生营造一个舒适的学习环境，村小着力从四个方面进行了温馨校园的标准化建设：一是加强校舍标准化建设，把 D 级危房的校舍全部拆除，使村小的平房校舍达到标准化；二是加强校园的基础设施建设，大门、围墙、厕所、自行车棚、领操台、旗杆、旗座、操场硬化达到标准化；三是内部装备标准化，建设“四室一库一场地”，即计算机网络教室、保健室、科学实验室、图书室和音体美器材库，以及篮球、足球或排球场地；四是加强校园文化建设，构建乡土化、校本化、特色化的文化体系。农安县共启动改扩建校舍、操场硬化、粉刷教室、教育装备、校园文化等项目 56 个，新建改建功能室 189 个，为 246 所村小装备了 206 种 432 600 件实验仪器和活动器材，增添图书 67 556 册，更新十字桌椅 1200 套，实现了“四室一库一场地”的建设目标，29 所村小摘掉落后帽子。[①] 农安县各村

① 资料来源：《办好农民家门口的学校——主题教育案例》，农安县教育局提供，2020 年 7 月 12 日。

小在温馨校园创建中注重总体规划，开发具有本地乡土特色的改革项目，在标准化建设要求的基础上形成了独具特色的校园文化。西赵家沟小学依据当地特色建设“大棚文化”，冬季保暖，夏季遮荫，大棚中种植各色植物，为学生提供了实践活动的场地；青山口乡 3 所村小重视校园美化绿化，构建了以“馨和教育、生感教育和诚信教育”为支撑的校园文化体系；苇子沟小学重视校园乡土化建设，沿着围墙种满了海棠树，红艳艳的海棠果挂满枝头，校园内大小不一的菜地随处可见。尘土飞扬的甬路铺上了红砖或水泥，硬化的活动场地更有利于开展课外活动，校园布满了由学生栽种的绿色植被，温馨校园的建设使农安县村小彻底告别了以往“晴天一身土、雨天两脚泥”的时代。

2. 创建温馨班级

班级是学生学习的主阵地，但乡村学校的班级文化建设应区别于城市，展现其独特的乡土性。农安县在温馨班级的创建上，一改以往农村小学简陋、单一的班级生态环境，在统一标准的前提下，因校制宜，形成既符合标准化办学要求，又有农安特色的班级文化。农安县统一要求设置“四表一规”①、特色园地、班级图书器材活动柜和十字桌，这是实现班级文化建设的基本要求。各个班级均建立了开放性书吧和音体美器材柜，考虑到村小学生的实际需求，学生可以带活动器材回家使用，力求班级硬件设施建设温馨化。

达到全县统一的标准后，村小可自行增加要素，进行个性化补改，做到了一个村小一个特点，班班都有自己的模样。苇子沟小学在完成标准化建设的基础上，把班级布置的主动权交给班主任和学生，他们用田地中随处可见的粮食作物、路边自由生长的植物，再配上学生的奇思妙想，设计出贴近学生实际、展现乡间劳动状态、传承乡土文化的班级文化。于家村小学在班级建设过程中，主抓班级的净化、教室的美化及环境的绿化，因地制宜，从村小的特色和学生的现实情况出发，用学生最熟悉的元素设计墙壁标语及展板，让墙壁说话，为学生创造一个良好的教育环境。

3. 创建温馨课程

良好的课程建设不仅是保证学生全面发展、促进学生个性化成长的主要手段，更是吸纳生源、留住学生的重要影响因素。农安县在完成国家基础课程、抓实学生的基础知识和基本技能的基础上，鼓励各校开发适合本校学生和教师的校本课程，并为学生设置个性发展的专门时间，每周一次，促进学生全面发展和个性成长。

---

① “四表一规”指课程表、班级组织表、作息时间表、值日表和小学生日常行为规范。

在温馨课程方面，连三坑小学根据该校的实际情况开展了独具特色的足球课程。连三坑小学的校长是一名足球迷，他在初任校长时，看到学校体育活动单一，学生性格腼腆、不自信，便将足球引入体育课程，利用寒暑假自费学习足球教练相关知识，并考取资格证书。经过几年的努力，足球小组在校长的带领下取得了骄人的战绩，分别获得了 2018 年和 2019 年全县小学组的足球比赛冠军。学生不仅掌握了足球技巧，更锻炼出了强健的体魄，脸上也露出了自信的笑容。学校也在县里的支持下，成功铺设了适合踢球的草坪。除了足球课外，连三坑小学的道德与法治课也“不走寻常路”。夏天的时候，几个班的孩子坐成两排，教师买好雪糕、瓜子等，与学生一起观看《甲午海战》等一系列有意义的电影。电影画面配合教师生动的讲解，就是一堂很好的道德与法治课程。

温馨课程的创建不仅是农安县教育局对国家培养全面发展人才的回应，更是从农村学生的实际需求出发，改变农村学生普遍无特长的现状，增强农村学生的自信心，为其日后的长远发展助力。

4. 创建温馨课堂

课堂是课程实施的载体，是教师、学生共同成长的空间。农安县温馨课堂主抓两件事：一是教师的教，强调优化教法；二是学生的学，强调活化学法。村小生源少既是农村学校发展的劣势，但也有其独特的优势。农安县变劣势为优势，以学生为主体，着重研究学生的自主学习和合作学习，采用十字桌椅，推行小班化教学和合作化教学模式，充分发掘小规模班级教师便于管理、学生便于交流的优势，提高课堂教学质量。

农安县在注重课堂教学效果的同时，不断完善教学评价体制，制定了《农安县温馨村小课堂评价标准》，让教师的课堂评价有理可依，有据可循。全县以村小生态课堂建设为目标，聚焦教法和学法，统筹联动，区域内集中管理，实现教师“串乡听课、连片教研、片区赛课”，在这一过程中，农安县重视教师教育科研能力的提高，确立了“小班化研究与管理”等 58 项科研子课题，组建村小骨干教师网络博客 237 个，同步开展探索课 3768 节。①

农安县在教师教学管理和促进教师职后成长方面实现了区域联动、校际合作，改变了村小教师少、学校间地理位置远、教师在教学时无法实现有效交流沟通等弊病，激发了区域内教师发展活力，提升了村小的教育教学质量。

5. 实施温馨关怀

让温馨关怀直抵师生心灵，温馨关怀主要体现在两个方面：一方面是关怀学

① 资料来源：《办好农民家门口的学校——主题教育案例》，农安县教育局提供，2020 年 7 月 12 日。

生。首先，重点关注学生中的特殊群体。农安县存在留守儿童、学习困难孩子、家庭经济困难学生、离异家庭学生等九大特殊群体，村小为这些学生建立档案，实施一生一案，通过与教师的共同努力，设立代理妈妈，提供亲情服务和免费午餐等，让家庭情感缺失的学生感受到学校对他们的关心和爱护，保障学生的心理健康。其次，通过硬件改造，改善学生的生活条件，尤其在学生取暖和午餐方面争取资金支持，让学生在学校也能够享受热腾腾的营养午餐和舒适温暖的教室，保障学生的身体健康。另一方面是关怀教师，特别是特岗教师。为解决农村学校师资总量不足和结构不合理等问题，国家启动特岗计划，特岗教师是促进农安县教育均衡发展的补充力量，但一部分特岗教师来自外市甚至外省，其住宿、交通等都存在困难，偏远地区特岗教师的婚恋问题更是难以解决，这也成为部分特岗教师决定离开农安村小的重要推力。为解决特岗教师的住宿、交通问题，农安教育局从特岗教师的工作实际出发，为通勤距离较远的教师统一安排通勤车辆，保障特岗教师安全、便利地上下班。针对部分大龄单身特岗教师的婚恋问题，农安县教育局工会和县总工会通过开展联谊活动，将优秀的年轻公职人员组织到一起，为特岗教师创造接触适龄优秀青年的机会，解决特岗教师婚姻问题，为其留在农安解决后顾之忧。

6. 创建温馨菜园

校园占地面积大、土地资源丰富是村小得天独厚的优势。农安县充分利用这一优势，鼓励各村小在满足办学基本要求的用地外，自主开发一个小菜园，种植茄子、土豆等蔬菜，既满足了师生餐桌的需求，又为学生提供了实践劳动的场所。在国家大力提倡劳动教育的背景下，村小充分发挥自身优势，把菜园当作基地，学生可以实地研究蔬菜的种植、成长、收获的过程，提升劳动实践能力。菜园作为村小校园的一道风景，格外引人注目。温馨菜园作为师生劳动实践基地，设有明确的标牌，每班都有属于自己的一块小菜地，师生可以自行规划设计，自主管理。高年级也会主动结对帮扶低年级，培养同学之间的互爱互助品格，让孩子在劳动中体验播种、管理与收获的过程和辛劳，培养节约、坚毅和不浪费粮食的好习惯，避免患上“自然缺失症”。而且村小本着自给自足、绿色健康的初衷，设计开发小菜园，保证师生能够吃上无公害、纯绿色、品种多的果蔬。

7. 创建温馨食堂

学校小、学生少、学生居住分散是目前农村小学的普遍现状。在实施“撤点并校”前，几乎村村都有小学，学生中午可以回家吃饭，但随着农村生源的减少，目前几个村子共享一个村小，部分学生中午无法回家吃饭，学生和教师的午饭问题急需解决。在温馨村小创建前，农安县没有几所村小设有食堂，师生大多自带午餐，吃冷饭。在温馨村小创建的过程中，农安县高度重视村小食堂缺失问题，要求每个学校都建立食堂，按照有冰箱、有保鲜柜、有消毒柜、有厨台、有橱柜的“五有标准”配齐基本设施。简单的饭菜却温暖了师生的心。全县共建教师满意的食堂 178 个，95% 以上的村小取消了饭盒，告别了自带午餐时代。

8. 创建温馨宿舍

近年来，为提升村小教育教学质量，农安县教育局每年引进多名特岗教师，但部分教师的家并不在本地，没有地方住。考虑到这一问题，农安县为有两名以上女教师住宿需求的村小建宿舍，或者在中心校统一建教师宿舍，并充分考虑教师的生活实际需求，为教师宿舍配备了电脑桌、电脑、衣帽间、梳妆台、脸盆等。在后期的调研中教师也反映，政府对教师的生活需求考虑得周到全面，消除了教师在村小从教的后顾之忧。

教育是一个需要长期投入、精心呵护但见效缓慢的事业，经过农安县委、县政府和农安教育局多年的集体努力，温馨村小的效果逐渐显现。村小学生的流失率降低，甚至有些孩子从县城学校和乡镇中心校转回村小，部分教师也将自己的孩子留在村小上学。10 年前，黄鱼圈乡连三坑村的家长都把孩子送到外地，导致连三坑小学消失。打造温馨村小后，家长看到了政府对教育的投入力度和努力程度，更对政府花大力气办教育充满信心，连三坑小学恢复招生，在教师的配置上，除校长外，全部配备年轻的特岗教师，以提升学校教育质量，不辜负家长对政府的期望和信任。青山口乡松花江小学的问题主要表现在教师年龄偏大、精力不足、教育理念落后，无法满足家长对优质教育的需求。为解决这一问题，中心校派去 5 名特岗教师，一年半以后，这所村小流失的学生回流，生源增加，教学成绩也超过中心校。农安县委、县政府和教育相关部门在创建“温馨村小”的过程中，走进村民中，了解村民对教育的实际需求，下大力度投资教育，走出了一条社会放心、民众满意的现代化、乡土化的教育发展道路。

（二）“温馨村小”的 42 处评价点

农安县温馨村小的创建从大处布局，细处着手，为顺利推进温馨村小改革建立了完善的评价体系。共设置包括校园硬件设施、软件文化、师资配置等在内的 42 处评价点，评价标准具体、可操作，具体 42 处评价点如表 10.1 所示。

表 10.1　农安县“温馨村小”42 处评价点①

编号	评价点	编号	评价点
1	村小校园规划图	22	班后活动柜
2	校门	23	小班化教学
3	校门外两侧	24	教学方式
4	围墙	25	学习方式
5	校园甬路	26	课堂评价
6	甬路两侧	27	信息化手段
7	篮球、排球、足球场地和体育器材	28	统筹课程实施
8	旗杆、旗座和领操台	29	优化课程整合
9	功能室	30	开发校本课程
10	校园网	31	评职晋级优先
11	大厅文化	32	车接车送
12	走廊文化	33	免费吃住
13	温馨提示牌	34	帮助未婚教师找对象
14	均衡配备师资	35	动员教师参与各级培训
15	教师轮岗走教	36	选派外出学习交流
16	教师教学服务期	37	特殊群体关爱
17	教室门外	38	特殊群体开展活动
18	教室前墙	39	温馨菜园规划
19	教室两侧墙面	40	食堂“五有标准”及安全卫生
20	教室后墙面	41	宿舍“六有标准”
21	教室十字桌	42	标准教师休息室

（三）“4 个心”

农安县温馨村小的内涵是追求“4 个心”，即教师舒心、学生开心、家长安心、社会放心。

1. 教师舒心

农安县在创建温馨村小的过程中对教师格外关注，秉持着好教师是高质量教学保障的基本原则，全力为教师创造舒心的教学环境，让教师能全身心地投入到教学当中。在生活方面，农村学校的教学环境和生活条件均比城市差，很多特岗教师不愿意留在农村，农村学校的一些优秀教师有机会也会选择离开。面对这种

① 42 处评价点由农安县教育局提供。

情况，农安县政府全力解决教师在教学和生活中遇到的问题，对有住宿需求的村小教师，在中心小学统一安排住宿、统一管理。此外，家不在村小所在地乡镇、通勤比较远的教师，由中心校统一安排车辆，免费接送。同时，大部分村小设有供教师休息的宿舍，教师中午可以得到休息。对于部分婚姻问题得不到解决的特岗教师，县总工会每年组织一次"我的梦缘来有你"大型联谊活动，帮助单身职工解决婚姻问题。其中，白山市的一位女教师，2013 年通过特岗计划来到苇子沟小学任教，在工会的帮助下与一名医生成功牵手，如今孩子已经上幼儿园。

在教学方面，教师表示虽然村小的活动多了，但并没有感觉到累，因为这些活动的最终指向是立德树人。以温馨菜园劳动为例，在村小菜园种植、管理、收获的环节，教师、学生家长和学生共同劳动，既能增进师生日常情感，让教师了解生活中的学生，也为教师提供了与家长认识和交流的机会。在温馨村小的创建过程中，一些教师的非教学事务量大大缩减，因此更有时间关注教师的成长和对教育本质进行探索。农安县教育局通过一系列措施让教师感受到了农村学校的温暖，教师也更愿意扎根农村，真正实现了"留得住、教得好"。

2. 学生开心

"孩子不愿意回家，因为学校有花有草，还能玩，还有老师。"连三坑小学一位学生家长高兴地说。如今走进重建的连三坑小学，听到的是孩子们课堂上琅琅的读书声和课间玩耍的欢声笑语，看到的是崭新的绿草坪和孩子们的笑脸。这一幕不仅在连三坑小学出现，更是农安县建设温馨村小后的普遍景象。

在创建温馨村小的过程中，每所学校依托当地特色，在不改变课程计划的前提下，按照"国家课程校本化、校本课程生本化、生本课程特色化"的原则，依据自身的资源及特点有选择地开设了丰富多彩的校本课程，让每个农村孩子的兴趣能够得到培养，专长能够有所发挥。教师反映，温馨村小实施以来，最大的变化是学生的精神风貌得到改善，做事更有热情和动力，更加热爱学校和班集体。以前，学校很少有集体活动，孩子整天都是被"圈"在校园里，导致眼界窄，基本没有兴趣爱好和才能，也无法展示自己。创建温馨村小之后，孩子们变得更加自信，积极参加社团，每个人都有了自己的爱好，也有了自己的才艺，在学习和生活中应对各种事情都充满了信心，脸上多了一份阳光少了一份胆怯。

农村自然的生态环境和丰富的乡土资源更有利于孩子释放天性。在连三坑小学，只要天气好，孩子们就可以出来活动。有花的时候，校长给孩子们提供工具，让他们去抓蝴蝶，捕捉到后大家一起观察。有落叶的时候，孩子们会一起听树叶落下的声音，站在国旗下闭上眼睛让树叶砸在身上、手上。遇到有老鹰飞过，大家会一起冲出去看雄鹰展翅；有大雁飞过，大家跑出去看大雁南飞；有蜂鸟鹰蛾飞过，大家钻出去看它吮吸花粉……凭借村小的独有优势，孩子们体会到了大自然的美。正如连三坑小学校长所说：“你们的童年都是金色的，一定要给你们的童年镀上金色。用阳光，用秋叶，用稻田，用玉米，用我们村小和村小老师能给予的一切。”

3. 家长安心

农安县创建温馨村小最主要的目的是“办老百姓家门口的好学校”，让学生有学上、上好学。为了保证村小的教育质量，农安县教师的岗位配备和职称评聘均向村小倾斜，特岗教师优先分配到村小，教师评高级职称和县级及以上骨干教师、科研骨干教师等称号，都需要到村小服务一年或两年不等，以激发村小的办学活力，提升村小的教育教学质量。

除教学质量外，校园环境也是创建温馨村小过程中需要重点改造的项目之一。吉林省因为特殊的地理位置，冬天十分寒冷。而村小条件有限，基本上采取暖炉取暖的方式，不仅供暖效果差，还容易烧坏老师和学生的衣服。为解决这一问题，政府积极投入资金，用现代化的取暖设备替代了过去传统且有安全隐患的小火炉取暖设备，较好地杜绝了安全隐患，切实做好东北地区农村学校取暖工作。这样的改造不仅能够惠及学生，而且教师也能够感受到冬日的温暖。另外，部分学校争取到了“免费午餐”项目，使得学生的午饭在学校就可以解决，学生家长不必因孩子回家吃饭而耽搁自己的工作或农活。村小教学质量得到保障，基础设施得以改善，家长自然能够安心将孩子送到村小读书。“现在，家门口的村小条件好，有好老师，能教出好成绩，自然没必要再送孩子去乡镇的学校念书了。”村小学生家长一语道破了温馨村小建设带来的幸福感。

4. 社会放心

农安县开展温馨村小创建活动以来，村小依托农安县的环境和资源优势，凝聚全县之力，以教师和学生为重要抓手，实现了农村教育的高质量和本土化发展，让社会对村小更加放心。温馨村小不仅获得了阿满食品有限公司、网易传媒科技（北京）有限公司、康喜乐嘉集团等企业的资助，还赢得了社会各界的关注和赞誉。政府为农安县“温馨村小”的创建提供了财政、政策支持，疏通了教育、财政、人事、招商等各部门的交流合作障碍。在政府部门的高度统筹下，农村教育改革的权威性和自信心大大增强，也吸引了社会组织的关注。温馨村小改革有条不紊地进行，从调研、设计、试点运营到正式推广和取得初步成效，都做到了让社会放心。农安县教育局出真招、献实策、善统筹、强保障、勤公开，积极召开温馨村小改革成果推介会和现场会，向社会展示改革成效，虚心听取社会公众建议，大大增加了改革的透明度和公众参与感。农安温馨村小改革敢于走出去，积极在更大的平台上交流和分享，及时发现不足，连续两年作为重要案例，被社会各界媒体、研究机构报道。另外，温馨村小的育人理念符合教育立德树人的根本任务，强调德智体美劳全面发展，注重先成人再成才的培养目标。在这样的环境的长期浸润下，从温馨村小走出来的学生的行为习惯、品格素质等方面都得到切实的培养，可谓是“扣好了人生的第一粒扣子”，而且他们对乡土文化、农村生态环境及民间传统艺术有深刻的体验和记忆，这将成为他们未来投身乡村振兴事业的重要精神源泉。

（四）办有温度的教育

为解决农村教育面临的难题，农安县以办“有温度的教育”为突破口，在县委、县政府、学校校长和教师的齐心协力下，形成了有方法、有实践、有保障的温馨村小建设项目。在办学定位上，以为村民创建方便的教育为主要目的，扎根农安大地，依托乡土教育资源，明确乡村教育定位，在办学过程中切实考虑到自身实际情况，不追求城市教育的“高大上”，而是创办“具有乡土气息、本土化、适合农村孩子”的高质量学校。在具体实施上，明确办学重点，突出自身优势，分县级、乡级、校级三个层次创建温馨学校，在县级层面，创建“温馨一流、文化浓郁、特色鲜明、影响力较强”的县级示范校；在乡级层面，创建“有人性、有温度、有故事、有美感”的乡级标准校；在校级层面，创建“回归常识、回归本分、回归初心、回归乡土”的校级升温校。在办学保障上，农安县将乡村教师队伍建设作为基础性工作，对村小教师推行十项倾斜政策，从交通、饮食、住宿、婚恋、研培等多方面重点发力，让好老师“下得去、留得住、教得好”。实施“8 + 42”运行模式，保障教师教得舒心，学生学得开心，满足老百姓对优质教育的需求，建设老百姓家门口的好学校。

四、农安县“温馨村小”的实践探索

农安“温馨村小”从无到有，从着手激活到内涵筹划再到真正落实，为农安农村教育点燃了希望。“温馨村小”在实践中的真正运行需要农安政府精心的顶层设计和广大教育工作者的共同努力。农安“温馨村小”到底是什么样的？在“温馨村小”的建设理念下，农安的农村教育呈现的是一种什么样态？为感受农村教育的活力和温馨，我们结合实地调研、访谈和教育局相关领导座谈会，总结了“温馨村小”的创建实践，并通过一个“温馨村小”的创建实践案例，全面和真实地展现了农安县农村教育面貌。

（一）加强“温馨村小”顶层制度设计，共筑农安温馨教育新篇章

为尽快打通城乡教育一体化“最后一公里”，创建农民家门口的好学校，农安县委、县政府、学校校长和教师齐心协力，关注重点，突破难点，疏通堵点。通过政策性倾斜帮扶机制，推广实践成果，建设“具有乡土气息、本土化、适合农村孩子”的高质量学校，让老百姓享受优质且方便的教育资源。具体做法如下。

1. 教育局为“温馨村小”的顺利建设提供制度保障

农安县为统筹推进城乡义务教育一体化建设，焕发村小办学活力，仅仅依靠政府的政策倾斜和势单力薄的村小自主发展是难以完成的，县教育局开始注意到中心校对于村小的带动和帮扶性作用。为了“温馨村小”的顺利建设，首先要做好县域义务教育资源的配置工作，加快改善村小办学条件。2015 年，农安县委县政府决定依据农安教育的结构、特点和规模，探索一条村小可持续发展之路，把建设目标锁定在城乡义务教育一体化发展上，把重锤敲在 246 所村小的建设和提升上，把突破点放在优化资源、改善条件、提升质量上。[①] 2016 年，农安县出台了《关于加快教育资源整合的工作意见》，推行农村小学“1+X”布局，即以办好 1 所乡镇中心校为核心，以若干所优质村小为支撑的办学格局。按照“一乡一法”“一校一案”的原则，科学规划村小学校布局。并在经费保障、师资力量、教师待遇、教学质量提升、办学条件等方面提供支持。

2. 推行振兴村小教师队伍的十项“输血补钙”政策

农村教师师资队伍的建设水平和稳定性，一直是牵动村小质量的关键要素。在师资队伍方面，村小教师年龄大、结构性缺编、待遇低，一直是农村教育的共性问题，尤其是一些优秀教师外流问题，日益成为影响村小质量提升的瓶颈。针对村小办学条件差、教师队伍整体水平不高、优秀教师持续外流等问题，农安县制定了从振兴教师队伍入手，提升村小教育质量的十项倾斜措施。通过系列乡土化、本地化的“输血补钙”政策，真正实现了以教师为本，急教师之所急、想教师之所想。村小办学条件的标准化建设，大大改善了农村教师的工作环境，做到了让教师工作安心、生活舒心、未来发展放心。

---

① 《办好农民家门口的学校——吉林农安县创建温馨村小的特色实践》,《农村工作通讯》2019 年第 17 期，第 60—63 页。

十项“输血补钙”政策[①]

1）公用经费向村小倾斜。
2）取暖费核算标准向村小倾斜。
3）教师岗位配备向村小倾斜。
4）教师评聘向村小倾斜。
5）通勤政策向村小教师倾斜。
6）免费午餐制度向村小倾斜。
7）工会活动组织向单身特岗教师倾斜。
8）教师培训制度向村小倾斜。
9）教研活动向村小倾斜。
10）学校管理向村小倾斜。

十项倾斜“输血补钙”政策实施以来，短短几年时间内村小的办学条件大幅提升，有利于村小教师下得去、留得住、教得好，缓解了农村学生向中心校、县城学校的集聚情况。村小教师士气提升、乐于从教，而且造就了一批有活力、有情怀、安心留在村小工作的年轻教师，学校教学质量逐步提升，返乡就读的学生数量逐年增加。

3. 创建具有县域特色的“8 + 42”运行模式

为做好温馨村小建设工作，农安县创建具有县域特色的“8 + 42”运行模式，明确温馨村小的创建标准，温馨村小既要有内涵，也要有若干个温馨要素去支撑，并注重对改革过程进行监督和评价，内涵、要素和评价点共同构成了“温馨村小”改革的重要内容。

农安县首先确定了“温馨村小”的创建标准，并通过广泛调研，构建了本县域农村学校发展的本土化模式。以 8 个温馨要素作为改革的重要切入点，积极筹划村小校园、班级、课程、课堂、食堂等涉及师生工作、生活和学习的关键点，体现人性化的关怀。农安县通过顶层设计，构建了丰富可行的改革内容，也注重对改革的实施情况进行科学评价。县教育局基于学校未来发展需求、教师诉求，以及学生和家长的期望，总结出了评价农村学校的 42 个关键点，不仅包括校园基础设施等硬件的配备，也包括对相关文化建设等软件的关注。

① 资料来源：《农安县温馨村小十项政策及“8＋42”运行模式》，农安县教育局提供，2020 年 10 月 14 日。

这种独具县域特色的“8 + 42”运行模式开启了农安“温馨村小”改革的篇章，这样的改革是经过细心把脉县域农村教育发展现状的结果，亦是对其自身发展短板的深刻反思。就像某村小校长说的那样：“这些评价点虽然不能面面俱到，但也体现了县里对这次改革的重视和决心，改革有重点、有理念、有标准，我们也知道怎么干，找到了办学的方向！”

4. 形成政府和社会合力共建的“三项联动”机制

为深入推进温馨村小改革，聚集农村教育改革力量，县域政府部门积极吸纳多方力量，不仅包括政府在财政投入、倾斜性政策和监督评价等方面的发力，还汇聚了社会组织、企业及家长的支持。

“三项联动”机制①

一是县政府发力。农安县将创建温馨村小工作列为幸福农安工程，2015—2017 年，全县校园基础建设投入 1.4 亿元，其中仅装备就投入 4800 万元，力争每个乡镇都建有温馨村小。几年来，有关领导多次采取现场办公的形式，深入破解校舍改造、操场硬化、小火炉取暖、各功能室装备率不足等一系列问题，不断改善村小的办学条件。此后，长春市政府基于农安县村小的建设成绩也决定，每创建一所温馨村小，验收合格给予 10 万元补助。这树立并强化了办好农村教育的鲜明导向。

二是社会助力。村小通过各种途径与一些企业建立联系，经常开展爱心资助活动，办学条件不断升级。如某食品公司为万金塔苇子沟村小学投资 20 万元，建设一栋 800 平方米的教学用房；某传媒企业为三宝西赵家沟小学捐赠教学用品 500 余本；某企业集团为高家店刘家屯小学捐赠教育资金 51 万元。

三是家长给力。家校联系更为紧密，家长在力所能及的范围内积极帮助村小平整土地、栽花种草、打扫卫生；家长和学生一起参加兴趣小组，在葫芦上画画，以家乡风景为内容进行剪纸，指导学生编织乡土化作品。

（二）农安“温馨村小”创建的实践表达样态

农安县打造的温馨村小没有盲目追求农村教育城镇化，没有艳羡城市一流的

① 资料来源：《办好农民家门口的学校——主题教育案例》，农安县教育局提供，2020 年 7 月 12 日。

设备和环境，没有嫌弃村小所在的农村环境，能够真正代表乡村教育本土化探索的智慧。他们深知只有走自己的路才能走好教育之路，一味地模仿永远也成不了最好的自己。农安县在创建温馨村小中注重开发自身优势，积极利用村小宽阔的校园场地、贴近自然的校园环境和绿色健康的菜园，开发丰富多样的课外活动。农安村小在温馨村小理念的引导下，走出了自己的农村教育之路。

1. 优化校园基础设施建设，助力温馨村小改革

为建设家门口的好学校，农安县政府注重改善农村小学办学条件，实现城乡义务教育一体化。

推进学校标准化建设，硬件设施建设不断齐全。近年来，依据《农安县温馨村小创建指导意见》，县政府每年都制定温馨村小年度创建计划，教学环境改善、校园环境建设、生活设施建设三项重点工作，全面推进学校标准化建设。在教学环境改善方面，为提升村小教育信息化水平，提高信息化教学覆盖率，县政府不仅为每个班级配备现代化的电子白板教学设备，而且为学生的课外学习、课外体育活动提供必要的设备和器材支撑。例如，在课外学习方面，每个学校均配备图书馆、微机室、实验室，每个班级均开辟一处图书吧；在课外活动方面，为学生提供体育锻炼的相关器材，如足球、篮球、排球，毽子等，为进一步丰富活动内容，提升学生综合素质和促进全面发展，部分学校还设置了舞蹈室、美术室。而且，为充分保障学生课外活动的有效开展，学校维修了操场，修建了篮球场、足球场，甚至有的学校为足球场铺设了专用橡胶草坪。

在校园环境建设方面，合理规划校园布局，不断加强美化绿化工程建设。为追求校园布局合理，美化绿化面积适当，花繁树茂，造型美观，村小先后栽植不同绿色植被，在种植绿色植被装点校园温馨环境的同时，结合农村特殊的地域特点，就地取材，将田野里的野生植物移栽到校园内，让校园更加具有乡土气息。① 于家村小学在校园环境建设过程中，精心美化校园环境，设计安装文化展板，种植花草等绿色植被，每年校园内均栽续上万株百日菊、玉簪花等。师生自主设计和栽种的“轮胎花”放置在校舍前后，营造了浓郁的育人环境和氛围，整个校园环境更怡人、更温馨。

在生活设施建设方面，由于东北的冬天非常寒冷，为给师生营造舒适的工作和学习环境，改变过去比较落后的取暖设备，县政府积极推进农村学校小火炉改造工作，重新对校舍进行外墙保温，学校室内全部是电取暖，取缔了小火炉，既节能环保，又卫生安全，为师生营造了舒心、安心、安全的学习生活环境。

---

① 资料来源：《办好农民家门口的学校——主题教育案例》，农安县教育局提供，2020年7月12日。

现在的温馨校园，有标准国旗杆、硬化场地、鲜花绿树环绕的宽敞教室，且宽带网络能完全满足全校教学需要；推进“优质教育资源班班通”，每间教室均有智能一体机、橡木十字桌椅、开放式活动柜，学生课后还可以把乐器、球类带回家；为达到让图书“动”起来、学生分享读书乐趣和知识的效果，图书定期在各个班级巡回漂流。村小开辟的学校菜园成为学校环境的一大亮点，尤其是夏天和秋天的菜园不仅好看也好吃，不仅绿色健康也安心放心，还为学校节省了开支。在每年的播种时节，学校都会邀请家长一起参加劳动，家长带着自家农具，在自己孩子班级的菜园帮助翻土、施肥、播种、浇水。这样不仅打理了学校菜园，也进一步加强了家校合作。在收获的时节，学校所有的教师、学生和部分家长一起加入劳动，形成一番其乐融融的景象，非常温馨。就像某村小校长介绍的那样：“学校菜园不仅是孩子们玩耍、学习和锻炼的广阔天地，也是亲子活动的重要场所。部分学生家长也是学校菜园的常客，他们帮助打理菜园的同时，也是菜园的惠及者。”

2. 专注村小办学水平，增强校园文化软实力

近几年，农安县聚焦 8 个温馨要素，多方筹措资金，全面改善学校办学条件，提升师生幸福指数，促进学生全面发展，提高学校育人质量。文化是学校的“标签”，学校文化对乡村文化具有导向功能、凝聚功能、规范功能。村小充分利用各种要素，形成具有自身独特价值观、信念、语言、环境和制度的文化特质尤为重要。为提升温馨村小的办学水平，增强校园文化软实力，在学校文化环境建设方面，农安县全线发力。

温馨班级文化。全县统一要求班级文化、“四表一规”、特色园地、班级图书柜和十字桌椅，统一标准，模式化推进，个性化补改，一个村小一个特点，班班都有自己的模样。满足这几个标准要求后，村小可以自己增加其他要素，做到既有农安特色，又有每校独特的内涵。例如，国家屯小学以温馨要素为主线，创造性地形成了“馨和教育”文化。学校投入 3 万余元重建走廊、班级文化，之前单一白色系的走廊变成了孩子们展示自己绘画、根雕、剪纸等才艺的园地。在班级文化的创建中，该校重视展示师生的美术、书法及彩绘葫芦等作品，并将装扮班级内部的任务交给学生。完善校园文化墙，通过墙体彩绘的形式，使校园内每一面墙都会“说话”，每一个角落都有生机，浓郁的文化氛围，让村小不再荒凉。[①]

温馨菜园文化。据我们实地考察和村小校长介绍，温馨村小均会设置一个小

① 资料来源：根据国家屯小学校长在走廊的介绍和访谈资料整理，2020 年 10 月 15 日。

菜园，里面种满了老百姓餐桌上常见的蔬菜，基本能够满足师生一年四季的需求。而且，学校的菜园也发挥着劳动实践基地的作用，学生可以亲自体验从准备播种、播种、护苗、除草、打药、采摘等完整的种植流程。温馨菜园不仅提升了学生的参与合作能力，也提升了他们的劳动实践能力。另外，村小的温馨菜园也装点了校园，为校园增添了一道美丽的风景。

大棚文化。大棚文化是温馨村小的一个突出特色，突出春种、夏凉、秋果、冬暖的特点。西赵家沟小学校长介绍，由于东北地区气候寒冷，学校大棚依校舍南墙搭建，冬季扣膜抵御严寒，室内温度可以提高 5 摄氏度左右，保证师生温暖过冬。而且，大棚的存在也增加了学生课外活动场地。严寒的冬天，学生可以站在大棚下晒晒太阳，活动身体，伸伸懒腰。学校还创造性地利用大棚开展“我与葫芦娃共成长”等实践活动，在这些活动中，学生的知识得到丰富，情操得到陶冶，心灵获得滋养。[①]

生态教育。村小坚持环境育人，尤其重视发掘生态环境教育资源。例如，利用广阔的校园，开展符合季节特征的课外活动和校园实践活动，鼓励学生充分利用菜园的植物、学校的树木和校外的田地，收集不同季节的植物秸秆、花草树叶、根茎果实等身边常见的、触手可及的乡土资源，并通过启发学生对收集到的大自然馈赠的资源，充分结合生活实践和经验，进行再加工、再创造，打造乡土气息浓厚、文化质朴、亲近自然的“一校一品”系列品牌活动。

3. 加强校园环境建设，提升师生幸福指数

关心教师生活，关怀教师成长，提升乡村教师职业幸福指数。教师队伍建设是农安县温馨村小改革的重点，农安县政府从最迫切的师资需求入手，通过一系列政策倾斜和福利保障工作留住教师，在为教师创造温暖舒心的工作环境的同时，举办一系列赛课、教研、听课等活动为教师提供更多的发展机会，力求补齐乡村学校教师队伍建设的短板，全面提升教师的幸福感和获得感。在评优选先、晋职晋级中，向村小教师倾斜；中心校为家距村小路途远的教师统一派车提供免费接送服务。聚焦“温馨食堂、温馨菜园、温馨宿舍”，合理谋划，科学管理，提升师生的舒适感和幸福感。针对家不在本地的师生，学校统一建菜园、食堂、宿舍，让师生吃上免费午餐，住上舒服宿舍，进一步提升了师生的幸福指数。

调研发现，农安地区的村小大多位置偏远，教师交际圈狭窄，多所学校特岗教师的单身问题难以解决。为稳住特岗教师在农村安心从教，农安教育局党组班子做出决定，由教育局工会和县总工会开展联谊活动，聚合公安、工信系统

① 资料来源：西赵家沟小学“大棚特色文化简介”宣传牌，2020 年 10 月 15 日。

单身年轻公职人员，组织联谊活动，帮助大龄单身教师找对象，解决婚姻问题。另外，年满 28 周岁的单身特岗教师在偏远学校任教满 3 年的，可申请调到乡镇任教。

4. 贴合农村教育实际，多途径开发育人渠道

聚焦“温馨班级、温馨课堂、温馨课程”，营造温馨的育人氛围，增强活力，强化师生的集体感和归属感，通过多点发力助推乡村教育育人成效。

第一，在创建温馨班级中，农安村小本着环境能改变人、影响人的宗旨，重视硬环境的改造。白色的墙体、绿色的墙裙、明亮的窗门，让人一进班级，就有干净温馨的感受。学校的音体美器材进班级，供师生随时使用。使用十字形桌椅，方便学生分组讨论。设置班级开放性活动柜，合理设置活动柜的大小和形状，用于摆放文体用品、学习用品和衣物。班级配备了电子白板，大大地提高了师生的学习效率，激发了学生的学习兴趣，改善了教师的工作环境。在教室的后侧，设置了卫生角，放置卫生工具，方便师生打扫卫生。同时，设置班级图书柜，将师生感兴趣的书籍摆放在里面，供其随时阅读，增强了班级的文化氛围。

为建设积极向上的班级文化，营造温馨和谐的班级氛围，于家村小学在创建温馨班级中，主要关注教室的净化、美化及绿化。一是教室的净化。要保持干净的教室环境，制定严格的卫生制度，引导学生养成良好的行为习惯。二是教室的美化。发动学生精心设计，巧妙布置，力求教室氛围和谐、高雅。教室的四面墙和教室外边走廊的一面墙，根据具体情况合理地布置名言警句、班级制度、教师简介以及学生活动展板。三是教室的绿化。绿色象征青春和活力，代表着希望。在教室的前面和后面摆放一些绿色植物，可以让整个教室充满青春的气息。

第二，在创建温馨课堂中，村小针对班级学生少的现状，结合实际，推行小班化教学，探索小班化教学策略，将学生少、便于辅导和授课的优势发挥到极致。在具体实施上，国家屯小学教师根据课堂教学内容编排学生座位，根据学生情况组建学习小组。由于学生少，教师可以关注到每一个学生的学习情况，在学生学习过程中适时参与，对其学习进行及时有效的指导。同时教师充分利用现代化资源，设计贴合学生实际的教学目标，师生共同参与教学活动，突破以往固定的讲授式教学方式，采取网络式、茶馆式、对话式教学方式，让学习在活动中发生，让学生在活动中有效地掌握知识。在这个过程中，不仅学生的学习兴趣和学习效率提高了，而且教师也在不断地探索和尝试中提升了教育教学的知识能力和技巧，真正实现了教学相长。

第三，在创建温馨课程中，培养目标要依托每一门课程的子课程项目实施。农安县首先以国家课程为基础，抓实孩子的基础知识和基本技能。其次促进学生的个性化发展，要求各校开发适合自己的校本课程。温馨村小改革确定了“校本化、生本化、特色化”的整合开发标准，构建了乡土化的三级温馨课程体系，开发了以葫芦彩绘为主的校本课程，建立了舞蹈、呼啦圈、手工制作和国学诵读等兴趣小组，不断满足学生的兴趣需求，促进学生的个性化发展。

5. 充分利用乡土资源，丰富学生课余生活

农村有着得天独厚的资源。学校充分利用身边的资源，开展各类活动，如“搓玉米比赛”“运土豆比赛”“除草比赛”等本土化、乡土气息浓郁的活动。除此之外，利用春节、元宵节、劳动节、儿童节、国庆节等节日，开展写春联、猜灯谜、讲故事等社会实践活动。通过各种活动，围绕核心内容进行系列主题教育，让学生充分展示自己的特长，寓教于乐，不断提升学生的优良品质。

学校成立了多个兴趣活动小组，葫芦丝演奏小组的学生能够演奏多首经典的葫芦丝乐曲；美文诵读小组将现代美文与古文进行融合，激发了学生对传统文化的热爱；手工小组因地制宜，利用乡村秸秆、树叶、豆类开展编、剪、贴等制作活动；绘画小组以地为纸、以木棍为笔开展校园涂鸦活动；诵读小组、书法小组、舞蹈小组等也都结合实际开展了充满乡土特色的活动。通过小组活动，学生不仅掌握了特长，而且陶冶了艺术情操，精神面貌发生了明显变化。

连三坑小学围绕校本课程，成立了 4 个兴趣活动小组，分别是足球小组、舞蹈小组、美术小组、书法小组。舞蹈小组的孩子利用课余时间精心排练，在近几年的艺术比赛活动中，取得了两次冠军和三次亚军的好成绩。美术小组注重就地取材，创作内容接近学生的农村生活。书法小组主要包括毛笔字和硬笔书法，学生在美术和书法小组完成的作品往往会在学校教室走廊展览。学生个个都有小组参加，全体师生齐动员，寓教于乐，既提高了学生的综合能力，又能让学生强身健体，促进了学生全面发展。

（三）“温馨村小”的个性化探索——苇子沟小学温馨学校创建典型案例

为更加具体地了解农安“温馨村小”的教育理念，本部分以苇子沟小学温馨学校的创建为例，带大家走进鲜活的教育实践现场。农安县万金塔乡苇子沟村小学始建于 1960 年，是一所发展中的村级小学。2019 年末，苇子沟村辖 9 个自然屯，人口 2430 人，平均入学半径 2 公里。全村共有适龄儿童 150 人，全部在校就读。学校占地面积 13 082 平方米，校舍建筑面积 1492 平方米。[①] 全校共有六个年级六个班，在校人数 140 人，教职工 12 人，其中贫困学生、留守儿童等九

① 资料来源：苇子沟小学校园宣传栏“学校概况”部分介绍，2020 年 10 月 15 日。

类特殊群体 12 人；幼儿班 1 个，有 11 名幼儿。[①] 村小能够开齐学科、开足课时，能够满足教育教学需要。

在政府和相关社会组织的支持下，苇子沟小学不断改善办学条件，校容校貌发生了很大变化。学校在农安县提出创建温馨村小的基础上，针对本校实际情况，创造性地依据本校办学理念和现有条件，科学规划，打造了具有本校特色的“温馨校园、温馨课程、温馨课堂、温馨文化、温馨班级、温馨关怀、温馨活动、温馨菜园、温馨食堂”9 个温馨要素，立足“忠爱、和爱、信爱、友爱、尊爱、惠爱、惜爱、孝爱、崇爱”9 个博爱基点。[②]

1. 创建 9 个温馨要素，提升师生幸福感

1）让温馨校园环境更美。学校积极完善校门、围墙、甬路等基础设施，操场硬化面积达到标准，篮球、排球、足球场地设施齐全，能够满足学生的活动需要。先后种植海棠树 56 棵、柳树 100 棵、松树 10 棵、杏树 20 棵、李树 10 棵、花树 80 棵[③]，进入四月份，杏花、樱花、海棠、刺梅相继开放。学校在操场两侧的柳树下设置了温馨乐园，由一个大树墩和四个小树墩组成，分别设置了五子棋、象棋、“憋死牛”、“二吃一”等棋类游戏。这些游戏不仅包含竞争的因素，而且包含互助合作的因素，可以让学生在活动中成长。每每下课，孩子们都争先恐后跑到这里进行博弈，你不让我我不让你，在绿荫下感受着家一样的温馨与欢乐。

2）让温馨课程多姿多彩。学校在不改变课程计划的前提下，按照“国家课程校本化、校本课程生本化、生本课程特色化”的原则，形成了四大系列课程：一是结合农村地区乡村资源优势开发的编织、剪纸课程；二是结合学校教学实际开发的古诗诵读、快板校本课程；三是结合小菜园劳动实践基地汇编的小学综合课程读本；四是结合活动化教学开发的以葫芦丝为主的校本课程，逐步形成了具有乡土特色的课程体系。温馨课程的构建促进了学生的个性化发展和教师的专业发展，使学校向特色办学迈进了一步。

3）让温馨课堂愉快轻松。针对村小生源少的现状，学校推行小班化教学，改革传统的书桌，使用便于学生交流合作的十字桌。这样的课桌便于分组讨论、合作，为教师开展对话式教学提供了条件，有利于老师兼顾每一个孩子，真正做到因材施教。而且，学校每个教室都配备了与中心校一样的电子白板，该白板成

① 资料来源：苇子沟小学校长提供数据，2020 年 10 月 15 日。

② 资料来源：苇子沟小学校园宣传栏“学校简介”部分介绍，2020 年 10 月 15 日。

③ 资料来源：苇子沟小学校园宣传栏“温馨校园”部分介绍，2020 年 10 月 15 日。

为教师教学的好帮手，大大地提高了教师的教学效率和课堂内容的丰富性，教育信息技术与农村小学学科教学的融合更拓展了学生的视野。

4）让温馨文化弥漫校园每个角落。学校文化是展现一所学校办学特色的关键，也是提高学校辨识度和增强育人能力的重要抓手。为形成苇子沟小学特色办学体系，学校凝练了“馨爱教育”文化主题，科学营造墙体文化、走廊文化和班级文化，让学生时刻受到“馨爱”主题的感染和熏陶，感受自己和同学的进步与成长。学校坚持用环境营造温馨氛围，用温馨的校园文化氛围感染学生，不仅让孩子们感受到校园、教室的温馨，而且让他们树立爱人爱己的人生价值观。

5）让温馨班级氛围浓厚。在班级布置上，学校把主动权交给班主任和学生，尽量以暖色调为主，设计贴近学生实际、融合师生关系、体现“馨爱”主题教育、展现学习成果的班级文化，为学生营造一个舒心愉悦、乐观向上、团结进取的学习氛围。苇子沟小学各班在班主任的带领下，通过民主的方式收集同学们的意见，确立本班的班级主题，创设各具特色的班级园地，作为同学们绘画、书法、剪纸等才艺的展览区。而且，班主任结合自己的教育理念，依据本年级学生的心理认知特征，构建了简洁、易懂、朗朗上口的班级主题文化标语。例如，一年级的班级主题文化标语为“倾听花开的声音”，二年级的班级主题文化标语为“阳光童年”。

6）让温馨关怀温暖人心。苇子沟小学注重以人为本，旨在让全校师生和学生家长感受来自学校的温馨关怀。一方面，学校提供的温馨关怀温暖了每一个学生的家庭，尤其是家长，他们可以放心地把孩子交给学校，而不必到城镇陪读。不仅减轻了家庭的教育支出压力，而且对稳定学生的家庭生活做出了必要的贡献。而且村小重视建立学生信息档案卡。尤其重点关注遭受家庭变故、家庭贫困和留守的儿童，针对具体情况进行有目的的家访活动，为有特殊需要的儿童提供必要的物质和心理方面的帮助。另一方面，注重对教师的关怀，打好“感情牌”，用感情留住年轻特岗教师，并辅以温馨、舒适的工作环境，在工作和生活方面提供实用指导和有力支持。针对日常生活中一些事件（如婚丧嫁娶等）的偶发性特点，用弹性、灵活的方式管理教师队伍，提供人性化的请假制度和适当的休假时间。

7）让温馨活动贴近学生。围绕校本课程，学校成立了 6 个兴趣活动小组。竖笛演奏小组学生经过 5 年的学习，人人成为演奏的小能手；葫芦丝演奏小组的学生都能够演奏七首以上的经典乐曲；古诗诵读小组将传统的快板与古诗词进行融合，新奇的组合形式让学生感受到不一样的古诗词魅力，学生非常喜欢这种形式，一有时间就挥动快板背诵古诗；手指韵律操小组把韵律操引入课堂，既提高了学生的综合能力，又锻炼了学生手指的灵活性。兴趣小组活动充实了校园文化，培养了学生特长，促进了学生的全面发展。

8）让温馨菜园绿色安全。学校开辟了 2 块温馨菜园，占地面积共 600 平方米，设有明确的标牌，每班都有属于自己的一块小天地。温馨菜园也是师生的劳动实践基地，师生可以自行规划设计，自主管理，合理分配种植土豆、辣椒、茄子等 10 余种蔬菜，基本满足了师生一年四季的蔬菜需要。每当师生参加劳动的时候，都说这个菜园更像花园，感觉劳动很快乐，真正实现了劳动教育的意义。

9）让温馨食堂盛满幸福。每个村小均建有干净、整齐、明亮的食堂，食堂的食材多来自学校温馨菜园，而温馨菜园遵循绿色种植理念，所以师生能够吃上真正绿色健康、安全营养的蔬菜。对于部分需要购买的蔬菜、调料、猪肉、鸡蛋等，学校食堂工作人员做好详细采购记录，并对每天做好的饭菜留样，在冰柜放置两天。村小注重学校食堂管理细节，达到了校园管理安全规范，得到了师生、员工和家长的高度赞誉。

2. 构建三项联动机制，形成全社会创建合力

学校坚持重点打造和全面升温相结合，落实三项机制，不断形成齐抓共管的局面。一是经费投入机制，中心校每年投入 5 万元用到温馨村小的创建上，学校发展持续加温。二是建立社会帮扶助学机制，争取阿满食品有限公司资助项目，每年开展一次送爱心活动，让孩子们享受到社会的关爱。三是建立家校联动机制，学生家长积极参与学校活动，主动出工出力，在义务清理校园环境卫生、种植花草、种菜的过程中增进了对学校、教师的了解，协同共育，形成了政府、家校、社会共创共建的工作合力。

几年来，在各级政府及教育部门的关心和支持下，学校荣获了县级“教育管理先进单位”“校园文化优秀校”“优秀温馨村小”等十多项荣誉；学校创建成果被中共中央组织部写进“贯彻落实习近平新时代中国特色社会主义思想在改革发展稳定中攻坚克难创新案例”；学校一位教师被评为省优秀教师，部分教师先后获得优秀教师、优秀班主任、优秀教学能手等数十项荣誉；学生在国家及省市县等各级各类活动中先后获奖百余人次。

五、创建“温馨村小”的实践成效与成就

农安“温馨村小”的实践之路，是政府相关部门协同合作与全县教育工作者共同努力、敢于开拓、勇于创新的结果。农安县政府在创办“温馨村小”的过程中始终遵循着回归常态、回归自然、回归本真的办学理念，秉持着“乡土化、校

本化、温馨化”的办学内涵，充分发挥农村学校的自然和文化优势，精雕细琢温馨校园的每个细节，在促进农村学校的发展上取得了丰硕成果。

（一）办农民满意的学校，让学生享受家门口的义务教育

在城镇化背景下，农村人口外流导致农村生源减少，一些农村学校被撤并，农村学生不得不面临“上学远”“上学贵”“上学不安全”等问题。农安县“温馨村小”的改革目的就在于办好农民家门口的学校，让农村学生不必饱受离家的情感煎熬，家庭不必因学生远距离上学而产生额外支出，让农村学生在家门口就能享受得到义务教育。村小因校制宜，积极利用乡土教育资源、农村生态资源进行课程开发、班级建设和课堂创新，形成了一大批具有乡土文化气息的校本课程，让学生更加了解自己家乡的人文和自然环境，培育他们的乡土情感和家乡情怀。“温馨村小”中各具特色的活动充满着乡村文化和传统文化的意蕴，极大地丰富了农村学生的精神世界。温馨菜园也是温馨村小的一大亮点，师生餐盘中盛满了绿色健康的蔬菜，学生在学校不仅能够“学得好”“玩得好”，还能够“吃得好”。“温馨村小”显示了农安人踏踏实实办热气腾腾的教育的情怀和志向。

（二）改善农村办学条件，促使农安农村教育发展水平提升

近年来，农安县积极加大县域教育投入力度，累计投入 7.1 亿元，新建、改建、扩建校舍达 249 所，乡镇以上学校楼房化率为 98.2%，村小校舍危房全部消除。农村学校办学条件逐渐改进主要体现以下几个方面。房且达标。[①] 农村教育基础办学水平明显增强。首先，村小的基础设施建设得到完善，如淘汰传统的取暖设备，教室改用电暖器取暖设备，既环保又安全；改造破旧的学校大门、围墙、甬路；硬化学校操场，改变了以往尘土飞扬的校园，为学生和教师提供了较好的学习和生活条件。其次，全县高度重视教育信息化水平提升，目前村小每个班级都配备了电子化白板，每所学校不少于两间远程教育教室，可以分享县城学校的优质教育资源，中心校也可以实时指导村小教师的上课情况。最后，教育教学设备齐全。从用于课外学习的拓展实验室到体育活动器材，学生都可以自由使用，且学生可以将活动器材带回家使用，满足了学生学习、锻炼等多种需求。

（三）重视教师质量提升，形成教师队伍建设长效机制

百年大计，教育为本，教育大计，教师为本。“温馨村小”改革紧紧围绕农

① 资料来源：《办好农民家门口的学校——主题教育案例》，农安县教育局提供，2020 年 7 月 12 日。

村教师队伍建设，重视农村教师质量提升，尤其注重严把教师入口，不断完善教师补充机制。农安县积极实施国家特岗计划，引进优秀的年轻本科毕业生，补充到农村教师队伍中去，并全力构建教师成长机制，实施新教师适应期“入格”培养机制，新入职教师需要经过在中心校跟岗培训、学科小组学习和听课磨课等阶段的锻炼，才能调入村小工作，防止了让村小成为新入职教师的“练兵场”，做到了让真正有经验、有乡土情怀的年轻教师到农村任教。全面实施教研培一体研修模式，针对农村教师培训不精准问题，组建学科首席教师和名师工作室，并选择学科骨干教师分学科、分学段培训。实施“送教下乡”活动，为村小教师提供线上线下的培训活动，利用县级和市级优质教育资源，发挥名师、名校长工作室的实际效用，定期为村小教师和校长开展教育教学和学校管理培训。农安县还实施了一系列教师关怀政策，帮助教师解决生活中的实际问题，以让新入职教师在村小安心教书育人。

（四）办好均衡发展的教育，持续推进城乡义务教育均衡发展

在推进城乡教育均衡上，推行大学区自主协作，实施“五个资源共享、八个统筹、四项制度”，城乡间教育差距不断缩小；在推进乡村教育均衡上，推行中心校、村小一体化管理，实行统一的教育管理、教学研究，村小和中心校的办学差距不断缩小；在抬升农村教育底部上，着力创建温馨村小。几年来，农安县大力推行向村小倾斜的十项“输血补钙”政策，聚焦 8 个温馨要素，实施“政府发力、社会助力、家长给力”三项联动机制，城乡教育均衡成果不断扩大。

总的来看，温馨村小创建以来，村小抓住了教育的“根”，逐步回归自然和本真，是一次真正意义上的自我提升。2016 年，温馨村小改革受到市级层面的高度重视，得以在长春全市范围内推广。2018 年，吉林省政府以召开现场会的形式推广农安农村教育改革经验，并受到社会的一致好评，《人民日报》《中国教育报》及新华社争先报道。同年，农安县温馨村小改革开始走向全国，并被教育部关注。2019 年 7 月，农安县温馨村小改革成果被中共中央组织部评为“贯彻落实习近平新时代中国特色社会主义思想在改革发展稳定中攻坚克难创新案例”教育案例，列入全国党政干部培训教材。[①] 相关学者在《长春教育》《吉林教育》上发表多篇关于温馨村小改革的论文；温馨村小创建成果被吉林省人民政府评为教育教学成果奖二等奖。2020 年，经各省级教育行政部门遴选推荐，教育部确定了第一批 100 所乡村温馨校园典型案例学校，其中，农安县万金塔乡苇子沟村

① 资料来源：《农安教育概况》，教育局义务教育科提供，2020 年 10 月 16 日。

小学温馨学校位列其中。

六、农安县“温馨村小”对农村教育发展的启示

农安县认真学习并运用习近平新时代中国特色社会主义思想，积极贯彻和落实党的教育方针，坚持问题导向，深入研究当前农村教育发展变化规律，准确把握中央精神和农村教育发展中的瓶颈问题，运用科学、系统的思维方法，进行县级层面的顶层设计，持续向师资和温馨两个重点发力，通过十项“输血补钙”政策、“8 + 42”运行模式，环环相扣，层层推进，有效解决了农村学生不愿在村小、舍近求远到乡镇或县城就学的问题，提升了群众的幸福感和成就感。“温馨村小”的创建过程，既有政府的总体部署，有社会公益组织的助力，更有学校和家长的大力支持。农安县的工作思路和推进模式符合农村实际，接地气、可推广，给农村教育发展带来了深刻的启发。

（一）办好农村教育，需注重思想引领、提高行动效率

广大党员干部在深入学习和实践中，如何提高站位，统筹新农村建设和农村学校建设？如何优化农村教育规划布局，科学合理设置村小？如何妥善处理好城乡优质教育资源不足与群众对优质学位需要的矛盾关系？如何持续保障教育公平？农安在创建温馨村小的过程中，群策群力，既找准了问题症结，又加强了各部门通力协作，共同细化了解决问题的策略。可见，在解决农村教育发展中的难点问题上，县政府需要提高站位，把发展教育事业作为社会经济可持续发展的重要环节。“百年大计，教育为本”，发展教育是功在当代、利在千秋的战略性事业。针对县域实际情况，教育行政部门要及时列出问题清单，主动担当，把脉问诊，精准施策，敢于拍板，思想与大局同步，策略与群众合拍，行动与反思共行，充分体现强烈的责任感和使命感。教育行政部门要及时跟进，将问题拿准、情况摸透、办法说清，积极担责、敢于作为、用心传递、以情化解，形成“重点打造、全面升温、一乡一案、一校一品”的工作格局。在统筹谋划中结合实际，在着眼未来中重视当下实效，防止为了发展教育而发展教育，明辨发展教育事业的表演闹剧。

（二）办好农村教育，需把握教育规律、明确教育实际

2014 年 9 月，习近平总书记在同北京师范大学师生代表座谈时指出：“各级党委和政府都要关心广大老师特别是生活工作有困难的老师，努力为他们排忧解

难。”[①]党的十九大报告提出，推动城乡义务教育一体化发展，高度重视农村义务教育，要重视建好建强乡村教师队伍。这些要求需要地方政府充分把握乡村教师队伍建设规律，明晰农村教育的问题所在，寻找关键发力点，及时补充师资力量，切实提高教师待遇，把教师管理纳入政府统筹规划的大盘子里。农安立足县情、乡情、校情，从最迫切的师资需求入手，推进解决问题的十项倾斜政策，力求补齐农村学校教师队伍建设的短板，注重用政策留住教师，用温暖留住教师，用待遇留住教师，全面提升教师的幸福感和获得感。另外，明晰农村教育发展实际情况，认清农村教育未来发展趋势，尤其是在农村义务教育学龄人口减少、学校规模特征和功能特征发生新的变化的情况下，结合本地区的实际情况科学合理研判农村教育发展趋势至关重要。在农村教育发展战略、农村学校发展规模、农村教师编制标准设计、农村教育资源再分配等方面合理筹划和系统设计。

（三）办好农村教育，需坚守农村教育本色、寻求改革突破点

从农村教育规律出发，坚持问题导向，通盘谋划，整体研判。要真正解决当下农村教育问题，必须求突破、守其正。一方面，既要考虑外部的需求，又要重视内部的实际变化，整合矛盾各方力量，找准问题的着力点，引领农村教育发展的重要突破点，形成适合本地实际的顶层设计和创建思路，并在实践中科学、系统、有效实施，形成上下一盘棋的攻关导向。具体来看，农安根据实际，正视农村教育衰落的现实，在充分论证和成本计算的基础上，对农村小规模学校进行大胆创新。把“温馨村小”改革作为农村教育发展的重要创新突破点。把注重校园硬件设施、校园文化环境作为建设重点，并创造性地营造温馨的学习环境和工作环境，最后落实到对人的关怀。尤其是聚焦 8 个温馨创建要素，42 个评价点，推进“8 + 42”运行模式，形成了回归常态、回归初心、回归乡土、回归本真的农村教育特色发展道路，逐步解决了长期制约教育发展的问题。另一方面，进行农村教育改革并不完全否定农村教育的价值，亦非膜拜城市教育，而是充分利用农村社会环境和自然环境的育人资源，兼顾立德树人与知识学习。农安县温馨村小改革中的温馨菜园，真正做到了充分尊重和利用本土化资源发展农村教育，创造性地引进城市先进教育理念，批判性地继承乡土文化资源。在城乡义务教育一体化进程中守得住农村教育的本色，积极发展乡土文化教育资源特色，推进县域义务教育发展。

---

① 习近平：《做党和人民满意的好老师——同北京师范大学师生代表座谈时的讲话》,(2014-09-10), http://www.gov.cn/xinwen/2014-09/10/content_2747765.htm[2022-07-25]。

（四）办好农村教育，须规范化发展、常态化建设

办好农村教育，做好教育底部攻坚是一项长期工程和系统工程，是慢功夫，讲韧劲，需要出实招，不能搞形式主义和“一刀切”，需要克服功利思想，瞄准长远，坚持常态化，善始善终，力争迈小步，一步一个脚印往下走。鉴于农村教育发展周期长、建设任务艰巨、统筹谋划复杂等特点，需要注重规范化建设、制度化运营及常态化的改革和维持。运用政策制度设计争取创一个成一个，不反弹，不回旋，不褪色，不滑坡，不再出现“空心”村小。为此，为保证创建活动的一以贯之，农安县制定了促进学校发展的评价标准，完善了系统化、易操作的各项制度，在创建对象、内容、方法和评价上都有制度规范。既有推动符合学校实际的“规定动作”，也有机动灵活的“自选动作”，更有激励政策和待遇调整的“创新动作”，敢啃骨头，敢担风险，推动创建工作制度化和常态化。规划好农村小规模学校的未来发展方向，追求农村教育有序健康发展，尤其是通过政策制度设计，在农村教育改革应然层面、改革方向和改革重点方面，压实职能部门，落实具体负责人的权利和义务，挤压农村学校管理真空。明确农村教育发展的环境特征、文化背景以及要素特征等，使得农村学校在规范建设中落实重点和实效，积极吸收其他区域和学校改革经验，选择合适路径并使之常态化。

（五）办好农村教育，需挖掘农村教育内涵、发挥农村教育优势

农安县对反复、普遍、长期存在但难以解决的问题，研究办法，精准施策，既开方又抓药，常抓不懈，精雕细磨，一心扑在“内涵发展”这个点上，打好师资、办法和特色三张牌，落实“一乡一案”，呈现“一校一品”，将温馨村小创建与教育扶贫结合，夯实农村教育根基，资金资助真正落到村小，让年轻教师扎根村小，让良方猛药救活村小，实现“由被动向主动、由兜底向覆盖、由管理向温馨”的根本转变，直到问题解决为止。在实施和推进乡村振兴的背景下，农村教育振兴是一个不可阻挡的趋势，而且农村教育一直是我国教育事业中较为重视的短板领域。办好农村教育应正视农村学校的办学优势，如学校占地面积大，学校所在区域拥有丰富的自然资源。农村社区是引领农村学子道德发展和人格塑造的天然场所，农村传统的生产劳动是培养学生劳动素养和勤俭节约的隐性课程，而且浸润在农民骨子里的那种坚韧、朴实和勤劳的精神也是农村学生生活智慧的源泉。为此，办好农村教育，需要充分发挥农村教育资源优势，充分挖掘农村社区的自然环境资源和历史文化底蕴，实现农村学校的特色化发展，逐步树立农村教育发展的自信和自觉，为农村教育实现“弯道超车”提供可能。

后 记

2020年以来，全球受到疫情的袭击。对于以实地调查为主要研究特色的《中国农村教育发展报告》来说，在很大程度上受到了疫情的影响。尽管如此，我们克服了各种困难，在疫情最严峻的时候，以线上调查的方式对全国31个省份城乡学生和教师线上学习和线上教学状况进行了研究，同时于2020年下半年疫情好转的间隙对6省进行了线下调查。疫情使农村教育面临的新挑战被彰显出来，应该说这份报告是特殊时期的一份珍贵记录。

中国农村教育发展报告项目已经持续了十年。十年来，项目一直得到教育部社会科学司哲学社会科学发展报告项目的大力支持，投入了300万元，籍此经费保障，项目团队能不断深入中国农村，深度了解中国农村教育的动态发展及在发展进程遇到的重大理论与实践问题，不仅培养了一批博士生和硕士生，还产出了一大批教育政策咨询建议和学术研究成果，也让我们同部分农村县市结下了深厚的友谊，并开展了系列乡村教育现代化实验，真正实现了科学研究、人才培养、资政服务、实践改进等一体化发展。尽管十年一周期的发展报告项目即将结束，但我们对中国农村教育发展进程的历史记录和对重大农村教育现代化理论与实践问题的研究不会停步，我们仍然会一如既往地进行下去。

本年度报告依然延续了传统的篇章结构布局。第一部分是“年度进展报告”，由4章组成。第一章由杨卫安教授带领小团队撰写，第二章由李涛教授和安晓敏副教授带领小团队撰写，第三章由刘善槐教授带领小团队撰写，第四章由陈衍教授带领小团队撰写。第二部分是“专题研究报告”，由5章组成。第五章由邬志辉教授带领小团队撰写，第六章由秦玉友教授带领小团队撰写，第七章由凡勇昆副教授带领小团队撰写，第八章由王海英副教授带领小团队撰写，第九章由霍明副教授带领小团队撰写。第三部分是“经典个案报告”，由秦玉友教授带领小团队撰写。最后，邬志辉对整部书稿进行了规范化统稿和润色，并撰写了前言、年度进展报告导语、专题研究报告导语、经典个案报告导语和后记等。

在报告即将出版之际，借此机会向一直以来支持开展调查研究的教育部社会科学司、基础教育司、教师工作司，以及各调研省份、市县及学校领导和教师表示感谢，向所有参与报告研究和撰写的各分团队成员所付出的努力表示感谢，也向十年来一直阅读年度报告的各位读者表示谢意。疫情使报告的完成进度较以往晚，在此特致歉意，同时也非常诚挚地欢迎各位读者批评指正。

邬志辉

谨识于长春

2022 年 5 月 21 日